U0646201

Teacher Education Series

京师教师教育论丛 第三辑

丛书主编 朱旭东

社会变迁中的我国中小学教师队伍发展研究

李 琼 丁梅娟 著

Building a Teaching Force in the Changing Context of Chinese Society

北京师范大学出版集团
BEIJING NORMAL UNIVERSITY PUBLISHING GROUP
北京师范大学出版社

前　言

改革开放以来，我国政府一直把建设高素质的教师队伍放在优先发展的战略地位。三十多年来中小学教师队伍在数量、质量及结构等方面经历了怎样的发展与变化，这些发展变化所产生的社会经济背景与相关的影响因素是什么，在教师队伍发展的不同变化阶段中分别存在哪些主要问题及相应政策，以及三十年多来的这些变化过程对未来教师队伍的建设与发展产生哪些影响，未来中小学教师队伍建设的基本走向是什么，对这些问题的回顾与讨论将为我国宏观教师政策的制定提供坚实的数据基础与决策启示。

本书立足于我国教师宏观政策的需要，参考国际发达国家教师队伍发展的指标体系，如教师的数量、规模、结构、质量、工作环境、身份地位、人事管理、专业发展等，运用我国中小学教师队伍三十多年来的统计数据与相关社会、经济基础信息进行纵向历时性统计数据与政策文本分析，特别是将这些数据指标及相应政策的演进放在我国改革开放三十年多来的社会经济及教育发展的宏观历史脉络中进行分析，揭示改革开放以来我国中小学教师队伍发展的基本规律与特征，并对这些变化规律进行解释。

第一章主要梳理了国际中小学教师队伍建设的指标内容，选择OECD、UNESCO、美国教育部NCES和我国教育部发展规划司为个案，着重分析了三个组织的中小学教师队伍指标发展演变历程，总结了国际中小学教师队伍的考察指标，梳理了我国三十多年来教师队伍指标的发展变迁，指出了我国教师队伍指标在结构和内容方面的缺点，如数据指标单一、政策敏感度不够、理论基础薄弱等，并对进一步分析与发展我国教师队伍的指标确立了基本框架。

基于如上教师队伍指标的基本框架，第二章主要从教师队伍的数量、结构、质量与教师的工作环境方面，对改革开放以来的我国教师队伍进行了实证分析。基本的结论为：改革开放三十多年来，我国中小学教师数量处于增长趋势，整体上从短缺走向充裕。专任教师数量的激增期集中在20世纪90年代，这与该时期我国教育事业飞速发展、教育资源投入加大密切相关。从城乡教师队伍资源的分布来看，三十多年间城市和县镇地区教师队伍规模呈现增长趋势，农村地区教师队伍规模和在校学生数量处于下降趋势。改革开放以来，我国小学、初中和高中教师中女性教师数量和比例均呈上升趋势；中小学教师学历合格率及职称情况有了显著的提高，小学教师学历从以高中为主提高为以专科为主，初中教师学历从以专科为主提高为以本科为主，高中教师中拥有本科学历的教师占全体教师的91.2%。

第三章通过对教师工资的实证分析与政策研究，旨在揭示社会变迁中我国中小学教师的经济地位。改革开放以来，我国教师工资政策经过了三次系统的改革，这几次改革均是在我国事业单位工资改革的方案框架下进行的，没有独立性。从这几次教师工资政策的变革来看，教师工资结构中强调激励的部分一直在不断加强。虽然表面上我国教师工资水平受到教师工资政策的影响，但是在与人均GDP、事业单位平均工资水平、机关单位平均工资水平、企业单位平均工资水平对比后发现，我国教师工资水平的变化与这些部门工资水平的变化表现出惊人的相似性。我们据此推断，我国教师工资水平的增长只不过是随国民收入的增长而发生的一种惯性增加，教师工资政策并没有提供使教师工资达到或超越其他部门平均工资水平的动力。除与不同部门相比较之外，本章还将教师工资与计算机服务业、金融业、卫生事业、文化艺术业等与教师具有相似受教育程度的行业工作人员平均工资水平对比，在对比中发现教师经济地位在这些行业中是低的。而从国际比较的角度看，我国教师相对于人均GDP的平均工资与OECD国家该指标相比，也存在一定差距，但是差距正在缩小，中学教师该指标甚至已经达到或超过发达国家平均水平。本章进而针对我国教师经济地位的状况得出相应的启示。

第四章从文本研究的角度，梳理了改革开放以来我国教师职业道德规范的四次变革，从文本上分析了1978年至今不同时期教师职业道德建设的基本内容、举措及出现的问题等方面的文献，以期找出影响我国教师职业道德发展变迁的原因，并在国际视野下分析我国教师职业道德规范的方向，为教师职业道德朝着更深层次发展提供借鉴意义。

处于不同时期的教师经历了不同的社会与政策环境。改革开放三十多年来，不同的政策环境对教师造成了怎样的实质性影响，他们的身份认同经历着怎样的变化？他们如何应对这些变化？第五章采用本体叙述与分析叙述的方法，以个案的形式呈现改革开放三十多年来不同时期不同政策对教师的影响。对不同时期教师的个案研究发现，教师自我对身份的认同经历了两个基本的变化：一是改革开放初期的光荣、困惑与无奈交杂的人民教师，二是到20世纪80年代中后期作为“专业人”的崛起。具体来看，在改革开放以前国家包办一切的环境中，社会上存在着对“好教师”应该是怎样的高度一致的看法，即服务于社会主义建设事业，能够为了国家事业牺牲与奉献的人民教师。教师亦以此为自己工作与生活赖以依托的意义源，牺牲奉献自我，并以被国家与人民认可为荣。改革开放后，社会价值观逐渐多元化，国家亦自上而下地松绑，将市场竞争引入教育领域，随着民众对教育的多元需求呼声的兴起、教育改革政策的实施及专家的介入，教师开始面对多元的角色要求，需要重新构建自己身为教师究竟是谁的身份感。在市场导向与考试制度的牵引下，教师转向努力提升业务素质，走“专业人”的发展道路。

第六章到第九章从文献研究的角度，分别系统梳理了改革开放以来，我国教师人事管理制度、教师专业发展政策、教师质量提升政策的变迁以及农村教师队伍问题研究。教师人事管理制度涉及教师的选聘、晋升以及评价考核等方面的制度分析，并提出了需要从学校外部运行机制和内部运行机制两个方面着力完善教师人事管理制度；对不同时期教师专业发展的政策进行了文本分析以及我国政府在提高教师质量政策方面的不同措施。改革开放以来，从我国教师专业发展政策演进历程来看，教师培训的目标从学历提升与教材教法学习（20世纪70年代末至90年代）逐步过渡到提升教师的整体素质（20世纪90年代后期至今），其中国家角色与市场机制是政策变革的重要力量。改革开放以来政府主导的教师质量提升政策经历了三种演变，即以补偿性教育为主的教师质量政策（1978年到20世纪90年代初）、以提升学历为主的教师质量政策（90年代初到21世纪初）、从“教书匠”走向“教育家”的教师质量政策（21世纪初到现在）。改革开放以来农村教师队伍建设问题经历了教师队伍整理整顿时期，农村教师地位恢复，到20世纪80代尊师重教，农村教师待遇逐渐提升，再到重视制度建设，促进教师队伍的持续发展，然后到21世纪国家对农村教师队伍提高的政策倾斜。如何进一步增强农村教师职业的吸引力，不断地吸引优秀人才到农村学校任教，如何进一步改善农村教师队伍结构，如何为农村教师提供更加有效的培训提升机会，如何采取特殊政策鼓励优秀人才长期从教、终身从教以稳定农村地区的教师队伍等，都是农村教师队伍建设必须着力解决的问题。

本书所揭示的改革开放以来我国中小学教师队伍发展的基本规律、特征及各项政策的分析，不仅为教师及教师教育政策相关领域的研究者提供学术思考与洞察力，而且为教师及教师教育政策制定者提供重要的知识基础与政策咨询；本书在实证数据、政策细致分析的同时，注重展现我国中小学教师的专业工作与生活特征，这亦为在职中小学教师的持续发展与师范生的职业准备提供了专业图景。因此，本书在教师及教师教育的相关研究领域具有重要的学术、实践与政策价值。

本书系庞丽娟教授与李琼教授主持的教育部普通高校人文社会科学重点研究基地北京师范大学教师教育研究中心重大项目《社会经济变迁中的我国中小学教师队伍发展研究》（项目号：2009JJD880005）研究成果。本书是在庞丽娟教授的悉心指导与支持下，各课题组成员集体讨论与分工合作智慧的结晶。具体分工如下：前言由李琼撰写，第一章由丁梅娟（沈阳教育研究院）撰写，第二章由张丽敏（北京师范大学珠海分校）、丁梅娟撰写，第三章由王恒撰写，第四章由曾莉、李琼撰写，第五章由叶菊艳撰写，第六章由操太圣（南京大学教育研究院）撰写，第七章由钟亚妮（北京教育学院）撰写，第八章由周钧、任正博撰写，第九章由张丽敏撰写，最后由李琼统稿完成（除注明外的研究人员均来自北京师范大学）。

最后，向得以成书与出版而付出辛勤劳动的教育部普通高校人文社会科学重点研究基地北京师范大学教师教育研究中心的朱旭东教授、我们的各位同事以及撰写本书的学术合作伙伴，向北京师范大学出版社的郭兴举先生及各位同仁表示诚挚的谢意。鉴于时间仓促与能力所限，对于本书中的瑕疵，感谢各位读者的宽容，并欢迎提出宝贵意见。

目录

CONTENTS

第一章 国际中小学教师队伍指标内容研究

数据是正确决策的前提，是论证一个教育政策是否切实有效且富有责任感的条件。教师队伍指标体系的研究与开发，对于客观分析、评价和监测教师队伍的发展变化，保障高质量的教师队伍具有重要的政策意义。以往的研究中涉及各国际组织及我国中小学教师指标体系分析的并不多，因此，进一步分析国际组织中小学教师队伍指标的概念框架、指标演变历程对我国建构中小学教师队伍指标，加强对教师队伍发展变迁的监测具有借鉴作用。

首先，对已有教育指标的理论研究进行了回顾，选取OECD、UNESCO、美国教育部NCES和我国教育部发展规划司为个案，对其教育指标的发展历程、概念模式及特点进行述评。在此基础上，着重分析了三个组织的中小学教师队伍指标发展演变历程、2009年中小学教师队伍指标，数据采集概念界定，梳理了我国30多年来教师队伍指标的发展变迁，认为我国教师队伍指标在结构和内容方面，数据指标单一、政策敏感度不够、理论基础薄弱；在数据收集与分析方面，收集方式单一、信效度难以保证，数据连续性差；在实践和功能发挥方面，数据管理不明晰，共享机制差，缺乏国内和国际数据比较的可能性，对指标数据的分析研究较少。最后，结合高质量教师队伍建设指标构建图，对我国中小学教师队伍指标的构建提出如下建议：(1)教师队伍指标的构建应将教师因素放在社会经济及教育发展的宏观背景中统筹考虑，加强指标的政策敏感性。应完善教师质量、教师工作量、教师评价等指标，且重视指标体系在不同历史时期重点转移的问题，确立教师队伍指标的分析视角，如教师质量保障。(2)概念界定与国际接轨，数据收集过程严格控制收集标准，提高信效度。(3)加强教师队伍指标数据的后期分析，开展国内国外对应数据的比较研究，加强数据管理，打破现有数据共享的壁垒。

第一节　国际中小学教师队伍指标研究背景

自20世纪90年代以来，教育质量问题越来越凸显。教师队伍质量对教育质量起到了关键性作用。过去依靠经验和观察了解教师队伍状况、进行教育决策已经远远不能满足人们的需求，于是，教师队伍指标和指标体系开始进入社会公众、教育行政部门和政策决策部门的视野。教师队伍指标体系是与政策息息相关的数据，即使它们不是分析教师队伍问题的唯一方法，也通常被当作重要工具运用在宏观教育政策或者建立在实证研究基础上的教育政策上来。赫特马(Hutmacher)认为统计数据和指标对于教育决策来说是极为重要的，因为它们“对于多样化的经验、关系和过程，提供了更平衡、更全面的描述，而不仅仅是以另外的方式加以理解。”①尽管统计数据和指标不是决定政策改变的唯一因素，但是有价值的统计数据和指标能够提高讨论的水平，能够帮助公众更有效地实施权利。对我国中小学教师队伍指标、指标体系的分析研究可以为建构我国中小学教师队伍指标体系做好基础性研究工作，为分析与监测教师队伍发展做好铺垫。

一、研究背景、目的与意义

(一)研究背景

1. 教师队伍指标内容研究是中小学教师质量保障的必然要求

如何从招生、培养、教师资格、入职、聘任、薪酬、在职培训、教师补充及交流机制等方面保障教师队伍质量，正成为教育界以及各国政府关注的重大问题。正如国际二十一世纪教育委员会向联合国教科文组织提交的报告所指出的那样，“我们无论怎样强调教学质量，亦即教师质量的重要性都不会

① Hutmacher, W. In Pursuit of Equity in Education: Using International Indicator to Compare Equity Polices[M]. Boston: Kluwer Academic Publishers, 2001.

过分”。① 日本中央教育审议会2005年发表《未来教师培养和资格证制度改革方向》报告也提到：“没有教师的质量，就没有教育的质量；没有教育的质量，就没有国家建设的质量。”②英国科学部为保障教师质量，1992年发布“教师职前培训改革”文件，1994年成立师资培训署，加强教师的职前和在职培训。1983年4月，美国高质量教育委员会发表名为《国家处于危机之中：教育改革势在必行》的报告，拉开了旨在全面提高教育质量的改革序幕。20年后，美国教学委员会以“同名姊妹篇”的形式又出台了另一份报告——《教学处于危机之中：教学改革势在必行》，报告的出台标志着美国教育改革已从宏观转向中观，提高教师质量成为美国教育改革下一步工作的重心。这份报告将教师质量提升到国家发展战略的高度，提出“美国作为世界领袖的国家地位正在受到威胁，而教育系统不能提供高质量的教师，是造成这一结果的主要原因之一”。中国教育部师范司司长管培俊也曾指出：教师是教育事业的第一资源。在一定意义上说，教师的质量就是教育的质量，教育的差距归根结底是教师的差距。教师队伍的整体素质是国家综合实力之所系，全民族素质之所系。实施人才强国战略，必须首先重视教师资源③。提高教师质量的深远战略意义，已越来越引起世界各国政府的重视。

教师队伍指标的研究能够帮助各国政府更好地监测教师质量变化发展的趋势，及时做出政策调整，保证中小学教育的良好发展。本研究拟在综合国内外已有研究的基础上概括提出我国教师队伍指标体系的建构视角、价值取向、理论依据与概念框架，从而能够对我国中小学教师队伍做出一个整体的描述和分析，为国家调整教师政策提高教师队伍质量提供实证依据。

2. 中小学教师队伍指标研究是分析教师队伍的发展变化、提高教师队伍质量的现实需要

近年来，教师队伍质量一直是教师政策的一个重点和热点问题。我国于2010年7月发布《国家中长期教育改革和发展规划纲要(2010—2020)》，其中提到：要把建设高素质的教师队伍作为基本实现教育现代化、基本形成学习型社会、进入人力资源强国行列的保障措施，要努力造就一支师德高尚、业

---

① 联合国教科文组织总部中文科译. 教育：财富蕴藏其中[M]. 北京：教育科学出版社，1996.

② 周风. 由国外改革教师进修教育所引起的思考[J]. 外国中小学教育，1995，03：15-19.

③ 管培俊. 关于教师教育改革发展的十个观点[J]. 教师教育研究，2004，4：3-7.

务精湛、结构合理、充满活力的高素质专业化教师队伍。而反观我国当前中小学教师队伍，却存在教师学历达标率低，东、中、西部基础教育教师队伍不平衡，城、乡基础教育师资水平差距过大，各学段学校和重点学校、非重点学校的教师资源投入不协调，中西部农村教师流动性过大等问题①②，这些都严重影响了我国基础教育的发展。中央教育科学研究所在2005年对我国的学校教育现状做了全面调查，发现教师队伍建设存在以下问题：(1)在教师数量方面，初中教师供需矛盾大于小学，随着农民市民化、农业产业化的推进，县镇教师供需问题更为严重，小班化教学在我国中小学教学组织形式中，尚处于旁枝末节的位置。(2)在教师学历方面，专任教师学历以大专和本科为主，达到了合格标准。但在教师学历的地区分布上出现了"中部塌陷"现象，即在"中专及以下"和"大专"学历的专任教师中，中部地区比例最高，而在具有"本科"和"研究生及以上"学历专任教师中，中部地区比例最低；农村地区样本校专任教师学历显著低于县镇，县镇样本校专任教师学历显著低于大中城市。(3)在教师工资方面，东部教师工资显著高于中部、西部教师工资；农村教师的工资显著低于县镇教师和大中城市教师工资。(4)在教师编制方面，四分之三的样本校存在着一门或多门学科教师缺编的现象，其中西部农村学校缺编最为严重③。其他学者也通过实证研究发现：我国教师队伍存在教师数量相对不足、地域分布不合理、教师结构不合理、民办教师问题尚未完全解决、教师队伍不稳定等问题④⑤。而且我国正如火如荼地推行基础教育课程改革，其根本目的无非是通过综合性和灵活性更强的课程安排，立足学校，使学生能建立全面发展的基础，有利于他们成为富创意、好思考、善解难和能应变的人才。在这里，教师能否因应当前课程改革的目标而在教学上做出适当的调节和配合，决定着改革的成败⑥。Fullan和Hargreaves的前期研究

---

① 李继星，徐美贞，李荣芝．中小学教师队伍状况调查分析报告[J]．教育发展研究，2005，8：36-42.

② 袁桂林等．中国农村教师发展指标研究[M]．北京：经济科学出版社，2009.

③ 李继星，徐美贞，李荣芝．中小学教师队伍状况调查分析报告[J]．教育发展研究，2005，8：36-42.

④ 余永德．农村教育论[M]．北京：人民教育出版社，2000.

⑤ 田慧生．关于农村教师队伍建设问题的思考[J]．教育研究，2003，8：5-8.

⑥ 操太圣，卢乃桂．抗拒与合作：课程改革情境下的教师改变[J]．课程·教材·教法，2003，1：71-75.

表明：在变革过程中，教师的改变与发展和课程实施是并肩而行的，课程改革必须通过教师的改变进而促使学生学习发生合意的变化①。为了有效保证课程改革实施效果，我们首先就要保障中小学教师队伍的质量。在这种情况下，中小学教师队伍指标体系的构建就显得尤为重要。公众和教育决策部门需要一个量化的工具来呈现教师队伍不均衡的现状，来测量教师资源低水平发展的程度，来监测教育队伍的发展，为我们认识和解决中小学教师问题提供一个科学的依据。

3. 进一步弥补我国中小学教师队伍指标内容及体系研究的欠缺

就目前而言，国内在研究教师队伍的专门领域里，主要集中在教育队伍质量保障的理论探讨和对现实存在问题的呼吁上。近年来，关于教育队伍的实证研究有所升温，并提出了较多反映教师队伍质量的指标。然而，现有的对教师队伍指标的研究还不够成熟，仅仅处于起步阶段，尤其是对教师队伍指标体系有系统研究的更不多见。从教育统计指标上来看，目前教育统计模式的主要维度有教师数量、生师比、教龄等，这些指标基本都是描述性的，明显缺乏教师质量保障的指标体系。虽然也有一些分地区、分城乡统计的数据，但这些信息并不系统和完善，无法为教育决策提供依据。从教师队伍质量指标上看，作为监测我国教师水平的指标研究，主要学历、职称、教龄、分学科教师数量、教师初始学历等方面的总量，虽然体现了我国教师在学历、职称方面的现状，但因为缺乏必要的理论基础，势必会沦落成统计数据的堆积，以上这些问题构成了本研究的起点。

（二）研究问题与意义

研究问题：

基于以上对教师队伍重要性及现状的认识，本部分拟围绕以下几个问题进行讨论：

1. 国际教师队伍指标体系的建构视角、价值取向、理论依据、概念框架是怎样的？指标发展演变经历了怎样的过程？现状及特点是怎样的？指标间的关系是什么？目前教师队伍指标存在哪些问题？

2. 我国中小学教师队伍指标的发展历程与指标现状如何？发展变迁历程是怎样的？存在哪些问题与不足？

---

① 尹弘飚，李子建. 论课程改革中的教师改变[J]. 教育研究，2007，03：23-29.

3. 现有国际中小教师队伍指标体系对我国有哪些借鉴?

研究意义:

1. 综述与构建国际中小学教师队伍指标内容有助于明晰我国教师队伍指标研究的框架。

我国对于中小学教师队伍指标体系的研究还仅仅处于起步阶段,目前还没有一个完整的指标体系,关于中小学教师质量的研究过于笼统,不能全面、深刻地反映我国复杂的中小学教师队伍现状,有待进一步的具体化和操作化。选择这一论题进行研究,将在参考国外教师队伍考察指标的基础上,丰富教师队伍指标内容,为进一步分析我国改革开放以来教师队伍指标的发展变化提供学术研究的基础。

2. 为建构我国中小学教师队伍指标体系做好基础性研究工作。

本研究将具体分析国际各组织及各国教育部门的教育指标、教师队伍指标,并在此基础上总结提出建构教师队伍指标所应采用的理论基础、指标取向、概念框架,这为构建我国中小学教师队伍指标体系做好了前期研究工作,为后期建构指明了方向。

3. 有助于分析与监测我国中小学教师队伍的发展变化。

中小学教师队伍中包含复杂的、多层面的问题,它表现为性别比、数量、生师比、学历、职称等多方面因素,当我们给这些方面规定了明确的质和量的标准时,这些指标起到了"预警"作用,使我们能够迅速、准确地了解我国中小学教师队伍现状,及时了解教师队伍发展过程中可能或已经出现的各种问题,并制定政策加以解决。

(三)概念界定

1. 教师队伍

OECD于1988年开展了开发国际教育系统指标(Indicators of Education System, INES)项目,使得教育指标开发更加科学①。关于教师的概念界定,该项目提出,教师是指从事向学生传授知识、技能及观念的专业人员,这一定义建立在三个概念之上:第一是行动(activity),这就把部分拥有教师资格证,但实际没有从事教学活动的人员排除在外;第二是专业(profession),这

① OECD/CERI. Making Education Count: Developing and Using International Indicators[R]. Paris: OECD, 1994: 25.

就把部分短暂性的从事教师职业或者以志愿者身份从事教师职业的人员排除在外；第三就是教师培养项目(educational program)，这就把部分虽然是在做学生服务工作而非教学工作的人员排除在外，如校长、学校图书管理员、教务人员等。教师是指在学校教学中与学生直接交流的专业人员，不包括学校校长、副校长以及其他不承担教学任务的学校人员①。

基于以上定义，本研究中的"中小学教师队伍"是指取得全国教师资格证，且在公立中小学校中担任教育教学工作的专业人员，不包括志愿服务教师、代课教师、教学服务人员、教学管理人员等。

2. 指标内容

指标是在原始统计数据基础上通过分析和整理得到的、能综合反映统计总体数量特征的概念和数值。一个完整的指标由指标名称和指标数值两部分构成，它体现了事物质和量的两个方面。这一定义强调了指标不仅包括数字，还包括质性的评价。指标可以帮助了解经济、政治、文化、教育活动的概况，应用范围很广，我们每天都接触各种各样的指标，如空气质量指标、环境污染指标、学校教学质量指标等。

由于社会中的各种问题和现象都是复杂多变的，仅用一两个指标很多时候并不能全面反映所有状况，也不能满足实际研究需要。为了更全面、综合地反映复杂事物的不同侧面，就需要把多个具有内在联系的指标按照一定结构和层次组合在一起，构成指标体系。教育指标专家James N Johnstone曾指出，指标或指标体系首先必须把其理论框架包括在内，这样才能保证指标数据的意义性，也有利于收集现有指标中所没有的指标的信息。其次，指标体系需要包括指标的理论性概念(theoretical definition)和实证性概念(empirical definition)，理论性概念是指以理论为导向，在实证研究之前已经确定下来的各指标、指标间相关系数以及各指标的权重；实证性概念是以实证研究为基础的，以收集到的数据为支撑，采用主成分分析法调整原有各指标及其权重②。

基于此分析，本研究最终所要分析的我国中小学教师队伍指标内容会包括该指标的概念框架、指标内涵、指标间关系等。

① Organization for Economic Cooperation and Development. Teachers Matter：attracting，development and retaining effective teachers[R]. Paris：OECD，2005.

② James N. Johnstone. Indicators of Education System[M]. Pairs：The Anchor press，1981.

3. 教师队伍指标内容

基于以上对教师队伍、指标体系的概念梳理及界定，在本研究中，教师指标内容的分析范围包括各国际组织、美国教育部、我国教育发展规划司出版的《中国教育统计年鉴》、报告中所涉及的在公立中小学校中担任教育教学工作的专业人员的指标，分析范围包含：概念框架、指标内涵、指标间关系等。

第二节 研究我国中小学教师队伍指标的理论基础与研究方法

一、研究的理论基础

从 20 世纪 80 年代中期开始，教师政策进入各国教育政策研究的范围，而且研究的重点从教师工资、工作条件、教师结构等内容逐渐转向教学职业特征、教师知识与技能、教师专业发展等方面①，这一转变使得各国教育部门更加关注提高教学职业的吸引力和改善教师的工作环境，在考虑本国社会经济发展背景以及教育政策、教师队伍发展政策的基础上形成招聘、发展和保留三位一体的高质量教师保障系统。

(一)招聘高质量教师：教师质量认证制度

美国近几次教育改革都充分认识到，职业准入制度对保障教师职业专业化，对基础教育发展至关重要。根据 NCLB 的要求，到 2006 学年前，全国基础教育教师，不论新教师还是在职教师(这里主要是指全美从事核心课程教学的中小学教师，特殊教育的教师，除非有特别规定，否则均不包括学前教育的教师和非核心课程教师，)都必须达到“高质量”。所谓“高质量”，即必须达到以下标准。

(1)新教师，由国家教育机构(State Education Agency，SEA)负责监督和评定，小学教师必须达到三个要求：

a. 至少拥有学士学位。

b. 拥有国家颁发的教师资格证。

c. 通过一项严格的国家测试(State test)，以证明自己在阅读、写作、数

① 周钧. OECD关于发达国家的教师政策分析[J]. 外国教育研究，2010，9：93-96.

学及大纲规定的其他学科中的知识和教学技能。

中学新教师的标准和小学教师基本相同，不同在于中学教师还必须证明自己有足够从事其所教核心学科的知识和能力，SEA 提供了两种证明的途径：一是拥有本学科的硕士学位，或同等学力的高级证书；二是通过一项严格的国家学科学术测试，以保证教师具备足够的学科专业知识。

(2)在职教师。同样由 SEA 负责，保证在职教师必须拥有学士学位和相当的教学技能。要证明自己有足够从事该学科教学的知识和能力，必须通过由 SEA 提供的两种途径之一：

a. 参加并通过国家学科学术水平测试。

b. 符合国家评价标准(high objective uniform State standard of evaluation，HOUSSE)。

HOUSSE 是由国家制定的主要用于测试在职教师学科基础知识与教学水平的一种标准，它可以用于以下几个方面的评价：

- 教师的学科学术知识和教学技能。
- 作为专家、教师、校长及学校管理者对教学质量的评价标准。
- 教师在所教学科的核心内容上有新的发展和成就。
- 全国所有同学级、同学科的所有教师的质量评定。
- 教师的教学时间。

每个州都可以根据 HOUSSE 来灵活地制定各自州教师的学科知识和能力评价的标准和具体实施步骤①。

基于以上进入教师队伍的把关制度的梳理，建议教师队伍指标体系中应设置教师队伍人口学统计信息、教师学历、是否通过教师资格证、国家教师资格证考试成绩等指标，以监测新招聘教师的质量。

(2)发展、保留高质量教师：提升内在动机、改善外部工作环境

教师资格认证制度解决了教师队伍的入口把关，对于在职教师，高质量则意味着发展、保留高质量教师，减少教师离职，避免教师高流动。OECD 认为“教师政策需要解决的远不是薪酬问题，而是如何提高教师的工作积极性，尤其是内在的积极性”，一方面认同教师工作价值，使教学职业知识化，赋予教师更多的工作责任、促进教师专业发展等来激励教师的内在工作热情；

① 陈珊．二十一世纪美国高质量教师的标准及其实施策略[J]．华中师范大学研究生学报，2006，6：5-6.

另一方面，提出了提高薪酬、改善工作条件、提高领导力、使用灵活的聘任机制等措施来保持教师的工作热情①。

(3)通过提升教师的内在动机来激励教师工作热情

"内在动机指做某件事情的动力来自内在的兴趣和内心的愉悦。"②OECD认同只有改进与教学工作本身相关的因素才能从根本上激励教师，提升教师的内在动机。OECD提出了以下激励政策：

• 为教师职业的多样性和多元化提供更多机会

赫兹伯格等的研究发现：人们因为承担了更多的或新的工作责任而感到满足，感到自己在不断进步，因此会努力展示自己的才干③。OECD认为，除了课堂教学以外，教师可以担当多种角色，如学科组长、团队领导、课程发展主管、新教师和师范生的指导教师、教师在职培训的协调人、学校项目协调人等。这些工作不但能满足学校发展的需求，更重要的是使教师感受到获得他人的认可，在工作中感受到自我的价值，对自身能力产生自我认同感。这些正是提升教师工作满意度的重要因素，能够激发教师的工作热情④。教师队伍指标中设置教师多元发展机会相关指标，考察教师除课堂教学之外的角色，便于了解教师工作满意度及自我认同感的变化。

• 将专业发展贯穿于教师职业生涯的全过程

早在20世纪80年代，美国霍姆斯小组发表《明日的学校》《明日的教育学院》等报告指出：教师教育不是一个简单的、一次性受时间约束的训练活动，而是一个持续发展的终身教育过程，提高新教师入职期的指导，开展针对不同生涯期教师的专业发展活动，是留住高质量教师的关键⑤。OECD也积极倡导终身学习，视教师为终身学习者⑥。基于以上理解，我们认为：个体发展和成长正是增强教师内在动机的又一因素，作为终身学习者，教师专业发

---

① 周钧. OECD关于发达国家的教师政策分析[J]. 外国教育研究，2010，9：93-96.

② OECD教育政策分析2005—2006：聚焦高等教育[M]. 北京：教育科学出版社，2008. 71.

③ 赫兹伯格等. 赫兹伯格的双因素理论[M]. 张湛译. 北京：中国人民大学出版社，2009. 98-99.

④ 周钧. OECD关于发达国家的教师政策分析[J]. 外国教育研究，2010，9：93-96.

⑤ Ralph, F. & Judith, C. C. 著. 董丽敏，高耀明等译。教师职业生涯周期[M]. 北京：中国轻工业出版社，2005.

⑥ OECD/CERI. Making Education Count：Developing and Using International Indicators[R]. Paris：OECD，1994.

展就意味着在职业生涯的整个过程中不断学习，求得个体和学校的共同发展①，教师队伍指标中应设置指标监测教师专业发展机会、形式、内容及效能，考察教师终身学习现状。

• 通过评估来认可有效的教学工作。

OECD及美国NCES都认为如果不注重对教师的教学进行评估和反馈，就意味着承认教师的工作不重要，由此提出定期对教师进行评估并反馈评估结果是教师专业发展不可缺少的环节。评估形式多元化，包括同行评估、校长和管理层的评估、自我评估等，通过评估和结果反馈，教师获得来自同行、校长和管理层的认可，同时也获得自我认可。因此，教师队伍指标建设中设置教师评价及反馈指标，可以帮助教师及时监视自己的发展，为校长调整学校发展提供实证支持。

(4)通过改善外部环境来保持教师的工作热情

基于赫兹伯格提出的保健因素，OECD及美国NCES都认为改善教师工作环境对于发展、保留高质量教师作用很大。

• 提高教师薪酬的竞争力。

教师工资是支撑和激励教师从事本职工作的经济基础，与教师的社会地位和职业声望息息相关②，从20世纪80年代中期开始，教师工资问题就已成为OECD国家教师政策的重点③。2004年美国大学新生全国常模调查统计了大学一年级有从事教师工作意愿的学生比例。调查结果显示，教师工资与大学一年级与有从教意愿学生的比例呈正相关，教师工资越高，愿意从事教师职业的学生比例越高。回归分析显示，教师工资每提高1000元，大学一年级有从事教师工作意愿的学生比例增加0.467%④。OECD的研究认为，工资问题直接影响到教师的决策，包括决定是否成为一名教师、是否继续留在教学岗位从教、在中断了教学后是否重返教学生涯。除此之外，工资问题还影响到教师队伍的特征，如低工资不易吸引男性从事教学而导致教师队伍的女性

---

① 周钧. OECD关于发达国家的教师政策分析[J]. 外国教育研究，2010，9：93-96.

② 王静，洪明. 美国教师工资和激励机制改革的历史发展[J]. 集美大学学报，2007，8：28-32.

③ OECD. Education at a Glance 1997[R]. Paris：OECD，1997.

④ 王静. 美国公立中小学教师工资制度历史发展研究[M]. 福州：福建师范大学出版社，2008.

化，低工资不易吸引高素质人才从事教学等①。教师队伍指标中设置教师工资，了解其发展变迁趋势，与其他职业工资、国家 GDP 的比较显得尤为必要，及时监测确保教师薪酬不会受到进一步的削减。

• 适度使用外在奖励。

当前，许多国家实施单一的教师工资制度，教师工资与学历、教龄和所在学校相关，而与教学业绩无关。这种单一工资制度一方面难以雇用教师到偏远地区学校和薄弱学校工作，另一方面也忽视了保护教师的工作热情。由于研究者对将教师业绩与教师奖励直接挂钩的做法存在很大的争议，OECD 建议采用两种外在奖励的方法：其一是薪酬策略，通过发放特殊津贴、离职奖励、退休补助金和交通补助金来奖励在困难地区和偏远地区工作的教师，通过增加工时津贴、发放研究生课程津贴等方式来奖励教师的有效工作；其二是非薪酬策略，通过评估来奖励教师的有效工作，奖励的方式是为教师安排学术休假、提供专业发展的机会、减轻教学工作量或缩小班级规模等②。教师队伍指标构建中应设置教师外在奖励相关指标，一方面及时了解校际间、地区间教师外在奖励的形式及差别；另一方面，客观上也会起到督促学校完善外在奖励制度。

• 改善工作条件。

OECD 把赫兹博格的“工作量、完成工作所需的设备”“个人生活中的因素”等保健因素都列为工作条件来理解。从教师工作的复杂性来看，不能仅仅根据教师的课堂教学时间来计算教师的工作量，教师承担的职责远远不止课堂教学的内容。在一些国家，教师缺乏教辅人员的帮助和学校的支持，这就意味着教师需要超负荷地工作，因此在安排教师工作量时除了考虑教师工作的特性外，还需要为教师提供专业人员和行政人员的支持。为教师提供灵活的工作条件是 OECD 提出的改善工作条件的又一策略。教师队伍指标构建中设置“工作环境”一项，深入了解教师的工作量、工作时间、教学时间等，帮助学校考虑协调教师获得职业与生活的平衡，使他们能够将工作与家庭责任和其他活动相融合，提高教师职业的吸引力和竞争力③。

综述以上招聘、发展、保留三位一体高质量教师队伍的理论及实践，构

---

① 周钧. OECD 关于发达国家的教师政策分析[J]. 外国教育研究，2010，9：93-96.

② 周钧. OECD 关于发达国家的教师政策分析[J]. 外国教育研究，2010，9：93-96.

③ 周钧. OECD 关于发达国家的教师政策分析[J]. 外国教育研究，2010，9：93-96.

建以上高质量教师指标构建图(如图 1-1)，主要从四个方面：基本信息、质量评定、专业发展和工作环境与支持考察中小学教师队伍的评定指标。

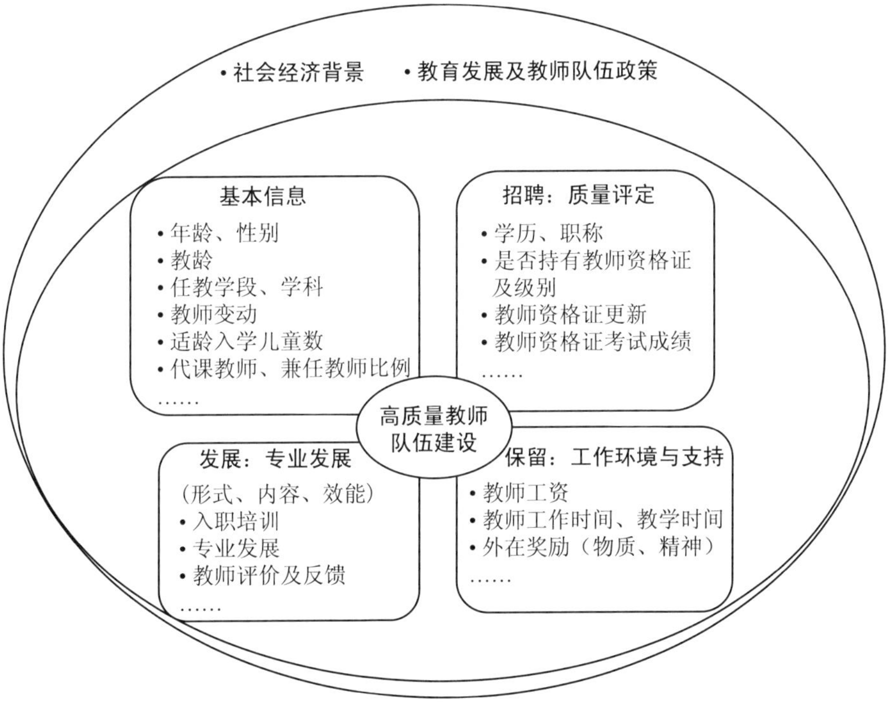

图 1-1　高质量教师队伍建设指标构建图

二、研究方法

我国中小学教师队伍指标体系的构建具有理论性、复杂性、综合性和多学科的特点，结合本研究的目的，拟采用文献研究法和个案研究法。

(1)文献研究法。本研究收集的文献主要包括：一是与教师队伍、教育指标体系及教师队伍指标体系有关的中英文学术著作和学术论文，全面了解教育指标的内涵、功能及概念模式。二是国内外有关教师质量保障、教学质量保障的理论及实证研究介绍，便于笔者熟悉质量保障措施，以便于把这些考察点可以融入到教师队伍指标体系中。三是各大组织关于教师发展的年度报告，包括 OECD 的年度报告 *Education At A Glance*、UNESCO 每年出版的 *World Education Report*、美国教育部委托美国国家数据中心(The National Center for Education Statistics，NCES)每年出版的 *The Condition of Educa-*

tion、SASS(*School and Staffing Survey*)调查、ILO 相关报告以及我国的《中国教育年鉴》《中国教育统计年鉴》《中国教育经费统计年鉴》等。四是国内外关于教师队伍指标的实证研究文献、报告等，用于在参考国内外教师队伍指标的基础上，概括凝练出对我国的启示与借鉴。

(2)个案研究法。本研究选取了 OECD、UNESCO、美国教育部教育统计中心(NECS)和我国教育发展规划司有关教师队伍的各类统计报告做个案研究。在梳理四个机构的中小学教师队伍指标发展脉络的基础上，从概念模式、指标结构与内容、数据呈现方式等多方面进行对比，为建构我国教师指标体系服务。

第三节　国际中小学教师队伍指标内容分析

一、OECD 中小学教师队伍指标分析

(一)OECD 教师队伍指标发展演变历程

OECD 作为世界范围内有重要影响的经济组织，在教育领域，其主要目标为促进研究、政策改革与实践之间的更好融合，丰富关于国际教育发展趋势的理解，积极参与和促进教育研究者、实践工作者和政府官员间的跨国讨论。OECD 的教育指标体系主要以人力资本理论作为理论基础，将市场经济的供需模型运用于教育，以背景(Context)—投入(Input)—过程(Process)—产出(Product)的 CIPP 分析模式为概念框架，成为目前国际上对教育从投入到产出进行描述和评价最为系统深入的一种教育发展指标体系①。OECD 相信，教学质量是学生学习的关键，而教学质量又取决于教师的质量、师范教育和在职教师培训的质量，以及工作环境和实践的质量②。所以，教师的工作和职业发展受到广泛讨论，涉及教师议题的指标包括：教师数量及教龄，生师比，如何吸引新教师，如何激励教师与提高绩效，保留与发展更有效的教师，以及怎样吸引教师到艰苦的地区工作。本部分对 OECD 教师队伍指标

① 张国强. OECD 教育发展指标体系分析及启示——以《教育概览：OECD 指标(2003)为例》[J]. 外国教育研究，2006，11：24-28.

② McKenzie，P.，Santiago，P.，Sliwka，P. & Hiroyuki，H. Teachers matter：Attracting，Developing and Retaining Effective Teachers[R]. Paris：OECD，2005.

的分析主要以各年度的《教育概览》为依据。

《教育概览》1991年提出的教育指标中涉及教师的指标只有两个指标即P9教师和非教师教育工作者在总劳动人口中的百分比；P10不同级别教育的学生与教职工的比率①。1993年的《教育概览》基本沿用了1991年的指标框架，教师指标部分未做调整②。1995年教育指标体系中在“人力资源”中新增“教学时间”“教师教育”“教师补偿”和“教师个性”四个指标③。1997年的教育指标体系中，为了继续对第三次国际数学和科学调查的结果进行深入分析，在D类中新增了“八年级数学教师的年龄、性别和教学经验”“八年级数学教师在正式学校教育之外与学校教育相关的活动”“八年级和四年级数学教师的平均数学课堂规模”“八年级数学教师的课堂组织”“八年级教师的工作外生活”，同时删减了教学时间的指标④。1998年的教育指标中，增加了教育教学时间和教师的年龄和性别分布两个指标，这有助于计算教师的工作量，也可以分析教师群体的结构特征⑤。在2000年的教育指标体系中，受终身学习思想的影响，增加了“新教师的职前培训”，用以了解随着时代的发展，教师是否还能够胜任教学工作，数据为未来的教师培训提出可行建议⑥。2001年的教育指标体系中，将教学时间细化为“教学时间和教师工作时间”，以便更加精确的计算教师的工作量，从而为教师工资的核定提供信息基础；增加了“教师的年龄与性别分布及教育中的教职工数量”⑦，可以对教师数量和教师队伍结构特征及其变化有一个细致的理解。2002年OECD教育指标有了比较大的调整，由原来的六类指标调整为四类，教师队伍指标在第四类“学习环境和学校组织”中⑧，一直到2009年教师队伍部分指标基本保持稳定(见表1-1)。

---

① OECD. Education at a Glance 1991[R]. Paris：OECD，1992.
② OECD. Education at a Glance 1993[R]. Paris：OECD，1993.
③ OECD. Education at a Glance 1995[R]. Paris：OECD，1995.
④ OECD. Education at a Glance 1997[R]. Paris：OECD，1997.
⑤ OECD. Education at a Glance 1998[R]. Paris：OECD，1998.
⑥ OECD. Education at a Glance 2000[R]. Paris：OECD，2000.
⑦ OECD. Education at a Glance 2001[R]. Paris：OECD，2001.
⑧ OECD. Education at a Glance 2002[R]. Paris：OECD，2002.

表 1-1　OECD《教育概览》教师队伍指标发展变迁表

年份	调查指标														
	专业背景		队伍结构			任职资格和专业发展			工作条件					教师性情	教师流动
	供需变化	生师比	年龄	教龄	性别结构	职前培养要求	任教资格	专业发展	工作时间和教学时间	班级规模	教师工资	使用 ICT 的情况	教师评价	教师态度与信念	
1991	√	√													
1993		√													
1995		√				√			√		√				
1996		√							√		√				
1997		√	√		√						√				
1998		√	√		√				√		√				
1999															
2000		√				√			√		√				
2001		√	√	√					√		√				
2002		√							√	√	√				
2003	√	√	√					√	√	√	√				
2004		√							√	√	√				
2005		√							√	√	√				
2006		√							√	√		√			
2007		√							√	√	√				
2008		√							√	√	√		√		
2009		√							√	√	√		√	√	
2010		√							√	√	√				

资料来源：OECD. Education at a Glance(1991—2010)[R]. Paris：OECD，1991—2010.

自2007年起，OECD策划并实施了“教师教学国际调查项目”(Teaching and Learning International Survey Programme，简称TALIS项目)。这是继著名的“国际学生学业成就评价项目”(Programme for International Student Assessment，简称PISA)之后，OECD开展的又一项跨国调查，TALIS项目涉及四个调查领域：教师专业发展、对教师的评价与反馈、学校领导能力、教学实践与教学观。在教师专业发展领域，TALIS项目主要关心的是成员国教师专业发展状况，关键指标有：教师专业发展的规模、专业发展的类型、专业发展的影响和专业发展的需求。在对教师的评价与反馈部分关注的是，学校如何评价教师的工作，这种评价对教师的专业发展是否具有促进作用，评价是否会伤及教师的工作热情；教师如何获得对他们教育教学工作的反馈，反馈的来源和频率如何；评价系统在奖励表现良好的教师的同时，是如何为那些需要专业支持的教师提供帮助的；不同的评价与反馈系统如何作用于学校文化、教师之间的合作与团结等问题。与《教育概览》注重教师专业背景、任职资格、队伍结构和工作条件等全面性信息不同，TALIS调查只关注教师队伍的两个方面：教师专业发展和教师评价，且资料收集与分析不局限与量化数据，非常注重质性资料的收集，针对某一问题调查中小学教师的认知和感受。

(二)OECD教师队伍指标现状(以2009年为例)

下面以2009年指标为例来说明OECD教师队伍的测量指标(见表1-2)。从2009年《教育概览》中教师队伍指标来看，指标内容更加丰富，更加关注教师在教学过程中感受。指标D2分4个层面了解生师比和班额，这为梳理教师工作量和教师工资的分析提供数据支持。D3考察教师工资，首先统计15年教龄的教师工资，而后呈现教师工资在三个时间点上的对比情况(入职工资、15年教龄教师工资、教师最高工资)，其次计算教师工资在10年(1997 2007)的变化情况，也分为三个时间点呈现(入职工资、15年教龄教师工资、教师最高工资)，最后调查了2007年度各成员国教师工资的各决定因素(如教师教龄、授课班级数、授课地区补贴、特殊学生辅导等)的影响情况。D4考察教师的教学时间安排，统计了初中教师每年的工作时间、不同学段(中学、小学)教师教学时间的对比、各学段(中学、小学)教师授课时间占总的工作时间的比例，不同学段(中学、小学)1996年和2007年教师工作时间的变化。D5考察学校教师评价，OECD认为教师评价不只是学校评价教师教学水平以评定教师绩效的手段，教师评价也是增进教师对自身职业规划的认知，此部分考察分为教师评价的频率即在过去五年内教师是否得到了学校的教师评价，教师是否得到了教师评价后的反馈，教学评价对工作满意度和教学效果的影响，教师对评价和反馈公正性的认知。D6 考察教师教学信念与教学实践的关系。这样能够更加清晰全面地了解中小学教师的工作环境与职业特征①。

表 1-2　2009 年 OECD《教育概览》教师队伍指标

指标类别	指标名称	指标项
学习环境和学校组织（D类）	生师比及班额（D2）	中小学中生师比（D2.2） 分学科生师比（D2.3） 中小学校中教学与非教学人员的数量（D2.4a） 第三级教育机构中教学与非教学人员的数量（D2.4b）
	教师工资（D3）	15 年教龄教师的工资（D3.1） 教师工资在 1996 年到 2007 年之间的变化（D3.2） 影响公立学校教师工资的因素（D3.3a）
	教师用于教学的时间（D4）	教师工作时间的安排（D4.1） 1996 年和 2007 年公立中小学教师每年的工作时间（D4.2）
	教师得到的评价和反馈及其影响（D5）	学校评价教师的频率及方式（D5.1） 教师评价及反馈的成果（D5.2） 教师对最近两年教师评价的感知（D5.3） 教师如何看待评价对个人职业发展的影响（D5.4）
	教师的教学实践、教学信念及态度的构成（D6）	教学时间与课题教学纪律之间的关系（D6.1）

资料来源：摘自 OECD. Education at a Glance 2009[R]. Paris：OECD，2009.

(三)各指标数据定义及数据采集标准

OECD 每年的《教育概览》中都对指标定义及数据采集标准给出了严格的定义，避免了数据收集过程中因概念不清导致的误差，也为研究者的分析研

① OECD. Education at a Glance 2009[R]. Paris：OECD，2009

究提供了便利，以下是2009年《教育概览》中教师部分数据的概念界定①：

• 工资的定义

数据来源：从2009年OECD国家教育体系指标教师与课程调查中得到，数据的统计期为2007—2008年，并根据公立学校的正式政策发布。

法定工资是指根据官方薪级确定的计划工资。报告工资是总数(用人单位支付的总数)减去个人缴纳的社会保险和养老金(根据目前的工资等级)。工资是"税前"(也就是扣除所得税之前)。净课堂教学(net contact)的小时工资是把教师每年的法定工资除以每年的净教学小时数。

起点工资是指入职时具有合格的最低程度培训的专职教师计划年度平均毛工资。

15年教龄的工资是指具有合格的最低程度培训同时有15年教龄的专职课堂教师的计划年度工资。报告最高工资是指接受过合格的最低程度培训的专职课堂教师的计划最高年度工资(最高工资等级)。

• 依据及说明

本指标比较了公立中小学具有最低水平资格的教师法定起点工资、职业生涯中期工资和最高工资。首先，从三个职业阶段上考察教师工资的绝对值：起点、职业生涯中期(15年教龄)和最高工资。接下来，对工资水平进行相对比较。最后，提供了1996年到2008年之间的工资变化。

• 相对教师工资

国际对教师的相对于国力水平的投资表明了国家对教育的重视程度，对法定工资与人均GDP进行比较，提供了将教师工资水平和国家富有程度结合起来考虑的一条途径，同时也提供了统一比较的部分基础。

另一个问题是如何保证受过良好教育的师资的充足供应。为了考察这个问题，需要一种不同的比较教师工资的基准。除了收入之外，人均GDP是与几个因素相关的，如资本收入与劳动力参与。教师的供给在很大程度上反映了教师教育专业的学生数。影响教师教育专业学生数的部分因素在于教师工资相对于其他行业工资的竞争力和吸引力。由于除教师教育外，自然会选择其他的高等教育专业，需要一个更精确的基准来对教师工资和那些非教学专业人员的工资进行对比。已经研发出一个相对于25—64岁受过高等教育的全

① 中央教育科学研究所课题组. 关于发达地区基础教育现代化发展水平若干指标的思考[J]. 教育研究，2001，10：19-24.

职全年劳动者收入的法定工资的新基准，可以反映相对的劳动力市场情况。

• 25—64 岁高等教育学历的全职全年劳动者的法定工资

这个指标将教师的工资与 25—64 岁受过高等教育的全职全年劳动者的平均收入进行比较。需要注意的一点是，这个指标采用的是 15 年教龄、符合最低资格要求的教师的工资，可以是任何年龄。教师的平均收入也许会高于这一法定工资。

• 净教学时间每小时法定工资

另一个可以更好地说明课堂教学时间的总成本的指标，是专职课堂教师的法定工资与规定教师每年教学时数之比。尽管这一指标没有根据教师用于其他与教学相关的活动的时间来调整工资，它仍然可以对教师在课堂上花费的实际时间成本进行大体的估计。

• 教学时间

教学时间是指根据政策规定一位全职教师一年教一个组或一个班的学生的小时数。通常的计算方式是每年的教学天数乘以一个教师每天的教学时数(除了规定的在每两节课或几节课中间的休息时间之外)。不过，有些国家提供了基于调查数据所计算的教学时间。

在小学阶段，如果授课教师在课间休息时对这个班级负有责任，课间的短暂休息也被包括在内。

• 工作时间

工作时间是指全职教师的常规工作小时数(不包括带薪加班时间)。根据国家政策，工作时间可以指：

与教学直接相关的时间(包括学生的其他课程活动，如作业和测试，但是不包括年度考试)。

与教学直接相关的时间和用于其他与教学相关的活动的时间，如备课、辅导学生、批改作业和试卷、专业发展、家长会、教职工会议和一般的学校任务。

• 在校的工作时间

在校的工作时间是指要求教师用于工作的时间，包括教学和非教学时间。

• 教学周数和天数

教学周数是指除了休假周之外的教学周数。教学天数是指一个教师每周的教学天数乘以教学周数，不包括学校放假关闭的天数。

• 教师评价

教师评价是指学校领导、上级领导或专业、学校同事间进行的鉴定与评估，教师评价可以采取多种方式，既有正式的、客观的评价形式（如包含不同层级标准的教学管理系统），也有非正式的、主观性评价形式（如与教师的非正式访谈、交流）。

二、UNESCO中小学教师队伍指标分析

（一）UNESCO教师队伍指标发展演变历程

作为联合国指定的全民教育监测机构，UNESCO从1991年起，每两年出版一次《世界教育报告》（*World Education Report*），旨在广泛的信息与经验基础上，向国际社会提供有关全球教育发展的主要趋势和对重要问题的简明和最新分析①。UNESCO以系统论为方法论基础，建立了用于收集数据和反映问题的教育指标，将整个教育系统分为输入、过程和输出三个相互连贯和承接的亚系统②。自1991年起《世界教育报告》已出版五本，报告中涉及教师队伍的指标有：各学段教育中的生师比、各学段女性教师的比率、每千个非农业劳动力中的教师人数、教师工资占经常经费总额的百分比、持各级文凭的教师百分比等。与OECD教育指标相比，UNESCO世界教育指标数据是按国家统计的，数据分析不涉及价值判断，主要提供一些数量方面的信息，《世界教育报告》编写人员则认为这是为了能够获得大多数国家或地区的数据③。

2000年之后，《世界教育报告》停止出版，取而代之的是UNESCO统计所（简称UIS）出版的《全球教育摘要》（*Global Education Digest*）。该报告不仅提供数据和指标，而且与决策者和研究者合作分析数据信息，扩大信息在决策过程中的适用面，因此被国际公认为进行国际教育数据比较的权威参考。初等教育师资的考察指标主要包括：师资数量（教师总人数与女性教师数及比例）、受培训教师比例（总比例、男性和女性教师各自比例）及生师比④。

UNESCO收集的教师队伍指标比较简单，指标设立时已充分考虑到数据信息收集的有效性，非常重视女性教师和发展中地区数据的采集，这与

---

① 张民选．国际组织与教育发展[M]．上海：上海教育出版社，2010.

② UNESCO. World Education Report [R]. Paris：UNESCO，1998.

③ UNESCO. World Education Report [R]. Paris：UNESCO，1995.

④ UNESCO. Global Education Digest [R]. Montreal：UNESCO，2009.

UNESCO 注重公平和平等发展的理念也是一致的。值得一提的是，受教师专业发展思想的影响，UNESCO 非常重视教育培训信息的收集，在《全球教育摘要》中专门设计了一项指标。在报告中，受过培训的教师是指接受过正规的职前教育，且职后参加了所在国家组织的教师培训，各国的教师培训形式、内容和时间可能会存在差异，但此处 UNESCO 更为关注各国是否为教师开展了培训。在指标收集过程中，UNESCO 也更为关注发展中国家的师资队伍情况，这也是与 UNESCO 的定位相一致的。

(二)UNESCO 教师队伍指标现状(以 2009 年为例)

相对 OECD 教师队伍指标来讲，UNESCO 的指标比较简单，目的在于了解成员国教师队伍的基本情况。包含三个指标：教师数量性别比例、教师培训情况和生师比。教师数量一项统计了各成员国中学、小学教师数量情况和女性教师的比例，而后分性别统计了教师接受职后培训的比例，最后统计了中学、小学的生师比情况，借以了解中小学教师工作量和教师供给情况。

表 1-3　2009 年 UNESCO《全球教育摘要》教师队伍指标

指标领域	指标项目
教师	• 2007 年教师队伍总体数量及性别比例
	• 参加教师培训的教师比例，分性别统计(2007)
	• 生师比(2007)

(三)各指标数据定义及数据采集标准

• 参加教师培训的教师比例：接受了所在国家任教相应学段所要求的最低程度的教师培训(职前或职后)①。

三、美国教育部中小学教师队伍指标分析

(一)美国教育部教师队伍指标现状(以 2009 年为例)

为了掌握国内教师队伍发展状况，多数国家的教育主管部门会定期出版教育年鉴性质的报告，通过国家的具体统计数据了解教育的发展状况与变迁趋势，以便及时做出政策调整，并监控教育质量。美国教育部开展此项活动

① UNESCO. Global Education Digest [R]. Montreal: UNESCO, 2009.

最早，指标也最为详尽，下面将以美国教育部教育统计中心(National Center for Education Statistics，简称 NCES)所构建的教育指标为例，简要论述作为国家政府教育部门对教师队伍指标的建设。

NCES 是美国联邦教育部主管教育统计信息的职能机构，该机构的建立对于美国联邦教育部收集、传输和利用各类教育信息起到了组织上的保障作用。统计中心和联邦教育部的其他部门经常性合作出版《美国教育统计摘要》《美国教育状况》《教育统计季刊》等。国家教育统计中心从 1985 年开始组织 SASS 调查(*Schools and Staffing Survey*)，旨在通过一系列的调查和报告分析，了解学校学生、教师及管理者情况，至今已形成了非常完备的调查问卷和数据收集标准，并不定期出版报告，2003—04 *Schools and Staffing Survey* 年报告中涉及教师队伍的指标①(见表 1-4)。

表 1-4　教师统计指标概览表

指标类别	指标项
教师队伍供需变化	18. 公立学校教师分布情况(分种族、民族、学校类型分别统计) 25. 不同类型教师所占比例(全职教师、兼职教师、志愿者)
教师年龄分布	19. 公立学校教师年龄(分性别、学校类型分别统计)
教师学历、教龄	20. 公立学校教师最高学历(分学校类型统计)
	21. 公立学校教师教龄、教授目前任教学科的年限(分学校类型统计)
	22. 公立学校通过教师资格考试的教师比例(分学校类型统计)
教师工资	23. 公立学校全职教师年薪及补贴(分学校类型统计)
教师工作时间	26. 公立学校全职教师平均每周工作时间(分学校类型统计)

资料来源：U. S. Department of Education. Characteristics of Schools, Districts, Teachers, Principals, and School Libraries in the United States 2003-04 Schools and Staffing Survey [R]. Washington DC：NCES，2005.

美国教育统计中心(National Center forStatistics，NCES)还会对 SASS 报告的数据做进一步的调查数据的分析和解释，在 *Results From the* 2007-08 *Schools and Staffing Survey* 报告中研究对中小学教师队伍指标进行了细化，指标更加全面，更加注重质性信息的收集，以此来最大限度地保障中小学教

① U. S. Department of Education. Results From the 2007-08 Schools and Staffing Survey [R]. Washington DC：NCES，2009.

育的质量。*Results From the 2007-08 Schools and Staffing Survey* 报告中中小学教师队伍指标分为三个指标类别：教师供需变化、教师专业发展和教师工作条件。教师供需变化调查了公立学校现有的教师数量、前一年中公立学校解雇的教师数量、学校中新入职教师的数量及百分比。教师专业发展主要考察学校是否为新教师和紧缺教师提供了专业发展的机会①。

表 1-5　教师统计指标概览表

指标类别	指标项
教师队伍供需变化	公立学校教师数量
	在前一年中，公立学校解雇的教师数量和资格证未更新的教师数量
	学校中新教师的数量及百分比
教师专业发展	学校是否为新教师提供免费专业发展机会
	学校是否为紧缺教师提供免费专业发展机会
教师工作条件	教师平均工资，教师最高工资，教师最低工资
	教师福利的类型及多少
	教师激励的类型及多少
	学校是否采取措施去吸引新教师，采取了哪些措施

资料来源：U. S. Department of Education. Results From the 2007-08 Schools and Staffing Survey [R]. Washington DC：NCES，2009.

从美国 SASS 调查的指标看，这些指标的设立与不同时期美国对教育及其教师队伍的关注点密切相关。如 2002 年美国教育统计中心的一项调查显示，美国大量的中小学教师来自教育学专业或是“非专业领域教师”，无法保证其在所教科目上的能力；教育学院无法吸引好的学生；教师流动性过大等②。SASS 调查中非常注重考查教师工作条件，学校是否采取了吸引优秀教师的激励评价措施，是否为教师提供专业发展机会，这实际都是在监测美国教师队伍的发展状况与变化趋势，为中小学教育质量提供师资保障。

除了 SASS 调查之外，美国教育部年度报告《教育概览》(*The Condition*

---

① U. S. Department of Education. Results From the 2007-08 Schools and Staffing Survey [R]. Washington DC：NCES，2009.

② U. S. Department of Education. The Condition of Education 2002[R]. Washington DC：NCES，2002.

of Education)中也有指标涉及中小学教师队伍，如近两年是否参加了教师专业发展活动、公立中小学生师比及其在十年间的变化情况、教师工资等①。

四、我国中小学教师队伍指标分析

(一)我国教师队伍指标发展演变历程

在我国，较为全面的考察中小教师队伍指标体现在教育部规划司每年出版的《中国教育统计年鉴》(以下简称《年鉴》)中，以下将从1978年始，每隔五年梳理一次《年鉴》中有关中小学教师队伍指标的变迁。1978年《年鉴》中关于教师队伍的指标涉及两个方面：数量和质量，即教师数量和学历(见表1-6)，当时中小学教师数量尚未满足教育事业发展的需要，代课教师，尤其是在农村地区大量存在，所以《年鉴》中教师数量专门调查了代课教师的数量，专任教师数量总计中城市学校、县镇学校和农村学校分布统计；教师学历按语文、数学、英语、政治、物理等16个学科分别统计②。20世纪80年代后开始有分省区、分区域(城市、县镇、农村)中小学教师数量的统计数据，但教师学历未作统计。鉴于当时教师资源的匮乏，且地区间、校际间分布不均，但中小学人事编制尚未理顺的实际情况，本着"只求所用，不求所有"的思想，兼任教师成为教师资源补充的重要组成部分，从1981年开始增加了兼任教师数量的分区域统计数据③，1983年《年鉴》中只统计了教师数量一项，并做了总体统计和分区域(城市、县镇、农村)的分别统计④。1988年《年鉴》涉及教师队伍的指标只有一个，即教师数量，但考察方面更加细化，教师总体数量做了分省份和分区域(城市、县镇、农村)的分别统计，教师数量中民办教师、女性教师的数量及比例也做了分省份统计⑤(见表1-7)。1993年和1998年《年鉴》涉及教师队伍的指标相对于1988年未作变动，保持稳定⑥⑦。进入21世纪后，我国中小学教师队伍数量基本满足教育事业发展的需要，中小学教育

① U. S. Department of Education. The Condition of Education 2005[R]. Washington DC：NCES，2005.

② 教育部发展规划司. 中国教育统计年鉴1978[M]. 北京：人民教育出版社，1979.

③ 教育部发展规划司. 中国教育统计年鉴1987[M]. 北京：人民教育出版社，1988.

④ 教育部发展规划司. 中国教育统计年鉴1983[M]. 北京：人民教育出版社，1984.

⑤ 教育部发展规划司. 中国教育统计年鉴1988[M]. 北京：人民教育出版社，1989.

⑥ 教育部发展规划司. 中国教育统计年鉴1993[M]. 北京：人民教育出版社，1994.

⑦ 教育部发展规划司. 中国教育统计年鉴1999[M]. 北京：人民教育出版社，2000.

对教师需求从以数量为先，转变为以质量为要，这在《年鉴》中亦有所体现，2003 年《年鉴》涉及教师队伍的指标在 1988 年的基础上增加了“教师学历、职称情况”一项，并做了总体数量统计和分区域(城市、县镇、农村)的分别统计①(见表 1-8)。2009 年《年鉴》涉及教师队伍的指标更加详尽、丰富，涉及教师数量、教师学历、教师职称、教师变动、教师政治面貌，教师工资(详见《中国教育经费统计年鉴》)六个方面。新增项目包括教师变动和教师政治面貌。教师变动考察了在过去一年(2008 年)教师自然减员、调出、校内调整等减少教师数量和录用毕业生、调入、校内调整新增加教师数量；教师的政治面貌一项主要调查了专任教师中政治面目为共产党员、共青团员、民主党、其他四项上的人数，并统计了其中女性教师和农村的政治面目分布情况；教师工资一项在《中国教育经费统计年鉴》的教师经费支出中有所涉及，分省份统计了专任教师的工资②。《年鉴》中教师指标具体演变历程(见表 1-9)。

表 1-6　1978 年《中国教育统计年鉴》中涉及教师队伍的指标

指标名称	指标项
教职工数量	教职工数量(分学校性质统计) 其中代课教师数量
教职工学历	教职工学历(分学科统计)

表 1-7　1988 年《中国教育统计年鉴》中涉及教师队伍的指标

指标名称	指标项
教职工数量	教职工数量(分省份、分行政区划统计) 其中民办教师数量(分省份统计) 其中女性教师数量(分省份统计)

表 1-8　2003 年《中国教育统计年鉴》中涉及教师队伍的指标

指标名称	指标项
教师数量	教师的数量统计(分省份、分行政区划统计) 其中民办教师数量(分省份统计) 其中女性教师数量(分省份统计)

① 教育部发展规划司. 中国教育统计年鉴 2003[M]. 北京：人民教育出版社，2004.

② 教育部发展规划司. 中国教育统计年鉴 2009[M]. 北京：人民教育出版社，2010.

表 1-9 《中国教育统计年鉴》教师队伍指标演变历程表(1978—2009)

年份	小学教师				中学教师				高中教师			
	专任教师数量(分集体办、教育部门办、其他部门办、分区域统计)	专任教师学历(分区域统计)	民办教职工数(分区域统计)	女性教职工数(分省份统计)	专任教师数量(分区域统计)	教师学历(分任教课程分别统计)	民办教职工数量(分区域统计)	女性教职工数(分省份统计)	专任教师数量(分区域统计)	专任教师学历(分区域统计)	民办教职工数(分区域统计)	女性教职工数(分省份统计)
1978	√	√			√	√	√		√	√		
1979	√	√	√		√	√	√		√			
1981	√				√				√			
1982	√				√				√			
1984	√				√				√			
1985	√		√	√	√		√	√	√		√	√
1986	√		√	√	√		√	√	√		√	√
1987	√		√	√	√		√	√	√		√	√
1988	√		√	√	√		√	√	√		√	√
1989	√		√	√	√		√	√	√		√	√
1990	√		√	√	√		√	√	√		√	√
1991	√		√	√	√		√	√	√		√	√
1992	√		√	√	√		√	√	√		√	√
1993	√		√	√	√		√	√	√		√	√
1994	√		√	√	√		√	√	√		√	√
1995	√		√		√			√	√		√	√
1996	√		√	√	√		√	√	√		√	√

续表

年份	小学教师				中学教师				高中教师			
	专任教师数量(分集体办、教育部门办、其他部门办、分区域统计)	专任教师学历(分区域统计)	民办教职工数(分区域统计)	女性教职工数(分省份统计)	专任教师数量(分区域统计)	教师学历(分任教课程分别统计)	民办教职工数量(分区域统计)	女性教职工数(分省份统计)	专任教师数量(分区域统计)	专任教师学历(分区域统计)	民办教职工数(分区域统计)	女性教职工数(分省份统计)
1997	√		√	√	√		√	√	√		√	√
1998	√		√		√		√		√	√	√	
2002	√		√	√	√	√	√	√	√	√	√	√
2005	√	√(含职称)	√	√	√	√(含职称)			√	√(含职称)		
2007	√		√	√	√	√(含职称)			√	√(含职称)		
2008	√	√(含职称)	√	√	√	√(含职称)			√	√(含职称)		
2009	√	√(含职称)	√	√	√	√(含职称)			√	√(含职称)		

资料来源：教育部发展规划司，中国教育统计年鉴(1978—2009)[M]. 北京：人民教育出版社，1978—2009.

补充说明：

1.1978 年、1979 年统计的为集体办教师数据，之后为民办教师数据。

2.1979 年集体办教职工数未分初中、高中统计；1981 年及之后的都有分省份的数据。

3.1984 年数据有代课教师、兼任教师的分所在地(总计、城市、县镇、农村)统计。

4. 自 2002 年增加指标为：小学、中学分办别、分所在地的专任教师、兼任教师、代课教师的数量统计。

5.2005 年调整的指标为：初中、小学教师变动情况统计，分所在地(总计、城市、县镇、农村)统计，包括增加教师数(录用毕业生、调入、校内调整)，减少教师数(自然减员、调出、校内调整)；教师学历、职称情况的统计；小学教师分课程的学历情况统计；小学、初中教师的专业技术职称和年龄的统计。

6.2007 后增加的指标为：高中分办别、分所在地的专任教师、兼任教师、代课教师的数量统计。高中教师变动情况，分所在地(总计、城市、县镇、农村)统计，包括增加教师数(录用毕业生、调入、校内调整)，减少教师数(自然减员、调出、校内调整)。

(二)我国教师队伍指标现状(以2009年为例)

下面以2009年指标为例来说明《年鉴》中教师队伍的测量指标。2009年《年鉴》中涉及中小学教师队伍指标六项，分别为教师数量、教师学历、教师职称、教师变动、教师政治面貌和教师工资。教师数量部分考察了教职工、专任教师的总计，分省份、分区域数量分布；女性教师、民办教师、少数民族教师数量及比例的分省份分布；教师学历部分考察了专任教师学历的分省份、分区域分布情况以及女性教师学历的分省份分布情况；教师职称也做了专任教师职称的分省份、分区域分布情况以及女性教师学历的分省份分布情况；教师变动主要考察了前一年(即2008年)中小学因自然减员、调出、校内调整等减少教师数量和录用毕业生、调入、校内调整新增加教师数量；教师的政治面貌一项主要调查了专任教师中政治面目为共产党员、共青团员、民主党、其他四项上的人数，并统计了其中女性教师和农村的政治面目分布情况①；教师工资一项在《中国教育经费统计年鉴》的教师经费支出中有所涉及，分省份统计了专任教师的工资②。具体指标见表1-10。

表1-10　2009年《中国教育统计年鉴》中涉及教师队伍的指标

指标名称	指标项
教师数量	教职工、专任教师数量统计(总计、分省份、分区域统计) 女性教师的数量及比例(分省份统计) 民办教职工数量(分省份统计) 少数民族教师数量及比例
教师学历	专任教师学历(分省份、分区域统计) 其中女性专任教师学历(分省份统计)
教师职称	专任教师职称(分省份统计、分区域统计) 其中女性专任教师职称(分省份统计)
教师变动	专任教师增加、减少数
教师政治面貌	专任教师政治面貌(共产党员、共青团员、民主党派、华侨)
教师工资	专任教师工资(分省份统计)(出自《教育经费统计年鉴》)

资料来源：教育部发展规划司．中国教育统计年鉴2009[M]．北京：人民教育出版社，2010．
教育部财政司．中国教育经费统计年鉴2009[M]．北京：中国统计出版社，2009．

① 教育部发展规划司．中国教育统计年鉴2009[M]．北京：人民教育出版社，2010．
② 教育部财政司．中国教育经费统计年鉴2009[M]．北京：中国统计出版社，2010．

(三)特点分析

三十多年来，随着我国社会转型及教育改革的不断推进，我国中小学教师队伍指标体系经历多次改进后，其建构和应用都已取得一系列的成就和进展，从1978年—2009年《年鉴》中小学教师队伍的指标来看，我国教师指标经历了一个从少到多、从简到详的过程。1978年、1979年只关注中小学总体教师的数量，进入21世纪后，我国政府对教育的管理开始从行政干预逐步转向主要依靠统筹规划、方针政策、信息引导、监测评估等手段实行宏观调整，因此，近些年中小学教师队伍评价与监测指标体系开始受到社会各界的重视，2009年教师队伍指标涉及教师数量、学历职称、变动、政治面貌情况。可以说，我国的中小学教师队伍指标一直处于不断完善的进程中。但是，与OECD、UNESCO和美国教育部NCES教师队伍指标比较起来，我国教师队伍统计指标整体处于羸弱状态，全面而深入的教师队伍质量指标体系构建还处于刚刚起步阶段，指标内容及维度丰富性亟待提高。以下将从结构和内容、数据收集和分析、实践应用与功能发挥三个方面对我国中小学教师队伍指标存在的若干问题做简要分析和相关讨论。

1. 结构和内容方面

• 指标单一零散，缺乏系统性，理论基础薄弱，最终沦为统计数据的堆积

我国教师队伍相关统计数据散见于历年的《教育事业发展统计公报》与《年鉴》中，已有统计数据主要集中于教师队伍的基本结构，如教职工数量、专任教师数量、代课教师、兼任教师数量及其分区域统计数据；各学科教师学历、职称与年龄结构、专任教师变动情况、教职工政治面貌、教师工资等，最终统计数据以报表的形式呈现，数据背后却缺乏一套相对成熟的教师队伍发展指标分析理论作支撑，各指标之间缺乏逻辑的联系和内在的关联，本身并没有一定的理论基础，同时也没有自己的理论分析框架，缺乏对数据的分析和整合，也不利于数据的后期整理和分析。有学者认为，我国的教师队伍指标实际上是一种教育统计数据的集合。一个真正意义上的教师队伍指标体系，必然要有自己的理论基础和一定的理论分析模式。如美国教育部教师队伍指标统计以教师质量保障为出发点和理论依据，重点考察吸引、留住、发展教师队伍的指标，也正是由于这一自身的理论基础和分析模式，才使得对指标体系中的所有指标的深入分析成为可能，并使得该指标体系逐步趋于完善。

《年鉴》数据分析模式的缺乏与指标的零散，导致指标的逻辑关系不明确，数据分析仅限于单一指标的简单描述，体现在难以将现有教师队伍的基本规模信息与教学过程、学生学习、教师专业发展的微观因素，更无法与社会经济的宏观因素相链接进行多指标间的深入分析，也就难以在动态复杂的因素中揭示教师作为一门职业的特征与教师队伍发展的基本规律，进而导致教师及相关教育政策的制定缺乏坚实的信息决策基础。

• 中小学教师队伍指标构造维度还存在较多薄弱甚至缺失状况

教师队伍指标是从社会、经济大系统出发来描述和评价教师队伍发展变迁趋势，因此，教师队伍指标体系应与国家的教育政策紧密相关，指标数据为调整教师队伍决策服务，每一个指标都应具有相应的政策含义与普遍意义。其不应仅仅局限于教师队伍、教育的发展，还能更多地关注教育与社会的发展、教育与经济的发展以及这些变化对教师队伍提出的新要求；更多的关注教师队伍的供给，包括数量、规模的区域间配置；质量监测，包括教师资格证通过率，学历、职称情况；教师专业发展的实施；教师激励政策措施，包括教师工作时间、工作环境的评估；更多地关注教师评价，教师如何在教育发展过程中发挥更大的作用等。

我国中小学教师队伍指标构造还存在维度薄弱甚至缺失状况。如(1)20 世纪七八十年代，鉴于我国教师资源地区间、校际间、科目间分布不均，而中小学人事编制限制大规模扩充教师队伍，本着“只求所用，不求所有”的思想，兼任教师成为教师资源补充的重要组成部分。《年鉴》从 1984 年开始有兼任教师数据的分区域统计，但仅提供数量信息，至于哪些地区的学校，哪些科目兼任教师比例最多，兼任教师队伍学历等无从知晓，这样的数据无法更好地帮助研究人员及政策制定者了解兼任教师队伍的发展及质量状况，对兼任教师的调整政策制定指导意义不大。代课教师的数据统计亦存在类似情况。(2)《年鉴》中关于中小学教师队伍质量的指标一直处于缺失状态，2002 年开始才增加教师学历、职称的分省份统计情况，但仅限于此，未涉及教师资格证通过情况调查和所教非所学情况的统计，教师职后培训情况也未体现，这给研究者深入了解分析教师队伍质量情况带来不便。(3)学校环境与组织支持的指标完全缺失，学校组织环境是教师成长发展的微环境，教师工作时间与教师工资、生师比、教师流动情况的综合分析，便于掌握教师工作满意度、留职率、预测教师供需等，而《年鉴》缺乏对此类指标的统计。

• 中小学教师队伍指标政策敏感度不足，系统决策功能羸弱

经济合作与发展组织(OECD)等国际组织有关教育指标基本特征的研究表明：结果性、政策相关性、稳定性、可比性、简朴性、实用性是教育指标构造中应注重的基本特质，我国中小学教师队伍指标构造中比较关注指标的稳定性和简朴性，政策相关性、可比性明显不足。虽然进入21世纪后，逐渐增加了教师学历、职称、教师流动等监测指标，但对教师质量监测、政策相关性、可比性、实用性等方面关注深度不够，体现在难以将现有教师队伍的基本规模信息与教学过程、学生学习、教师专业发展的微观因素，更无法与社会经济的宏观因素相链接进行多指标间的深入分析，也就难以在动态复杂的因素中揭示教师作为一门职业的特征与教师队伍发展的基本规律，进而导致教师及相关教育政策的制定缺乏坚实的信息决策基础。具体表现为：从1978年到1993年这15年是中国民办教师队伍的治理整顿时期，国家通过将优秀民办教师转为公办教师、师范转招民办教师、堵口子、辞退不合格民办教师等途径调整教师队伍，提高教师队伍整体质量，但体现在《年鉴》中仅仅是一个民办教师总体数量的变化，缺少民办教师区域间变化趋势以及民办教师转正数量、学历提高状况、地区间学生数量变迁数据的综合分析，无法更好地揭示15年间民办教师整顿的效果及不足，对实践的引导作用不强；教师数量的分学科统计只在2005年数据中有所体现，这对于国家教育部门调整高校师范专业的录取人数调整指导力度欠缺。

2. 数据收集和处理方面

• 数据收集方式单一，不够多样化，参与机构有限

目前，《年鉴》数据收集的最主要途径是基础教育统计报表制度。它是由国家统一制定，以基层单位的核算资料为基础，按统一的表式、指标、报送时间和程序，自下而上地逐级提供本部门、本地区基本统计资料的一种经常性的资料收集方法。它以县为最基层单位，经过县(市、区)、地(市)、省(自治区、直辖市)等主管部门层层汇总。由于层级较多，加之对个别概念理解的误差，可能会加大信息损耗量和降低信息的准确性与真实性，而且这样的统计方式忽略了县以下单位的差异。教师数量信息在《年鉴》中只以总计和省份、区域间的统计形式出现，这样的呈现形式忽略了省以下单位间的差异，各省间的同一行政单位也失去了比较的可能性，使得后期的数据变化分析、地区间、校际间比较无从下手。

• 在指标数据质量和信度保证方面，虽然出台了专门的“教育统计数据质

量控制方法”，但目前数据质量还不尽如人意

在指标数据质量和信度保证方面，虽然出台了专门的“教育统计数据质量控制办法”，但目前数据质量还不尽如人意，《年鉴》数据质量的问题具体表现为在指标及其数据的设计、调查、整理和传输过程中因指标选用不当，实地调查方案设计和实施不当，数据处理有误，以及数据存储和传递等原因而影响数据准确性和真实性的现象还时有发生。究其深层次原因，主要是：质量标准还不够精细；对设计误差、调查误差、整理误差和传输误差的综合检查和监督力度还不够；教育统计人员队伍不稳定，以兼职人员为主，专业素养不高；有关的规章制度和奖惩机制不健全以及执行力不强等。

• 数据收集连续性差，难以分析历史变迁趋势

教育指标体系是一个系统的、持续的监测过程，连续的教师队伍指标才能反映教师队伍某一指标的发展变迁过程，单次的指标数据所反映的信息非常有限。以教师学历为例来说明，1978 年、1979 年《年鉴》均有中小学教师的学历情况统计，但在 20 世纪八九十年代 20 多年的时间里关于中小学教师学历的统计一直缺失，直到 2004 年才对中小学教师学历、职称做了分学段、分省份的统计，缺失 20 多年的学历数据使得教师队伍学历发展变迁的研究变得不可能。

3. 实践应用与功能发挥方面

• 关于由谁使用和如何使用国家义务教育指标及其数据，我国政府还没有明确的分类管理制度

中小学教师队伍统计数据的使用者从理论上讲，主要包括公众、教育部门政策制定者、教育行政人员和研究学者，由于他们的职业特点、地域特点不同，其对指标体系的使用方式也不同。如教育部门政策制定者对宏观指标比较感兴趣；中小学校长关心教师队伍质量及职后发展情况，但使用指标的频率远不如教育行政人员和研究人员等；研究者则更多地从学理角度审视中小学教师队伍发展变迁历程，并结合教育发展给出评价与判断。有鉴于此，美国等一些发达国家正致力于建立和健全有关指标及其数据使用者与使用方法的分类管理制度，我国在这方面相对滞后，这影响了教师队伍指标体系实践应用目标、服务方式、开发方式的系统性、规划性和有效性。

• 数据指标缺乏国际之间与国内地区间的可比性

国际教育指标体系对于指标的选取和统计口径，既立足于各国国情，更强调各国间的可比性。目前我国教育信息统计部门与国际教育指标数据信息

系统存在较大差距，使得数据难以与国际进行比较。例如教师工资，我国实行以县为主、经费省级统筹、中央适当支持的原则，由于地区发展的差异，全国或全省范围内尚未形成统一、明确的统计口径，更无法进行国际比较。

• 统计信息的协调与共享缺乏，信息封闭现象严重

我国信息统计部门之间的信息缺乏协调和共享，数据信息的开放还不够。从北京市范围来说，各个信息统计部门之间的信息存在封闭、交叉等问题，即使在教育行政部门内部，仍然缺乏一个有效的信息统筹机制，信息不能共享。比如，教师工资数据有教育部财政司掌握，而教育数量、学历、职称等数据在教育部发展规划司，信息共享水平较低。

• 指标体系功能的整合与优化欠缺

与西方发达国家相比，我国教师队伍指标体系仍处于指标体系功能整合与优化的初级阶段，具体表现为：教育统计和评价资料在用于各级教育行政部门编制年度计划方面效果较好，但在项目评估、发展预测方面作用很有限；指标体系普及工作不够，指标的使用人群及其规模、各种指标的使用频率还不理想，用于社会和家长对教育的了解、监督、支持等方面的效果差强人意；数据发布和推广形式以纸媒介为主，光盘、互联网和中介组织等形式比较缺乏。

• 对指标数据的分析研究甚少

《年鉴》数据最主要的功能在于通过数据的综合分析了解教育发展变化的趋势，掌握我国现有中小学教师队伍的状况，但我国对年鉴数据的分析研究甚少。一来，《年鉴》本身只按各个分指标给出了中小学教师队伍的数量和质量方面信息，缺乏不同指标间的相关分析和历年变化趋势分析，如 OECD 教师队伍指标考察了教师队伍数量、生师比和教师工作时间的关系，教师数量、教师工资的历年分析。二来，国内学术界尽管对指标、教育指标的学理问题进行了深入的探讨，但鲜有对《年鉴》中教师队伍数据的分析研究，这种现状背离了教育指标发展的初衷，易使其丧失生机与活力。如以 CNKI 收录的期刊文章为例，以“教师配置”“年鉴数据”“教师队伍变化”“教师队伍变迁”“教师队伍发展”“代课教师”“兼任教师”等为关键词搜索文章中通过《年鉴》数据分析我国中小学教师队伍变迁的文章，共搜索到 0 篇博士学位论文、0 篇硕士学位论文、8 篇期刊论文，其中 7 篇为沈有禄、谯欣怡合作或独立撰写。可以说，对《年鉴》数据的研究不论是从论文数量，还是研究者广度来讲，都是不够的。

五、我国中小学教师队伍指标与国际组织(OECD、UNESCO)、美国教育部教师队伍指标的比较(以2009年数据为例)

从表1-11可以看出，与OECD教师队伍指标相比较，有两个指标是我国《年鉴》中有的，分别为生师比、教育教学人员数量；分学科生师比，我国部分年份有，部分年份缺省；教师工资OECD做了年度统计和10年间的变化统计，我国《中国教育经费统计年鉴》中教师工资数据有所体现，但由于我国教育经费实行以县为主的政策，导致数据收集方式与OECD无法接轨；在教师评价和教师信念两大类指标上我国完全缺省，这与我国教育指标注重量化数据收集，缺少质性的、了解个体教师工作现状的有关，同时也是中国现行教育统计数据收集方式所力不能及的。比较图详见表1-11。

表1-11 OECD《教育概览》与《中国教育统计年鉴》教师队伍指标比较

指标类别	指标名称	指标项	我国统计资料		
			有	有但不完整	无
学习环境和学校组织(D类)	生师比及班额(D2)	中小学中生师比(D2.2)	√		
		分学科生师比(D2.3)	√	√	
		中小学校中教学与非教学人员的数量(D2.4a)	√		
		第三级教育机构中教学与非教学人员的数量(D2.4b)	√		
	教师工资(D3)	教师的工资(D3.1)		√(无分教龄统计的教师工资)	
		教师工资在1996年到2007年之间的变化(D3.2)			√
		影响公立学校教师工资的因素(D3.3a)			√

续表

指标类别	指标名称	指标项	我国统计资料		
			有	有但不完整	无
	教师用于教学的时间(D4)	教师工作时间的安排(D4.1)			√
		1996年到2007年公立中小学教师每年的工作时间(D4.2)			√
	教师得到的评价和反馈及其影响(D5)	学校评价教师的频率及方式(D5.1)			√
		教师评价及反馈的成果(D5.2)			√
		教师对最近两年教师评价的感知(D5.3)			√
		教师如何看待评价对个人职业发展的影响(D5.4)			√
	教师的教学实践、教学信念及态度的构成(D6)	教学时间与课题教学纪律之间的关系(D6.1)			√

与美国NCES SASS调查中教师队伍指标相比，仅有教师数量一项是我国《年鉴》也具有的。教师年龄、教师学历我国部分年份有，教师工资我国亦有部分体现，但缺少年份间比较和年段的发展变迁趋势分析，教师专业发展和教师工作条件等8项指标在我国的《年鉴》中完全缺省。

表1-12　美国NCES SASS调查与《中国教育统计年鉴》教师队伍指标比较

指标类别	指标项	我国统计资料		
		有	有但不完整	无
教师年龄	教师年龄分布		√	
教师学历、教龄	教师学历、教龄		√	
教师队伍供需变化	公立学校教师数量	√		
	在前一年中，公立学校解雇的教师数量			√
	学校中新教师的数量及百分比			√
教师专业发展	学校是否为新教师提供免费专业发展机会			√
	学校是否为紧缺教师提供免费专业发展机会			√

续表

指标类别	指标项	我国统计资料		
		有	有但不完整	无
教师工作条件	教师平均工资，教师最高工资，教师最低工资		√	
	教师工作时间			√
	教师福利的类型及多少			√
	教师激励的类型及多少			√
	学校是否采取措施去吸引新教师，采取了哪些措施？			√

相对于OECD、NCES来说，UNESCO《全球教育摘要》中教师队伍指标较为简单，但与其相比，《年鉴》中的指标还是有缺省现象，即参加教师培训的教师比例及性别分布，教师性别比例和生师比两项《年鉴》中呈现方式略有差异，但后期计算可以获得。

表1-13　UNESCO《全球教育摘要》与《中国教育统计年鉴》教师队伍指标比较

指标领域	指标项	我国统计资料		
		有	有但不完整	无
	• 2007年教师队伍性别比例		√	
	• 参加教师培训的教师比例，分性别统计(2007)			√
	• 生师比(2007)		√	

综上所述，本节梳理了OECD、UNESCO、美国教育部NCES、我国教育部教育规划司出版的年度报告中的中小学教师队伍指标。OECD教育队伍指标包括生师比及班额、教师工资、教师教学时间、教师评价、教师信念，对每一个指标的概念界定、数据收集方式都给出了明确界定，而且根据教育政策的调整教师队伍指标一直处于调整和发展过程中。UNESCO教师队伍指标相对比较稳定，主要考察教师数量、女性教师比例和教师职后培训的情况，这与UNESCO的使命是一致的，目的在于监测成员国教师发展的均衡状况。美国NCES的教师队伍指标以教师队伍质量保障为出发点，对学校组织和环境非常重视，教师专业发展机会、教师福利及类型都是其中的关键指标，同时还对教师流动情况作了详细统计。我国《年鉴》中教师队伍指标主要包括：

教师数量及学历、职称情况；教师流动、教师政治面貌、教师工资等，指标单一，因缺少理论职称和数据间的相关分析，沦为统计数据的堆积，另外，由于数据收集方式欠科学，导致信效度不高，难以与国际接轨，进行国际对比研究。

第四节　对我国教师队伍指标建设的研究启示

加快建设一支高素质的教师队伍，这是中国教育发展战略和宏观政策的重点，是发展高质量的教育、实施素质教育、不断满足人民群众对优质教育的要求，是适应经济和社会发展、迎接21世纪国际竞争挑战的解决之道。与国际教育指标体系相比，我国目前尚未有真正意义上的教育指标体系，教师队伍的指标更待构建与发展。立足我国教育发展的实际状况，参照目前国际教师队伍指标，本节对未来我国教师队伍指标建设提出如下建议(见图1-2)：

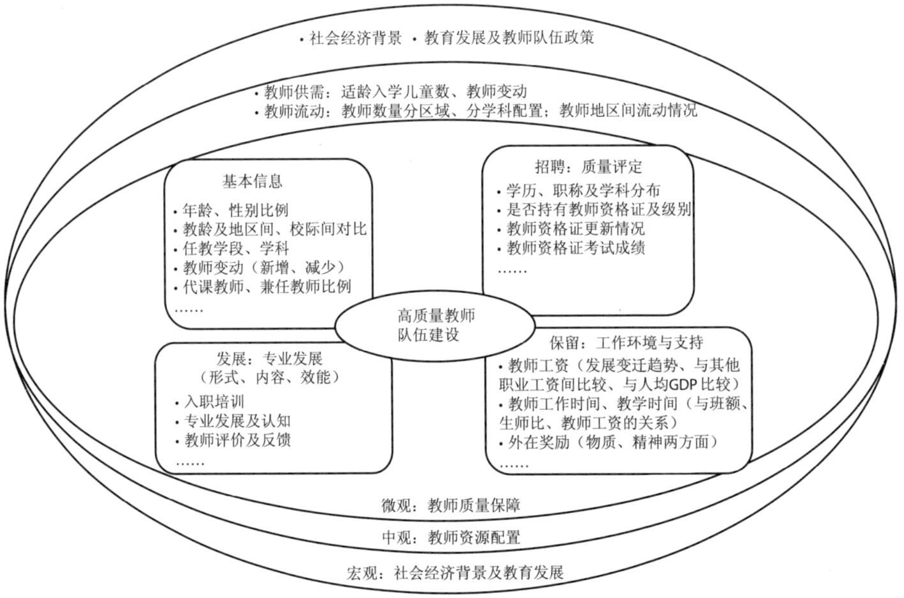

图1-2　中小学教师队伍建设指标构建图

一、教师队伍指标的结构与内容

（一）针对指标的单一与零散，缺乏系统性，教师队伍指标的构建应将教师因素放在社会经济及教育发展的宏观背景中统筹考虑，加强指标的政策敏感性

政策相关性和政策敏感性是教育指标体系的生命力，一种教育指标体系存在的目的是为政策制定者和其他利益相关者（包括各级政策制定者和决策者、教育机构的行政人员、大学教授、教育学和社会科学的研究生、教师、校长、研究者、图书馆人员、家长、学生、专业人员、雇主和国际机构和组织等）提供有效信息，缺乏政策相关性和政策敏感性的教育指标也必定是没有生命力的。OECD在20世纪70年代建构指标的失败及80年代抓住政策相关性和政策敏感性基础上的成功都很好地说明了这一点。政策相关性和政策敏感性是OECD教育指标体系的生命力，也应成为我国教育指标体系的生命力。只有这样，我国的教育指标体系研究才能得到更好的发展。此外，我国的教育指标体系也不应单单依赖政府机构，应当有更多的非政府部门或研究单位参与教育指标体系的研究。非政府部门的研究只有紧紧地抓住政策相关性和政策敏感性才能获得政府对非政府部门教育指标体系研究的支持，这样制订的教育指标体系才能为我国的教育发展与教育决策提供有价值的信息参考。

（二）针对教师队伍指标薄弱甚至缺失状况，我国教师队伍指标应完善教师质量、教师工作量、教师评价等指标，且重视指标体系在不同历史时期重点转移的问题

借鉴OECD及美国教师保障的理论及实践，提出教师指标构建的框架图如下：从教师质量保障的视角分为三个层面：吸引教师：包括教师专业自主权、教师工资、教师激励和进入职业的可选择途径；发展教师：包括入职指导、专业发展机会及形式、教师评价及反馈；留住教师：包括教师工资、教师工作满意度、教师工作环境、教师工作量、生师比等。从教师队伍政策分析视角，分为教师两个层面：教师供需：包括教师变动、适龄入学儿童数；教师配置：包括教师数量及分区域、分学科统计，教师学历及分区域、分学科统计，教师变动情况。另外，虽然教育指标体系要保持总体结构模式的相

对稳定，但是失去了时效性的教育指标体系也就失去了存在的价值。我国的教师队伍指标体系应当随着我国教育的不断发展与演变而作相应的调整，使其紧密联系教育发展、教师队伍发展的需求，真正起到信息参考作用。

（三）确立教师队伍指标的分析模式，加强指标理论研究工作

分析模式的确立是教育指标体系研究的重点和教育指标体系制订必需的步骤。指标体系的更新发展一般是在基本分析模式不变的情况下进行的，因此，教育指标体系必须有相对稳定的分析模式，从而维持指标体系的连续性和一致性。但我国尚没有真正意义上的教师队伍指标体系，现有的指标也没有相应的理论基础或分析模式，基础不清晰，必然导致所收集教师队伍统计数据的凌乱，各部分指标之间逻辑关系不明确，也不利于以后数据信息的分析。

OECD 教育指标体系经历多年的研究与探索，在 1992 年出版的《发展中的国际教育指标：一种分析框架》(Developing International Education Indicators：A Framework for Analysis)中详细阐述了其分析模式，即 CIPP 模式(情境—输入—过程—产出)，这种模式贯穿了自 1992 年初次发布教育指标体系以来的所有教育指标体系。正是基于这种模式，OECD 教育指标体系才得以在一种较为稳定的框架下发展并逐渐成熟。我国教育事业发展统计公报的组织结构是以教育级别或者类型进行组织的，这种简单的组织方法产生的信息往往是笼统、模糊的，不能全面深入地描述我国教育发展的实际状况，从而不能为我国的教育决策提供更多真实有用的信息。要解决这个问题，必须把分析模式作为重点，加强教育指标体系研究工作。由于分析模式以教育理论为基础，因此，有必要加强教育理论研究。

二、数据收集和处理

我国教育指标信息极不完善，数据指标缺乏国际之间与国内地区间的可比性以及数据收集的非连续性，其原因既是缺乏大教育的统计理念和科学的统计手段，更因为缺乏综合的统计途径。我国信息统计部门之间的信息缺乏协调和共享，即使在教育行政部门内部，仍然缺乏一个有效的信息统筹机制。我国应该破除行业和机构壁垒，成立由社会发展、政策研究、教育规划、教育财政、社会调查、教育统计和信息技术等方面专家组成的专门工作组，负责定期研究和比较国内外教育发展理论和现行教育政策，确定现代化的各项

目标和具体监测目标，明确指标的数据构成，设计相应的工具或调查方法，规定相应的经济投入，通过深化统计制度改革，提供组织和制度保证，建设完善的教育信息监测系统，教师队伍指标框架应力图实现国际、国内省区的横向与跨时间的纵向多个层面关键数据的比较，建立日益完善的国家教师队伍信息数据库。

三、实践应用与功能发挥

限于各个数据指标的简单统计，缺乏多个数据指标间的链接，教师队伍的指标分析应立足对不同指标之间的相关性、因果性与预测性深度分析，在宏观与微观指标的相互关系中揭示教师队伍发展的基本规律。

值得注意的是，OECD、UNESCO、美国作为一个以发达国家为主的国际组织或发达国家，其成员国的经济与教育发展程度远在我国之上，社会经济和教育发展程度的差异可能导致某些方面指标的不可比性。我们在吸取国际组织和发达国家经验的同时，也要致力于发展与我国教育发展程度相适应的教育指标体系。例如，OECD 国家将第三级教育视为影响个人就业前景最重要的因素。如果我们一味追随 OECD 教育指标体系或者其他成功的教育指标体系，或许会忽略我们所处发展阶段许多特有的问题，将不利于我国宏观教师政策的制定，进而影响我国教师队伍的质量保障。

参考文献

OECD 教育政策分析 2005—2006：聚焦高等教育[M]. 北京：教育科学出版社，2008. 71.

Ralph，F. & Judith，C. C. 著. 董丽敏，高耀明等译。教师职业生涯周期[M]. 北京：中国轻工业出版社，2005.

操太圣，卢乃桂. 抗拒与合作：课程改革情境下的教师改变[J]. 课程・教材・教法，2003，1：71-75.

陈珊. 二十一世纪美国高质量教师的标准及其实施策略[J]. 华中师范大学研究生学报，2006，6：5-6.

管培俊，关于教师教育改革发展的十个观点[J]. 教师教育研究，2004，4：3-7.

赫兹伯格等. 赫兹伯格的双因素理论[M]. 张湛译. 北京：中国人民大学出版社，2009. 98-99.

教育部财政司. 中国教育经费统计年鉴 2009[M]. 北京：中国统计出版社，2010.

教育部发展规划司. 中国教育统计年鉴 1978[M]. 北京：人民教育出版社，1979.

教育部发展规划司. 中国教育统计年鉴 1983[M]. 北京：人民教育出版社，1984.

教育部发展规划司. 中国教育统计年鉴 1987[M]. 北京：人民教育出版社，1988.

教育部发展规划司. 中国教育统计年鉴 1988[M]. 北京：人民教育出版社，1989.

教育部发展规划司. 中国教育统计年鉴 1993[M]. 北京：人民教育出版社，1994.

教育部发展规划司. 中国教育统计年鉴 1999[M]. 北京：人民教育出版社，2000.

教育部发展规划司. 中国教育统计年鉴 2003[M]. 北京：人民教育出版社，2004.

教育部发展规划司. 中国教育统计年鉴 2009[M]. 北京：人民教育出版社，2010.

教育部发展规划司. 中国教育统计年鉴 2009[M]. 北京：人民教育出版社，2010.

李继星，徐美贞，李荣芝. 中小学教师队伍状况调查分析报告[J]. 教育发展研究，2005，8：36-42.

联合国教科文组织总部中文科译. 教育：财富蕴藏其中[M]. 北京：教育科学出版社，1996.

田慧生. 关于农村教师队伍建设问题的思考[J]. 教育研究，2003，8：5-8.

王静，洪明. 美国教师工资和激励机制改革的历史发展[J]. 集美大学学报，2007，8：28-32.

王静. 美国公立中小学教师工资制度历史发展研究[D]. 福州：福建师范大学出版社，2008.

尹弘飚，李子建. 论课程改革中的教师改变[J]. 教育研究，2007，03：23-29.

余永德．农村教育论[M]．北京：人民教育出版社，2000.

袁桂林等．中国农村教师发展指标研究[M]．北京：经济科学出版社，2009.

张国强．OECD教育发展指标体系分析及启示——以《教育概览：OECD指标(2003)为例》[J]．外国教育研究，2006，11：24-28.

张民选．国际组织与教育发展[M]．上海：上海教育出版社，2010.

中央教育科学研究所课题组．关于发达地区基础教育现代化发展水平若干指标的思考[J]．教育研究，2001，10：19-24.

周风．由国外改革教师进修教育所引起的思考[J]．外国中小学教育，1995，03：15-19.

周钧．OECD关于发达国家的教师政策分析[J]．外国教育研究，2010，9：93-96.

Hutmacher，W. In Pursuit of Equity in Education：Using International Indicator to Compare Equity Polices[M]．Boston：Kluwer Academic Publishers，2001.

James N. Johnstone．Indicators of Education System[M]．Pairs：The Anchor press，1981.

McKenzie，P.，Santiago，P.，Sliwka，P. & Hiroyuki，H. Teachers matter：Attracting，Developing and Retaining Effective Teachers[R]．Paris：OECD，2005

OECD. Education at a Glance 1991[R]．Paris：OECD，1992.

OECD. Education at a Glance 1993[R]．Paris：OECD，1993.

OECD. Education at a Glance 1995[R]．Paris：OECD，1995.

OECD. Education at a Glance 1997[R]．Paris：OECD，1997.

OECD. Education at a Glance 1997[R]．Paris：OECD，1997.

OECD. Education at a Glance 1998[R]．Paris：OECD，1998.

OECD. Education at a Glance 2000[R]．Paris：OECD，2000.

OECD. Education at a Glance 2001[R]．Paris：OECD，2001.

OECD. Education at a Glance 2002[R]．Paris：OECD，2002.

OECD. Education at a Glance 2009[R]．Paris：OECD，2009

OECD/CERI. Making Education Count：Developing and Using International Indicators[R]．Paris：OECD，1994：25.

OECD/CERI. Making Education Count：Developing and Using International Indicators[R]. Paris：OECD，1994.

Organization for Economic Cooperation and Development. Teachers Matter：attracting，development and retaining effective teachers [R]. Paris：OECD，2005.

U. S. Department of Education. Results From the 2007-08 Schools and Staffing Survey [R]. Washington DC：NCES，2009.

U. S. Department of Education. The Condition of Education 2002 [R]. Washington DC：NCES，2002.

U. S. Department of Education. The Condition of Education 2005 [R]. Washington DC：NCES，2005.

UNESCO. Global Education Digest [R]. Montreal：UNESCO，2009.

UNESCO. World Education Report [R]. Paris：UNESCO，1995.

UNESCO. World Education Report [R]. Paris：UNESCO，1998.

第二章 社会变迁中的我国中小学教师队伍发展：规模、结构与质量研究

国内外已有的大量研究表明，教师是促进教育发展的基本资源，是关乎"学生表现"影响教育质量的最重要因素。著名国际组织 OECD① 和 UNESCO 等都反复强调教师的重要性，《2005 全球全民教育监测报告：质量至关重要》指出："教师是提高教育质量的一个决定性因素。"②因此，拥有高质量教师成为世界各国教育发展的重要目标，自 20 世纪 80 年代起，如何制定相关的教师政策已经超越了教育领域，成为各国公共政策的热点③。近年来，我国制定的教育政策也可见教师政策的重要分量。2010 年颁布的《国家中长期教育改革与发展规划纲要(2010—2020 年)》强调"教育大计，教师为本"，首次提出我国教师队伍建设的战略目标为"努力造就一支师德高尚、业务精湛、结构合理、充满活力的高素质专业化教师队伍"④。2012 年初，教育部下发"关于印发《幼儿园教师专业标准(试行)》《小学教师专业标准(试行)》和《中学教师专业标准(试行)》的通知"；同年 9 月，国务院颁布了《国务院关于加强教师队伍建设的意见》。因此，为我国未来教师政策制定的提供一定的参考依据，是本研究的重要立足点之一。从现有的研究来看，对中小学教师队伍发展的相关研究绝大多数是基于某个时间点的横断研究，对教师队伍的纵向分析

---

① OECD，teacher matter [R]，OECD Pulishing，2002.

② UNESCO，EFA Global Monitoring Report 2005，

③ 曾晓东．中国中小学教师发展报告(2012)[M]．社会科学文献出版社，2012：9.

④ 教育部：国家中长期教育改革和发展规划纲要(2010—2020 年)，http://www.gov.cn/jrzg/2010-07/29/content_1667143.htm.

较少，这就无法为教师政策的制定提供更加全面的依据。因此，本研究着眼于我国教师队伍发展的历史，旨在运用我国中小学教师队伍自1978年以来，历时30余年的统计数据，揭示改革开放以来我国中小学教师在规模、质量、结构等方面发展的基本规律与特征，并尝试将这些数据指标置放于我国改革开放三十余年来的社会经济及教育发展的宏观脉络中进行分析和解释，以期为我国建设"高素质专业化教师队伍"及宏观教师政策的制定奠定坚实的学术研究基础，为我国教师及教师教育的宏观决策提供重要的参考依据。

现有教师队伍发展研究选取的最主要指标是数量指标和质量指标①，另有一部分研究会涉及队伍结构，而曾晓东(2012)借鉴OECD全面的教育指标设计思路，在教师队伍发展指标方面设置了四个指标群，即规模指标、质量指标、重要结构指标、工作负担指标②。本研究亦采用较为全面的教师队伍指标设计，包括最为基本的数量指标、质量指标和结构指标。同时，本研究认为"班额"等指标不能直接判断为教师"工作负担"，因此，本研究提出"教师工作环境"这一一级指标，包含工作负担和办公条件两个二级指标。本研究详细的指标设计，见表2-1，共包括四个一级指标，九个二级指标。

表2-1　本研究教师队伍指标设计

一级指标	二级指标	三级指标
数量	绝对数量	教职工总数 专任教师总数 教师变动数量
	相对数量	生师比
结构	群体结构 性别结构 年龄结构	代课教师数量及比例 女性教师数量及比例 各年龄阶段教师数量及比例
质量	学历	各学历阶段教师数量及比例 学历合格率
	职称	各级职称教师数量及比例

① 沈有禄. 中国基础教育公平——基于区域资源配置的比较视角[M]. 北京，教育科学出版社，2011.

② 曾晓东. 中国中小学教师发展报告(2012)[M]. 北京，社会科学文献出版社，2012：2.

续表

一级指标	二级指标	三级指标
工作环境	工作负担	各个班额班级数量及比例 师班比
	办公条件	师均办公用房面积

本研究根据上述建立的指标体系，采集1978—2010年《中国教育统计年鉴》中教师数、学生数、班级数、教师学历分布、教师职称分布、教师性别分布、班额、办公用房等统计数据做分析，试图回答改革开放三十余年以来我国中小学教师队伍在数量、结构、质量及工作环境等方面经历了怎样的发展与变化？这些发展变化呈现出怎样的时间变化与空间分布的规律？其基本特点和趋势是什么？

为了提出当前我国教师队伍整体提升与内部发展差异的理论假设与分析，揭示目前我国教师队伍发展存在的不平衡性，本研究基于以上这个结构化的教师队伍发展指标体系，设计具体分析比较的维度如下：(1)分学段。包括小学、初中、高中三个学段，突出不同学段教师队伍发展的变化的特征。(2)分城乡。根据统计口径分为城市、县镇、农村，呈现城乡地域之间的教师队伍发展的差距。(3)分区域。打破传统的以地理位置为主要依据的东部、中部和西部的区域划分，本研究采用2007年中国发展指数来作为区域划分的依据。2007年中国发展指数由健康、教育、经济(生活水平)和社会环境4个分指数构成。把全国分为四大类别：第一类地区：北京、上海、天津；第二类地区：浙江、江苏、山东、辽宁、广东、吉林；第三类地区：福建，内蒙古，黑龙江，山西，湖南，湖北、河北、河南、海南、广西、重庆、新疆；第四类：宁夏、江西、陕西、安徽、四川、青海、云南、甘肃、贵州、西藏。(4)分省份，除香港、澳门和台湾地区以外，22个省、4个直辖市和5个自治区，突出省与省之间教师队伍发展的差异。在分地区和分省份两个维度的分析中，主要以进入21世纪的10年，即2000年和2010年两个时间点作为观察点进行分析。数据分析的过程中根据数据情况，尽可能在维度之间做交叉分析，如学段与区域交叉分析，省份与城乡交叉分析，以期更为全面地呈现我国教师队伍发展的历史样貌，更为细致和深入地总结变化的规律与特征，以为我国未来教师政策制定提供更为坚实的研究基础和参考依据。

第一节 我国中小学教师队伍数量变迁研究

在本节中，教职工界定为：公立中小学校中工作的人员，包括代课教师、教学服务人员、教学管理人员等①。

一、教职工数量的变迁

（一）小学教职工数量的变迁

1. 总体变迁

数量充足、规模适度的中小学教师队伍是推进我国教育规模发展、提高教育教学质量的基本保障。经过改革开放三十多年的努力，我国已建成一支数量基本充足且相对稳定的教师队伍。从图2-1中我们可以看出，1978—2010年，我国教师队伍的数量变化为稳中有增，1998年为增长最高峰年，之后教师队伍数量渐趋饱和，1998—2010年间教师数量出现下降趋势。1978—1998年间教师数量稳中有增，1980年12月3日，中共中央、国务院在《关于普及小学教育若干问题的决定》中指出："目前民办教师比例过大，应采取适当措施，逐步提高公办教师的比例。"之后，各地按照文件要求，经过考核、审查，部分民办教师转为公办教师，充实中小学教师队伍。1987—1999年间国家推

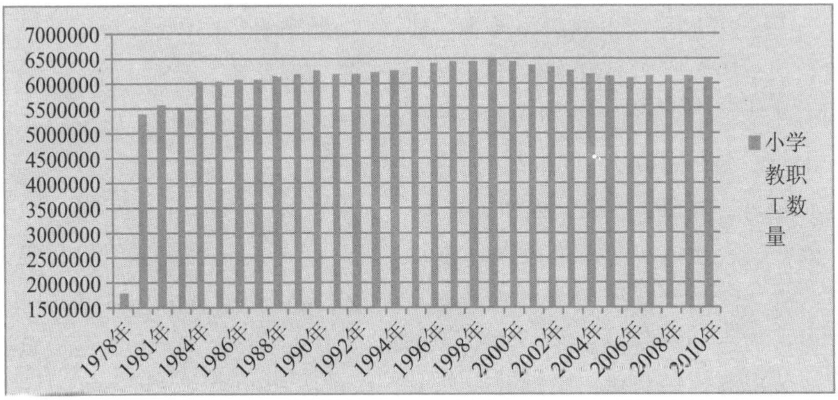

图2-1 1978—2010年小学教职工数量总体变迁图

① McKenzie, P., Santiago, P., Sliwka, P. & Hiroyuki, H. Teachers matter: Attracting, Developing and Retaining Effective Teachers[R]. Paris: OECD, 2005.

行普及义务教育，教师需要量增大，大量民办教师、代课教师进入中小学教育队伍①，在这十三年间，我国中小学教师队伍数量增加了近40万人。之后，随着中小学学生数量的减少，教师队伍数量开始缓慢下降，尤其是国家出台代课教师的清退措施后，代课教师数量减少，至2010年，教师数量降至6109847人。

2. 城乡分布的变迁情况

我国是一个区域差异极大的国家，表现为城市、县镇、农村由于经济条件的不同及历史原因，中小学教师资源实际配置变化过程不尽相同。因此我们有必要对不同区域的教师队伍建设变迁历程做一回顾，分析处于不同地区的教师资源配置水平的差异，这对教育教学改革有重要的意义。

改革开放以来，城市教师在全国教师中的比例由低于10%达到了接近20%，农村教师比例由接近80%降到50%多，下降了近30个百分点。与此同时，县镇教师队伍比例也出现了翻倍的增长，2010年所占比例达到了高于20%。从下图可以看出，我国城市中小学教师队伍发展整体趋势与全国教师增长模式趋同，1978—1999年间教师数量不断增长，1999年达到最高峰，为1070312人，2001年总数量有所减少，只2003年达到历史最高峰，为1080931人，2006年为进入21世纪后的最低点，950292人，这一变迁趋势与我国的城市化发展进程也是一致的。2000年之前，随着城市规模的发展，城市中小学教育规模不断扩大，教师数量也随之增加。进入21世纪后，城市教育规模基本稳定，加之出生率的下降，班级规模的调整等，教师队伍开始呈小幅下降趋势。我国农村小学教师数量由1978年的4803556人下降到2010年的3407066人，减少了140万。这一方面与我国农村地区教育事业发展有关，另一方面，进入21世纪后，我国在农村地区实行“撤点并校”政策，小学数量锐减②，按规定原有学校教师调入县镇学校，因此，县镇学校教师数量今后也一直处于增长状态。

---

① 樊香兰．新中国小学教师队伍发展历史研究[D]．陕西师范大学，2004，4.

② 万明钢．以促进教育公平和教育均衡发展的名义——我国农村“撤点并校”带来的隐忧[J]．教育科学研究，2009(10).

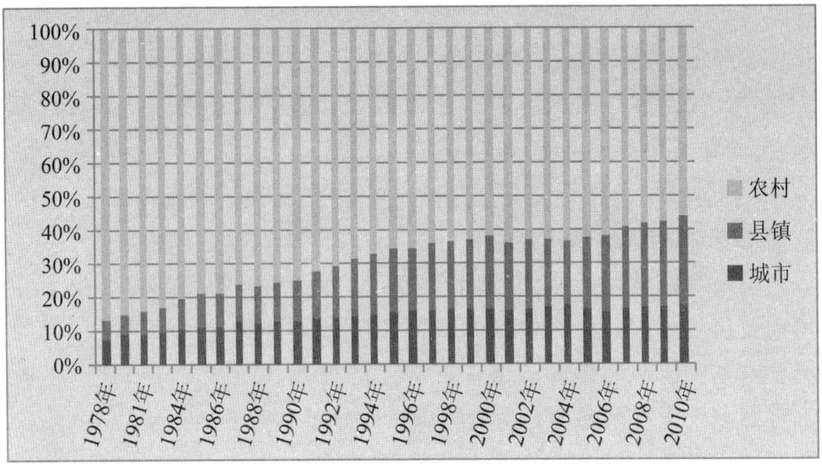

图 2-2　1978—2010 年小学教职工城乡分布的变迁图

进一步分别分析城市、县镇和农村小学教师数量的变迁，发现三者的变迁趋势与整体的变迁并不一致，城市小学教师数量变迁较为稳定，与整体变迁趋势一致，县镇小学教师增长数量较大，为 132 万，1978 年至 20 世纪末增长速度较快，进入 21 世纪后增幅减缓。农村小学教师变化不大，略有增长，这与我国在 30 多年的时间内大力普及义务教育等政策密切相关。

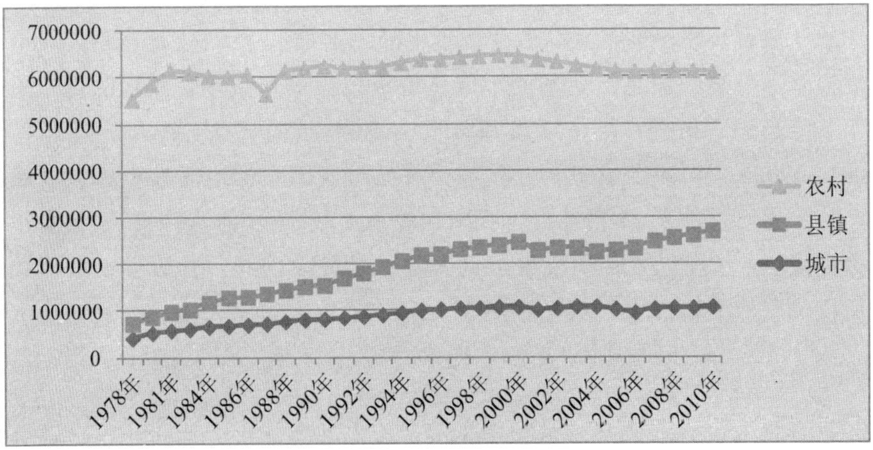

图 2-3　1978—2010 年小学教职工城乡分布差异变迁图

(二)中学教职工数量变迁

1. 总体变迁

鉴于《中国教育统计年鉴》教师数量部分数据的可获得性，中学部分(包括初中和高中)教师数量的统计从1984年开始。1984—2010年间，中学教师数量整体保持快速增长趋势，至2010年达到历史最高点，为5859271人，其中1994—2003年为快速增长期，增加了130万人，增幅为31.16%。

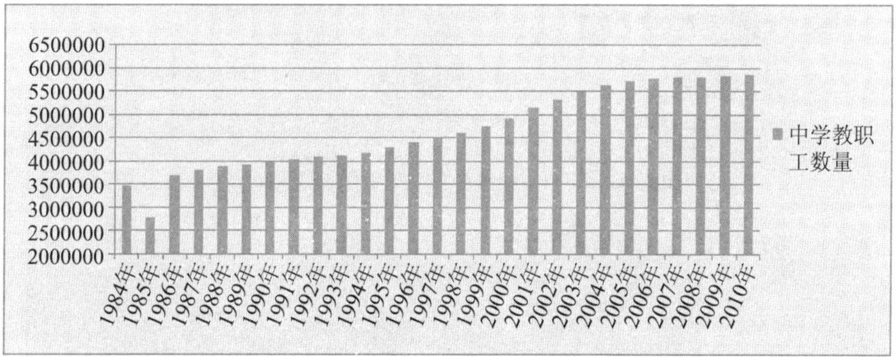

图2-4　1984—2010年中学教职工数量总体变迁图

2. 城乡分布的变迁情况

从图2-5可以看出，1984—2010年间，我国城市中学教师数量变化不大，在全国中学教师中所占比例一直徘徊在15%左右。增幅最大的为县镇中学教师数量，在全国中学教师中的比例由23%增长到了55%，增幅近一倍。农村中学教师比例一直处于下降趋势，有1984年的63.8%，下降到2010年的30.9%。

进一步分别分析城市、县镇和农村中学教师数量变迁趋势，我们发现，县镇和农村中学教师变迁趋势与总体变迁趋势较为一致，一直是处于增长趋势中。相对而言，城市中学教师数量基本保持稳定。

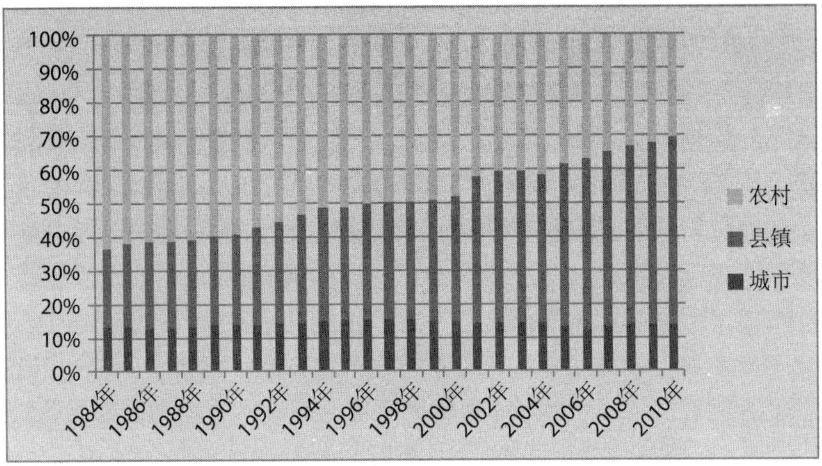

图 2-5 1984—2010 年城市中学教职工变迁图

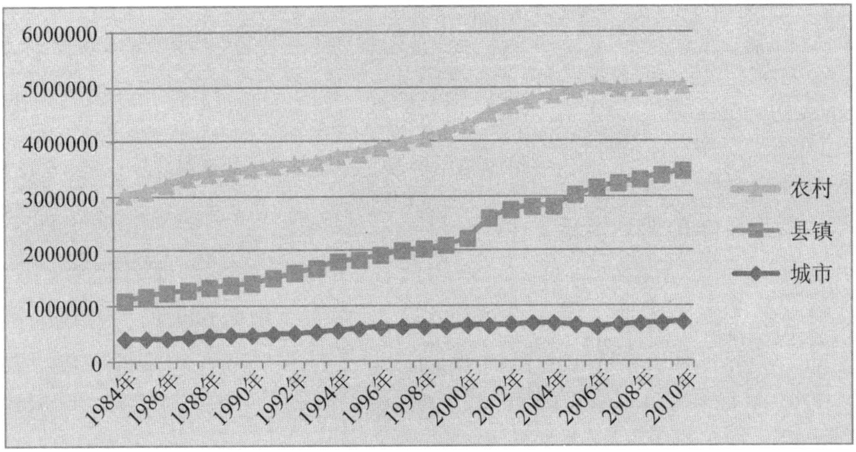

图 2-6 1984—2010 年县镇中学教职工变迁图

二、专任教师总数的变迁

在本报告中，专任教师界定为：公立中小学校中担任教育教学工作的专业人员，不包括志愿服务教师、代课教师、教学服务人员、教学管理人员等。专任教师数量的变迁可以反映我国教育事业发展状况。

(一)小学专任教师变迁情况

1. 总体变迁

从图 2-7 可以看出，1978—2010 年，我国小学专任教师数量变迁中有 2 个小高峰年，分别为 1999 年、1990 年，2000 年之前，整体处于增长趋势，2000—2006 年间有小幅度下降，之后又开始缓慢增长。与此同时，由于国家自 1980 年开始在城乡逐步实施计划生育政策，要求一对夫妇只生一个孩子，我国小学在校生数量在 20 世纪末的十几年内略有下降后到 1997 年达到最高峰，进入 21 世纪之后开始呈现明显下降趋势。我国在教师政策方面，1980 年，国务院出台《关于普及小学教育若干问题的决定》，对教师工作的性质、条件、职责、考核、进修等做出了明确规定。之后，为充实和加强教师队伍，对过去改行去机关工作的教师，各地采取措施使其归队，城市待业青年适合做教学工作的，经过训练合格，也可以去农村小学任教，这几项措施大大增加了小学教师数量①。20 世纪 90 年代依次在经济发达地区、经济中等地区和西部地区开展“普九”工程，随后小学教师队伍开始稳步增长，至 1999 年达到 5860455 人。

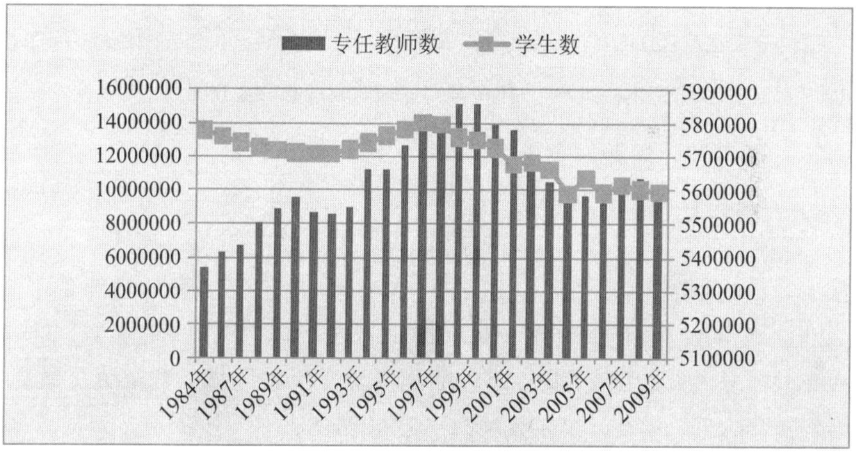

图 2-7　1984—2010 年小学专任教师变迁图

① 赵子娟. 我国农村教师队伍建设的制度设计研究——以吉林省卡伦镇为例[D]. 东北师范大学，2011，5.

2. 城乡分布的变迁情况

(1)小学城市教师变迁

从图 2-8 可以看出，在 1984 年到 2010 年间我国小学教师和学生数量呈现趋同的变化趋势，在 20 世纪末的十几年中一直呈现增长趋势，增长幅度达到了近 1/3。这与这段时期国家的城市化进程，进而带来城市区域扩大，部分县镇、农村教师及学生转化为城市人口有关。进入 21 世纪后，在城市化进程减缓和生育率降低的双重作用下，城市小学学生数量开始出现下降现象，2006 年为小学城市教师和学生数量的最低点。

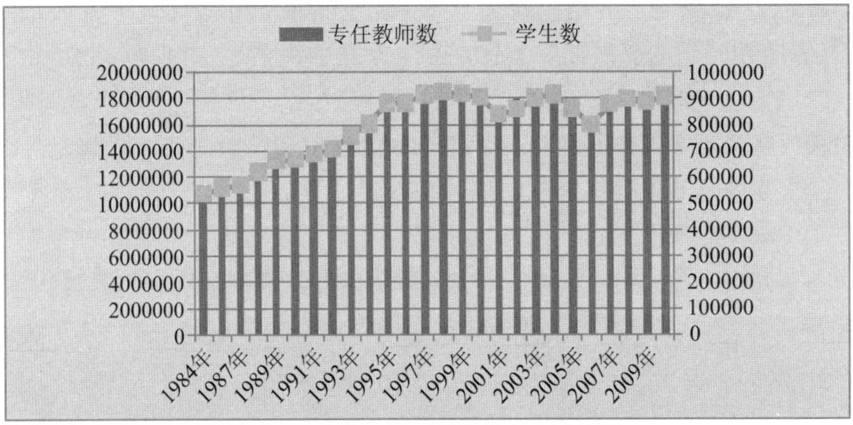

图 2-8　1984—2010 年小学城市专任教师变迁图

(2)小学县镇专任教师变迁

从图 2-9 可以看出，自 1984 年到 2010 年间我国县镇小学教师和学生数量整体呈现增长趋势，2000 年是教师数量和学生数量的第一个高峰年，教师数量为 1255146 人，学生数量达到了 26928904 人，之后两者均出现小的下降趋势。2004 年，教师数量减少数基本为 2000 年的六分之一，学生数量减少数为 2000 年的四分之一。到 2010 年，教师数量与学生数量都上升至历史最高点，教师数量为 1479228 人，学生数量为 27700170 人。

(3)农村小学专任教师变迁

从图 2-10 可以看出，农村小学专任教师数量和学生数量的变迁趋势与城市、县镇地区迥然不同，在 1984 年到 2010 年间，农村小学专任教师数量和学生数量整体呈现下降趋势。2010 年学生数量仅为 1984 年的 46.72%，专任教师数量下降较缓，2010 年专任教师数量是 1984 年的 72.7%。农村小学专

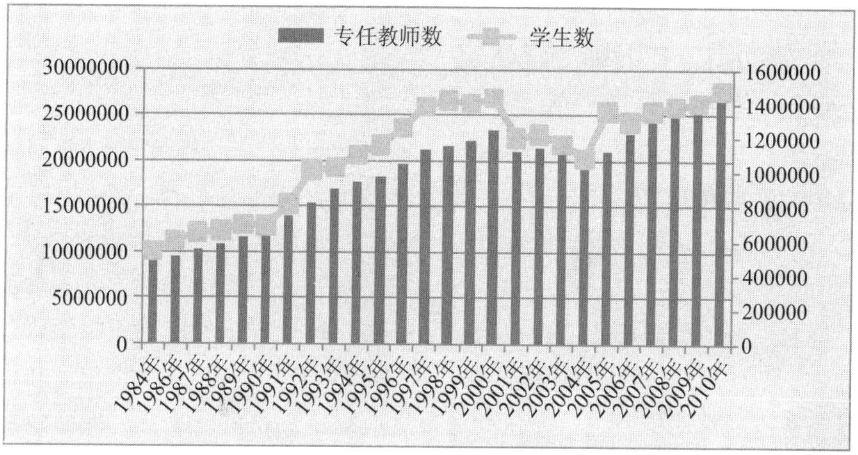

图 2-9　1984—2010 年小学县镇专任教师变迁图

任教师数量与学生数量急剧下降，其原因一方面与生育率下降、适龄入学儿童数减少有关，另一方面，随着撤点并校的逐步落实，大量农村学校学生就近转入城镇小学就读，以及伴随着我国的城市化进程，部分农村小学转变为县镇、城市小学。

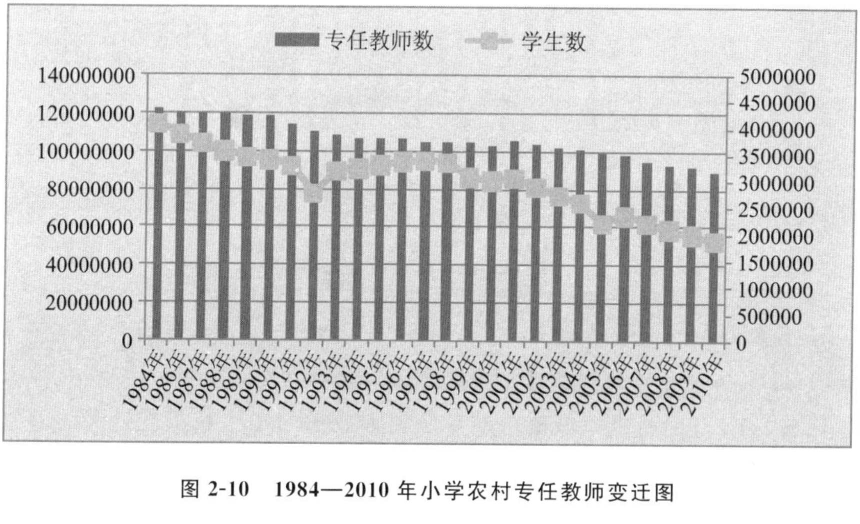

图 2-10　1984—2010 年小学农村专任教师变迁图

(二)初中专任教师变迁情况

1. 总体变迁

从图 2-11 可以看出，我国初中专任教师数量在 1984 年到 2010 年间的变迁趋势为先持续增长，至 21 世纪后数量基本保持平稳，至 2010 年稳定在 3523382 人。而初中学生数量在 20 世纪末的十几年中增长趋势较为明显，2010 年学生数量与 1998 年基本持平，为 5275.9 万。在 20 世纪末学生数量激增的同时，教师数量增长速度也保持了逐年递增，但是考虑到生师比、地区均衡等，专任教师短缺情况肯定还是不同程度的存在。进入 21 世纪后初中专任教师队伍基本保持稳定，新任教师数量增加不大，出生率的下降导致适龄初中学生数量下降趋势明显。

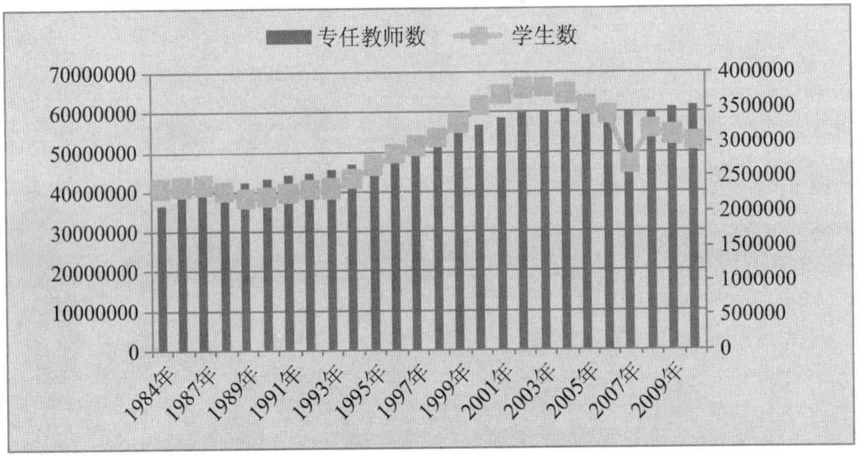

图 2-11　1984—2010 年初中专任教师变迁图

2. 城乡分布的变迁情况

(1)城市初中专任教师变迁

从图 2-12 可以看出，城市初中专任教师数量与学生数量变迁趋势基本一致，在 2003 年之前保持快速增长趋势，其中学生数量的最高值出现在 2003 年，为 11439364 人，专任教师数量在 2002 年、2003 年也处于较高水平，但最高值出现在 2010 年，为 705956 人，专任教师和学生数量最高值与最低值差距分别为：400969 人和 5388164 人。

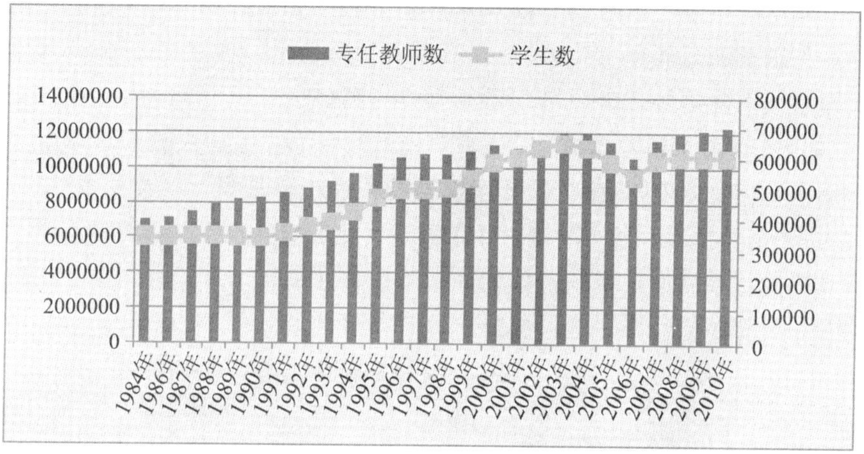

图 2-12　1984—2010 年城市初中专任教师变迁图

(2)县镇初中专任教师变迁

从图 2-13 可以看出，县镇初中专任教师数量与学生数量变迁趋势基本一致，在 2002 年之前一直保持快速增长的趋势，2002 年之后，学生数量增长放缓，基本保持稳定，专任教师数量继续增长，但增幅放缓。2010 年专任教师和学生数量分别是 1984 年的 4.16 倍和 4.96 倍。从数字可以反映出，1984 年到 2010 年我国县镇初中教育事业发展迅猛，教育资源在不断扩大。

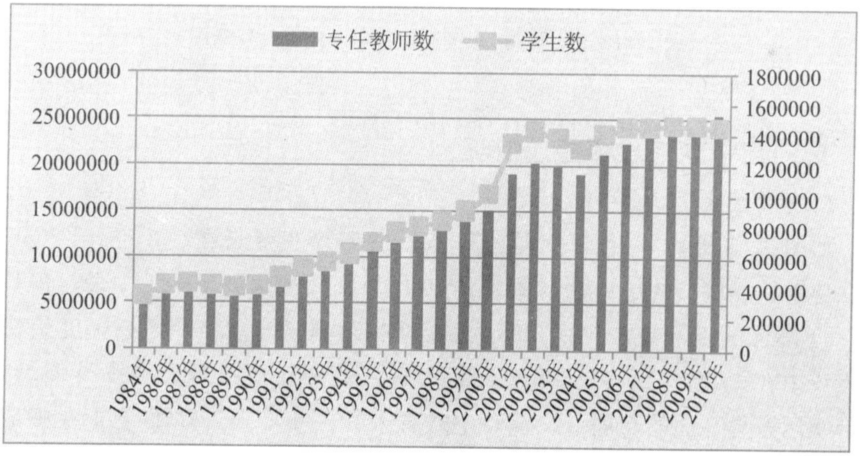

图 2-13　1984—2010 年县镇初中专任教师变迁图

(3)农村初中专任教师变迁

从图 2-14 可以看出，与城市、县镇初中专任教师和学生数量的变迁趋势不同，农村初中专任教师数量和学生数量在1984年到2010年间处于不断波动中，但增长和下降幅度都不大，但值得注意的是，2004年到2010年间学生数量呈快速下降趋势，2010年学生数量为17844749人，1984年学生数量为26741600人，两年相差8896851人。单纯从数字看，我国农村初中学生数量是在减少，但也应考虑到我国21世纪初期的城市化进程，以及国家的"撤点并校"进程，大量农村初中取消，并入县镇或城市初中，原有农村初中学生及教师转为县镇或城市初中，这也带来了城市、县镇初中专任教师和学生数量的激增。

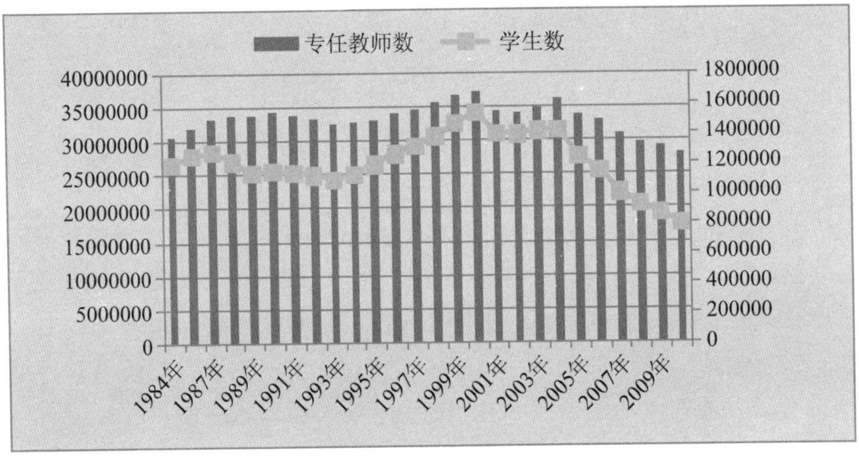

图 2-14　1984—2010年农村初中专任教师变迁图

(三)高中专任教师变迁情况

1. 总体变迁

如图2-15所示，我国高中专任教师数量和学生数量在1984年到2010年间保持了快速增长的趋势，至2010年专任教师数量达到1518194人，相对于1984年的最低值，增加了1058934人，增幅达到了3.3倍，增长幅度最快的年份集中在1995年到2004年间，高中学生数变迁情况与之呈现类似趋势。这与我国教育事业的发展，接受高中教育人数逐年增多，20世纪末我国部分地区开始普及高中教育的大背景也是一致。随着国家西部地区"两基"攻坚计划(2004—2007年)的实施，我国教育已经普及了九年义务教育，基本完成了高中阶段前的教育普及问题，部分省市根据各自经济社会发展情况顺势而为，及时普及高中教育，已经分别提出了各自普及高中教育的计划。2001年，浙江省提出到2005年基本普及15年教育的目标，至2004年，该省初中毕业生升高中段学校比例达87.5%，成为我国第一个普及高中的省份。2009年，宁夏正式提出基本普及高中阶段工作目标，提出到2012年高中阶段毛入学率达到85%。截至2011年底，宁夏基本普及高中阶段教育的县区已增至18个，占总数的81.8%①。

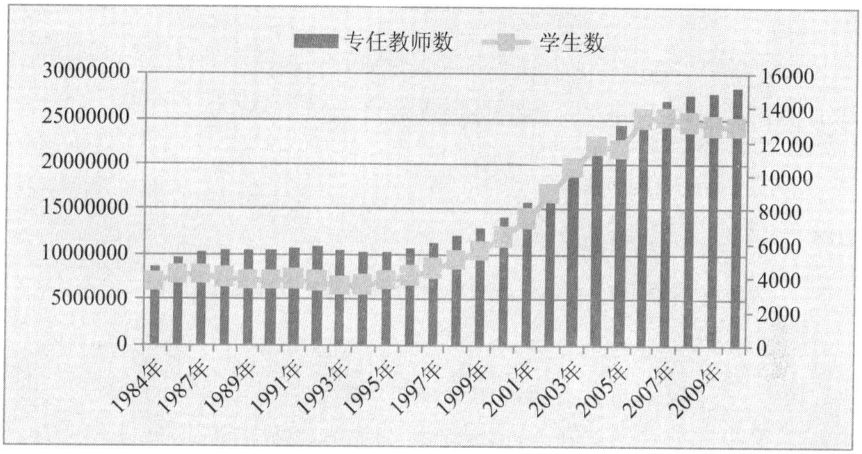

图 2-15 1984—2010年高中专任教师变迁图

2. 分城乡变迁情况

(1)城市高中专任教师变迁

从图2-16可以看出，城市高中专任教师和学生数量激增的年份集中在1997年到2005年间，2005年专任教师数量是1997年的2.08倍，2005年学生数量是1997年的2.67倍。1984年到1996年和2005年之后专任教师和学生数量增幅不大。学生数量的最高点出现在2007年，为8932723人，专任教师数量的最高点出现在2010年，为566527人。我国城市地区先后在20世纪90年代完成了九年义务教育，普及高中教育在很多城市地区已经提上了日程，教育资源的分配也在政策上给予了倾斜，因此出现了20世纪末21世纪初的快速增长现象。

① 李立国. 论义务教育的特点及我国普及义务教育的走向[J]. 教育理论与实践，1998(3).

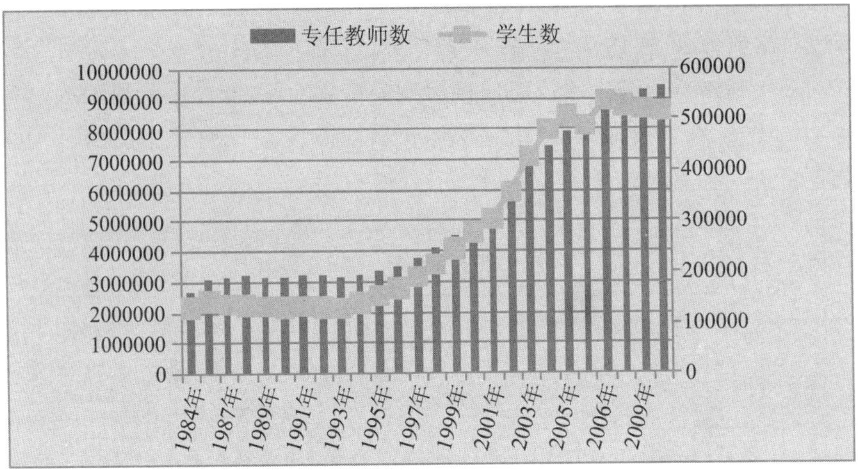

图 2-16　1984—2010 年城市高中专任教师变迁图

(2)县镇高中专业教师变迁

从图 2-17 可以看出，县镇高中专任教师和学生数量在 1984 年到 1995 年间基本保持稳定，1996 年到 2006 年是数量高速增长时期，2006 年专任教师数量和学生数量分别是 1996 年的 2.94 倍和 3.93 倍，2006 年之后学生数量略有所下降，教师数量平衡略有增加。

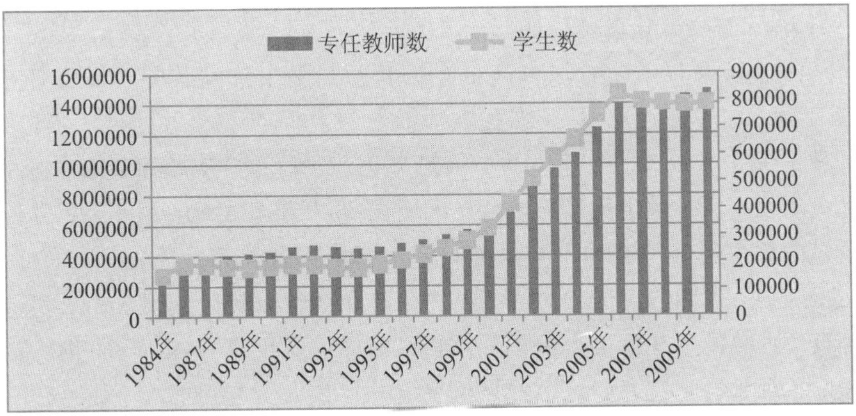

图 2-17　1984—2010 年县镇高中专任教师变迁图

(3)农村高中专任教师变迁

与城市、县镇地区高中专任教师和学生数量变迁相比，农村高中变迁可以说是经历了先下降，1994 年到 2004 年间增长较快，之后又经历了较快的下降。学生数量的最低点出现在1994年，为1225603人，最高点出现在2004年，为2551326人，为1994年人数的2.27倍。专任教师数量的最低点出现在2001年，人数为95232人，学生数量的最高点出现在2004年，为135806人，为2001年人数的1.43倍。

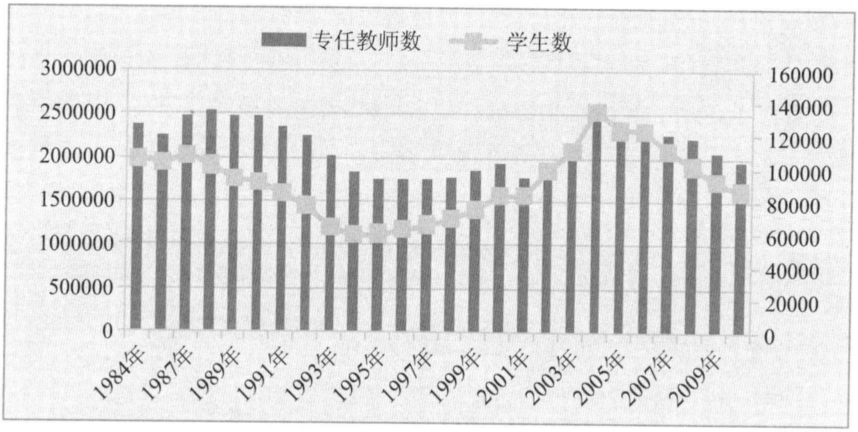

图2-18　1984—2010年农村高中专任教师变迁图

三、生师比的变迁(学生数/专任教师数)

对于中小学教育来说，教师是教育因素的主要成分，投入教育的劳动力规模，不仅反映了一国投入教育的人力资源，也间接决定了一国投入教育的财富多少，即教育经费占GDP的比例①。对于教育实践来说，中小学教师队伍规模的大小，反映了教学过程中，教师资源的配置水平，进而决定了教学过程中，可选择性课程有多少，特殊需要学生能否获得专门的服务和指导，教师队伍规模结合生师比考虑，就能够清晰地揭示教师资源配置水平的政策意义②。

① 沈有禄．中国基础教育公平——基于区域资源配置的比较视角[M]．北京，教育科学出版社，2011：176．

② 曾晓东．中国中小学教师发展报告(2012)[M]．北京，社会科学文献出版社，2012：86．

(一)总体变迁

1. 小学生师比变迁情况

从图 2-19 可以看出，我国小学生师比状况总体呈现下降趋势，1990 年到 1997 年间出现了短暂的上升，1998 年之后开始缓慢下降，至 2010 年生师比为 17.7，比 1984 年的 25.25 下降了 7.55。1990 年到 1997 年间生师比增幅的关键因素在于在这 7 年间学生数较快增长，增幅达到了 14.33%，而初中教师增幅仅为 3.79%，明显滞后于学生增长幅度。2003 年之后学生数下降幅度较大，教师数量缓慢下降，因此生师比呈现下降趋势。

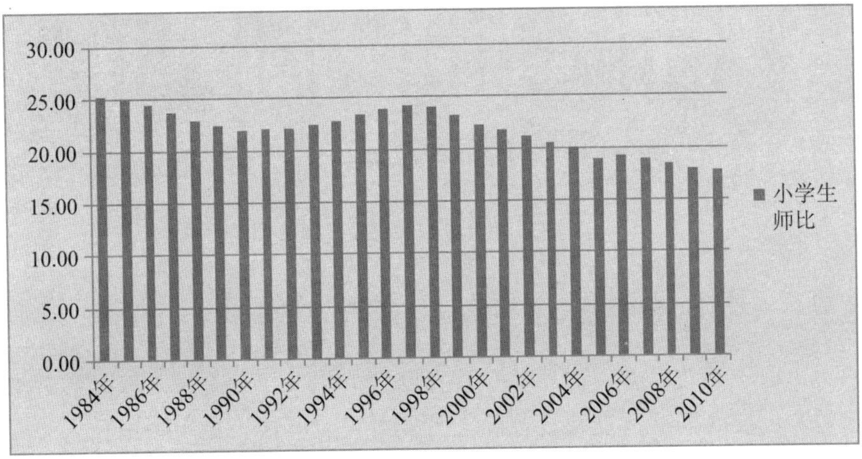

图 2-19　1984—2010 年小学生师比变迁图

2. 初中生师比变迁情况

从图 2-20 可以看出，我国初中生师比状况总体呈现下降趋势，1993 年到 2002 年间出现了短暂的上升，2003 年之后开始缓慢下降，至 2010 年生师比为 14.98，比 1984 年的 21.71 下降了 6.81。1993 年到 2002 年间生师比增幅，一方面是因为我国全面开展“普及九年义务教育”，适龄儿童辍学率降低，在于在这 9 年间学生数快速增长，增幅达到了 61.78%，而小学教师增幅仅为 31.53%，明显滞后于学生增长幅度，另一方面，这与小学学生数在 1990 年到 1997 年间大幅增加也有关系。1998 年之后学生数出现了大幅度下降，教师数量继续保持增长趋势，因此生师比呈现下降趋势。

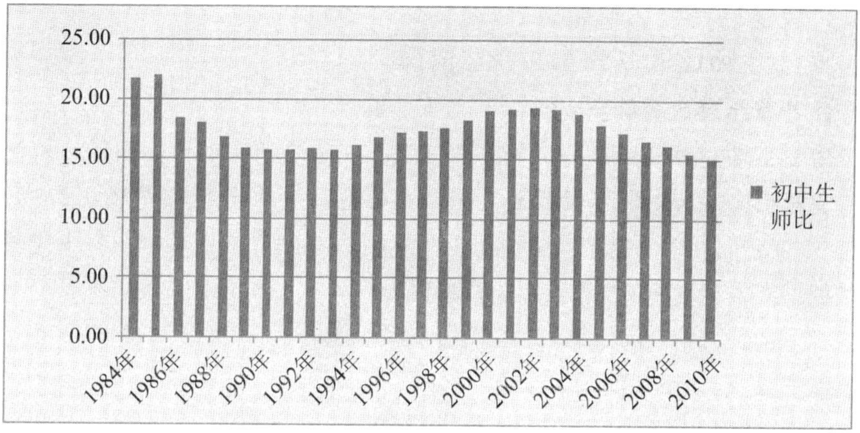

图 2-20　1984—2010 年初中生师比变迁图

3. 高中生师比变迁情况

从图 2-21 可以看出，我国高中生师比状况呈先下降后上升然后又小幅下降的趋势，其中 1993 年是历史最低点，为 11.75，2004 年是历史最高点，为 18.65，2010 年生师比为 15.99，相比于 1984 年略高。1994 年至 2004 年间生师比急速上升跟此段时间学生数量继续增长，而教师队伍没有相应增加密切相关，10 年间高中学生数增幅达到了 234%，而教师数量的增幅仅为 117%，增长幅度仅为学生增长幅度的 50%。1984 年至 1993 年间生师比不断降低，主要原因在于在此期间，学生数量基本无变化，而教师数量出现了 21.71%的增长，因此整体生师比状况出现下降。2004 年之后，学生数增长幅度大大减缓，教师数继续增长，之后又出现生师比的下降状态。

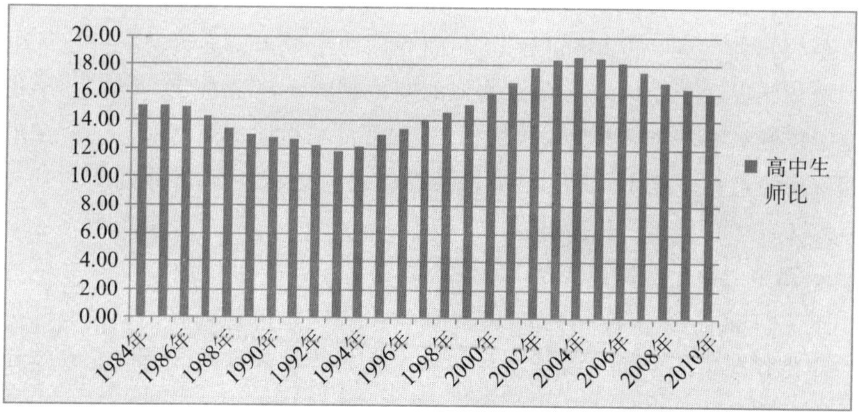

图 2-21　1984—2010 年高中生师比变迁图

(二)生师比城乡分布的变迁情况

1. 小学生师比分城乡变迁

图 2-22 描述了 1984 年到 2010 年间我国小学城市、县镇、农村地区生师比的变化状况，从图中可以明显看出，农村地区生师比下降最为明显，1984 年与 2010 年间相差为 9.32，城市地区生师比总体呈现稳定趋势，有下降但下降幅度不大，1984 年与 2010 年间相差仅为 0.99，县镇地区 1984 年与 2010 年两年相差不大，但期间波动较大。城市地区生师比最高值出现在 1995 年，最低值出现在 2002 年。

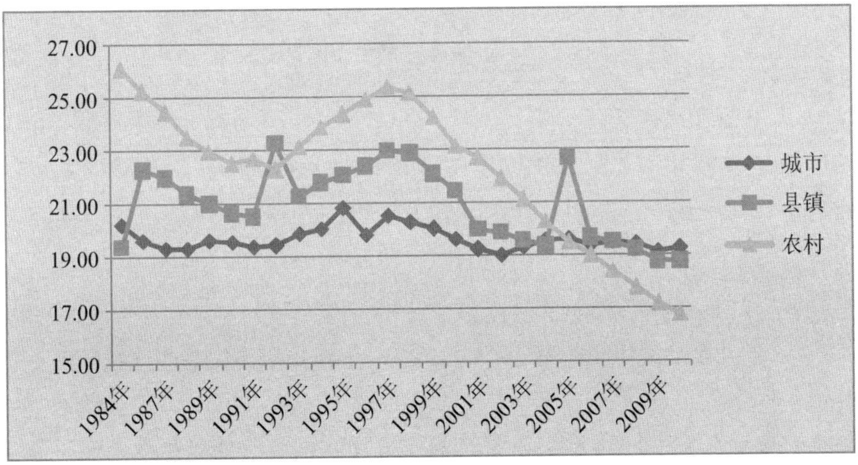

图 2-22　1984—2010 年小学生师比分城乡变迁图

2. 初中生师比分城乡变迁

图 2-23 描述了 1984 年到 2010 年间我国初中城市、县镇、农村地区生师比的变化状况，三个区域表现出类似的变化趋势，都是在 20 世纪 90 年代初期处于较低水平，之后出现较快增长，至 21 世纪初期达到高峰，之后又出现急速下降的趋势。至 2010 年城市、县镇、农村地区生师比分别为：15.27、15.73 和 14.03。

3. 高中生师比分城乡变迁

图 2-24 描述了 1984 年到 2010 年间我国高中城市、县镇、农村地区生师比的变化状况，三个区域表现出类似的变化趋势，都是在 20 世纪 90 年代初期处于较低水平，之后出现快速增长，至 2004 年达到高峰，之后又出现缓慢

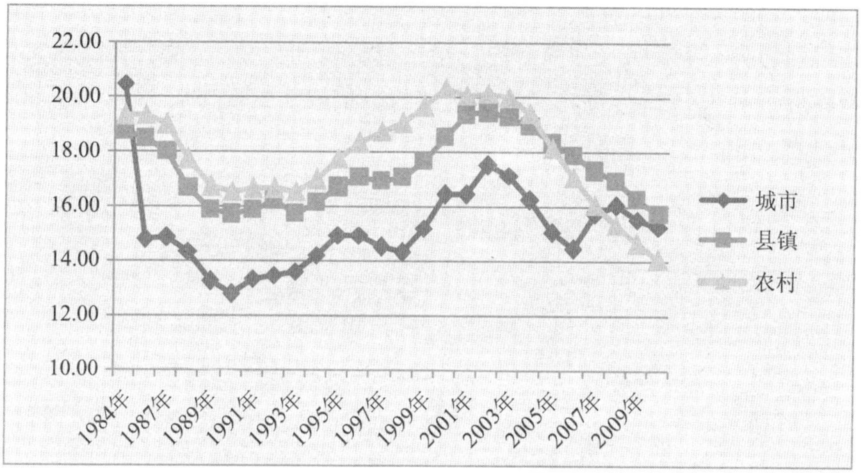

图 2-23　1984—2010 年初中生师比分城乡变迁图

下降的趋势。至 2010 年城市、县镇、农村地区生师比分别为：15.39、16.62 和 15.46。

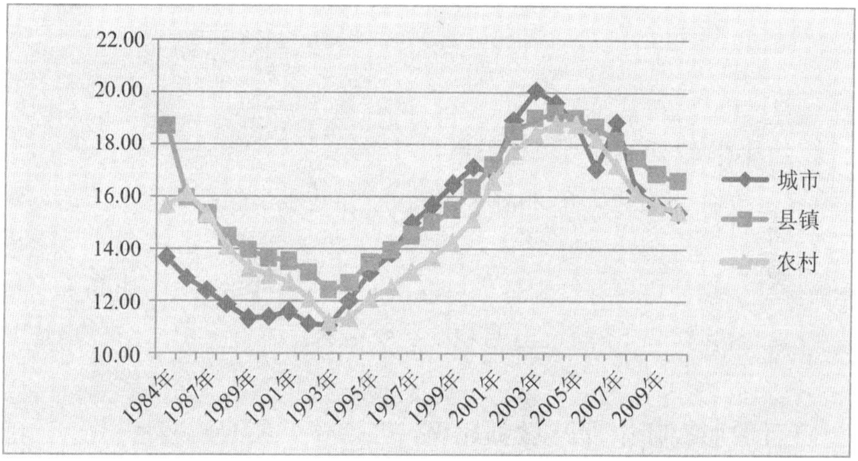

图 2-24　1984—2010 年高中生师比分城乡变迁图

四、教师变动情况分析

（一）小学教师增加数量变迁

从图 2-25 可以看出，从 2004 年到 2010 年，小学教师增加数量整体呈现下降趋势，2004 年小学增加教师数量为 729521 人，2010 年降为 672333 人，

7 年间增加的教师数量减少了 57188 人。农村小学教师在 7 年间的增加趋势与总体增加趋势一致，呈现递减状态，相比于 2004 年，2010 年小学教师增加的数量减少了 116573 人，城市和县镇增加的小学教师数量变化不大，总体保持稳定。

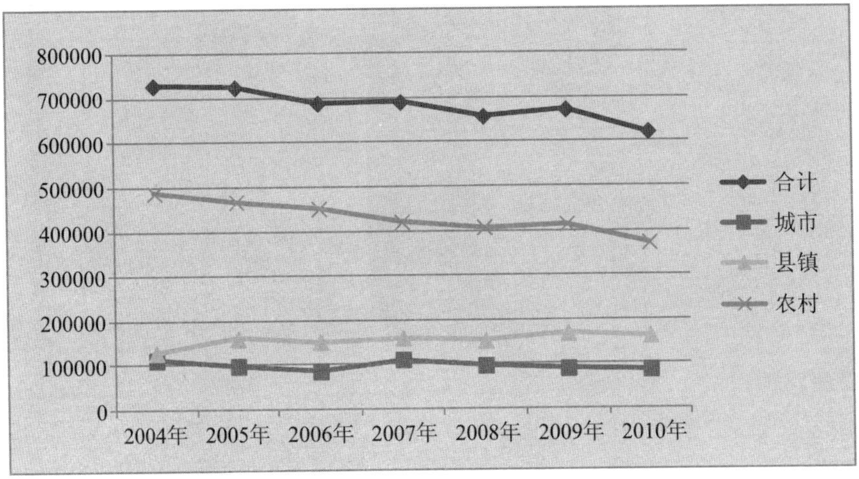

图 2-25　2004—2010 年小学教师增加数量变迁图

(二)小学教师减少数量变迁

从图 2-26 可以看出，从 2004 年到 2010 年，小学教师减少教师的数量呈现下降趋势，2004 年小学减少了 803109 人，2010 年减少了 638397 人，农村小学教师减少数量趋势与整体趋势一致，也表现为逐年下降。城市和县镇小学教师减少数在这 7 年内基本保持稳定，变化不大。

(三)增加教师中女性教师比例

从图 2-27 可以看出，2004 年到 2010 年新增加的教师中，女性教师所占比例呈逐年上升的趋势，新增加教师中女性教师所占比例一直为城市最高，农村最低。2004 年城市新增教师中女性教师所占比例为 69.08%，2010 年这一比例已增加到 75.29%，2004 年农村新增教师中女性教师所占比例为 43.25%，2010 年这一比例已增加到 50.39%。

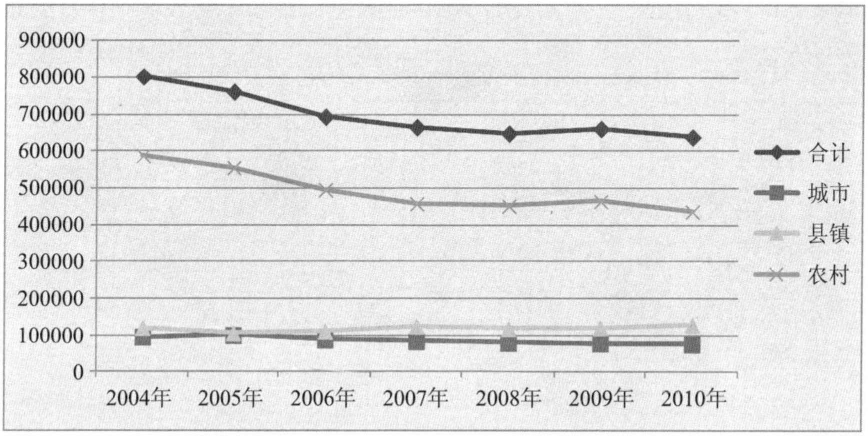

图 2-26 2004—2010 年小学教师减少数量变迁图

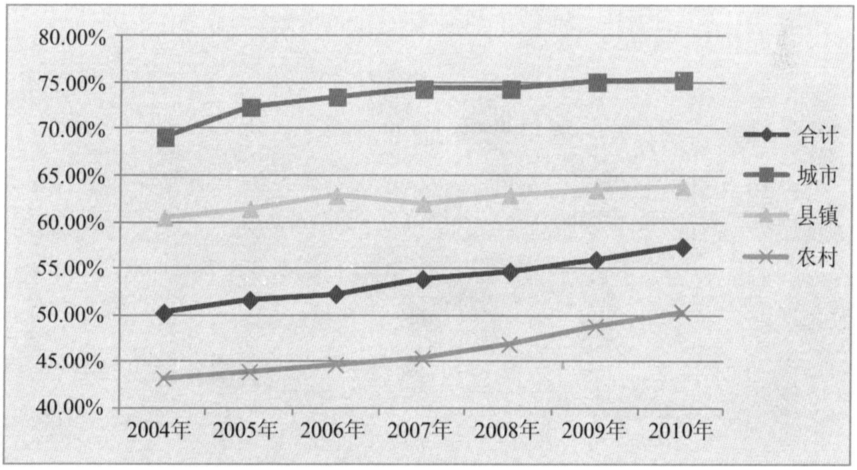

图 2-27 2004—2010 年增加教师中女性教师比例

(四)减少教师中女性教师比例

从图 2-28 可以看出，2004 年到 2010 年减少的教师中，城市减少教师中女性教师所占比例较高，2004 年为 45.93%，2010 年为 50%，其次是县镇减少教师中女性教师的比例，2010 年达到了 59.4%，农村减少教师中女性教师比例一直徘徊在 40%—45%之间。从 7 年来我国小学增加及减少教师中女性教师所占的比例来看，我国小学教师增加量中女性教师比例偏重，尤其是城市小学增加的教师中，女性已占到了3/4。长此以往，小学教师队伍女性化倾向会日益加剧。

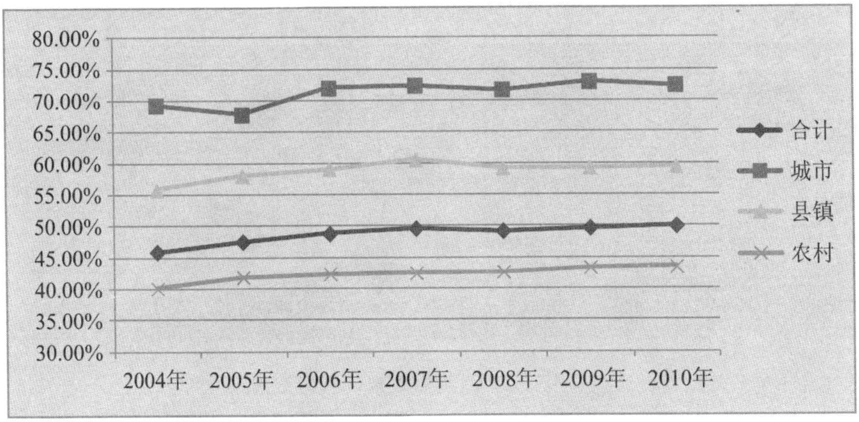

图 2-28　2004—2010 年减少教师中女性教师比例

(五)初中教师增加数量变迁

从图 2-29 可以看出，从 2004 年到 2010 年我国初中增加教师数量总体呈现递减趋势，2004 年增加教师数为 388814，2010 年为 314587 人，农村初中教师增长数量呈现逐年递减的趋势，城市和县镇教师增加数量在这 7 年间基本保持稳定。

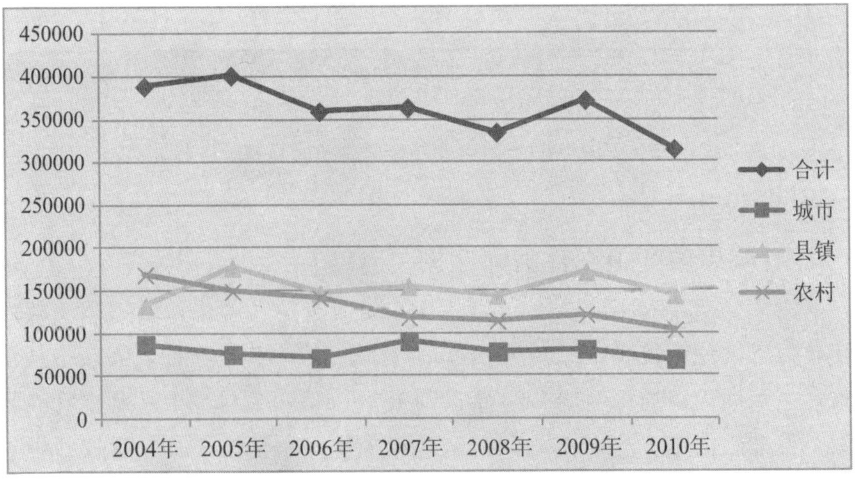

图 2-29　2004—2010 年初中教师增加数量变迁图

（六）初中教师减少数量变迁

从图2-29可以看出，从2004年到2010年我国初中减少教师数量总体呈现递减，其中农村初中教师减少数量下降明显，2004年为181014人，2010年为126608人，城市和县镇教师减少数量在7年间变化不大。

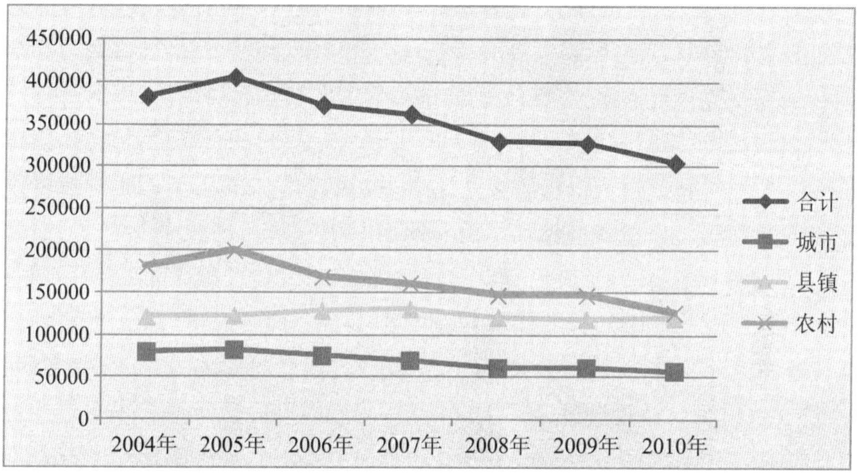

图2-30 2004—2010年初中教师减少数量变迁图

第二节 我国中小学教师队伍结构变迁研究

本节教师队伍的结构研究，主要从群体性特征结构，即代课教师在教师群体中的结构情况，和个体特征的结构即年龄结构和性别结构三个指标来研究。

一、代课教师的变迁情况

代课教师，指没有事业编制的临时教师，他们无法享受与正式在编教师相同的工资待遇、社会保险、职称评定、劳动强度、福利等，他们是中国特定历史时期的特殊产物，为中国农村教育发展做出了重要贡献。① 由于代课

① 张力主编. 中国贫困地区教育发展背景、现状、对策[M]. 南宁：广西教育出版社，1998.

教师队伍的临时性、待遇差、学历程度不高等特征，他们的存在可以在某种程度上反映教师队伍的稳定性与专业性程度。

(一)小学代课教师变迁情况

1. 总体变迁

从图 2-31 中，我们可以看出，1978—2010 年，我国小学代课教师的数量变化总体上呈倒 U 型，可以大致分为三个阶段：维持平稳、急剧上升和急剧下降。1978—1986 年变化是比较平稳的，从 22.5 万人缓慢上升至 24.5 万。自 1987 年小学代课教师的数量急剧上升上至 33.8 万，而到了 1997 年的十年期间，代课教师数量翻了一倍，多达到 86 万人，达到了顶峰，此时期国家推行普及小学教育，师资需求较大，而与此同时国家对民办教师实行了“五字方针”①，要求在世纪末必须消化所有的民办教师，民办教师大量减少，却又缺乏师资来源，因此此时期代课教师数量急剧上升。而进入 80 年代末期国家开始推行普及九年义务教育，这同时也是影响代课教师数量上升的一个因素。1997 年以后代课教师数量进入了下降阶段，尤其是 2006 年国家出台代课教师的清退措施，代课教师数量持续减少，到 2010 年，小学代课教师数降至历史最低的 20.4 万人。

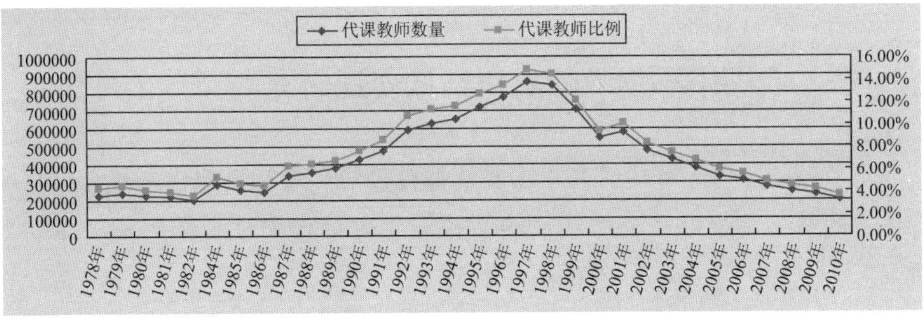

图 2-31　1978—2010 年我国小学代课教师的数量变化图

① 1992 年，国家教委、国家计委、人事部、财政部联合发出的《关于进一步改善和加强民办教师工作若干问题的意见》，对民办教师队伍的治理整顿提出了更为完善的要求，第一次明确表述了民办教师问题解决的“五字方针”即“关、招、转、辞、退”。1995 年 3 月国家教委主任朱开轩在《关于 1994 年教育事业发展的统计公报》中再次申述“五字方针”，在 20 世纪内要基本解决民办教师的问题。

进一步分析代课教师队伍中的女性教师数，发现代课教师总量变化的大体趋势与女性代课教师数量变化趋势一致，但是从图中我们发现在数量上升的阶段，两者的上升幅度相差无几，但是在数量减少的阶段，女性代课教师的数量减少幅度小于代课教师总数的下降趋势。

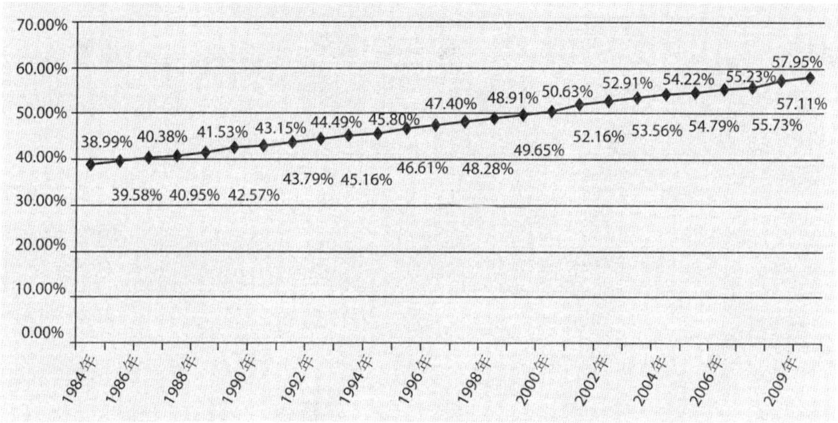

图 2-32　1984—2010 年我国小学代课教师与女性代课教师数量变化图

表 2-2 中，可以明显发现，女性代课教师最初的占比例在 1/3 左右，初期代课教师群体是以男性教师为主，但此后一直呈上升趋势。2010 年在剩余的 20 万代课教师中，女性代课教师的比例已经将近 70%。这是值得相关政策制定者注意的现象，在制定代课教师政策时需要充分考虑到女性教师的特殊性。

表 2-2　1984—2010 年我国小学女性代课教师在代课教师总数中的比例

年份	代课教师总数	女性代课教师数	比例
1984	284346	96297	33.87%
1985	253568	90199	35.57%
1986	245281	91046	37.12%
1987	338133	131313	38.83%
1988	353448	145023	41.03%
1989	375491	163250	43.48%
1990	426218	195579	45.89%
1991	474078	221510	46.72%
1992	593328	285595	48.13%

续表

年份	代课教师总数	女性代课教师数	比例
1993	628508	316903	50.42%
1994	652767	343185	52.57%
1995	717997	393699	54.83%
1996	771601	440194	57.05%
1997	859786	494503	57.51%
1998	841884	494503	58.74%
1999	706535	487665	69.02%
2000	551429	310286	56.27%
2001	580814	341084	58.73%
2002	477010	279283	58.55%
2003	423857	249851	58.95%
2004	378614	224980	59.42%
2005	330658	200741	60.71%
2006	311833	192360	61.69%
2007	272282	172668	63.42%
2009	234502	158110	67.42%
2010	203802	138958	68.18%

2. 城乡分布的变迁情况

30年来，小学代课教师分城乡的分布情况分析，可以发现小学代课教师的主体一直分布在农村，农村代课教师的比例一直都占到总体的80%以上，其次是县镇，大约在10%左右，城市也存在一定的代课教师。（见图2-33）

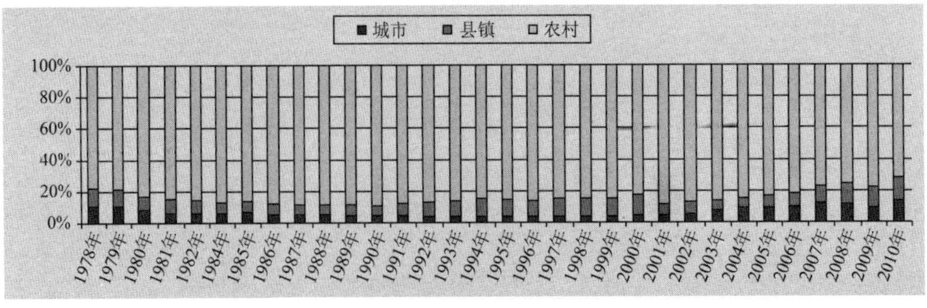

图2-33 1978—2010年小学代课教师城市、县镇、农村的结构情况

进一步分别分析城市、县镇和农村的代课教师数量变迁，发现三者的变化趋势与总体的变化并不完全一致。城市小学代课教师的数量变化较为稳定，呈现先降后升的变化情况，自1978年24万人缓慢下降到1988年的17万人，后呈缓慢上升趋势，在20万左右上升到近30万人。县镇和农村代课教师的变化与总体变化情况较为一致，先升后降的倒U曲线。这均与国家治理和整顿民办教师、代课教师政策密切相关。

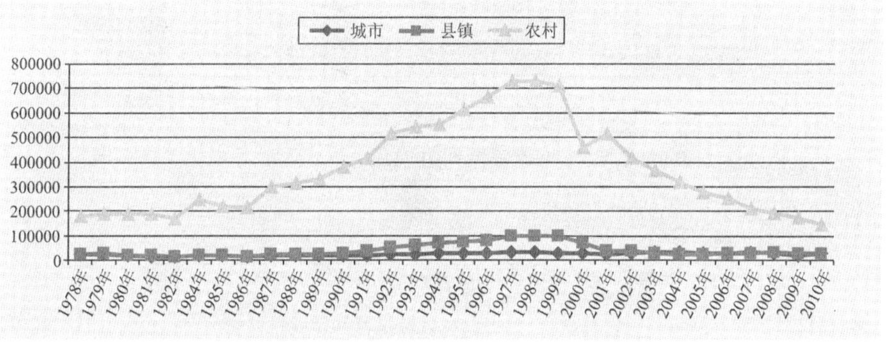

图2-34　1978—2010年小学代课教师分城乡数量变迁情况

3. 分区域和省份的变迁情况

我国是地区差异极大的国家，因此对教师队伍的变迁除了随时间序列推移变化以及城乡分布变化外，还需要考虑在区域间和省与省间的不同情况，具体分析不同省份的教师队伍变迁情况，本部分选择2000年和2010年两个时间段作为观察点进行分析。

首先，对区域的分析，2000年和2010年两个年份小学代课教师的平均比例都是由第一类地区到第四类地区依次递增，第一类地区的代课教师仅占1%左右，而第三类地区和第四类地区小学代课教师的平均比例都要高于当年的全国平均水平，由此可见地区差异极大。以2000年与2010年对比分析，四类地区小学代课教师的比例都有较大的降幅，尤其是第四类地区降幅较大，但依然高于全国平均水平。

对小学农村代课教师在代课教师总数中的平均比例情况进行区域分析，2000年与2010年这一比例也由第一类地区到第四类地区依次递增，并且区域差距较大，2000年第一类地区这一比例为16.78%，第四类地区这一比例超过了80%，两类地区差距超过60%。2000年与2010年对比发现，农村代课教师在四类地区中均呈上升趋势，尤其第二类地区和第三类地区上升近20%，

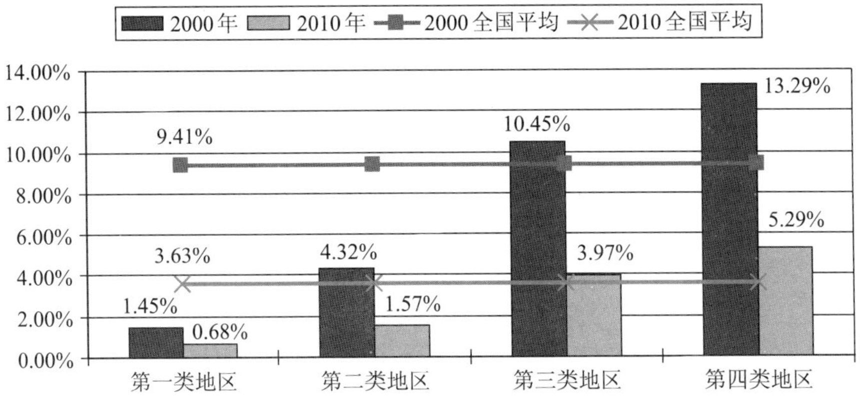

图 2-35　2000 年与 2010 年我国四类地区小学代课教师的平均比例图

而 2010 年第四类地区这一比例已将近 90%。

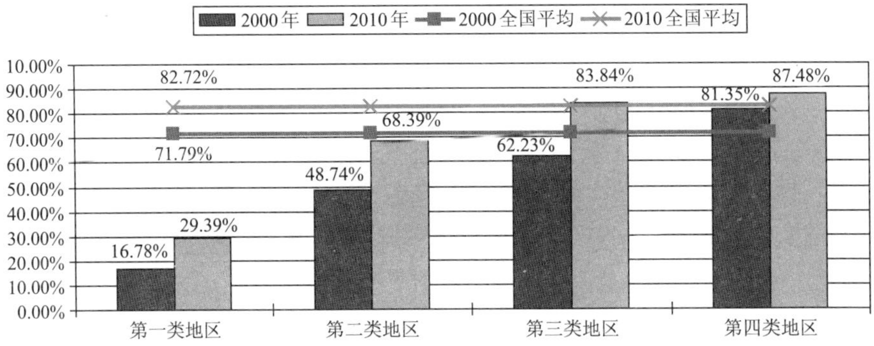

图 2-36　2000 年与 2010 年我国四类地区农村代课占小学代课教师的平均比例图

进一步具体到省际差异的分析代课教师在教师总数中的比例情况，2000 年与 2010 年相比，全国代课教师在教师总数的比例呈下降趋势，降低 5.78%。除上海、安徽、福建有略微上升，青海上升幅度较大(9.39%)外，其余省份均呈现下降态势，其中贵州、云南、西藏、陕西、甘肃和广西这六个省份的下降最为明显，超过 10%，广西下降达 42.29%。2000 年与 2010 年相比，各省份农村代课教师在代课教师总数中的比例基本呈上升趋势，仅有江西、云南和陕西这一比例下降。其中，上升幅度超过 30%的 5 个省份，分别是内蒙古(52.03%)、黑龙江(47.39%)、福建(34.43%)、吉林(34.18%)、山东(31.40%)，海南、宁夏和新疆三个省份的上升幅度也超过了 20%。2000 年，代课教师九成以上在农村的广西、云南、西藏和甘肃 4 个省份，而 2010

年则达到13个省份。2010年，上海、北京和浙江三省份农村小学代课教师比例低于30%，其余省份基本这一比例均在60%以上。

表2-3　2000年与2010年我国小学代课教师分省份的分布情况

	代课教师占教师总数比例			农村代课占代课教师总数比例		
	2000年	2010年	变化情况	2000年	2010年	变化情况
全国	9.41%	3.63%	−5.78%	71.97%	82.72%	10.75%
北京	0.92%	0.84%	−0.08%	9.59%	27.80%	18.21%
天津	2.56%	0.27%	−2.29%	33.66%	45.61%	11.95%
河北	11.17%	4.77%	−6.41%	76.30%	87.95%	11.65%
山西	9.59%	9.05%	−0.53%	67.60%	87.53%	19.93%
内蒙古	8.69%	3.05%	−5.63%	39.49%	91.52%	52.03%
辽宁	2.08%	1.23%	−0.85%	82.83%	93.41%	10.58%
吉林	1.29%	0.97%	−0.32%	48.59%	82.77%	34.18%
黑龙江	2.22%	0.37%	−1.85%	43.34%	90.73%	47.39%
上海	0.87%	0.94%	0.06%	7.09%	14.76%	7.67%
江苏	7.71%	1.36%	−6.35%	34.22%	36.98%	2.77%
浙江	2.51%	0.00%	−2.51%	—	29.67%	—
安徽	2.71%	3.22%	0.51%	68.33%	87.25%	18.92%
福建	3.19%	3.29%	0.11%	34.46%	68.88%	34.43%
江西	5.01%	4.65%	−0.36%	83.54%	65.88%	−17.67%
山东	1.36%	1.19%	−0.18%	63.27%	94.67%	31.40%
河南	5.92%	2.76%	−3.17%	60.48%	75.13%	14.65%
湖北	14.23%	6.68%	−7.54%	69.65%	86.76%	17.11%
湖南	2.98%	2.45%	−0.52%	64.22%	74.03%	9.81%
广东	10.96%	4.68%	−6.27%	63.50%	72.84%	9.33%
广西	48.85%	6.56%	−42.29%	90.21%	93.50%	3.29%
海南	3.63%	2.07%	−1.56%	70.99%	94.15%	23.15%
重庆	6.24%	0.83%	−5.41%	60.00%	61.98%	1.98%
四川	6.67%	5.39%	−1.28%	75.80%	91.56%	15.75%
贵州	21.14%	4.05%	−17.09%	91.51%	94.15%	2.64%
云南	18.64%	3.44%	−15.20%	96.05%	95.61%	−0.45%

续表

	代课教师占教师总数比例			农村代课占代课教师总数比例		
	2000 年	2010 年	变化情况	2000 年	2010 年	变化情况
西藏	18.04%	2.06%	−15.98%	92.03%	96.13%	4.10%
陕西	30.18%	3.13%	−27.05%	76.47%	64.68%	−11.80%
甘肃	20.31%	8.52%	−11.79%	90.65%	95.95%	5.30%
青海	4.54%	13.93%	9.39%	66.95%	86.48%	19.53%
宁夏	5.68%	4.51%	−1.18%	72.14%	97.11%	24.97%
新疆	8.70%	5.78%	−2.92%	70.03%	93.96%	23.93%

(二)中学[①]代课教师变迁情况

1. 总体变迁

中学代课教师在教师总体中占的比例较低，其变化也可以分为三个阶段，第一阶段，较快的下降趋势。从 1978 年的 6.02%下降到 1989 年的 4.00%，此阶段国家推行调整中学结构，减少普通中学数量，增加职业中学数量，因此中学学校数量下降，教师的需求自然也下降。第二阶段 1990—1997 年，代课教师比例维持平稳，甚至有所回升，分析其原因，1986 年后推行的普及九年义务教育政策和 1993 年国家的推行“两基”是最大的政策影响因素。第三阶段，1997 年以后，中学代课教师数量呈现持续下降的趋势，2006 年后，随着国家清退代课教师政策的实施，下降趋势更加明显，到 2010 年，中学代课教师占教师总数的 1.84%。

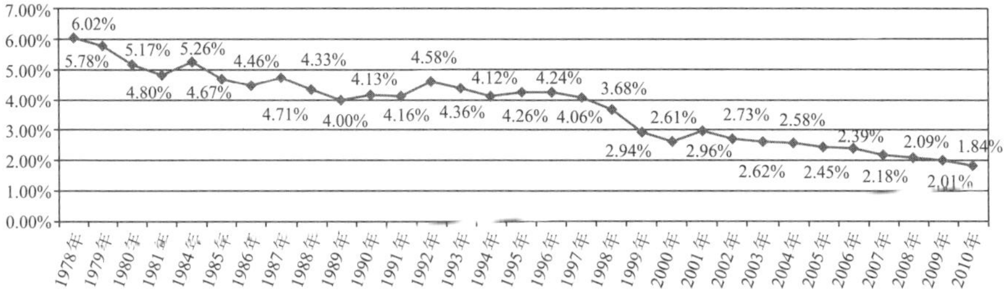

图 2-37　1978—2010 年中学代课教师的变化情况

① 《中国教育统计年鉴》中对代课教师的统计没有分初中和高中两个学段，因此这里的中学是初中和高中两个学段总计。

2. 城乡分布的变迁情况

从图2-38中可以看出，与小学代课教师“农村主体”有所不同，中学代课教师在城市、县镇和农村的结构有较大的变化，在1978—1993年期间，农村中学代课教师的比例维持在将近80%，城市代课教师在10%以下。1997年以后，农村为主代课教师分布结构有较大的变化，随着县镇和城市代课教师比例的不断上升，整体格局基本上是农村、县镇和城市三分天下。分析原因，我们认为各地在进行代课教师清退的过程中，为了较快地达成国家的硬性目标，主要的清退对象是农村的代课教师，因此农村代课教师的数量迅速减少，导致代课教师队伍的城乡格局有较大改变。

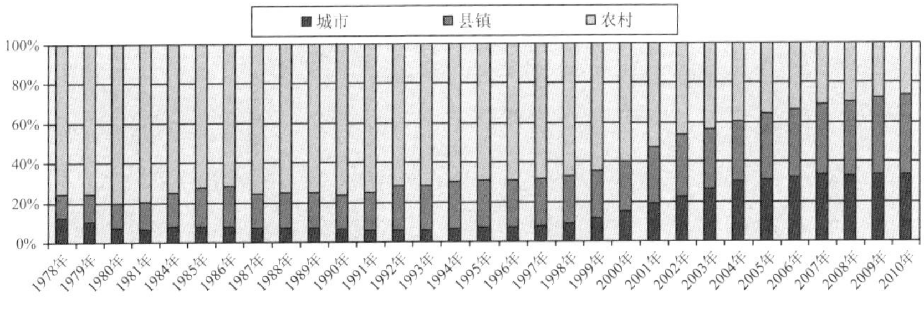

图2-38　1978—2010年中学代课教师在城市、县镇、农村的结构分布情况

进一步具体分析，中学代课教师的城乡变迁情况，发现农村中学代课教师的数量变化与中学代课教师总数变化情况基本一致，大约有“下降、平稳和下降”三个阶段。值得注意的是，城市和县镇的代课教师虽然数量一直不多，但是自2000年以后，数量呈缓慢上升趋势。分析原因在于，农村城镇化加快，学生数量减少，为提高教育效率，国家推行农村中小学布局结构调整，撤点并校，尤其是中学学校一般都并到了县镇和城市里。撤点并校后，许多县镇中心学校都建成寄宿制学校，学校规模增大，班额增大，短期内又不可能配齐教师，因此需要更多的代课教师来弥补师资短缺状况。

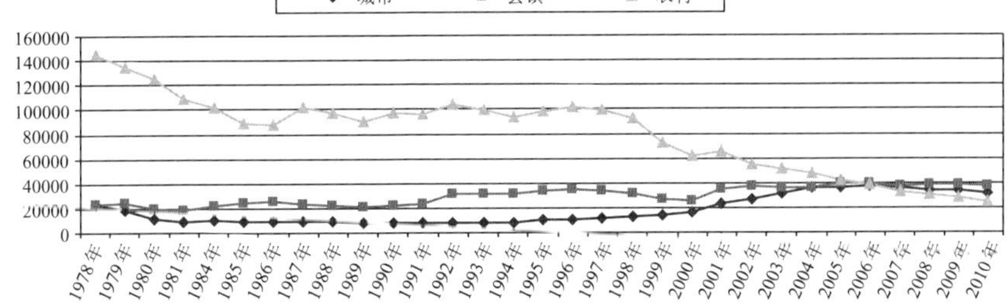

图2-39　1978—2010年中学代课教师分城乡数量变迁情况

3. 分区域和省份的变迁情况

分区域分析发现，2000 年中学代课教师的比例第一类地区最高，高于全国平均水平，接着依次是第三类和第二类地区，第四类地区最低，低于全国平均水平。到了 2010 年，第一类地区这一比例迅速下降，下降到原来的四分之一，其次是第二类地区也有较大的降幅，而第三类地区仅降了 0.7%，第四类地区这一比例维持不变，第三、四类地区这一比例均高于全国平均水平。可见，当前代课教师问题主要在第三和四类地区。

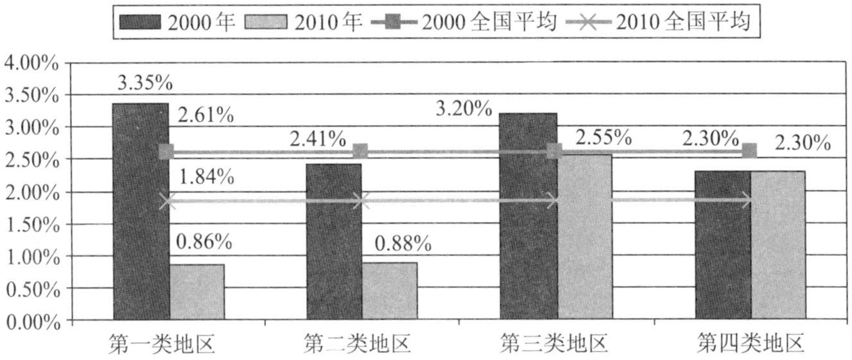

图 2-40　2000 年和 2010 年我国四类地区中学代课教师的平均比例

从四类地区中学代课教师的城乡分布情况发现，2000 年，第一类地区中学代课教师分布于农村的不到 10%，第二类地区则有 50%，而第三和第四类地区 60%左右都在农村。与 2000 年相比，2010 年全国中学代课教师分布在农村的比例从 59.77%下降到 26.24%，四类地区都有较大的降幅，其中第一、二、三类降低最为明显，均已低于全国平均水平，仅第四类地区还超过全国平均水平 6 个百分点。

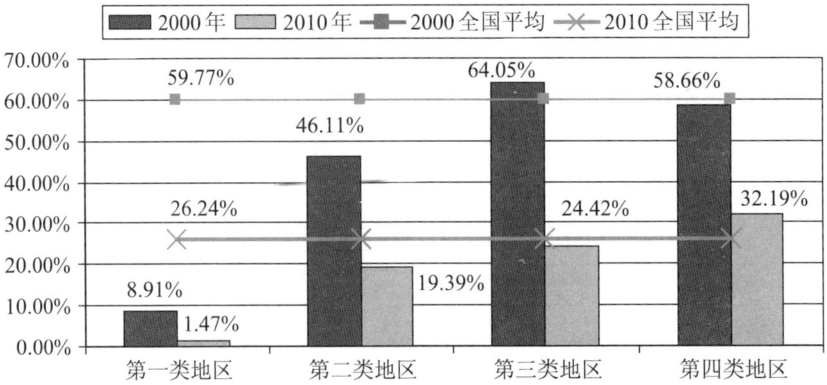

图 2-41　2000 年和 2010 年我国四类地区中学代课教师在农村的平均比例

与2000年相比，2010年全国中学代课教师的比例下降0.76%。具体到各省份分析，有20个省份中学代课教师的比例均为下降，其中广西下降最多达10%，其次是浙江、贵州和福建。而仍有河北、山西和吉林等11个省份中学代课教师比例有所上升，其中青海上升幅度最大，达8.02%。与农村小学代课教师比例普遍上升不同的是，农村中学代课教师普遍呈下降趋势，除陕西外，其余省份的中学代课教师在农村的分布明显下降，尤其是贵州、广西、海南和安徽，降幅超过了50%。以2010年分析，中学代课教师分布较集中于农村的是云南、陕西、辽宁、湖北和贵州。

表 2-4　2000年与2010年我国中学代课教师分省份的分布情况

	代课教师占教师总数比例			农村代课占代课教师总数比例		
	2000年	2010年	变化情况	2000年	2010年	变化情况
全国	2.61%	1.84%	−0.76%	59.77%	26.24%	−33.53%
北京	3.85%	0.93%	−2.92%	13.66%	0.00%	−13.66%
天津	2.16%	0.28%	−1.89%	7.90%	4.42%	−3.48%
河北	1.83%	3.67%	1.84%	61.76%	32.78%	−28.98%
山西	4.33%	7.75%	3.42%	69.81%	25.26%	−44.55%
内蒙古	3.68%	3.03%	−0.65%	60.68%	13.57%	−47.11%
辽宁	0.88%	0.43%	−0.45%	63.36%	49.04%	−14.32%
吉林	0.68%	1.54%	0.86%	48.20%	11.76%	−36.44%
黑龙江	1.62%	0.80%	−0.81%	74.37%	39.55%	−34.82%
上海	4.04%	1.38%	−2.66%	5.18%	0.00%	−5.18%
江苏	2.58%	0.65%	−1.92%	30.08%	12.10%	−17.98%
浙江	4.84%	0.00%	−4.84%	23.78%	0.00%	−23.78%
安徽	1.54%	3.28%	1.74%	73.54%	18.19%	−55.35%
福建	4.83%	0.65%	−4.18%	27.09%	21.07%	−6.02%
江西	1.35%	1.16%	−0.19%	58.73%	46.01%	−12.73%
山东	0.60%	1.23%	0.64%	47.73%	27.17%	−20.56%
河南	0.69%	2.64%	1.95%	57.74%	18.00%	−39.74%
湖北	2.25%	3.52%	1.27%	62.59%	35.23%	−27.36%
湖南	1.25%	0.81%	−0.45%	62.68%	26.34%	−36.34%
广东	4.87%	1.45%	−3.42%	63.48%	16.24%	−47.24%

续表

	代课教师占教师总数比例			农村代课占代课教师总数比例		
	2000年	2010年	变化情况	2000年	2010年	变化情况
广西	12.06%	1.19%	−10.86%	89.92%	11.95%	−77.97%
海南	0.94%	3.56%	2.61%	69.77%	7.81%	−61.96%
重庆	2.85%	0.59%	−2.26%	54.50%	16.05%	−38.45%
四川	1.79%	1.17%	−0.62%	58.87%	24.09%	−34.78%
贵州	5.48%	0.76%	−4.71%	86.30%	35.60%	−50.70%
云南	2.72%	0.35%	−2.36%	83.35%	65.73%	−17.62%
西藏	1.51%	0.00%	−1.51%	0.00%		0.00%
陕西	2.79%	1.94%	−0.85%	45.10%	52.60%	7.50%
甘肃	3.68%	1.74%	−1.94%	87.71%	38.80%	−48.91%
青海	0.65%	8.67%	8.02%	45.37%	35.39%	−9.98%
宁夏	1.53%	3.97%	2.43%	47.57%	5.50%	−42.07%
新疆	2.09%	2.37%	0.28%	77.74%	45.40%	−32.34%

二、教师性别结构的变迁情况

当前，在全世界范围内，教师职业都越来越呈现女性职业的特征①，女性特征与教师职业的属性有更加紧密的联系。教师职业要求耐心、爱心等特质，与女性特质更加契合。另外，教师职业相对于其他职业来说具有低风险和低收入的特点，在职业选择上，女性选择的可能性更大。总的来看，女性教师比例从高到低，分别是小学、初中和高中，这也与各个学段对教师特征的要求有关。

(一)小学教师性别结构的变迁情况

1. 总体变迁

1978—2010年的30年间，我国小学专任教师中的女性教师的数量和比例明显上升。1978年女性教师数为209.4万，比例不到40%，还是以男性教师为主

① 曾晓东. 中国中小学教师发展报告(2012)[M]. 北京，社会科学文献出版社，2012：129.

体。随着女性教师数量增多，2001 年女性教师约 300 万，比例超过了 50%，占据教师队伍“半壁江山”，此后还一直保持上升趋势，到 2010 年，女性教师数量达到 325 万，其比例比 1978 年提高了将近 20%，达到 57.95%。

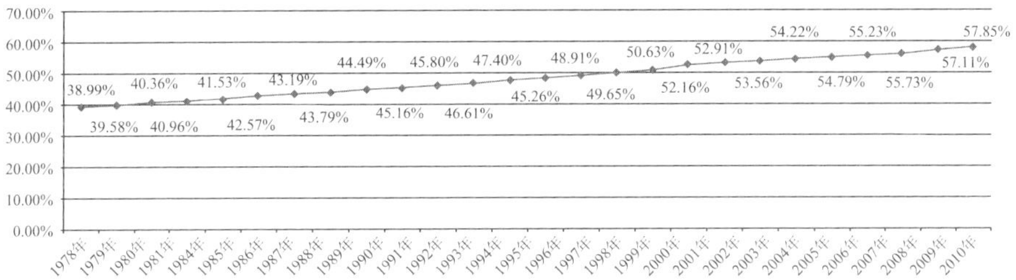

图 2-42　1984—2010 年小学教师性别结构变迁情况

2. 分区域和省份的变迁情况

分区域情况分析发现，2000 年小学女性教师比例从第一类地区到第四类地区依次递减，十年前第一类地区小学教师队伍就以女教师为“主体”，比例已经超过 70%，高于全国平均比例 23%，第四类地区女教师比例则低于全国平均 10%。与 2000 年相比，2010 年四类地区的小学女教师比例均有所上升，第一类地区这一比例将近 80%，第二、三类地区则在 60%左右，第四类地区男女教师基本是两分天下的格局。

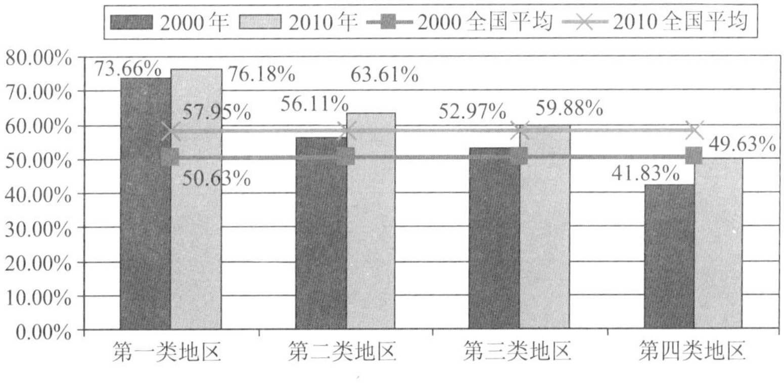

图 2-43　2000 年和 2010 年四类地区小学女教师的比例情况

进一步具体分省份分析发现，2000 年，上海、北京和天津的小学女教师的比例就已经超过 70%，到 2010 年河北、山西、辽宁、广东和新疆也超过了 70%，比例较低的省份主要是湖北、湖南、重庆、四川、贵州等中部省份和西南地区。与 2000 年相比，除北京、天津基本保持原有比例外，所有省份

2010 年的小学女教师的比例都呈上升趋势，其中，江苏、内蒙古、广西、海南、甘肃和陕西等六个省份这一比例升幅超过了 10%。

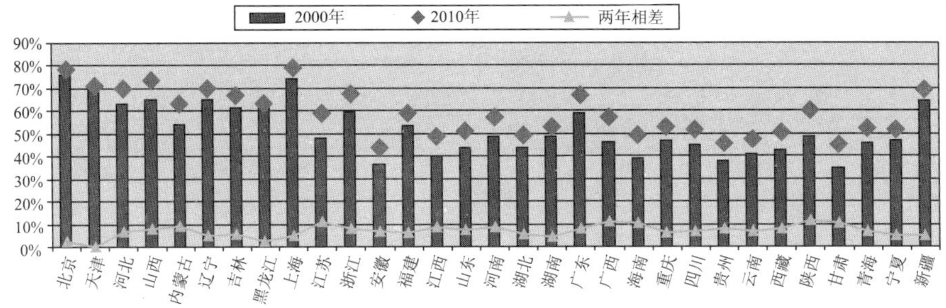

图 2-44　2000 年和 2010 年我国各省份小学女教师的比例情况

以 2010 年为观察点（见表 2-5），对各省份的小学女教师在城市、县镇、农村的分布情况进行分析。2010 年全国城市小学教师中女教师比例最高，近 80%，其次是县镇和农村，农村小学女教师的比例不到 50%。具体到各省份分析，城市小学女教师比例超过 80%依次有上海、山西、吉林、河北、新疆、辽宁、北京、天津、黑龙江、河南、广西、陕西、内蒙古、湖南。县镇小学教师比例超过 80%的仅有河北、山西、陕西和新疆。农村小学女教师在农村小学教师总数的比例较高的主要是北京、上海、河北、辽宁等东部省份，而安徽、湖北、湖南、贵州、甘肃等中西部省份的这一比例较低。

表 2-5　2010 年我国各省份分城乡小学女教师的分布情况

	城市	县镇	农村
全国	79.32%	68.17%	46.86%
北京	83.37%	71.98%	63.53%
天津	82.68%	70.86%	51.34%
河北	85.44%	81.18%	63.58%
山西	86.43%	85.80%	64.98%
内蒙古	80.65%	70.39%	47.72%
辽宁	83.73%	75.51%	61.57%
吉林	85.82%	77.06%	56.02%
黑龙江	81.86%	77.50%	52.13%
上海	87.95%	72.39%	61.88%
江苏	75.95%	63.33%	45.07%

续表

	城市	县镇	农村
浙江	77.64%	66.70%	56.98%
安徽	69.16%	58.11%	33.19%
福建	77.70%	64.39%	42.87%
江西	78.54%	69.49%	39.05%
山东	76.28%	61.88%	39.31%
河南	81.80%	77.34%	48.67%
湖北	75.63%	61.27%	35.51%
湖南	80.39%	63.82%	41.31%
广东	77.43%	71.52%	57.26%
广西	81.76%	73.37%	47.36%
海南	72.90%	57.51%	39.69%
重庆	76.45%	60.39%	40.42%
四川	75.46%	58.01%	40.53%
贵州	78.64%	62.68%	35.97%
云南	76.66%	66.05%	39.87%
西藏	66.94%	59.07%	44.68%
陕西	81.31%	81.94%	51.42%
甘肃	76.02%	62.44%	34.34%
青海	77.07%	65.38%	38.58%
宁夏	78.61%	67.58%	34.03%
新疆	84.15%	80.86%	63.07%

(二)初中教师性别结构的变迁情况

1. 总体变迁

30多年来，初中阶段教师中女性教师比例总体上也呈连续上升趋势。1978年，初中女性教师为60万，占初中教师比例为28.57%，到2010年，初中女性教师达174万，数量上近于1978年的3倍，比例占到49.48%。相比小学阶段，初中女教师比例相对较低，波动范围在30%—50%之间。

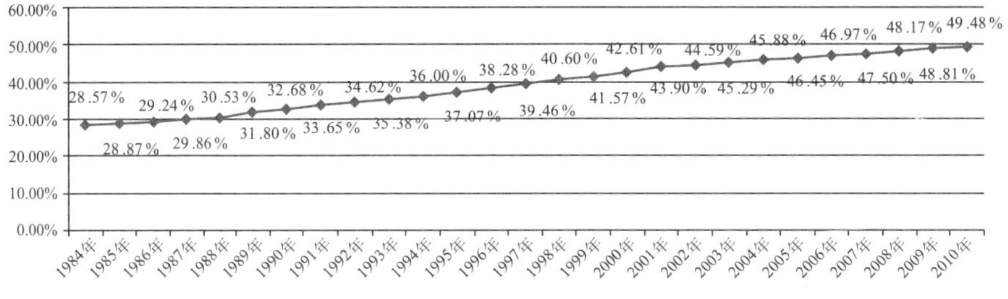

图 2-45　1984—2010 年我国初中教师性别结构变迁情况

2. 分区域和省份

分区域分析发现，2000 年，中学女教师比例超过全国平均水平的是第一、二、三类地区，其中比例最高的是第一类地区，达到 64.07%，超过全国平均水平 22%，第四类地区中学女教师比例最低。2010 年，四类地区中学女教师的比例均有所上升，范围在 5%—8%。

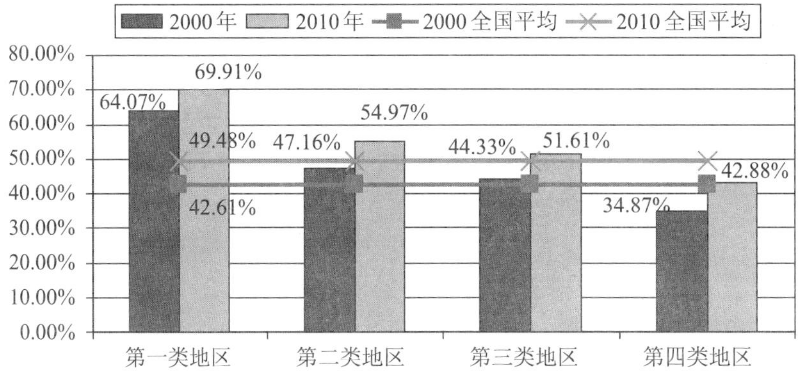

图 2-46　2000 年和 2010 年我国四类地区初中女教师平均比例

进一步分省份分析初中女教师在教师总数中的比例情况，如图 2-47 可以看出北京、天津、河北、山西、内蒙古、辽宁、吉林、黑龙江和新疆等北方省份的比例要高于江西、安徽、海南、福建、广西等南方省份，其中比例最高的省份是华北地区的北京、天津、河北，东北三省黑龙江、吉林和辽宁以及新疆地区。中部、西南和东南地区省份的比例基本是在 45%以下，其中安徽和江西比例最低，在 26%—27%。相比 2000 年，2010 年全国所有省份的中学女教师比例都呈上升趋势，10 年期间大部分省份上升比例 6%以上，山西、陕西、广东、西藏、海南的上升比例超过 10%。但从图中仍可以看出，东北地区、华北和新疆地区依旧是女教师比例最高的省份，而中部和南部的大部分省区女教师比例较低。其中，安徽、江西、贵州、湖北、甘肃这 5 个省份的女教师比例最低，依次是 34.33%、35.70%、35.87%、37.22%、38.98%。

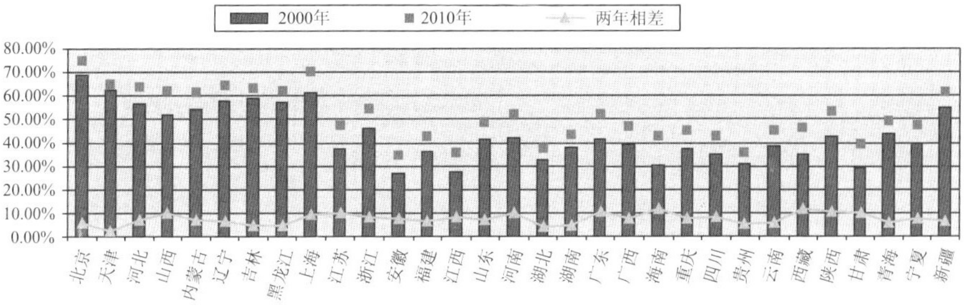

图 2-47 2000 年和 2010 年我国各省份初中女教师比例情况

同样以 2010 年为观察点（见表 2-6），对各省份的城市、县镇、农村初中教师中的女教师情况进行分析。2010 年全国初中女教师比例高低依次是城市、县镇、农村。具体到各省份，除了广东农村中学女教师比例为 49.47%，要略高于县镇 48.17%以外，其余各省无一例外地呈现出“城市＞县镇＞农村”。在城市、县镇和农村的省份分布上也可以看出，都呈现出东北三省、华北地区、上海和新疆地区的女教师比例要高于中部地区和东南、西南地区省份。另外，城市初中女教师的比例省际差异较小，集中在 65%—75%，县镇和农村的省际差异较大，比例范围为 35%—70%和 30%—65%。

表 2-6 2010 年我国各省份分城乡初中女教师的分布情况

	城市	县镇	农村
全国	64.41%	48.28%	42.65%
北京	78.18%	69.12%	64.20%
天津	76.99%	64.42%	50.09%
河北	73.63%	65.00%	57.54%
山西	70.60%	63.24%	56.45%
内蒙古	70.30%	59.71%	50.50%
辽宁	75.33%	64.35%	55.37%
吉林	75.26%	64.47%	53.29%
黑龙江	72.66%	66.01%	51.82%
上海	74.53%	66.41%	42.11%
江苏	60.33%	44.25%	41.23%

续表

	城市	县镇	农村
浙江	62.28%	51.14%	49.37%
安徽	48.53%	34.92%	28.71%
福建	58.24%	39.72%	32.82%
江西	56.55%	39.41%	29.19%
山东	63.45%	46.83%	41.29%
河南	63.59%	54.54%	46.55%
湖北	52.82%	35.25%	31.92%
湖南	59.85%	43.52%	38.00%
广东	61.43%	48.17%	49.47%
广西	63.30%	46.59%	37.61%
海南	60.48%	39.34%	35.86%
重庆	63.55%	43.20%	38.50%
四川	58.17%	42.15%	36.31%
贵州	59.42%	34.71%	30.98%
云南	63.50%	45.87%	40.07%
西藏	54.51%	45.28%	32.76%
陕西	66.33%	60.61%	47.74%
甘肃	56.78%	41.58%	32.45%
青海	64.80%	50.97%	39.04%
宁夏	60.98%	46.22%	37.74%
新疆	71.55%	65.03%	55.81%

(三)高中教师性别结构的变迁情况

1. 总体变迁

1984—2010年间，高中女性教师的数量和比例也保持着上升的趋势，并且在三个学段中，高中女性教师比例上升幅度最大，达到23%。具体分析其变化趋势，发现高中女性教师比例上升呈现先慢后快的变化。1984年高中女性专任教师数量为11万，占普通高中专任教师队伍的23.88%，到1997年数量增长到19万，13年间，比例提高了7%，而接下来的17年里几乎以每年一个百分点的速度增长，到 2010 年，高中女性专任教师的数量达 72 万人，比例也提高到了 47.66%。

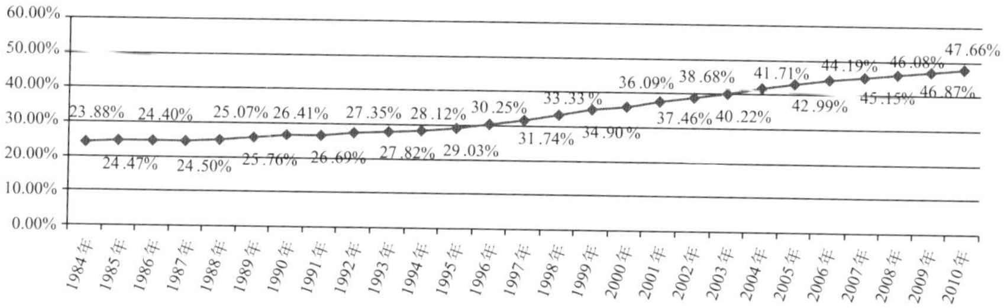

图 2-48　1984—2010 年高中女性教师比例变化情况

2. 分区域和省份的变迁情况

从图 2-49 中可以看出，2000 年四个地区的高中女教师在专任教师总数中的比例与初中阶段的情况基本一致，经济社会发展水平较好的第一、二类地区高中女教师的比例较高，均超过了全国平均水平，而第四类地区这一比例最低。到 2010 年四类地区女教师比例均有所上升，第三、四类地区的上升幅度最大，在 12%—13%，第一、二类地区上升 8%—9%。

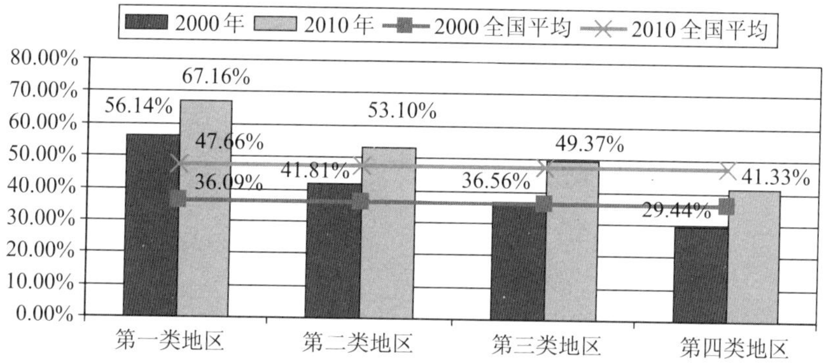

图 2-49　2000 年和 2010 年我国四类地区高中女教师平均比例

具体分省份考察高中专任教师中的女教师比例情况，可以看出各省份高中女教师在分布状况上基本与初中阶段相似。2000 年，我国的华北地区北京、天津和河北，东北三省以及上海比例最高，均在 50%以上，其次是北方地区的内蒙古、山西和新疆地区，再次是东南地区的浙江、江苏、广东和福建，中部地区和西南地区各省的这一比例最低。2010 年，高中女教师占专任教师总数的比例都有较大的提高，提高的幅度远大于小学和初中阶段，除了东北和华北比例较高的地区外，几乎所有省份都以每年1个百分点以上的速度增长。但是，省份间的总体格局没有太大的变化，依旧是东北三省、华北地区以及上海和新疆地区比例较高，中部地区的大部分省份的女教师占专任教师总数的比例都在34%—36%。

表2-7　2000年和2010年我国各省份高中女教师的比例及变动

	2000年	2010年	变动比例
全国	36.09%	47.66%	11.57%
北京	61.26%	70.35%	9.09%
天津	56.88%	67.63%	10.75%
河北	50.03%	60.23%	10.20%
山西	43.46%	57.27%	13.81%
内蒙古	45.53%	56.55%	11.02%
辽宁	56.32%	65.47%	9.15%
吉林	54.26%	61.81%	7.54%
黑龙江	52.34%	61.15%	8.80%
上海	50.29%	63.48%	13.20%
江苏	30.99%	46.01%	15.03%
浙江	38.50%	48.72%	10.23%
安徽	21.03%	34.55%	13.51%
福建	31.65%	44.73%	13.08%
江西	24.55%	34.65%	10.10%
山东	36.27%	47.41%	11.13%
河南	32.05%	46.49%	14.45%
湖北	26.35%	36.04%	9.68%
湖南	27.89%	37.99%	10.11%
广东	34.54%	49.17%	14.63%
广西	31.79%	46.81%	15.03%
海南	24.81%	46.93%	22.12%
重庆	27.44%	42.84%	15.39%
四川	26.72%	40.63%	13.92%
贵州	28.01%	38.15%	10.15%

续表

	2000年	2010年	变动比例
云南	30.31%	45.41%	15.10%
西藏	36.27%	43.68%	7.41%
陕西	33.58%	48.63%	15.05%
甘肃	22.25%	34.74%	12.49%
青海	38.44%	46.74%	8.30%
宁夏	33.21%	46.12%	12.91%
新疆	45.33%	55.34%	10.01%

再以2010年为观察点(见表2-8)，对各省份城市、县镇、农村中学教师中的女教师情况进行分析。2010年全国高中女教师比例高低依次是城市、县镇、农村。具体到各省份，除了广东、广西、贵州等农村高中女教师比例略高于县镇外，其余各省均呈现出“城市＞县镇＞农村”。在城市、县镇和农村的省份分布上可以看出，都呈现出东北三省、华北地区、上海和新疆地区的女教师比例要高于中部地区和东南、西南地区省份。另外，县镇高中女教师的比例省际差异比城市和农村的省际差异小。

表2-8　2010年我国各省份分城乡高中女教师的分布情况

	城市	县镇	农村
全国	53.67%	44.25%	42.70%
北京	71.09%	66.43%	67.16%
天津	72.37%	64.13%	57.23%
河北	63.64%	59.53%	55.98%
山西	60.10%	55.72%	49.94%
内蒙古	59.70%	53.85%	46.53%
辽宁	67.62%	61.29%	56.35%
吉林	64.74%	60.47%	54.29%
黑龙江	64.28%	58.58%	58.88%
上海	65.25%	61.15%	42.50%
江苏	50.51%	43.50%	43.86%
浙江	50.38%	47.38%	41.83%
安徽	42.09%	31.67%	27.91%

续表

	城市	县镇	农村
福建	52.98%	39.39%	37.33%
江西	45.15%	32.63%	25.95%
山东	51.99%	43.33%	41.14%
河南	50.22%	45.02%	42.71%
湖北	42.92%	32.01%	31.28%
湖南	44.05%	35.52%	37.93%
广东	53.81%	46.21%	48.44%
广西	51.97%	44.46%	46.67%
海南	54.24%	43.09%	37.58%
重庆	47.98%	41.05%	41.72%
四川	44.14%	38.98%	37.79%
贵州	49.23%	33.37%	36.20%
云南	50.57%	43.91%	42.14%
西藏	46.43%	41.17%	−5.26%
陕西	52.65%	47.15%	46.61%
甘肃	41.61%	32.12%	28.43%
青海	53.04%	44.23%	44.60%
宁夏	48.99%	43.02%	22.73%
新疆	57.15%	54.67%	47.25%

三、教师年龄结构的变迁情况

中小学教师队伍年龄结构情况反映能为政策决策提供有意义的参考，短期内的教师队伍的结构意味着教师职称压力的大小，以及有多少教师退休和补充多少新教师；从长期看，教师队伍的年龄结构意味着教师队伍的新陈代谢程度，意味着一定时期内，教师职业能够提供的岗位数量。① 而且年龄结构的变迁情况则可以看出教师队伍在教育发展不同时期的变化情况。在教育

① 曾晓东．中国中小学教师发展报告(2012)[M]．北京，社会科学文献出版社，2012：140.

规模扩张期间，教师资源短缺，因此，年轻教师占大多数。而教育资源短缺状况缓解以后，则新教师进入阻力变大，教师队伍的年龄结构就慢慢变“老”了。因此，各个时期教育发展以及对教师的需求影响着教师队伍的年龄结构。由于数据来源限制，本部分只能对小学、初中和高中教师1991—2010年总体变迁情况进行分析。

(一)小学教师年龄结构的变迁情况

在小学阶段，专任教师队伍主要以31—45岁的中青年教师为主，从1991年到2010年，此年龄阶段的教师比例一直维持在45%左右。但是各个年龄阶段教师的比例在20年里经历了较大的变化。从表2-9中可以明显地看出，“25岁以下”教师1991—2001年，其比例由17.21%上升到19.47%，将近队伍的五分之一；而2001年以后，这一比例迅速下降，到2010年仅6.87%，说明了2001年以后新近教师的招聘规模缩小。这变化可以反映出国家在这20年期间对新教师的招收情况，前十年处于普及九年义务教育阶段，属于教育机会扩张，对教师的需求增大，而基本实现“普九”以后，教师队伍就处于较为饱和的状态，新教师的岗位机会降低。与此同时，其他年龄段的教师比例变化有所不同，“26—30岁”“31—35岁”教师在20年间的变化基本呈现“先下降后上升”，在2001年以前这两个年龄段教师的比例从15%—16%下降到13%—14%，之后处于上升态势。而值得注意的是“46—50岁”“51—55岁”“56—60岁”三个年龄阶段的教师则处于上升的态势，尤其是“51—55岁”“56—60岁”两个年龄段教师的比例分别由7.38%和1.87%上升到2010年的12.52%和5.44%。由此总体来看，随着年轻教师补充减少，年长教师比例增加，小学教师队伍整体年龄结构向“老化”方向推进。

表2-9　1991—2010年小学教师队伍年龄结构变化

年份	25岁以下	26—30岁	31—35岁	36—40岁	41—45岁	46—50岁	51—55岁	56—60岁	61岁以上
1991	17.21%	15.98%	16.42%	16.28%	13.48%	11.30%	7.38%	1.87%	0.09%
1992	17.70%	15.84%	15.34%	16.54%	13.42%	11.13%	7.99%	1.98%	0.07%
1993	17.74%	15.25%	14.93%	16.78%	13.55%	11.00%	8.54%	2.15%	0.06%
1994	17.54%	14.66%	14.81%	16.62%	13.83%	11.05%	9.01%	2.41%	0.06%
1995	17.63%	14.36%	14.76%	15.83%	14.17%	11.25%	9.31%	2.64%	0.06%

续表

年份	25 岁以下	26—30 岁	31—35 岁	36—40 岁	41—45 岁	46—50 岁	51—55 岁	56—60 岁	61 岁以上
1996	17.90%	14.46%	14.61%	14.75%	14.56%	11.38%	9.30%	2.99%	0.06%
1997	18.11%	14.44%	14.53%	13.54%	15.06%	11.50%	9.33%	3.41%	0.06%
1998	18.65%	14.75%	14.05%	12.89%	15.36%	11.51%	9.09%	3.64%	0.06%
1999	19.49%	14.78%	13.53%	12.86%	15.14%	11.60%	8.85%	3.70%	0.05%
2000	19.64%	14.82%	13.25%	13.06%	14.43%	11.87%	9.04%	3.83%	0.05%
2001	19.47%	14.59%	12.55%	12.87%	13.19%	13.14%	9.98%	4.13%	0.07%
2002	15.16%	15.16%	13.01%	13.09%	12.12%	13.86%	10.02%	3.97%	0.06%
2003	17.16%	15.90%	13.75%	12.65%	11.83%	14.48%	10.24%	3.92%	0.06%
2004	15.19%	16.88%	14.26%	12.31%	12.32%	14.48%	10.53%	3.99%	0.05%
2005	13.08%	17.95%	14.79%	12.36%	12.80%	13.63%	11.07%	4.26%	0.05%
2006	11.16%	18.62%	15.20%	12.76%	13.22%	12.57%	11.86%	4.56%	0.05%
2007	9.37%	18.96%	15.78%	13.26%	13.55%	11.50%	12.77%	4.76%	0.04%
2008	7.98%	18.99%	16.43%	13.95%	13.18%	11.10%	13.39%	4.93%	0.03%
2010	6.87%	17.04%	18.40%	14.89%	12.72%	12.09%	12.52%	5.44%	0.03%

以 1991—2010 年小学 30 岁以下教师占小学专任教师总数比例的变化情况(图 2-50)，可以直观地看出年轻教师在小学专任教师队伍比例降低，教师队伍整体走向“老化”，我们大致可以看出两个阶段，2001 年以前处于平稳状态，比例保持在 31%—33%之间，2001 年以后由于 25 岁以下的年轻教师的数量补充减少，30 岁以下的比例下降较快，到 2010 年已经下降到 23.91%。

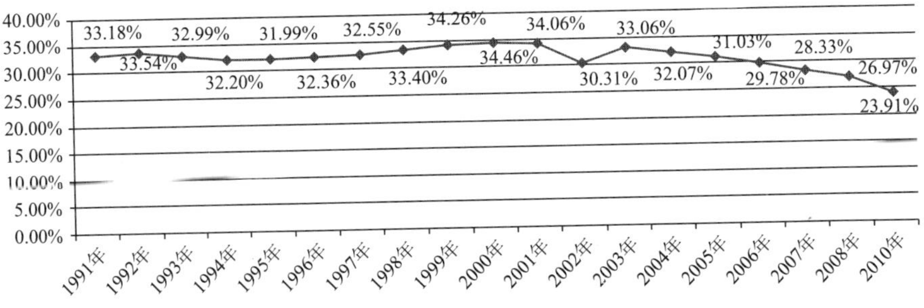

图 2-50　1991—2010 年我国小学 30 岁以下教师的变化情况

(二)初中教师年龄结构的变迁情况

从表中可以看出，1991年，我国拥有一支极为年轻的初中教师队伍。25岁以下教师占到队伍的1/4，而30岁以下的年轻教师占队伍近50%的比例，36—50岁教师比例将近30%，51岁以上教师不到10%。在1991—2010年的20年间，初中教师队伍也慢慢由"年轻"走向"老化"，从"25岁以下"教师变化最为明显。"25岁以下"初中教师的比例呈连续下降的态势，到2010年这一比例下降了近18个百分点，仅为7.32%，不到1991年的三分之一，意味着新聘教师的比例急剧减缩。伴随着年轻教师的大量减少，"31—35""36—40""41—45"年龄段的中青年教师比例则在波动中上升，比例分别由1991年的"13.09%""11.63%""10.64%"上升到2010年的"22.72%""19.45%""15.26%"，三个年龄阶段教师比例一共上升了23个百分点。而"46—50岁""51—55岁""56—60岁""61岁以上"年龄阶段教师比例基本维持比较缓慢的下降趋势。到2010年51岁以上教师的比例近7.7%。总体趋势来看，初中教师队伍年龄结构也向着"老化"方向迈进，但是由于1991年初中专任教师队伍极为年轻，因此，到目前初中教师队伍的年龄结构还是较为年轻。

表 2-10　1991—2010年初中教师队伍年龄结构变化

年份	25岁以下	26—30岁	31—35岁	36—40岁	41—45岁	46—50岁	51—55岁	56—60岁	61岁以上
1991	25.97%	21.28%	13.09%	11.63%	10.64%	8.37%	6.89%	2.06%	0.07%
1992	25.75%	22.63%	12.51%	11.75%	9.88%	8.22%	6.96%	2.25%	0.05%
1993	24.53%	23.72%	12.96%	11.88%	9.23%	8.26%	6.87%	2.51%	0.04%
1994	23.06%	24.47%	14.15%	11.61%	8.88%	8.33%	6.66%	2.77%	0.06%
1995	23.16%	24.97%	15.16%	10.79%	8.65%	8.11%	6.25%	2.85%	0.06%
1996	23.15%	25.18%	16.36%	10.01%	8.65%	7.68%	5.95%	2.95%	0.07%
1997	23.06%	25.11%	17.80%	9.41%	8.76%	7.08%	5.78%	2.93%	0.07%
1998	22.87%	25.08%	18.61%	9.61%	8.85%	6.51%	5.63%	2.77%	0.07%
1999	22.71%	24.60%	19.18%	10.51%	8.66%	6.23%	5.47%	2.57%	0.07%
2000	21.72%	24.42%	19.98%	11.55%	8.23%	6.05%	5.49%	2.48%	0.07%
2002	19.23%	25.09%	20.83%	14.13%	7.11%	6.36%	4.84%	2.32%	0.09%
2003	17.70%	25.02%	21.22%	14.94%	7.46%	6.65%	4.56%	2.36%	0.08%

续表

年份	25岁以下	26—30岁	31—35岁	36—40岁	41—45岁	46—50岁	51—55岁	56—60岁	61岁以上
2004	15.89%	24.88%	21.28%	15.88%	8.46%	6.70%	4.43%	2.40%	0.08%
2005	13.80%	24.51%	21.71%	16.84%	9.58%	6.48%	4.54%	2.48%	0.07%
2006	12.12%	23.67%	22.13%	17.68%	10.83%	6.19%	4.82%	2.48%	0.06%
2007	10.40%	22.69%	22.66%	18.19%	12.36%	6.05%	5.24%	2.36%	0.06%
2008	8.87%	21.88%	22.86%	18.83%	13.33%	6.39%	5.55%	2.24%	0.05%
2010	7.32%	19.19%	22.72%	19.45%	15.26%	6.37%	5.38%	2.28%	0.04%

具体考察30岁以下教师在初中专任教师总体中的比例，可以发现在二十年的时间变化中，这一比例下降也呈现两个阶段，前十年为平稳状态，比例在47%—48%之间波动，而2001年以后，这一比例迅速下降，从47.31%下滑到26.51，下降近一半的教师。由此可以看出，初中教师队伍中年轻教师减少，中年教师逐渐成为队伍的主体。

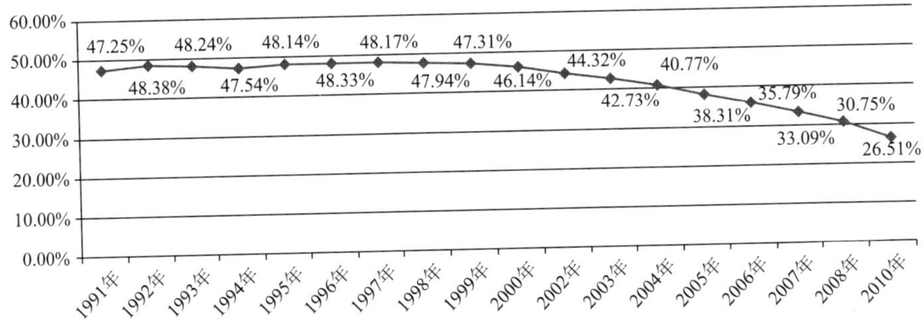

图2-51　1991—2010年我国初中30岁以下教师的变化情况

(三)高中教师年龄结构的变迁情况

与初中阶段一样，我国高中专任教师队伍总体也显年轻化。在1991年，30岁以下高中教师达到45.24%，此后这一比例开始逐年下降，到2010年，下降了13个百分点。而“31—35岁”“36—40岁”“41—45岁”的中青年教师有较大的提高，三个年龄段教师的总比例从28%上升到53%，中青年教师逐步在高中教师队伍中占据重要地位。而46岁以上老年教师的比例则总体呈下降趋势，从1991年的25.93%下降到2010年的12.64%。

表 2-11 1991—2010 年高中教师队伍年龄结构变化

年份	25 岁以下	26—30 岁	31—35 岁	36—40 岁	41—45 岁	46—50 岁	51—55 岁	56—60 岁	61 岁以上
1991	19.82%	25.41%	10.53%	8.04%	9.82%	10.46%	11.72%	4.05%	0.16%
1992	18.69%	27.58%	10.97%	8.28%	8.58%	10.11%	11.13%	4.54%	0.12%
1993	16.59%	28.04%	12.82%	8.86%	7.58%	10.21%	10.52%	5.26%	0.12%
1994	14.20%	27.36%	16.22%	9.25%	6.96%	9.99%	9.78%	6.02%	0.21%
1995	13.64%	26.30%	19.27%	9.17%	6.82%	9.39%	9.05%	6.15%	0.22%
1996	13.67%	25.14%	21.90%	9.35%	7.00%	8.30%	8.39%	6.03%	0.22%
1997	14.11%	24.19%	24.34%	9.37%	7.20%	7.00%	7.92%	5.57%	0.28%
1998	14.58%	23.71%	25.08%	10.77%	7.52%	5.90%	7.38%	4.72%	0.34%
1999	15.22%	22.74%	24.85%	13.03%	7.48%	5.35%	6.83%	4.10%	0.40%
2000	14.99%	22.33%	24.56%	15.49%	7.34%	5.02%	6.13%	3.67%	0.47%
2001	14.81%	22.34%	24.18%	17.97%	6.89%	4.80%	5.07%	3.33%	0.63%
2002	15.41%	22.24%	23.25%	19.42%	6.93%	4.82%	4.22%	3.10%	0.61%
2003	16.77%	22.04%	22.46%	19.43%	7.56%	4.83%	3.46%	2.92%	0.53%
2004	17.30%	22.32%	21.21%	19.33%	9.02%	4.71%	3.01%	2.65%	0.45%
2005	16.79%	22.84%	20.43%	19.15%	10.56%	4.56%	2.87%	2.40%	0.38%
2006	15.86%	23.29%	19.99%	18.89%	12.09%	4.54%	2.90%	2.11%	0.32%
2007	13.96%	24.11%	19.94%	18.68%	13.63%	4.60%	3.04%	1.79%	0.26%
2008	11.35%	25.15%	19.95%	18.70%	14.56%	5.31%	3.26%	1.50%	0.21%
2009	9.29%	25.11%	20.56%	18.25%	15.37%	6.62%	3.31%	1.32%	0.18%
2010	7.99%	24.33%	21.26%	17.94%	15.78%	8.05%	3.20%	1.30%	0.14%

图 2-52 反映了 30 岁以下年轻教师在高中专任教师队伍中的比例变化，可以较为直观地看出高中教师队伍的年龄结构改变，从 1991—2010 年，30 岁以下教师的比例呈现缓慢下降的趋势，平均大约以年均 0.6 个百分点下降，2007 年以后，下降幅度加大。

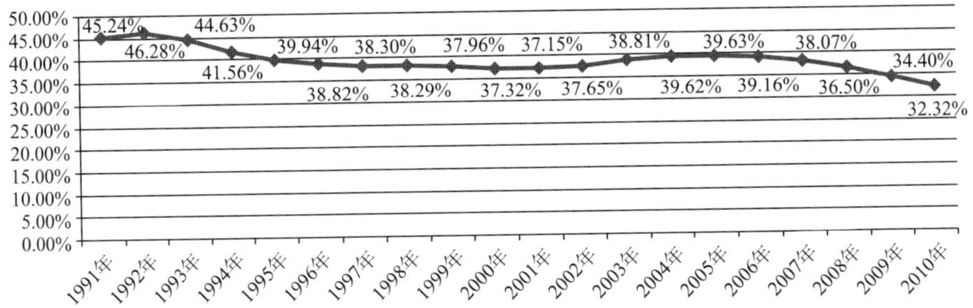

图 2-52　1991—2010 年我国高中 30 岁以下教师的变化情况

第三节　我国中小学教师队伍质量变迁研究

在全世界范围内，教师质量都已经超越教育领域，成为一个重要的公共政策。我国普及义务教育的时间比较短，教育质量保证的措施还处于新中国成立基本标准阶段，分析教师队伍质量的一项主要指标，仍然是教师的学历达标率①。

一、学历合格率变迁情况

(一)小学教师学历变迁

从图 2-53 可以看出，2004 年至 2010 年间小学教师学历变迁趋势中，高中阶段毕业学历教师数量是逐年下降的趋势，本科毕业学历教师数量是逐年

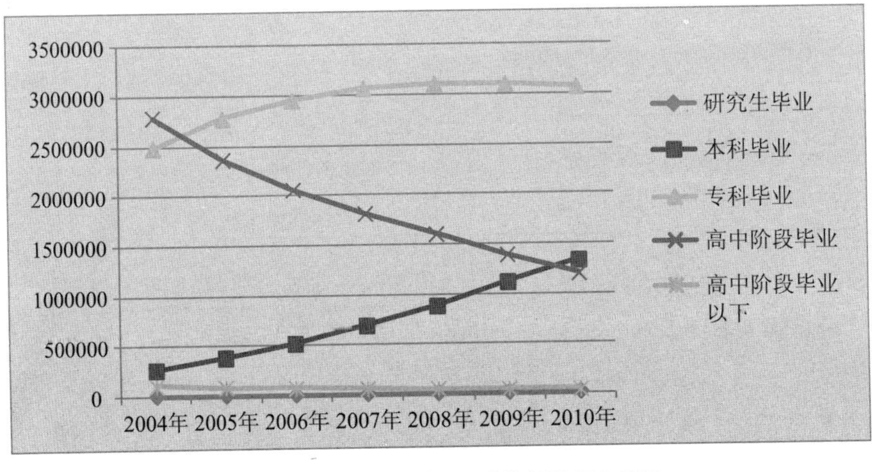

图 2-53　2004—2010 年小学教师学历变迁图

① 曾晓东．中国中小学教师发展报告[M]．北京，社会科学文献出版社，2012：104.

上升的趋势，专科毕业教师数量略有增加，高中阶段毕业以下小学教师的数量一直在下降，2004 年为 95051 人，2010 年为 26981 人，同时具有研究生学历的小学教师在这 7 年间由 1395 人增加到 6407 人。这说明，一方面，我国小学教师学历水平得到了很大提升，另一方面，我国小学教师队伍也完成了较大程度的新旧更新。

（二）初中教师学历变迁

从图 2-54 可以看出，2004 年至 2010 年间初中教师学历变迁趋势中，本科毕业学历教师数量是逐年上升的趋势，专科毕业学历教师数量是逐年下降的趋势，7 年间，专科毕业学历初中教师数量减少了近一半。高中阶段毕业以下学历的教师数量由 4736 人下降到 2010 年的 964 人，下降幅度最大。研究生学历初中教师数量由 2004 年的 5426 人上升到 2010 年的 22681 人。根据我国《教师法》的规定，初中专任教师应具有专科以上学历，从统计数据看，我国初中专任教师队伍中还有 1.35%的教师是高中或高中以下毕业，研究生毕业的初中教师仅占总数的 0.64%。

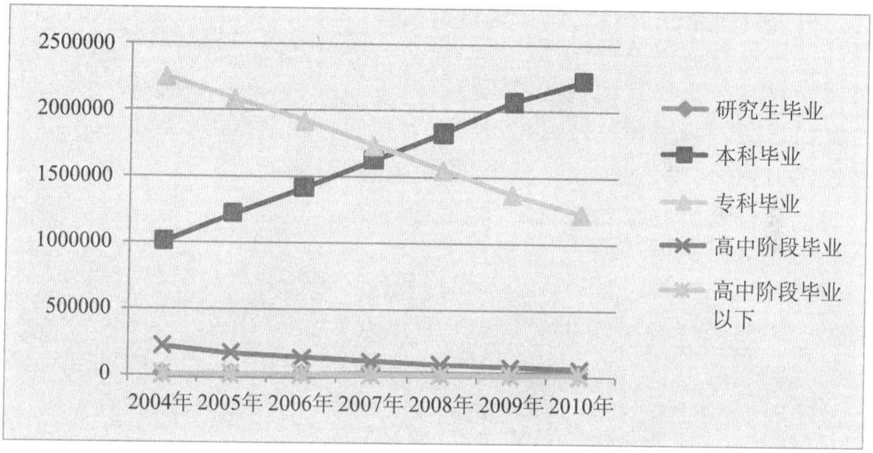

图 2-54　2004—2010 年初中教师学历变迁图

（三）高中教师学历变迁

从图 2-55 可以看出，2004 年至 2010 年间高中教师学历变迁趋势中，本科毕业学历教师数量一直处于上升趋势，至 2010 年数量达到 1384203 人，占高中全体教师的 91.2%，研究生学历高中教师数量增长幅度也比较大，2004

年为12329人，到2010年达到了55151人，根据我国《教师法》规定，高中阶段教师应当具有本科以上学历，但从统计数据来看，仍有占总数5.12%的高中专任教师为专科或高中毕业。

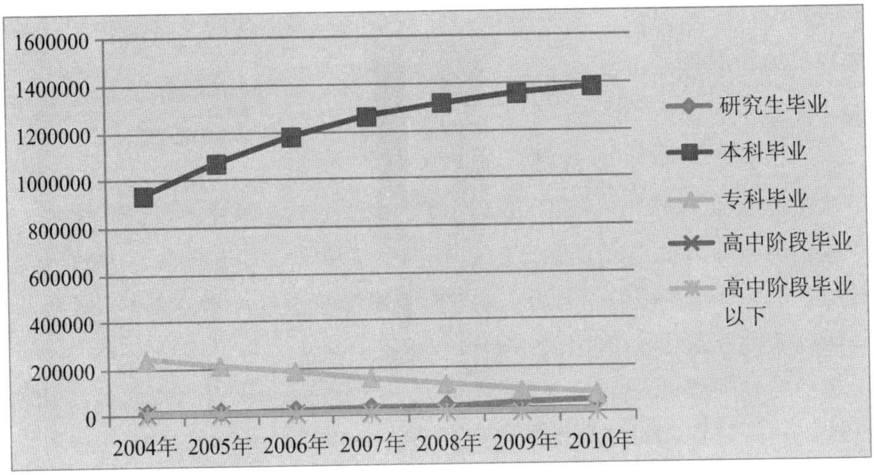

图2-55　2004—2010年高中教师学历变迁图

二、学历合格率分城乡变迁情况

(一)小学城市学历合格率变迁

从图2-56可以看出，2004—2010年7年间，我国城市小学教师学历为本科毕业的增长最快，2004年为125940人，2010年为456547人，比例由13.4%上升到48.2%。专业毕业学历的数量有小幅度下降，高中阶段毕业教

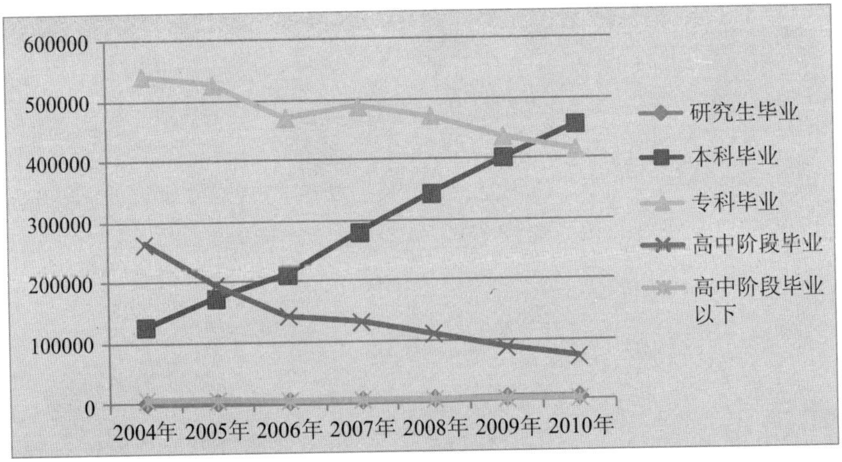

图2-56　2004—2010年小学城市学历合格率变迁

师也是逐年下降，至 2010 年下降为 70716 人，占小学总教师数量的 7.5%，研究生学历教师在 7 年间增加了 3625 人，至 2010 年，在全体城市小学教师中所占百分比达到了 0.5%。从以上可以看出，我国城市小学教师在学历方面整体状态良好，已经处于全面提升教师学历的阶段，在 7 年间教师学历大幅度提升，本科学历教师所占比例将近半数，研究生学历教师比例比较低，但一直在上升，同时，高中毕业、甚至高中毕业以下教师依旧存在，占全体教师数的 7.6%。

（二）小学县镇学历合格率变迁

从图 2-57 可以看出，2004—2010 年 7 年间，我国县镇小学教师学历上升最快者为专业毕业学历教师，2004 年为 561231 人，2010 年为 866419 人，所占全体教师比例变化不大，由 53.3%增加到 58.6%。县镇小学中为本科毕业的教师由 2004 年的 53934 人上升到 2010 年的 384019 人，比例由 5.1%上升到 26%，增长幅度较大，高中阶段毕业教师人数及所占比例都有所下降，研究生学历教师数量变化不大。从统计数据可以得出，我国县镇小学教师学历依旧以专业毕业为主，教师学历达不到国家《教师法》规定的现象还是存在。

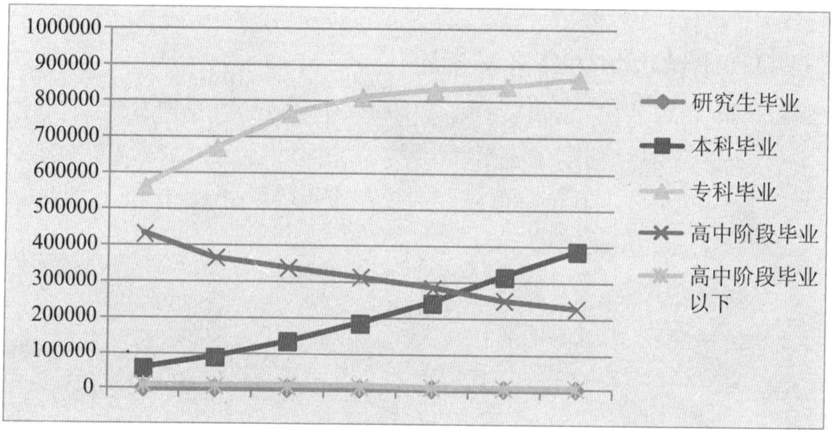

图 2-57　2004—2010 年小学县镇学历合格率变迁

（三）小学农村学历合格率变迁

从图 2-58 可以看出，2004—2010 年 7 年间，我国农村小学教师学历上升最快者为本科学历教师，2004 年为 77776 人，2010 年为 484681 人。县镇小学中为高中毕业的教师由 2004 年的 2096690 人下降为 2010 年的 897228 人，下降幅度非常大，专科毕业学历教师略有增长，但增幅不大，2010 年专科毕业教师占全体农村教师的比例为 55.9%。从统计数据可以得出，我国农村小学教师学历依旧以专业毕业为主，教师学历达不到国家《教师法》规定的现象还是存在。

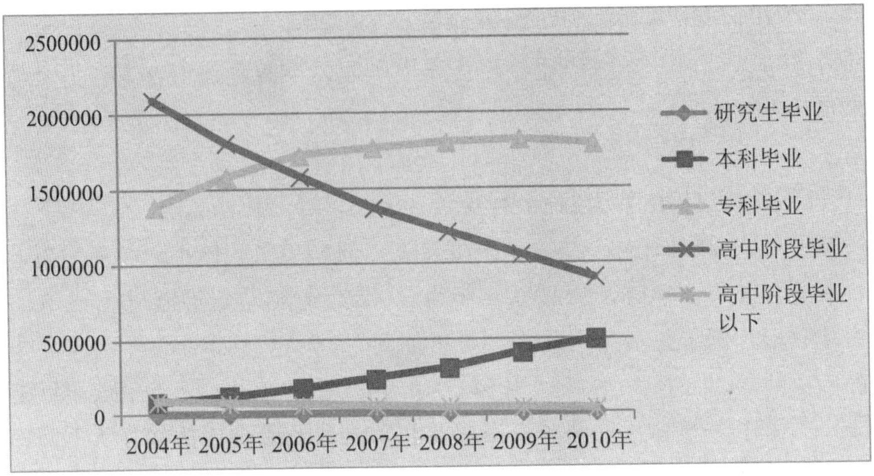

图 2-58　2004—2010 年小学农村学历合格率变迁

(四)初中城市学历合格率变迁

从图 2-59 可以看出，2004 年到 2010 年的 7 年间，我国县镇初中教师学历为本科毕业的数量呈逐年上升的趋势，2004 年为 322308 人，2010 年为 970821 人。同时，所占县镇全体教师的比例也由 27.9%上升到 62.8%。与此

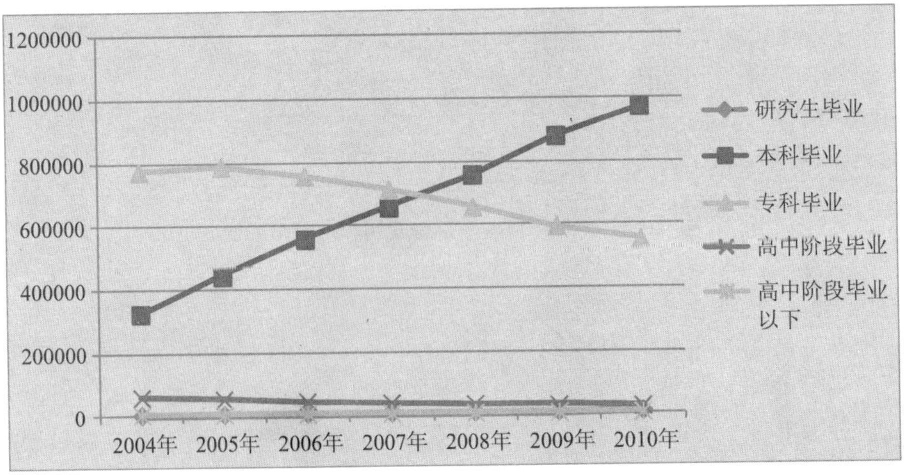

图 2-59　2004—2010 年初中城市学历合格率变迁

同时，县镇初中教师学历为专业毕业的教师比例由2004年的66.9%下降到2010年的35.6%。这表明，至2010年我国县镇初中教师学历以达到本科毕业为主，教师学历得到了大幅度提升，但根据我国《教师法》规定，初中教师需具有专科以上学历①，但县镇初中教师中学历不达标者占到了总教师数量的1.26%。

（五）初中农村学历合格率变迁

根据我国《教师法》规定，我国初中阶段教师应当具有专科以上学历②。从图2-60可以看出，2004年到2010年的7年间，我国农村初中教师学历为本科毕业的数量呈逐年上升的趋势，占全体农村初中教师的比例由2004年的18.9%上升到2010年的54.6%，农村初中教师学历为专科毕业的教师数量下降趋势较大，2004年为1180874人，占全体教师的72.3%，2010年为549706人，占全体教师的43.2%，农村初中教师学历为高中毕业者，所占比例由8.5%下降到1.9%。从以上数据可以看出，我国农村初中教师学历提升较快，但24801人学历未达标。

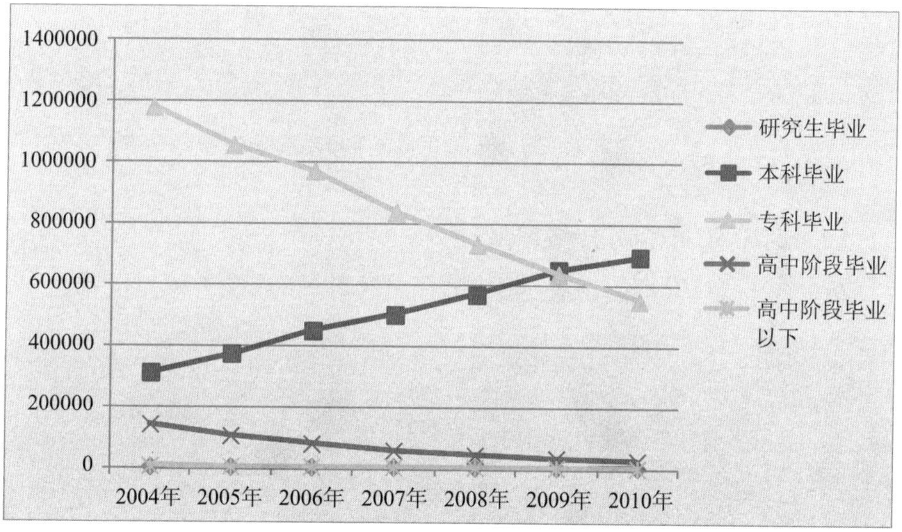

图2-60 2004—2010年初中农村学历合格率变迁

① 曾晓东. 中国中小学教师发展报告(2013)[M]. 北京，社会科学文献出版社，2012：106.

② 曾晓东. 中国中小学教师发展报告(2012)[M]. 社会科学文献出版社，2012：106.

(六)高中城市学历合格率变迁

根据我国《教师法》规定，我国高中阶段教师应当具有本科以上学历。从图 2-61 可以看出，2004—2010 年间，我国城市高中教师学历为本科毕业、研究生毕业的数量在不断增加，2004 年本科及其以上学历的城市高中教师占全体高中教师数量的 88.9%，到 2010 年这一比例达到了 97%，学历为达标教师的数量也在逐年下降，这说明我国城市高中教师学历达标率较高。

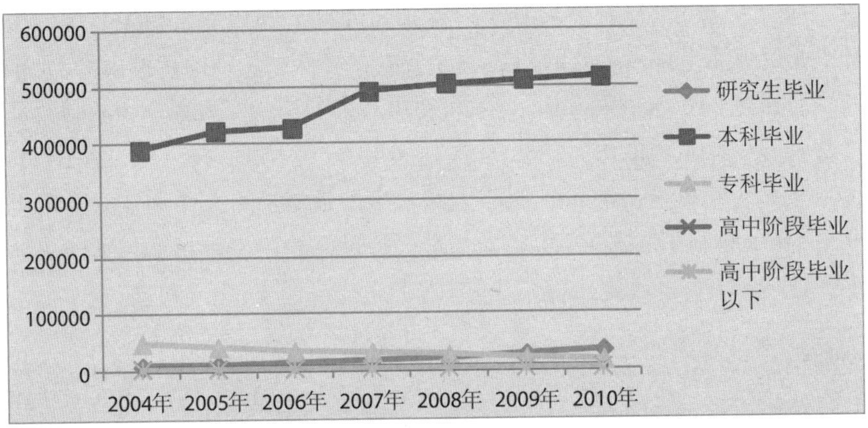

图 2-61　2004—2010 年高中城市学历合格率变迁

(七)高中县镇学历合格率变迁

从图 2-62 可以看出，2004—2010 年间，我国县镇高中教师中，学历为本

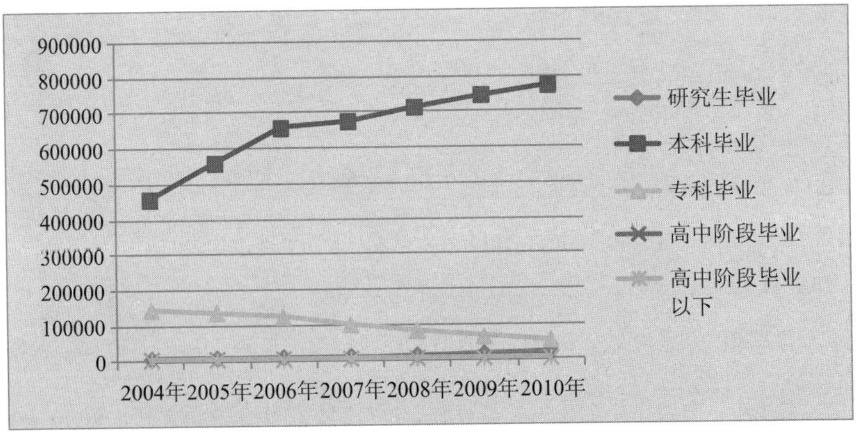

图 2-62　2004—2010 年高中县镇学历合格率变迁

科毕业的数量在7年间增加幅度较大，由2004年的456196人上升至2010年的774355人，占全体教师的比例由75.2%上升至91.5%；学历不达标者2004年为146072人，2010年已下降为52800人。从以上数据可以看出，我国县镇教师学历基本达标，较城市高中教师学历达标率略低。

（八）高中农村学历合格率变迁

从图2-63可以看出，2004—2010年间，学历为本科毕业的数量在7年间数量增加不大，但占全体教师比例由65%上升至89.4%，本科以上学历教师占全体教师比例的91.5%。这说明我国农村高中教师在最近7年内，学历提升较为明显，已基本达标。

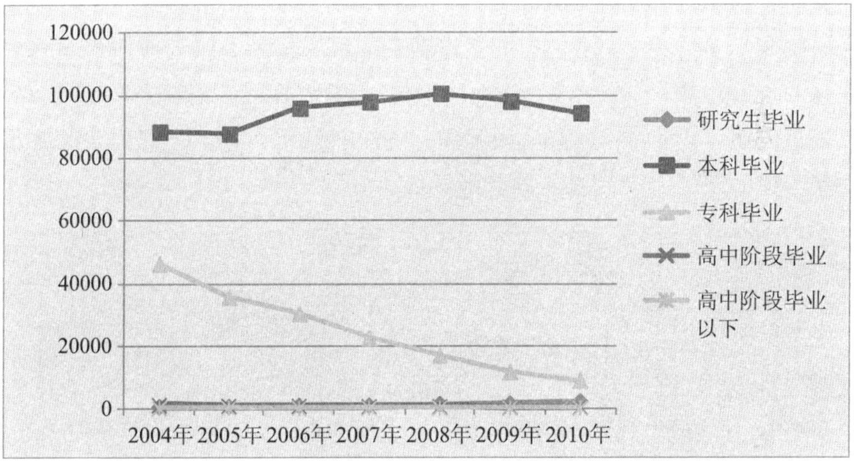

图2-63　2004—2010年高中农村学历合格率变迁

三、教师职称变迁情况

“百年大计，教育为本。”世界各国教育制度及改革措施无不围绕提高教学水平、增进教育质量而进行，而教师是提高教育质量的关键所在。世界各国政府都在努力探索最具效益的教改之路——激发教师的积极性，发挥教师的能动性，从而保证教育的健康发展。为此不同国家采取了不同措施来激励教师。我国由国家统一实行的复杂的职称制度及其分类，我国基础教育现阶段都在执行《中小学教师职务试行条例》，各省市结合本地区、本部门的实际情况进一步制定了《实施细则》贯彻实施①。

职称在国际上通常的定义是“区别专业技术或学术水平的等级称号”，是授予专业技术人员的“衔”或“称号”，反映一个人的“专业技术或学术水平的等级”。教师职称应该是教师的综合素质(包括教育教学能力、研究能力或突出贡献等)、实际水平的凭证及物化体现。对我国中小学教师职称变迁趋势的回顾，有利于了解我国教师质量在三十年间的发展趋势。

(一)总体变迁

1. 小学教师职称变迁

从图 2-64 可以看出，从 2004 年到 2010 年 7 年间，我国小学拥有中学高级职称的教师比例 2004 年为 0.32%，2010 年上升为 1.15%；未评职称教师所占比例基本保持稳定，在 6%上下浮动；职称为小学高级者所占比例表现出了明显的上升趋势，2004 年比例为 38.94%，至 2010 年比例上升为 51.94%。以上数据表明，7 年间我国小学教师职称增长较快，教师队伍职称状况改善明显，基本建立起了一支高素质的教师队伍。

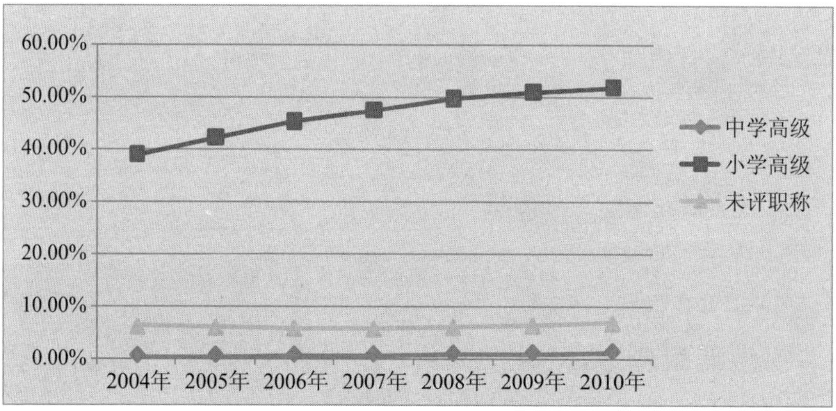

图 2-64　2004—2010 年小学教师职称变迁图

2. 初中教师职称变迁

从 2004 年到 2010 年 7 年间，我国初中教师拥有中学高级和中学一级的教师比例均表现出增长趋势，其中，中学高级教师的比例由 2004 年的 5.63%

① 王大磊. 共和国中小学教师专业发展的政策研究[D]. 华东师范大学，2011，4.

上升至2010年的12.48%，实现了翻倍增长。中学一级的教师比例由2004年的34.32%上升到2010年的42.32%，增幅略小于中学高级职称教师。未评职称教师比例出现下降趋势，但下降幅度不大，仅为2.17%。

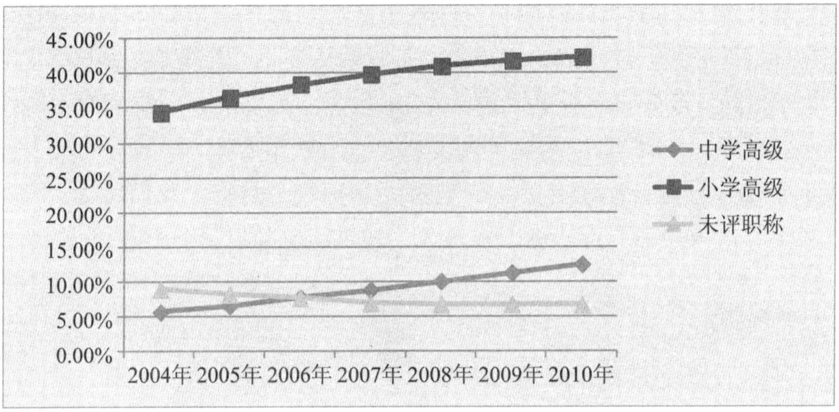

图2-65　2004—2010年初中教师职称变迁图

3. 高中教师职称变迁

从图2-66来看，我国高中教师职称中学一级教师比例在2004年到2010年间变化不大，保持平稳。中学高级教师比例略有上升，至2010年比例达到34.98%，未评职称教师比例出现逐年下降趋势，至2010年下降为6.45%。

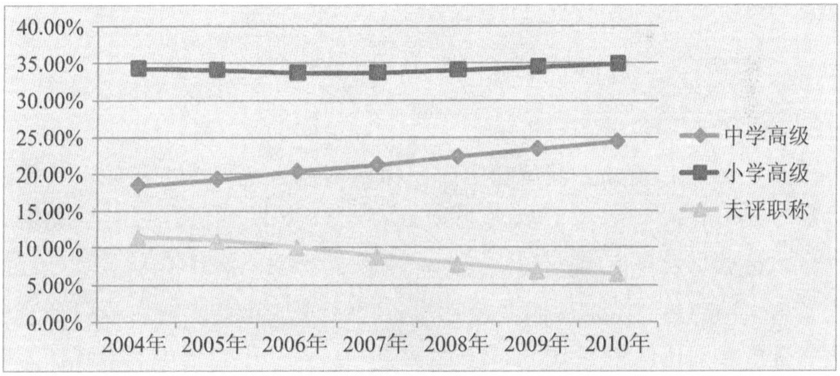

图2-66　2004—2010年高中教师职称变迁图

(二)城乡分布的变迁情况

1. 小学教师职称城乡分布变迁

从图 2-67 可以看出，我国小学拥有小学高级职称教师所占比例在 7 年间一直保持增长趋势，其中农村地区增长幅度最大，为 14.22%，其次为县镇地区，为 12.51%，最后为城市地区，为 10.88%。从地区间差距来看，2004 年城市与农村教师中拥有小学高级职称的教师比例相差 11.19%，2010 年这一差距为 7.85%，地区差距有缩小的趋势。基于以上数据，我们认为 7 年间农村教师小学高级职称所占比例增幅最大，地区间教师质量差距在缩小。

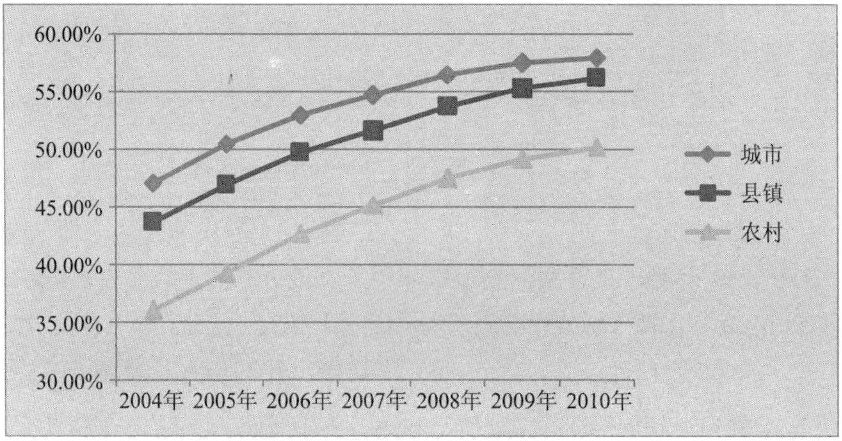

图 2-67　2004—2010 年小学分城乡变迁图

2. 初中教师职称城乡分布变迁

从图 2-68 可以看出，我国初中高职称教师所占比例在 7 年间一直保持增长趋势，其中城市初中高职称教师增幅最大，为 8.25%，其次是县镇，为 6.25%，最后是农村地区，为 6.13%，这说明 2004—2010 年间三类地区间差距处于增大的趋势。从地区间差距来看，2004 年城市与农村教师中拥有中学高级职称的教师比例相差 10.92%，2010 年这一差距为 13.04%，地区差距进一步加大。基于以上数据，我们认为 7 年间城市教师中高职称所占比例增幅最大，地区间教师质量差距进一步扩大。

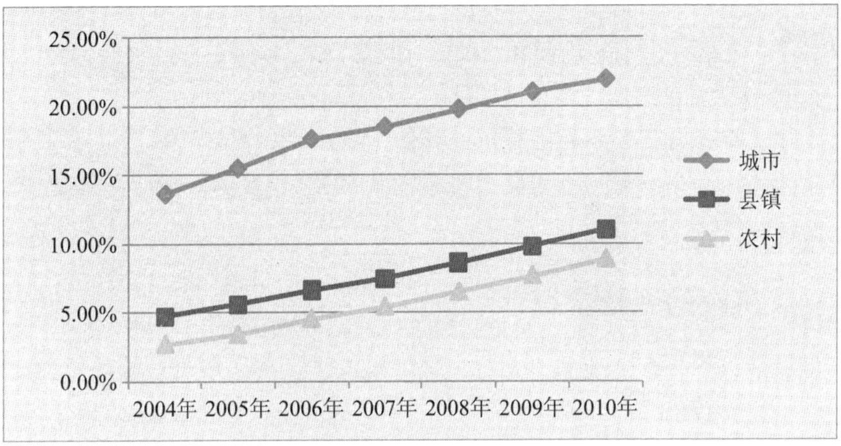

图 2-68　2004—2010 年初中分城乡变迁图

3. 高中教师职称城乡分布变迁

从图 2-69 可以看出，我国高中中高职称教师所占比例在 7 年间一直保持增长趋势，其中农村地区中高职称教师比例上升幅度最大，为 6.23%，其次为县镇，增长幅度为 5.89%，最后是城市 5.39%，三类地区间增幅差异不大。从地区间差距来看，2004 年城市与农村教师中拥有中学高级职称的教师比例相差 15.28%，2010 年这一差距为 14.54%，缩小幅度不明显。虽然在 7 年间农村教师中高职称所占比例增幅最大，但地区间教师质量差距未得到改善。

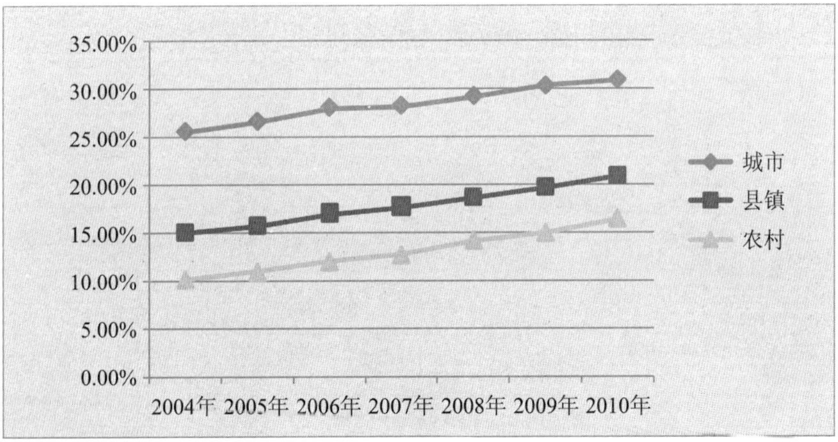

图 2-69　2004—2010 年高中分城乡变迁图

第四节　我国中小学教师工作环境变迁研究

教师工作环境是影响教师队伍建设的一个重要因素。本部分主要以班额、师班比和师均办公面积三个指标来考察改革开放30多年以来的教师工作环境变迁的情况。

一、班额的变迁情况

班额是一个教学班的额定人数，直接体现了我国中小学教师的工作境况。按照国家规定，中小学班额标准为小学不超过45人，中学不超过50人。46—55人是大班额，56—65人是超大班额，66人以上属于特大班额。班级人数是教师工作直接面对的环境，“大班额”“超大班额”和“特大班额”等的存在反映了教师工作超负荷的状况。

（一）小学班额的变迁情况

1. 总体变迁

《中国教育统计年鉴》中1991年—2000年，小学班额划分为“10人及以下”“11—20人”“21—30人”“31—40人”“41—50人”“50人及以上”，2001年—2010年，小学班额与中学一样，划分为“25人及以下”“26—35人”“36—45人”“46—55人”“56—65人”“66人及以上”，从统计指标的变化上也可以

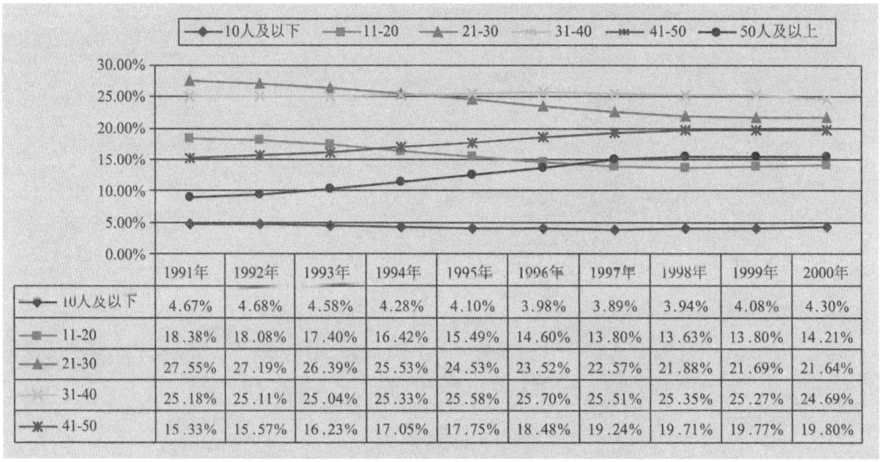

	1991年	1992年	1993年	1994年	1995年	1996年	1997年	1998年	1999年	2000年
10人及以下	4.67%	4.68%	4.58%	4.28%	4.10%	3.98%	3.89%	3.94%	4.08%	4.30%
11-20	18.38%	18.08%	17.40%	16.42%	15.49%	14.60%	13.80%	13.63%	13.80%	14.21%
21-30	27.55%	27.19%	26.39%	25.53%	24.53%	23.52%	22.57%	21.88%	21.69%	21.64%
31-40	25.18%	25.11%	25.04%	25.33%	25.58%	25.70%	25.51%	25.35%	25.27%	24.69%
41-50	15.33%	15.57%	16.23%	17.05%	17.75%	18.48%	19.24%	19.71%	19.77%	19.80%

图2-70　1991—2000年我国小学班额结构的变化情况

初步感知班额的扩大。因此本部分，小学班额情况的分析分为两个阶段：1991—2000 年，2001—2010 年。

从图 2-70 中可以看出，1991—2000 年小学阶段班额整体朝“变大”的方向，10 人以下的班级基本维持 4%左右不变，而 11—20 人、21—30 人的班级比例呈下降趋势，从 1991 年的 18.38%和 27.55%下降到 2010 年的 14.21%和 21.64%，与此同时，41—50 人和 51 人以上的班级比例快速上升，41—50 人班级从 15.33%上升了近 5 个百分点，而 51 人以上的大班额的班级比例则翻了近一倍。

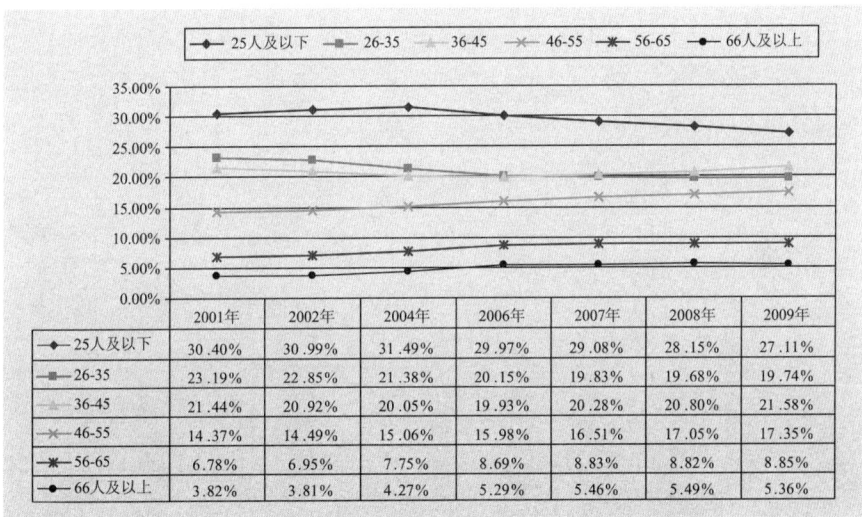

小学班额一直保持变大的趋势，从 2001—2010 年来看，班额结构已经整体调大，最小班额为“25 人以下”，出现了超大班额“56—65”人和特大班额“66 人以上”的统计指标。从图 2-71 中可以看出 25 人以下、26—35 人的班级比例分别下降了 3 个百分点和 4 个百分点。而大班额、超大班额和特大班额均保持着上升的趋势，上升的幅度在 2—3 个百分点。由此可以看出，小学班额的整体朝着大班额的方向推进，超大班额和特大班额导致教师工作负担增加的现象须引起关注。

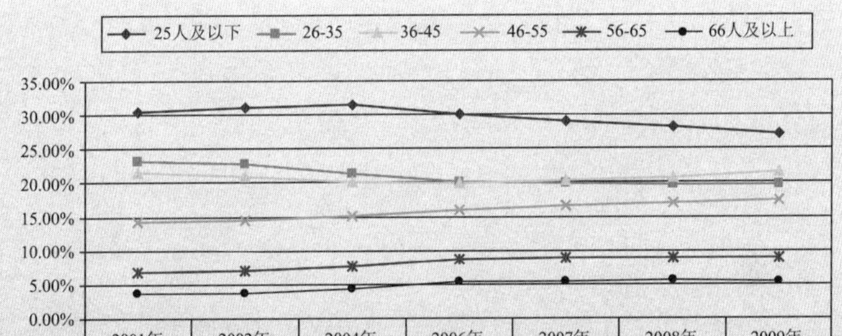

	2001年	2002年	2004年	2006年	2007年	2008年	2009年
25人及以下	30.40%	30.99%	31.49%	29.97%	29.08%	28.15%	27.11%
26-35	23.19%	22.85%	21.38%	20.15%	19.83%	19.68%	19.74%
36-45	21.44%	20.92%	20.05%	19.93%	20.28%	20.80%	21.58%
46-55	14.37%	14.49%	15.06%	15.98%	16.51%	17.05%	17.35%
56-65	6.78%	6.95%	7.75%	8.69%	8.83%	8.82%	8.85%
66人及以上	3.82%	3.81%	4.27%	5.29%	5.46%	5.49%	5.36%

图 2-71　2001—2010 年我国小学班额结构的变化情况

2. 城乡分布的变迁情况

以超大班额在班级总数中的比例为指标来考察城乡教育超载现象。从图 2-72 中可以明显看出，城市的超大班额在班级总数中的比例最高，其次是县镇，农村超大班额的比例最低。但是从1991—2000年的变化趋势来看，城市小学超大班额的比例先缓慢上升到1997年以后，开始逐渐下降，县镇的超大班额比例则基本保持在20%－25%，而农村超大班额在农村班级总数中的比例则一直呈上升趋势。

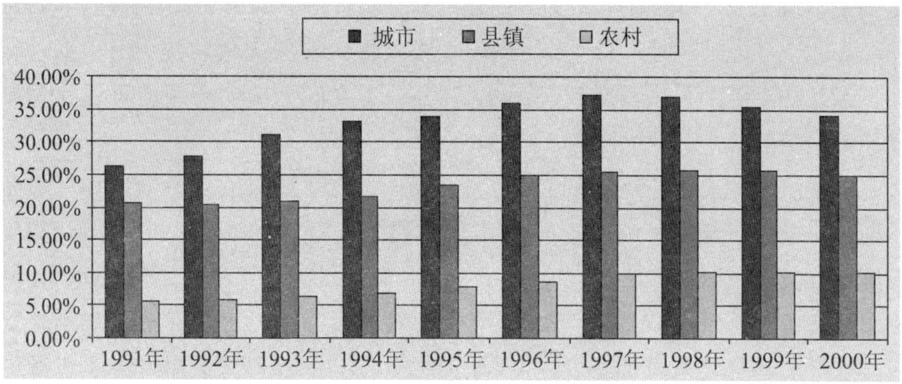

图2-72 1991—2000年我国小学城乡的超大班额比例情况

进一步分析小学50人以上超大班额在城市、县镇和农村的分布，可以看出，超大班额的主体在农村地区，从1991—2000年间，随着时间推移和小学教育事业的发展，超大班额在农村的比例始终维持在50%左右，而在城市和县镇的分布基本相当，在25%左右。

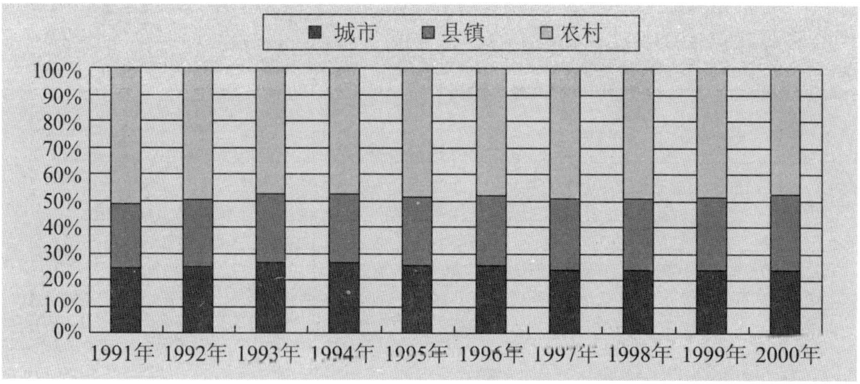

图2-73 1991—2000年我国小学超大班额在市、县、村的分布情况

再分析2001—2009年我国城乡小学大班额的比例情况，城市大班额、超大班额的班级在班级总数中的比例呈上升趋势，分别上升了5个百分点和2

个百分点，而特大班额的比例一直保持在10%，超大班额以上的比例一直在50%以上，足见城市小学教师的工作负担之重。县镇教师大班额、超大班额和特大班额的班级比例保持持续上升的势头，增长的幅度均在4%—5%。农村超大班额、特大班额的比例基本维持稳定，在36%—37%。

表 2-12　2001—2009 年我国城乡小学大班额比例情况

年份	城市			县镇			农村		
	46—55人	56—65人	66人及以上	46—55人	56—65人	66人及以上	46—55人	56—65人	66人及以上
2001	25.72%	14.93%	9.67%	22.05%	12.65%	9.50%	11.22%	4.45%	1.85%
2002	25.55%	14.38%	8.70%	22.31%	13.20%	9.15%	11.21%	4.55%	1.97%
2004	26.82%	16.56%	8.90%	23.76%	15.05%	11.25%	11.38%	4.84%	2.14%
2006	28.12%	17.51%	9.49%	26.02%	17.73%	14.66%	11.63%	5.12%	2.39%
2007	28.65%	17.74%	10.08%	26.76%	17.35%	14.19%	11.53%	4.92%	2.29%
2008	29.46%	17.08%	10.00%	27.15%	17.02%	13.85%	11.67%	4.81%	2.21%
2009	29.50%	16.68%	9.52%	27.08%	16.73%	13.18%	11.83%	4.79%	2.10%

以特大班额班级在城市、县镇和农村的分布情况分析，发现2001—2009年间特大班额在城市分布维持在25%左右，在农村的分布则由35%递减至28%，而县镇特大班额的分则迅速增加，特大班额由农村向县镇转移，这与中小学布局调整以及撤点并校政策的推行有极其重要的关系。

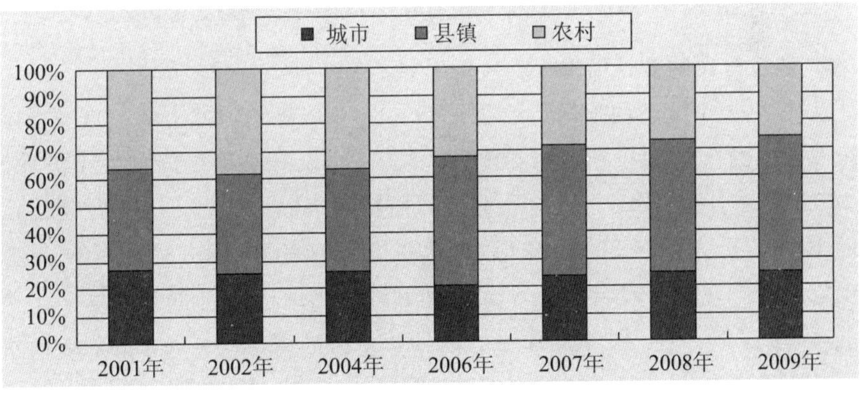

图 2-74　2001—2009 年我国小学特大班额班级在市、县、村的分布情况

(二)初中班额的变迁情况

1. 总体变迁

初中阶段的教育超载现象更为严重，教师的工作负担极重。1991 年大班额以上班级的比例就达近 67%，也就是说近七成的班级都是大班额，其中超大班以上就近三成；到 2010 年，大班额以上的比例超过了七成。1991—2000 年间，初中大班额、超大班额和特大班额的变化趋势有所不同。大班额班级的比例在保持近十年的平稳，即 36%左右之后，2000—2007 年这一比例开始下降，而 2007 年以后又有所回升。超大班额的变化较为平稳，虽有升有降，但变化幅度基本维持在 5%以内，特大班额的比例在 1991—2004 年几乎以每年一个百分点的速度上升，2005 年以后下降趋势明显。由于农村中小学布局调整以及择校等原因，超大班额成为教育中的严重超载现象，近些年已经引起关注，各省份开始采取积极治理措施。

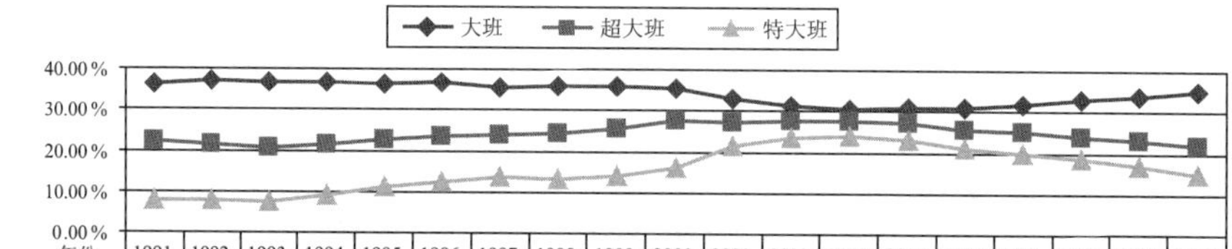

年份	1991	1992	1993	1994	1995	1996	1997	1998	1999	2000	2001	2002	2003	2004	2006	2007	2008	2009	2010
大班	36.30	37.14	36.70	36.68	36.37	36.55	35.66	35.78	36.07	35.42	32.86	31.45	30.53	30.99	30.98	31.81	33.12	33.96	35.01
超大班	22.23	21.52	20.63	21.40	22.70	23.35	23.80	24.46	25.57	27.53	27.27	27.64	27.70	27.31	25.50	25.19	24.08	22.97	21.82
特大班	7.94	7.86	7.42	8.97	11.22	12.58	13.63	13.33	13.82	15.94	21.26	23.38	24.10	22.99	21.13	19.60	18.52	16.74	14.77

图 2-75　1991—2010 年我国初中大班额班级比例的变化情况

2. 城乡分布的变迁情况

从表 2-13 中比较明显可以看出，1991—2010 年我国城市的大班额在城市班级总数中的比例从一直维持在 32%以上，超大班额班级的比例上升明显，到 2003 年，分别上升了近 5 个百分点，而特大班额的比例上升更加迅速，上升近 10 个百分点，在 2004 年以后，这一比例才有所下降。而县镇的教育超载现象更为严峻，1991 年县镇超大班以上班级比例就达到 36%，这一比例持续上升，到 2003 年，居然上升到了 57%，足见县镇大班额现象之烈，而可以想象县镇教师的工作负担之大。2004 年以后，这一比例虽有所下降但仍在 43%以上。农村的超大班和特大班额基本的变化趋势与县镇一样，但总体来看比例相对较低，在 30%—40%之间。

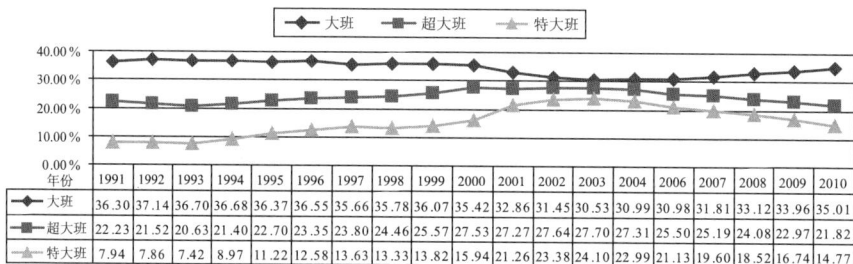

表 2-13　我国初中城市、县镇和农村的大班、超大班和特大班的比例情况

年份	城市			县镇			农村		
	大班	超大班	特大班	大班	超大班	特大班	大班	超大班	特大班
1991	34.60%	18.87%	5.79%	35.86%	25.75%	11.69%	36.87%	22.05%	7.37%
1992	34.71%	18.53%	7.18%	37.61%	24.33%	10.74%	37.65%	21.35%	7.04%
1993	35.47%	18.09%	7.10%	37.74%	21.73%	8.93%	36.65%	20.96%	6.94%
1994	36.02%	19.01%	7.66%	37.97%	22.22%	10.08%	36.36%	21.79%	8.92%
1995	36.41%	20.45%	8.89%	38.01%	23.67%	12.22%	35.63%	23.02%	11.54%
1996	36.78%	21.14%	9.52%	38.27%	24.22%	13.09%	35.69%	23.68%	13.35%
1997	36.07%	21.08%	10.01%	37.67%	24.32%	13.80%	34.57%	24.45%	14.73%
1998	35.83%	21.09%	9.77%	37.70%	24.79%	13.64%	34.87%	25.38%	14.32%
1999	35.43%	22.13%	10.39%	37.93%	25.94%	14.49%	35.40%	26.49%	14.59%
2000	35.67%	23.45%	12.03%	37.30%	28.33%	16.16%	34.37%	28.47%	17.13%
2001	34.23%	22.94%	15.84%	32.37%	29.00%	24.07%	32.69%	27.71%	21.35%
2002	33.88%	23.34%	15.32%	30.54%	28.73%	27.49%	31.17%	28.55%	23.49%
2003	32.93%	23.16%	15.27%	29.77%	29.69%	26.93%	30.09%	28.11%	25.65%
2004	32.49%	23.82%	13.59%	30.67%	28.76%	26.42%	30.60%	27.70%	24.38%
2006	32.55%	22.20%	11.39%	29.84%	27.09%	26.24%	31.37%	25.39%	20.48%
2007	32.81%	22.58%	12.51%	30.57%	27.27%	24.73%	32.57%	24.35%	17.86%
2008	34.10%	22.02%	12.33%	31.91%	26.39%	23.78%	33.93%	22.65%	16.04%
2009	34.14%	21.30%	11.85%	33.22%	25.12%	21.67%	34.72%	21.40%	13.70%
2010	34.67%	20.07%	10.96%	34.92%	24.21%	18.92%	35.33%	19.84%	11.81%

具体分析超大班额在城市、县镇和农村的分布情况可以看出，1991—2010年初中超大班级的主体分布在农村地区，比例维持在60%以上；进入21世纪以后，超大班级呈向县镇转移的明显趋势，在县镇的分布超过了50%，成为大班额集中阵地。因此，从这一方面看，县镇初中教师的工作负担要远远大于农村和城市教师。

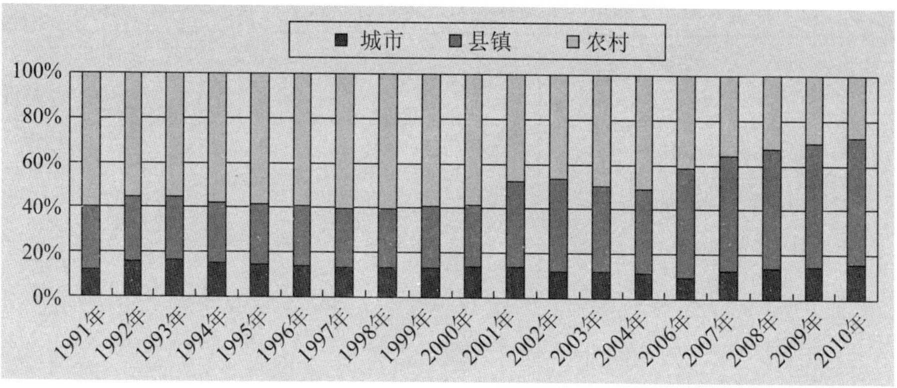

图 2-76　1991—2010 年我国初中大班额班级在城市、县镇和农村的分布情况

(三)高中班额的变迁情况

1. 总体变迁

从学段上看，教育负载现象从小学向初中、高中依次增大。高中的大班额现状最为严重和普遍。2001 年，高中超大班额的班级比例达到 52.7%，一半以上的班级都是超负荷，而这意味着一半以上的高中专任教师的工作负担也是远远超过基本工作量的。到 2010 年，高中超大班额班级的比例仍然还维持在 50% 以上，因此，高中教师的工作负担状况亟待引起重视和解决。2001—2010 年十年期间，大班额、超大班额和特大班额的变化趋势有所不同，其中，超大班额的比例基本比较稳定，在 30%—32%，大班额班级比例逐渐减少，在 2007 年以后开始上升，与此同时高中特大班级的比例 2001—2006 年保持上升趋势，2007 年有所扭转，特大班级比例下降明显。分析原因，近年来各地各学段，尤其是高中超班额现状极为严重，国家和地方政府均着手治理，但是情况依然不容乐观。

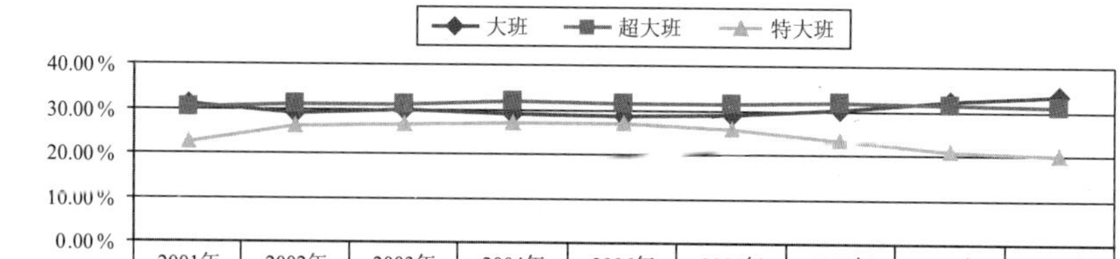

	2001年	2002年	2003年	2004年	2006年	2007年	2008年	2009年	2010年
大班	31.00%	28.95%	29.72%	29.01%	28.52%	28.98%	30.27%	32.39%	33.65%
超大班	30.35%	30.87%	31.09%	31.75%	31.62%	31.46%	31.75%	31.32%	31.15%
特大班	22.35%	26.15%	26.44%	26.96%	26.99%	25.55%	23.33%	20.99%	20.04%

图 2-77　2001—2010 年我国高中超班额班级比例及变化

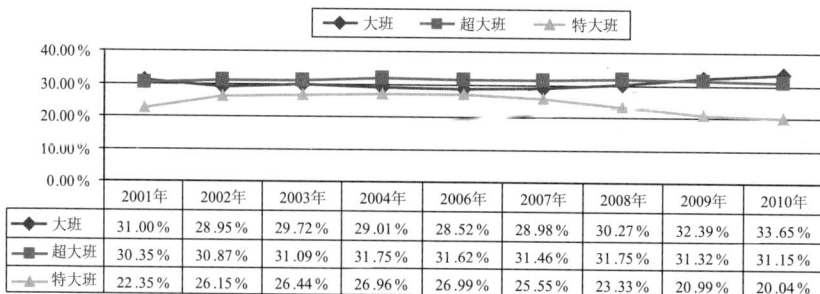

2. 城乡分布的变迁情况

高中超大班额在城市、县镇和农村的分布情况分析，发现与初中阶段有很大不同，2001—2000年高中超大班级的主体分布在县镇，比例维持在70%以上，从变化趋势来看，农村高中超大班级呈缓慢递减，超大班级向县镇集中的现象仍在进行，2010年，高中超大班级在县镇的分布比例已经接近75%。这一现象与布局调整后，农村高中学校和学生向县镇集中的趋向密不可分。由此可见，县镇普通高中教师的工作负担普遍大大超过城市和农村。

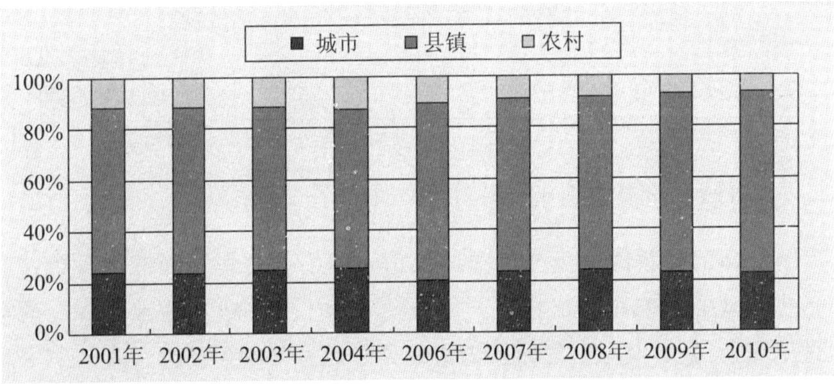

图 2-78　2001—2010 年我国城市、县镇和农村高中超大班额现象

从表2-14也可以看出，高中超班额现象最为严重的是县镇，其次是农村，最后是城市。从2001—2010年的城乡分布数据可以看出，城市超班额主要是以大班和超大班为主，比例在35%和29%上下，而县镇和农村则主要是以超大班和特大班为主，尤其是县镇的超大班和特大班的比例一直维持在30%左右。从变化趋势来看，我国城市的大班额、超大班额和特大班额班级的比例均是先上升，到2007年以后开始下降。县镇大班额班级比例呈上升趋势，超大班维持稳定比例32%，而特大班在2001—2006年持续上升，最高比例是2006年达到33.31%，2007年后开始下降。2006年，县镇超班额的比例超过了90%，也就是说90%以上的县镇教师的工作都是超负荷运转。

表 2-14　我国高中城市、县镇和农村的大班、超大班和特大班的比例情况

年份	城市			县镇			农村		
	大班	超大班	特大班	大班	超大班	特大班	大班	超大班	特大班
2001	35.66%	28.05%	14.19%	27.90%	32.15%	28.27%	29.49%	29.89%	22.73%
2002	34.53%	28.80%	16.40%	25.16%	32.45%	33.09%	27.44%	30.64%	27.23%

续表

年份	城市			县镇			农村		
	大班	超大班	特大班	大班	超大班	特大班	大班	超大班	特大班
2003	36.43%	28.74%	16.47%	25.30%	32.72%	33.75%	25.77%	32.07%	28.73%
2004	34.34%	30.39%	17.55%	25.59%	32.88%	33.55%	26.03%	31.38%	29.76%
2006	34.04%	30.87%	15.90%	25.59%	32.42%	33.31%	25.74%	29.51%	29.93%
2007	33.87%	30.24%	16.20%	25.95%	32.50%	31.83%	26.58%	30.29%	26.97%
2008	35.21%	29.11%	14.93%	26.94%	33.98%	28.97%	29.77%	28.89%	24.39%
2009	36.56%	29.50%	12.86%	29.60%	32.96%	26.52%	31.81%	28.34%	21.23%
2010	37.90%	28.81%	11.91%	31.01%	32.81%	25.57%	31.71%	30.51%	19.80%

二、师班比的变迁情况

师班比指的是教师数量与班级的比值，即指的是每班级的教师数，更加直接地反映教师的工作负担状况，是衡量教师工作环境的重要指标。教育部颁发关于贯彻《国务院办公厅转发中央编办、教育部、财政部关于制定中小学教职工编制标准意见的通知》的实施意见中的《中小学班标准额与每班配备教职工数参考表》规定：无论城市、县镇和农村，高中师班比为3，初中为2.7，小学为1.8。

(一)小学师班比的变迁情况

1. 总体及城乡分布的变迁情况

1978—2010年的30年间小学教师师班比变化趋势呈现“先平稳，后上升”的趋势，1978年—1999年的20年间，小学教师师班比一直维持在每班级1.2—1.4个老师，低于国家规定标准。进入21世纪以后，这一数值提高较快，几乎以平均每年0.1增长，到2010年小学阶段每个班级平均有2.1个教师。分城乡比较发现，30年来，城市、县镇和农村的师班比都有所保持上升趋势，在2005年以前，师班比大小，呈“城市＞县镇＞农村”的状态，2005年以后县镇师班比的水平超过了城市。1978年，城市师班比为1.8，县镇为1.5，农村则为1.1，城市与农村的差距为0.7，之后随着城市师班比的迅速上升，城市与农村的差距逐渐拉大，一直到2001年以后，农村师班比上升较快，城市与农村的差距开始缩小，到2010年城市为2.4，县镇为2.6，农村为1.9，均达到了国家规定标准。

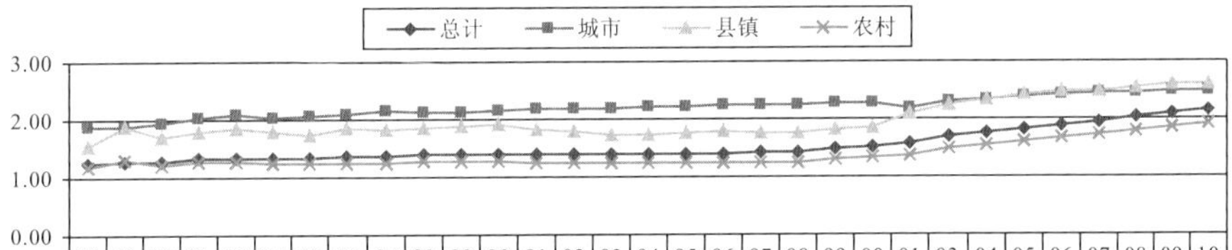

	78	79	80	81	82	84	85	86	87	88	89	90	91	92	93	94	95	96	97	98	99	00	01	03	04	05	06	07	08	09	10
总计	1.2	1.2	1.2	1.3	1.3	1.3	1.3	1.3	1.3	1.3	1.3	1.4	1.3	1.3	1.4	1.4	1.4	1.4	1.4	1.4	1.4	1.5	1.5	1.7	1.7	1.8	1.8	1.9	2.0	2.0	2.1
城市	1.8	1.8	1.9	2.0	2.1	2.0	2.0	2.1	2.1	2.1	2.1	2.1	2.1	2.2	2.1	2.2	2.2	2.2	2.2	2.2	2.2	2.2	2.1	2.3	2.3	2.4	2.4	2.4	2.4	2.4	2.4
县镇	1.5	1.8	1.7	1.7	1.8	1.7	1.7	1.8	1.8	1.8	1.8	1.9	1.8	1.7	1.7	1.7	1.7	1.7	1.7	1.7	1.8	1.8	2.0	2.2	2.3	2.4	2.4	2.5	2.5	2.6	2.6
农村	1.1	1.3	1.2	1.2	1.2	1.2	1.2	1.2	1.2	1.2	1.2	1.2	1.2	1.2	1.2	1.2	1.2	1.2	1.2	1.2	1.2	1.3	1.3	1.4	1.5	1.6	1.6	1.7	1.7	1.8	1.9

图 2-79　1978—2010 年小学教师师班比及变化情况

2. 分区域和省份的变迁情况

分区域看，2000 年和 2010 年我国四类区域的师班比均依次从第一类地区到第四类地区递减，经济社会较好的第一类地区的师班比一直维持在较高的水平。从两个年份的对比来看，第二、三和四类地区的师班比提高幅度较大，尤其是第二、三类地区的师班比也已经超过 2，相对而言第四类地区师班比仍有待提高。

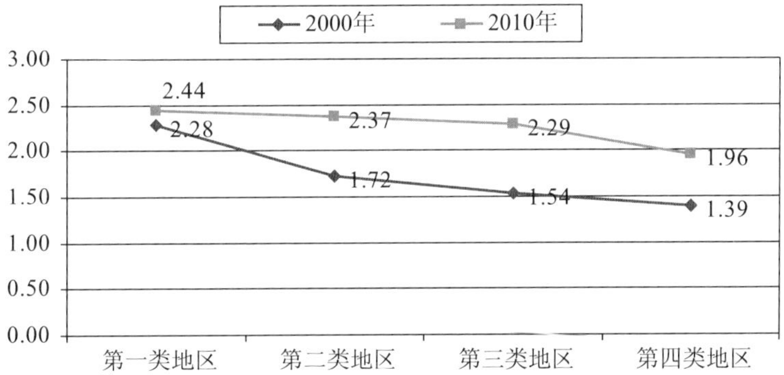

图 2-80　2000 年和 2010 年我国四类地区师班比的情况

具体到省份分析，2000 年总体来看，仅有北京、天津、上海、黑龙江和江西的小学师班比超过 1.8，到 2010 年，仅有甘肃、贵州和广西三个省份的小学教师师班比仍在 1.8 以下。从师班比提高的幅度来看，其中提高最快的是内蒙古、江苏、陕西和西藏四个省份，提升幅度均在 1 以上。进一步分析各省份的城乡变化情况发现，近 10 年里，大部分省份县镇的小学师班比提升最快，其次是农村，最后是城市。2010 年，我国各省份城市和县镇小学师班

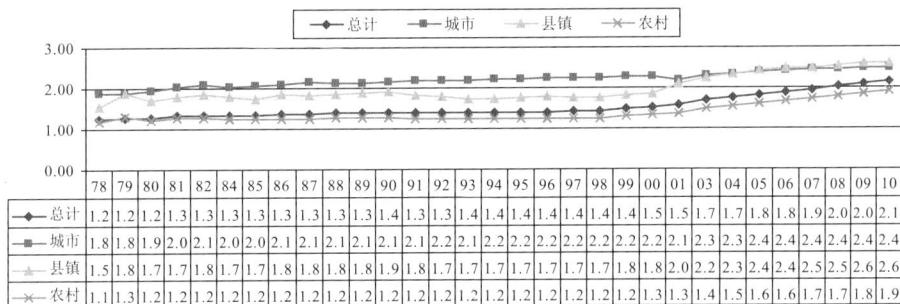

比均达到2以上，超过国家规定标准，省份间的差距不大，在0.6—0.8之间，但农村地区师班比不足1.8仍有江西、广东、广西、四川、贵州、云南、青海、宁夏、甘肃等省份，可以看出主要集中在西南地区和西北地区，农村班师比的省际差距较大，其中省与省间的最大差距达到1.48。

表2-15　2000年和2010年我国各省份分城乡师班比情况

	2000年师班比				2010年师班比				2010年与2000年相比			
	总	城市	县镇	农村	总	城市	县镇	农村	总	城市	县镇	农村
全国	1.53	2.28	1.84	1.34	2.15	2.48	2.61	1.91	0.62	0.21	0.77	0.57
北京	2.33	2.46	2.22	2.26	2.38	2.32	2.55	2.54	0.05	−0.14	0.33	0.28
天津	2.27	2.94	2.38	1.69	2.54	2.75	2.51	2.29	0.27	−0.19	0.13	0.60
河北	1.34	2.29	1.72	1.18	2.23	2.71	2.65	2.06	0.89	0.42	0.93	0.87
山西	1.36	2.59	1.86	1.17	2.19	2.81	2.69	1.94	0.83	0.22	0.83	0.77
内蒙古	1.68	2.52	2.43	1.44	2.95	2.70	3.13	2.96	1.28	0.18	0.70	1.52
辽宁	1.72	2.27	2.42	1.48	2.31	2.48	2.82	2.17	0.59	0.21	0.40	0.69
吉林	1.85	2.68	2.14	1.57	2.44	2.96	2.85	2.17	0.59	0.28	0.72	0.60
黑龙江	1.90	2.65	2.55	1.62	2.55	2.90	2.90	2.34	0.64	0.25	0.35	0.72
上海	2.24	2.05	2.52	2.24	2.39	2.42	2.39	2.05	0.15	0.37	−0.14	−0.19
江苏	1.63	2.22	1.64	1.43	2.70	2.57	2.83	2.67	1.07	0.35	1.19	1.24
浙江	1.73	2.07	1.69	1.59	2.19	2.20	2.28	2.03	0.46	0.13	0.59	0.44
安徽	1.63	2.41	2.07	1.51	2.00	2.54	2.50	1.80	0.38	0.13	0.43	0.29
福建	1.53	2.23	1.69	1.34	2.31	2.32	2.66	2.06	0.78	0.09	0.97	0.72
江西	1.80	2.61	1.86	1.69	1.83	2.41	2.31	1.68	0.03	−0.19	0.45	−0.01
山东	1.95	2.67	2.69	1.79	2.52	2.58	2.84	2.40	0.58	−0.08	0.15	0.60
河南	1.58	2.40	1.78	1.46	1.95	2.62	2.41	1.80	0.38	0.22	0.63	0.34
湖北	1.61	2.12	2.08	1.42	2.35	2.56	2.72	2.16	0.74	0.43	0.64	0.74
湖南	1.60	2.36	1.70	1.45	2.25	2.56	2.75	1.99	0.65	0.20	1.05	0.54
广东	1.46	1.91	1.95	1.30	2.04	2.24	2.43	1.74	0.58	0.33	0.48	0.45
广西	1.03	1.92	1.83	0.89	1.70	2.23	2.46	1.48	0.67	0.30	0.63	0.59
海南	1.57	2.16	2.60	1.45	2.24	2.30	2.80	2.01	0.67	0.14	0.20	0.57
重庆	1.57	1.91	1.65	1.33	2.31	2.52	2.54	2.09	0.74	0.61	0.89	0.76
四川	1.45	2.49	2.12	1.26	2.16	2.49	2.74	1.79	0.71	0.00	0.62	0.53

续表

	2000年师班比				2010年师班比				2010年与2000年相比			
	总	城市	县镇	农村	总	城市	县镇	农村	总	城市	县镇	农村
贵州	1.24	2.04	1.91	1.12	1.76	2.24	2.43	1.57	0.51	0.20	0.52	0.45
云南	1.28	2.22	1.87	1.18	1.89	2.32	2.59	1.73	0.62	0.09	0.72	0.56
西藏	0.98	3.31	2.31	0.76	2.10	3.10	2.95	1.80	1.13	−0.21	0.64	1.05
陕西	1.14	1.79	1.25	0.96	2.31	2.44	2.91	2.19	1.17	0.65	1.67	1.23
甘肃	1.21	2.40	1.96	1.08	1.72	2.64	2.52	1.49	0.50	0.24	0.57	0.41
青海	1.53	2.52	2.15	1.30	1.84	2.47	2.38	1.56	0.31	−0.05	0.23	0.26
宁夏	1.63	2.32	2.91	1.43	1.95	2.64	2.60	1.60	0.32	0.32	−0.30	0.17
新疆	1.68	2.49	2.35	1.50	2.38	2.58	2.70	2.28	0.70	0.09	0.35	0.78

（二）初中师班比的变迁情况

1. 总体及城乡分布的变迁情况

1978—2010年我国初中的师班比总体趋势上升，具体可以1992年和2000年为节点，分为三个阶段。1978—1991年，师班比由2.2上升到3.1，1992年突然下降为2.6，之后1993—1999年维持在3.0−3.1，2000年又突然下降为2.4，之后开始较迅速回升，从2001年2.9上升至2010年3.5。

分城乡比较发现，农村的师班比变化较为简单，一直保持上升趋势，但上升较为缓慢。而城市和县镇的师班比变化几乎与全国总体趋势一致，在1992年和2000年有突降的特点，1978—1991年城市和县镇师班比都上升，城市师班比上升较快，从2.3升至3.7，达到历史最高水平；在1992年突降之后，1993—1999年间的师班比都维持较稳定，分别在3.5和3.0左右，2001—2010年两者均维持上升趋势。从差异比较来看，1978年城市、县镇和农村的师班比几乎一样，都在2.2左右，而后的十几年里，城市师班比迅速提高，而县镇和农村都提高缓慢，尤其是农村，三者差距开始拉大，1991年城市和农村的差距扩大到0.8，意味着城市平均每班教师要比农村多近1人。1992年和2000年城市和县镇出现突降，农村则未有此现象，因此在2000年以后城市、县镇和农村的师班比差距逐渐缩小，2005年农村师班比则在1978年后首次与县镇持平，2007年农村和县镇师班比首次超过了城市。

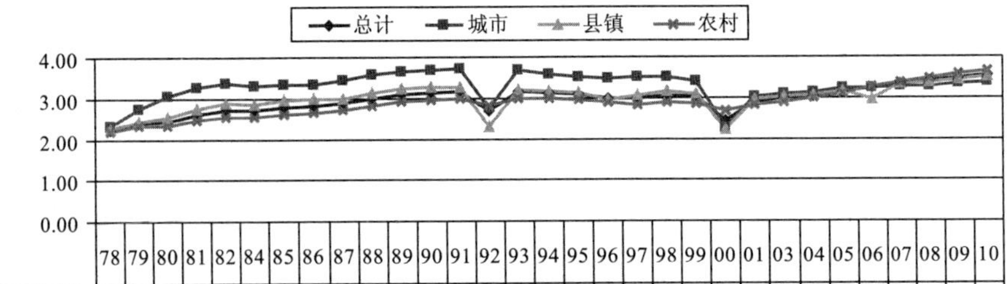

	78	79	80	81	82	84	85	86	87	88	89	90	91	92	93	94	95	96	97	98	99	00	01	03	04	05	06	07	08	09	10
总计	2.2	2.3	2.4	2.6	2.7	2.7	2.7	2.8	2.8	2.9	3.1	3.1	3.1	2.6	3.1	3.1	3.1	3.0	3.0	3.0	3.0	2.4	2.9	2.9	3.0	3.1	3.2	3.3	3.4	3.4	3.5
城市	2.3	2.7	3.0	3.2	3.3	3.3	3.3	3.3	3.4	3.5	3.6	3.7	3.7	2.7	3.6	3.6	3.5	3.4	3.5	3.5	3.4	2.2	3.0	3.0	3.1	3.2	3.2	3.2	3.2	3.3	3.3
县镇	2.2	2.4	2.5	2.7	2.9	2.8	2.9	2.9	3.0	3.1	3.2	3.2	3.2	2.2	3.1	3.1	3.1	2.9	3.0	3.1	3.0	2.2	2.9	3.0	3.0	3.1	2.9	3.3	3.3	3.4	3.5
农村	2.2	2.3	2.3	2.4	2.5	2.5	2.6	2.6	2.7	2.8	2.9	2.9	2.9	2.8	2.9	2.9	2.9	2.8	2.8	2.9	2.8	2.6	2.8	2.9	2.9	3.1	3.2	3.3	3.4	3.5	3.6

图 2-81　1978—2010 年我国初中师班比变化情况

2. 分区域和省份的变迁情况

2000 年，我国四类地区的初中师班比几乎没有太大差异，分布在 2.93—3 之间，均已达到国家规定标准，其中第四类地区的师班比最高为 3.00。2010 年，四类地区的初中师班比均有上升，在 3.23 以上，并且四类地区间的差距较为明显，第三类地区上升最快，师班比最高为 3.71，其次为第二类地区、第四类地区和第一类地区。

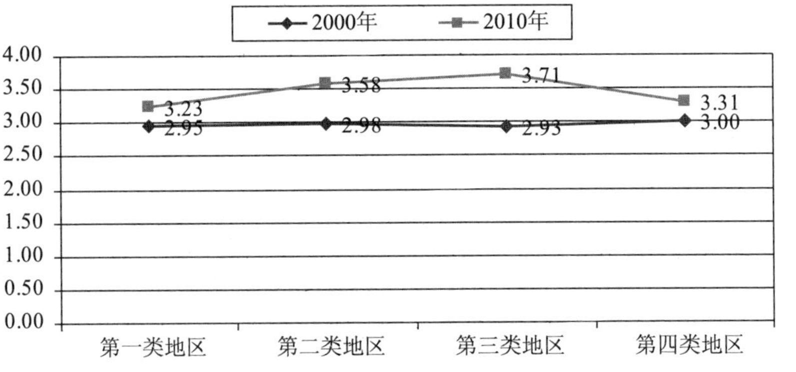

图 2-82　2000 年和 2010 年我国四类地区初中师班比情况

具体到省份分析，2000 年全国有 26 个省份师班比已经达到国家规定标准，除东部沿海的浙江、江苏、福建、广东以及广西师班比未达到 2.7，其中广西最低为 2.4，2010 年几乎所有省份初中教师师班比均已符合国家标准，甚至有河北、湖北和湖南省已经超过 4。从提升幅度来看，河北、湖南、广西和福建四省份提升幅度较大，在 1 以上。具体到城乡来看，各省份的农村初中师班比的提升幅度要大于县镇，大于城市地区(除西藏农村地区班师比下

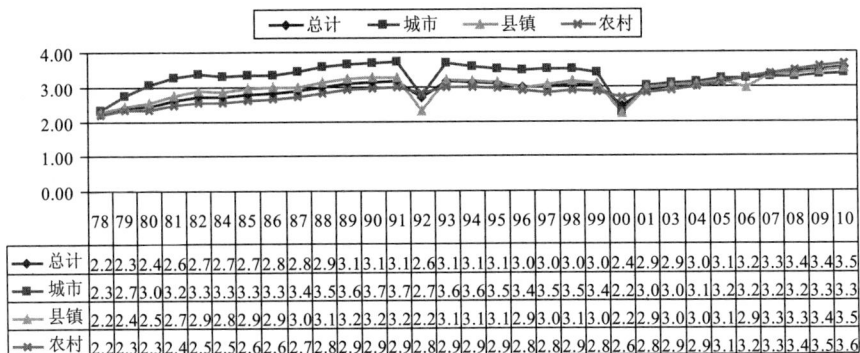

降）。到2010年，各省份的城市、县镇和农村初中教师班师比的分布都比较均匀，省际的差距不大，并且很多省份农村初中班师比超过县镇和城市。

表2-16 2000和2010年我国各省份分城乡初中教师师班比

	2000年师班比				2010年师班比				2010年与2000年相比			
	总	城市	县镇	农村	总	城市	县镇	农村	总	城市	县镇	农村
全国	2.93	3.24	2.99	2.80	3.53	3.37	3.51	3.66	0.60	0.13	0.52	0.86
北京	2.85	2.83	2.77	3.05	3.26	3.12	3.64	3.60	0.41	0.29	0.87	0.55
天津	2.99	3.11	3.05	2.80	3.62	3.55	3.47	3.93	0.63	0.44	0.42	1.13
河北	3.01	3.41	3.15	2.84	4.13	3.83	4.07	4.37	1.12	0.42	0.92	1.53
山西	3.29	3.58	3.50	3.15	3.78	3.62	3.70	3.95	0.49	0.04	0.20	0.81
内蒙古	2.98	3.18	3.00	2.84	3.80	3.50	3.84	4.28	0.82	0.32	0.84	1.43
辽宁	3.30	3.35	3.70	3.16	3.70	3.73	3.75	3.65	0.39	0.38	0.06	0.49
吉林	3.22	3.55	3.28	2.82	3.85	3.66	3.85	3.99	0.63	0.11	0.57	1.17
黑龙江	2.97	3.38	3.12	2.63	3.64	3.88	3.58	3.53	0.67	0.50	0.46	0.91
上海	3.02	3.10	2.90	2.87	2.82	2.73	2.91	3.80	−0.20	−0.37	0.01	0.93
江苏	2.88	3.10	2.88	2.76	3.77	3.55	3.80	3.94	0.89	0.45	0.91	1.18
浙江	2.69	2.84	2.67	2.56	3.22	3.14	3.24	3.31	0.53	0.30	0.57	0.74
安徽	2.61	3.26	2.88	2.47	3.30	3.23	3.23	3.39	0.69	−0.02	0.35	0.92
福建	2.63	2.99	2.59	2.59	3.66	3.28	3.75	3.97	1.03	0.29	1.16	1.38
江西	3.07	3.47	3.04	3.00	3.27	3.33	3.06	3.40	0.20	−0.14	0.03	0.40
山东	3.17	3.45	3.39	3.09	3.92	3.53	4.01	4.09	0.75	0.09	0.62	1.00
河南	2.96	3.41	3.12	2.82	3.56	3.44	3.56	3.61	0.61	0.03	0.44	0.79
湖北	3.33	3.46	3.54	3.23	4.11	3.82	4.19	4.18	0.78	0.36	0.66	0.94
湖南	3.16	3.38	3.16	3.11	4.32	3.41	4.35	4.60	1.15	0.03	1.19	1.49
广东	2.63	2.89	2.78	2.48	3.04	2.99	3.11	2.93	0.41	0.10	0.32	0.46
广西	2.40	2.77	2.85	2.25	3.45	3.19	3.49	3.46	1.05	0.42	0.63	1.22
海南	2.88	3.26	3.05	2.78	3.33	3.07	3.35	3.51	0.44	−0.19	0.30	0.72
重庆	2.82	2.89	2.88	2.68	3.19	3.47	3.12	3.21	0.37	0.58	0.25	0.52
四川	2.85	3.27	3.00	2.64	3.28	3.19	3.33	3.24	0.43	−0.07	0.33	0.60
贵州	2.71	3.26	3.13	2.53	2.90	3.12	2.92	2.83	0.19	−0.13	−0.21	0.30
云南	2.95	3.31	3.11	2.85	3.25	3.12	3.31	3.20	0.30	−0.19	0.20	0.35
西藏	3.55	3.98	3.41	4.14	3.31	3.80	3.26	2.15	−0.24	−0.18	−0.15	−1.99
陕西	2.95	2.99	2.98	2.91	3.81	3.04	3.57	4.13	0.86	0.06	0.59	1.22
甘肃	2.83	3.26	3.06	2.70	3.32	3.32	3.36	3.29	0.49	0.07	0.30	0.59

续表

	2000 年师班比				2010 年师班比				2010 年与 2000 年相比			
	总	城市	县镇	农村	总	城市	县镇	农村	总	城市	县镇	农村
青海	3.32	3.47	3.48	3.16	3.21	3.41	2.97	3.44	−0.11	−0.07	−0.51	0.28
宁夏	3.14	3.21	3.48	2.99	3.41	3.19	3.35	3.69	0.27	−0.02	−0.13	0.70
新疆	2.70	3.26	2.97	2.51	3.57	3.45	3.62	3.59	0.87	0.19	0.65	1.09

(三)高中师班比的变迁情况

1. 总体及城乡分布的变迁情况

相对初中来看，高中师班比总体较高。1978—2010 年，我国高中师班比变化较为波动，有升有降，总体来看在 1978—1994 年，高中师班比呈上升趋势，由 2.5 上升到 4.0，1995—2003 年，高中师班比波动下降，2003 年为 3.1，2004 年后开始缓慢回升。具体到城乡比较来看，1978 年城市、县镇和农村的高中师班比差异不大，1980 年后，城市高中师班比迅速上升，差距逐渐拉大。1987 年，城市和县镇班师比的上升速度缓慢，农村高中班师比上升较快，1991 年，农村高中班师比与县镇持平，1993 年与城市持平，1993 年后，城市、县镇高中班师比下降较快，农村保持缓慢下降，因此 1993 年后，农村高中的师班比一直都领先与城市和县镇地区。推测原因，这与中小学布局调整以及中学择校有较大关系，随着农村学校撤并到县镇和城市，再加上农村学生都愿意择校的县镇和城市高中，因此农村的高中教师逐渐出现过剩。

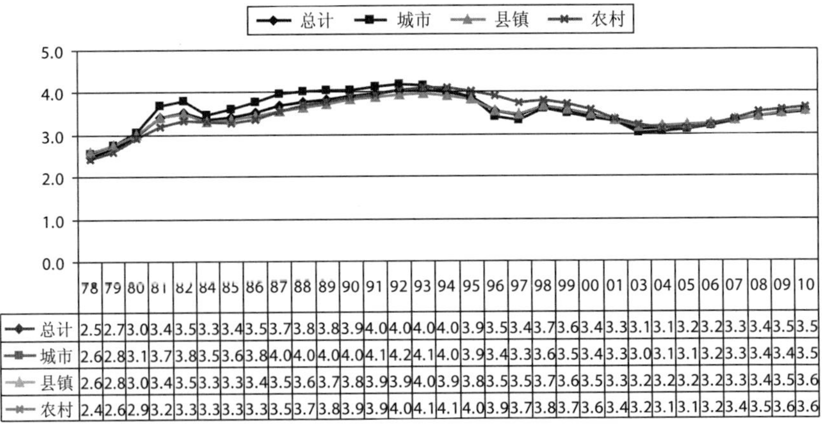

	78	79	80	81	82	84	85	86	87	88	89	90	91	92	93	94	95	96	97	98	99	00	01	03	04	05	06	07	08	09	10
总计	2.5	2.7	3.0	3.4	3.5	3.3	3.4	3.5	3.7	3.8	3.8	3.9	4.0	4.0	4.0	4.0	3.9	3.5	3.4	3.7	3.6	3.4	3.3	3.1	3.1	3.2	3.2	3.3	3.4	3.5	3.5
城市	2.6	2.8	3.1	3.7	3.8	3.5	3.6	3.8	4.0	4.0	4.0	4.0	4.1	4.2	4.1	4.0	3.9	3.4	3.3	3.6	3.5	3.4	3.3	3.0	3.1	3.1	3.2	3.3	3.4	3.4	3.5
县镇	2.6	2.8	3.0	3.4	3.5	3.3	3.3	3.4	3.5	3.6	3.7	3.8	3.9	3.9	4.0	3.9	3.8	3.5	3.5	3.7	3.6	3.5	3.3	3.2	3.2	3.2	3.2	3.3	3.4	3.5	3.6
农村	2.4	2.6	2.9	3.2	3.3	3.3	3.3	3.3	3.5	3.7	3.8	3.9	3.9	4.0	4.1	4.1	4.0	3.9	3.7	3.8	3.7	3.6	3.4	3.2	3.1	3.1	3.2	3.4	3.5	3.6	3.6

图 2-83　1978—2010 年我国高中教师师班比情况

2. 分区域和省份的变迁情况

分区域分析，2000 年我国四类地区高中的班师比差异明显，从第四类地区向第一类地区依次递减，第四类地区班师比最高为 3.47，第一类地区为 3.10。2010 年，四类地区的高中班师比有所上升，差距明显缩小，班师比最高的第一类和第三类地区值为 3.57，而最低的第四类地区为 3.47，差距仅为 0.1。

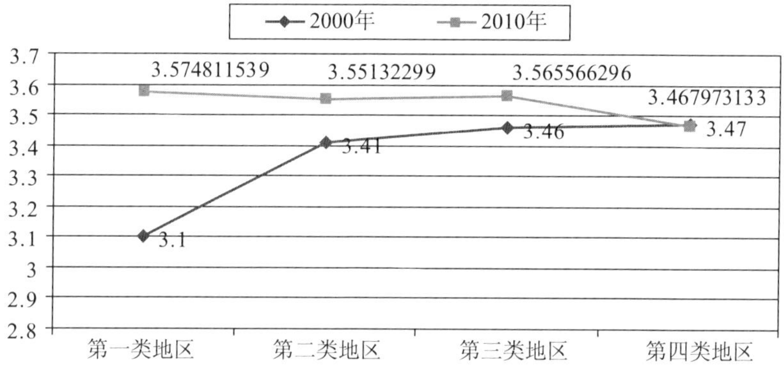

图 2-84　2000 年和 2010 年我国四类地区高中班师比情况

2000 年，除上海外，各省份的高中班师比均在 3 以上，其中 11 个省份在 3.5 以上，到 2010 年，所有省份班师比均在 3 以上，有 18 个省份师班比在 3.5 以上。进一步分析省份的城乡差异情况，2000 年各省份城市地区高中班师比要低于县镇低于农村地区，2000 年城市地区班师比不足 3 的仍有辽宁、上海、广西和重庆四个省份。到 2010 年，各省份城市、县镇的高中班师比分布较为均匀，并且均在 3 以上，而农村地区高中班师比出现部分下降，主要集中在西南、西北地区，如四川、重庆、贵州、甘肃、青海、宁夏和新疆，其中重庆和贵州班师比已经下降到 3 以下。

表 2-17　2000 年和 2010 年我国各省份分城乡高中班师比情况

	2000 年师班比				2010 年师班比				2010 年与 2000 年相比			
	总	城市	县镇	农村	总	城市	县镇	农村	总	城市	县镇	农村
全国	3.44	3.37	3.47	3.56	3.54	3.51	3.55	3.62	0.10	0.14	0.08	0.06
北京	3.12	3.06	3.20	3.92	3.54	3.50	3.85	3.47	0.42	0.44	0.65	−0.45
天津	3.42	3.22	3.64	3.93	3.67	3.66	3.68	3.69	0.26	0.44	0.04	−0.23
河北	3.64	3.47	3.71	3.86	3.86	3.47	3.96	4.48	0.22	0.00	0.25	0.62
山西	3.58	3.44	3.71	3.59	3.58	3.50	3.68	3.45	0.00	0.06	−0.03	−0.15
内蒙古	3.48	3.42	3.50	3.79	3.48	3.33	3.64	3.48	0.00	−0.09	0.13	−0.30

续表

	2000 年师班比				2010 年师班比				2010 年与 2000 年相比			
	总	城市	县镇	农村	总	城市	县镇	农村	总	城市	县镇	农村
辽宁	3.20	2.87	3.65	3.84	3.31	3.33	3.19	3.55	0.10	0.46	−0.45	−0.29
吉林	3.63	3.50	3.86	3.30	3.30	3.34	3.25	4.24	−0.33	−0.15	−0.61	0.94
黑龙江	3.74	3.66	3.88	3.64	3.63	3.73	3.54	3.67	−0.10	0.07	−0.34	0.03
上海	2.76	2.63	3.01	3.01	3.51	3.46	3.59	4.00	0.76	0.83	0.59	0.99
江苏	3.59	3.51	3.60	3.62	3.75	3.78	3.71	3.87	0.17	0.27	0.11	0.25
浙江	3.09	3.12	3.07	3.32	3.47	3.47	3.46	3.47	0.37	0.35	0.39	0.14
安徽	3.11	3.08	3.13	3.11	3.07	3.01	3.11	3.04	−0.04	−0.07	−0.03	−0.08
福建	3.14	3.26	3.11	2.94	3.66	3.70	3.65	3.57	0.53	0.44	0.54	0.63
江西	3.60	3.64	3.55	3.84	3.49	3.57	3.49	3.25	−0.11	−0.07	−0.06	−0.59
山东	3.62	3.61	3.39	3.94	4.04	4.07	4.00	4.25	0.41	0.46	0.61	0.31
河南	3.69	3.53	3.72	4.00	3.64	3.46	3.63	4.99	−0.05	−0.07	−0.08	0.99
湖北	3.76	3.76	4.08	3.32	3.60	3.58	3.66	3.44	−0.16	−0.18	−0.42	0.12
湖南	3.56	3.53	3.62	3.47	3.79	3.70	3.79	4.00	0.23	0.18	0.17	0.53
广东	3.32	3.30	3.32	3.35	3.44	3.46	3.47	3.12	0.12	0.16	0.15	−0.23
广西	3.01	2.83	3.04	3.12	3.42	3.21	3.52	4.13	0.41	0.37	0.48	1.01
海南	3.29	3.27	3.18	3.60	3.51	3.59	3.48	3.23	0.22	0.31	0.30	−0.38
重庆	3.18	2.99	3.39	3.31	3.07	3.26	3.04	2.62	−0.11	0.28	−0.35	−0.69
四川	3.55	3.59	3.53	3.48	3.34	3.38	3.32	3.20	−0.21	−0.21	−0.21	−0.28
贵州	3.31	3.17	3.36	3.48	3.18	3.28	3.17	2.76	−0.13	0.11	−0.19	−0.71
云南	3.49	3.52	3.47	3.54	3.61	3.44	3.66	3.72	0.12	−0.08	0.19	0.18
西藏	3.55	3.61	3.47		4.08	4.11	4.05		0.52	0.49	0.58	
陕西	3.33	3.30	3.33	3.41	3.38	3.15	3.40	3.65	0.05	−0.14	0.06	0.24
甘肃	3.48	3.39	3.44	3.73	3.47	3.41	3.48	3.55	−0.02	0.02	0.04	−0.18
青海	3.93	4.11	3.83	4.05	3.57	3.68	3.51	3.66	−0.36	−0.43	−0.31	−0.38
宁夏	3.39	3.33	3.38	3.56	3.50	3.49	3.53	2.59	0.11	0.16	0.15	−0.97
新疆	3.46	3.44	3.34	3.74	3.53	3.46	3.65	3.44	0.07	0.02	0.31	−0.30

三、教师人均办公用房面积的变迁情况

办公用房是教师工作环境中重要的物质条件，是教师工作有效开展的重要支持和保证之一。此本部分选择教师人均办公用房面积为衡量指标，分别

对 2001—2010 年①小学、初中和高中三个学段的具体情况进行分析。

（一）小学教师人均办公用房面积的变迁情况

1. 总体及城乡分布的变迁情况

小学教师的人均办公用房面积从 2001—2010 年十年期间，前五年基本维持在 8.7 平方米，2005 年以后人均办公用房面积迅速下降，平均每年以 1.3 个百分点下降，到 2010 年人均办公用房面积仅为 7.88 平方米。具体到城市、县镇、农村的比较中，我们发现，人均办公用房面积“农村＞城市＞县镇”，农村教师人均办公用房面积较大，高于全国平均水平，这与农村地广的特征有一定的关系，县镇的办公支持条件最差，值得引起注意。城市小学教师人均办公用房面积十年期间一直保持着缓慢的上升趋势，县镇的这一指标虽然在 2006 年、2007 年有略微下降，但是 2008 年以后又开始回升；而农村小学教师人均办公用房面积则下降，尤其是 2005 年以后迅速下降。

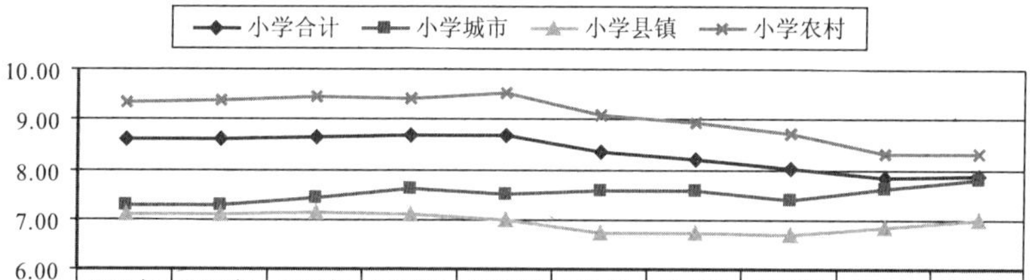

	2001年	2002年	2003年	2004年	2005年	2006年	2007年	2008年	2009年	2010年
小学合计	8.60	8.59	8.65	8.69	8.69	8.34	8.20	8.01	7.83	7.88
小学城市	7.27	7.28	7.41	7.60	7.52	7.58	7.57	7.40	7.61	7.82
小学县镇	7.11	7.11	7.13	7.11	6.98	6.74	6.73	6.70	6.86	6.98
小学农村	9.35	9.37	9.43	9.42	9.52	9.08	8.93	8.71	8.31	8.32

图 2-85　2001—2010 年全国及城乡小学教师人均办公用房面积情况

2. 分区域和省份的变迁情况

分区域分析发现，2003 年小学教师人均办公用房面积最高为第四类地区，8.77 平方米，其次为第三类地区 8.54 平方米，接着是第一类地区和第二类地区，均在 7.5 平方米左右。到 2010 年，第二、三、四类地区的小学教师人均办公用房面积均有下降，其中第四和第三类地区下降幅度最大，在 0.8 平方

① 《中国教育统计年鉴》2001 年以后才有教师办公用房的统计指标。另外，这一统计指标的具体内容并未有清晰的解释，可能与常识所理解的“教师办公室面积”有所不同。因此，本节重点关注“人均办公面积”这一数据的变化趋势，对数据本身暂不提供解释。

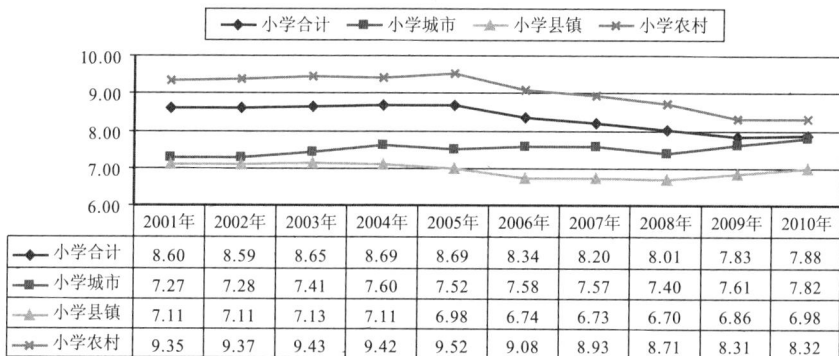

米左右。而第一类地区这一指标上升了 0.6 平方米以上，达到 8.13 平方米，成为教师人均办公用房面积最高的地区。

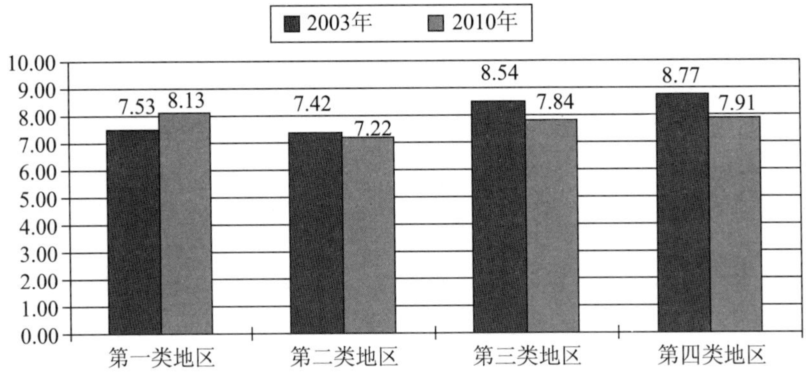

图 2-86　2010 年我国四类地区小学教师人均办公用房面积情况

进一步分省份分析，总体来看，2003 年，小学教师人均办公用房面积低于 6 平方米以下的省份主要是西南地区，海南、四川、重庆、贵州和云南，其中云南仅有 4.15 平方米，2010 年，这一指标仍然低于 6 平方米的依然是海南、四川、贵州和云南，其中云南省有所下降，仅有 3.81 平方米。两个年份对比发现，除了上海、江苏、浙江、安徽、福建、天津、重庆、青海、宁夏、新疆有所上升外，其余各省份这一指标均为下降。分城乡比较，发现城市小学教师人均办公用房面积有 25 个省份这一指标上升，县镇则 15 个省份的这一指标上升，而农村仅有不到 1/3 的省份有所上升，而且除天津和浙江外，其余省份上升幅度小。

表 2-18　2003 年和 2010 年我国各省份分城乡小学教师人均办公用房面积变化

	总计			城市			县镇			农村		
	2003 年	2010 年	变化情况	2003 年	2010 年	变化情况	2003 年	2010 年	变化情况	2003 年	2010 年	变化情况
合计	8.65	7.88	−0.77	7.41	7.82	0.40	7.13	6.98	−0.15	9.43	8.32	−1.11
北京	8.30	7.96	−0.34	8.67	8.02	−0.65	7.74	7.19	−0.55	8.37	8.16	−0.21
天津	7.68	9.47	1.79	6.92	8.14	1.22	8.03	9.83	1.80	8.45	11.16	2.72
河北	8.98	8.21	−0.76	8.09	8.94	0.85	8.28	7.43	−0.86	9.32	8.41	−0.91
山西	13.89	10.86	−3.03	8.51	8.80	0.29	9.87	9.31	−0.56	16.06	12.04	−4.02
内蒙古	9.49	9.25	−0.24	8.88	10.88	2.00	8.58	8.34	−0.23	10.04	9.14	−0.89

续表

	总计			城市			县镇			农村		
	2003年	2010年	变化情况	2003年	2010年	变化情况	2003年	2010年	变化情况	2003年	2010年	变化情况
辽宁	6.97	6.59	−0.38	6.64	7.75	1.11	6.05	6.22	0.17	7.33	5.98	−1.35
吉林	7.05	7.00	−0.05	7.28	7.46	0.19	7.60	6.86	−0.74	6.79	6.95	0.17
黑龙江	7.61	7.15	−0.45	7.90	8.86	0.96	7.64	7.27	−0.37	7.52	6.57	−0.95
上海	6.60	6.96	0.36	7.36	7.49	0.13	5.64	6.62	0.98	7.45	4.41	−3.04
江苏	7.21	7.23	0.02	6.58	7.74	1.16	7.20	7.10	−0.10	7.39	7.03	−0.36
浙江	7.18	7.75	0.57	7.36	8.05	0.69	7.22	7.52	0.30	6.56	7.80	1.24
安徽	8.16	8.30	0.14	6.65	8.88	2.23	6.27	6.85	0.58	8.75	8.64	−0.11
福建	5.69	6.30	0.61	5.29	6.46	1.17	5.00	5.55	0.56	6.12	6.88	0.76
江西	6.64	6.60	−0.04	5.40	6.59	1.19	6.31	6.18	−0.14	7.00	6.72	−0.28
山东	7.91	7.40	−0.51	7.85	7.91	0.05	7.44	7.08	−0.36	8.06	7.39	−0.67
河南	12.96	11.90	−1.06	9.54	9.73	0.18	10.06	9.90	−0.16	13.91	12.74	−1.17
湖北	8.89	7.49	−1.40	7.22	7.59	0.37	6.62	6.07	−0.55	9.97	8.07	−1.91
湖南	10.92	8.44	−2.48	6.66	6.85	0.19	7.84	6.58	−1.25	12.67	9.87	−2.80
广东	8.18	7.36	−0.82	8.27	5.86	−2.41	6.21	6.56	0.34	8.84	8.88	0.03
广西	7.42	6.52	−0.90	5.87	7.17	1.30	5.48	5.89	0.40	8.28	6.70	−1.58
海南	4.84	4.70	−0.14	5.13	4.95	−0.18	3.46	3.97	0.50	5.30	5.05	−0.26
重庆	5.88	7.31	1.43	6.00	10.53	4.53	5.20	7.07	1.87	6.21	6.68	0.47
四川	5.80	5.44	−0.35	6.61	7.46	0.86	4.87	5.05	0.18	5.97	5.22	−0.75
贵州	4.83	5.41	0.57	5.13	5.82	0.69	3.99	5.28	1.29	5.01	5.40	0.39
云南	4.15	3.81	−0.34	6.30	5.44	−0.86	5.39	5.52	0.13	3.80	3.18	−0.62
西藏	8.94	7.29	−1.65	8.58	9.91	1.33	7.94	7.41	−0.53	9.40	6.87	−2.53
陕西	18.84	13.33	−5.51	9.83	8.49	−1.33	14.42	10.75	−3.67	21.22	14.82	−6.39
甘肃	15.23	11.53	−3.70	8.38	8.64	0.26	14.02	10.21	−3.82	16.60	12.39	−4.21
青海	6.16	6.91	0.75	7.18	8.74	1.56	5.59	7.12	1.54	6.19	6.32	0.14
宁夏	8.90	10.45	1.55	9.12	12.02	2.90	8.73	11.78	3.06	8.90	9.23	0.33
新疆	5.95	5.99	0.04	5.89	7.61	1.72	5.76	6.48	0.71	6.00	5.47	−0.53

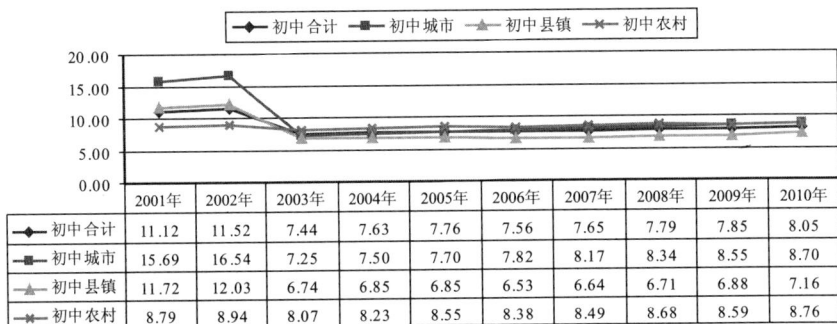

(二)初中教师人均办公用房面积的变迁情况

1. 总体及城乡分布的变迁情况

2001 年、2002 年初中教师人均办公用房面积在 11 平方米以上，2003 年突然下降为 7.44 平方米，2003—2010 年期间，初中教师人均办公用房面积维持以每年 0.1—0.2 平方米的速度缓慢上升，到 2010 年为 8.05 平方米。具体到城乡差异，城市和县镇的变化趋势基本与总体情况一致，在 2003 年突然下降，尤其是城市这一指标从 16.54 平方米下降到 7.25 平方米，下降了一半之多，之后均维持缓慢上升。农村地区小学教师人均办公用房面积较为稳定波动，均在 8～8.8 平方米之间。

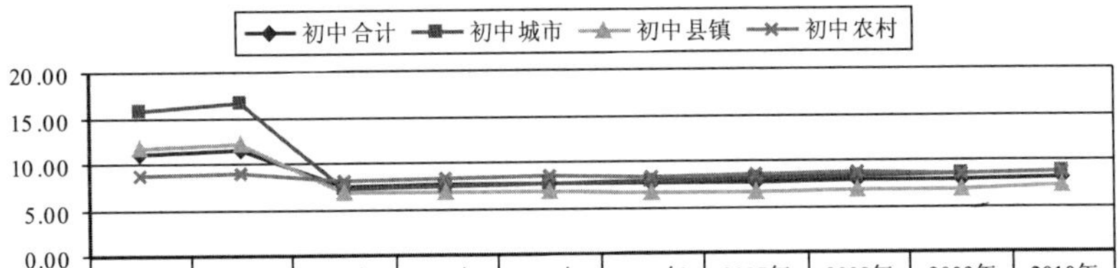

	2001年	2002年	2003年	2004年	2005年	2006年	2007年	2008年	2009年	2010年
初中合计	11.12	11.52	7.44	7.63	7.76	7.56	7.65	7.79	7.85	8.05
初中城市	15.69	16.54	7.25	7.50	7.70	7.82	8.17	8.34	8.55	8.70
初中县镇	11.72	12.03	6.74	6.85	6.85	6.53	6.64	6.71	6.88	7.16
初中农村	8.79	8.94	8.07	8.23	8.55	8.38	8.49	8.68	8.59	8.76

图 2-87　2001—2010 年我国初中教师人均办公用房面积情况

2. 分区域和省份的变迁情况

2003 年，初中教师人均办公用房面积的区域差异不大，面积最高的第二类地区为 7.55 平方米，面积最小的第四类地区为 6.57 平方米，相差不足 1 平方米。而 2010 年，四类地区的初中教师人均办公用房面积均有所上升，但上升幅度不一，地区差异明显，第二类地区和第一类地区上升较快，人均办公用房面积为 9.29 平方米和 8.73 平方米，而第三类和第四类地区上升幅度小，在 7.5 平方米左右。

分省份分析，2003 年，我国初中教师人均办公用房面积在 5 平方米以下的主要集中在南方的广西、海南、重庆、四川、贵州、云南、福建和江西，其中西南部省份的这一指标在 3 平方米左右，由此可见，西南部的初中教师办公用房较为紧张。随后 7 年间，除少数省份外，大部分省份的教师人均办公用房面积呈上升趋势，但到 2010 年这一指标较低的依然集中在我国的南方

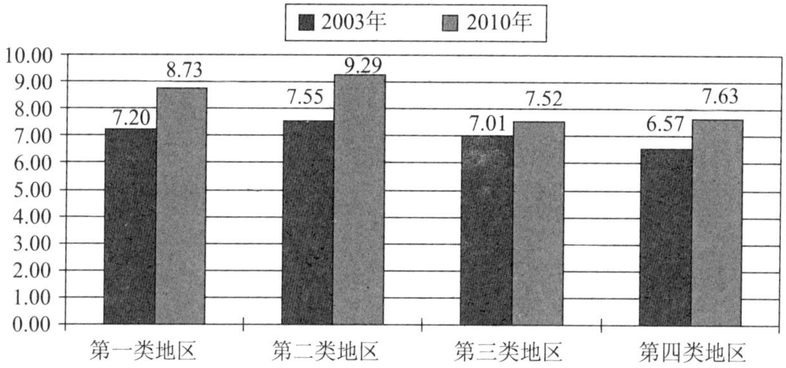

图 2-88 2003 年和 2010 年我国四类地区初中教师人均办公用房面积情况

省份。以 2010 年为考察点，除华北地区外，大部分省份的县镇地区这一指标要低于城市和农村地区。对各省份这一指标进行分城乡比较，城市地区人均办公用房低于 5 平方米的省份的集中在华北地区北京、天津和河北，以及南方的福建、海南、重庆、四川、云南、贵州等地；县镇教师人均办公用房面积低于 5 平方米的广西、海南、重庆、四川、贵州、云南等地，农村地区则是广西、四川和贵州。

表 2-19 2003 年和 2010 年我国各省份分城乡初中教师人均办公用房面积情况

	总计			城市			县镇			农村		
	2003年	2010年	变化情况	2003年	2010年	变化情况	2003年	2010年	变化情况	2003年	2010年	变化情况
合计	7.44	8.05	0.60	7.25	8.70	1.45	6.74	7.16	0.43	8.07	8.76	0.70
北京	6.53	7.48	0.95	5.53	5.97	0.44	6.19	11.02	4.83	10.21	10.69	0.48
天津	6.90	8.41	1.51	5.99	5.52	−0.47	7.09	10.22	3.13	8.10	9.95	1.85
河北	9.45	8.99	−0.47	8.67	6.87	−1.80	8.48	8.97	0.49	10.47	9.89	−0.57
山西	10.72	10.10	−0.62	7.89	7.95	0.06	10.86	10.08	−0.78	11.77	11.35	−0.42
内蒙古	8.79	10.60	1.81	7.84	10.36	2.52	8.27	9.96	1.70	10.23	13.04	2.81
辽宁	7.86	11.20	3.34	7.17	9.16	2.00	7.67	10.21	2.54	8.47	13.16	4.69
吉林	8.79	9.71	0.92	8.73	11.32	2.59	8.21	8.67	0.46	9.55	10.17	0.62
黑龙江	8.16	9.55	1.40	7.85	9.42	1.56	8.95	9.16	0.22	7.95	9.91	1.96
上海	8.18	10.30	2.12	8.17	10.62	2.46	7.81	10.01	2.20	13.57		
江苏	6.58	9.15	2.57	6.72	10.69	3.97	7.22	8.84	1.62	6.33	8.33	2.00

续表

	总计			城市			县镇			农村		
	2003年	2010年	变化情况	2003年	2010年	变化情况	2003年	2010年	变化情况	2003年	2010年	变化情况
浙江	7.99	9.72	1.73	8.78	10.79	2.01	7.73	9.18	1.45	7.35	9.42	2.07
安徽	6.12	7.36	1.24	6.36	8.67	2.31	5.13	6.40	1.27	6.48	7.69	1.20
福建	3.67	4.59	0.92	3.59	4.68	1.09	2.79	3.85	1.06	4.81	5.80	0.99
江西	4.87	6.00	1.13	4.58	6.40	1.82	4.61	5.99	1.38	5.18	5.92	0.74
山东	8.51	9.55	1.04	9.12	11.16	2.04	8.26	8.74	0.48	8.47	9.67	1.21
河南	13.51	11.69	−1.82	11.89	12.72	0.83	12.44	10.42	−2.02	14.40	12.34	−2.06
湖北	6.39	7.32	0.93	7.90	9.34	1.44	6.00	6.50	0.51	5.80	7.11	1.32
湖南	6.42	7.66	1.24	5.33	5.99	0.66	6.05	6.99	0.94	6.89	8.82	1.93
广东	5.58	6.40	0.81	6.83	7.94	1.11	5.02	5.57	0.54	5.32	6.63	1.31
广西	4.03	5.00	0.97	5.44	7.25	1.81	3.81	4.69	0.88	3.88	4.92	1.04
海南	3.33	3.69	0.35	4.53	3.65	−0.89	2.44	2.77	0.33	4.45	6.01	1.56
重庆	4.26	5.16	0.90	4.52	6.04	1.52	4.39	4.92	0.52	3.62	5.30	1.68
四川	3.85	5.50	1.65	4.93	5.82	0.89	3.59	4.98	1.39	3.79	6.36	2.57
贵州	3.35	4.31	0.95	5.03	6.62	1.59	3.31	3.90	0.59	2.86	4.21	1.35
云南	3.14	3.65	0.50	3.06	4.28	1.22	3.45	3.91	0.46	2.95	3.17	0.23
西藏	8.06	9.14	1.08	6.68	10.47	3.79	8.48	8.93	0.45	4.00	10.24	6.24
陕西	13.76	12.04	−1.71	7.24	8.41	1.17	12.16	11.78	−0.38	16.12	12.95	−3.18
甘肃	9.59	9.02	−0.57	5.42	8.83	3.40	7.67	7.55	−0.12	11.36	10.14	−1.22
青海	4.85	6.68	1.83	5.11	8.61	3.49	3.51	5.24	1.73	5.87	7.35	1.48
宁夏	8.08	12.61	4.54	8.15	10.88	2.73	7.82	14.60	6.78	8.21	11.51	3.30
新疆	5.44	5.94	0.51	5.51	7.66	2.15	3.48	5.26	1.78	5.91	5.54	−0.38

(三)高中教师人均办公用房面积的变迁情况

1. 总体及城乡分布的变迁情况

与义务教育阶段相比，高中阶段教师人均办公用房面积相对较高。2003—2010年，高中教师人均办公用房面积基本维持稳定在14～15平方米。从城乡对比角度来看，这一指标城市人均办公用房面积最高，在16～17平方米左右，其次是农村，农村这一指标虽然波动下降，但一直在13～15平方米之间，而县镇的这一指标最低，在12～13平方米之间。

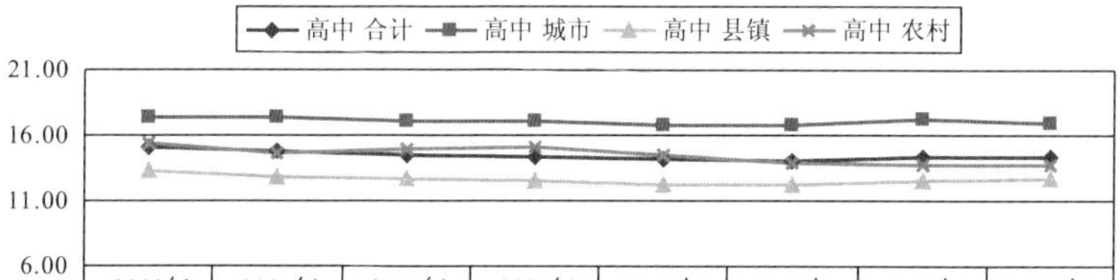

	2003年	2004年	2005年	2006年	2007年	2008年	2009年	2010年
高中 合计	15.05	14.73	14.48	14.29	14.11	14.03	14.35	14.33
高中 城市	17.36	17.29	17.03	17.04	16.82	16.75	17.21	16.96
高中 县镇	13.26	12.86	12.67	12.50	12.19	12.19	12.49	12.64
高中 农村	15.39	14.62	14.95	15.15	14.49	13.80	13.79	13.76

图 2-89 2003—1010 年我国高中教师人均办公用房面积情况

2. 分省份的变迁情况

分省份分析，2003年我国大部分省份高中教师人均办公用房面积在10～22平方米之间，省际差距较大，最大差距接超过12平方米，面积较低的省份主要集中在南部和西南地区，湖南、海南、广西、重庆、四川、贵州和云南；到2010年，除青海、陕西、甘肃和西藏地区降幅在3～4平方米外，其余各省份这一指标较为稳定变化不大。分城乡看，各省份的城市和县镇地区升降幅度较为均匀，差异不大，农村地区升降幅度差异较大，升幅在7平方米以上的有浙江、内蒙古、贵州和宁夏，降幅在7平方米以上的有海南、重庆、山东、吉林，其中山东省降幅超过13平方米。

表 2-20 2003 年和 2010 年我国高中教师人均办公用房面积情况

	总计			城市			县镇			农村		
	2003年	2010年	变化情况	2003年	2010年	变化情况	2003年	2010年	变化情况	2003年	2010年	变化情况
合计	15.05	14.33	−0.72	17.36	16.96	−0.40	13.26	12.64	−0.62	15.39	13.76	−1.64
北京	22.59	22.40	−0.18	24.09	22.64	−1.45	20.11	18.39	−1.72	22.31	26.45	4.14
天津	17.80	19.29	1.49	20.59	23.36	2.77	15.80	16.28	0.48	9.69	10.42	0.73
河北	16.18	15.15	−1.04	18.63	20.46	1.83	14.57	13.46	−1.11	19.31	14.02	−5.29
山西	18.91	16.61	−2.30	21.78	19.64	−2.14	16.30	14.06	−2.24	20.64	15.32	−5.32
内蒙古	17.48	17.62	0.14	17.82	19.13	1.31	16.84	15.58	−1.26	22.38	53.10	30.71
辽宁	13.57	12.94	−0.63	15.05	12.87	−2.19	12.04	14.37	2.33	10.07	8.67	−1.40

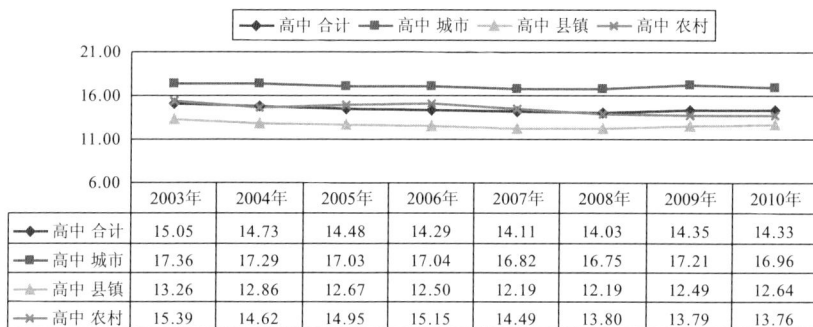

续表

	总计			城市			县镇			农村		
	2003年	2010年	变化情况	2003年	2010年	变化情况	2003年	2010年	变化情况	2003年	2010年	变化情况
吉林	15.51	12.63	−2.87	17.39	13.78	−3.60	14.25	12.00	−2.26	21.83	12.62	−9.20
黑龙江	15.95	14.53	−1.42	15.29	14.91	−0.39	15.90	14.04	−1.86	18.76	15.37	−3.39
上海	15.66	17.32	1.66	14.50	16.09	1.59	17.53	19.04	1.50	17.61	16.00	−1.61
江苏	15.65	15.94	0.29	17.57	18.84	1.27	15.98	14.44	−1.55	13.49	13.77	0.27
浙江	15.59	16.06	0.47	19.21	17.76	−1.45	12.66	14.37	1.71	5.28	16.30	11.02
安徽	14.03	12.82	−1.21	18.48	16.58	−1.90	11.46	10.94	−0.52	13.17	12.21	−0.96
福建	12.05	13.00	0.95	13.89	15.05	1.16	11.16	11.64	0.47	11.02	11.60	0.58
江西	15.39	14.15	−1.24	18.55	17.91	−0.64	13.38	12.70	−0.68	19.39	16.89	−2.50
山东	15.63	14.48	−1.15	16.86	16.32	−0.54	13.36	12.63	−0.73	28.85	15.60	−13.2
河南	18.85	16.52	−2.33	24.77	20.12	−4.65	16.01	15.24	−0.78	15.48	11.52	−3.95
湖北	12.47	12.12	−0.35	14.22	13.89	−0.33	10.50	11.60	1.10	10.87	8.88	−1.99
湖南	11.28	11.36	0.08	14.53	13.95	−0.59	10.16	10.68	0.52	8.76	9.35	0.59
广东	14.40	12.66	−1.74	15.96	15.20	−0.76	12.42	10.92	−1.49	16.53	13.32	−3.21
广西	11.24	11.96	0.72	12.83	15.19	2.36	10.65	10.50	−0.15	8.59	11.11	2.51
海南	11.50	12.49	0.99	13.13	18.95	5.82	9.81	8.53	−1.28	17.74	11.02	−6.72
重庆	12.45	14.26	1.81	14.27	19.46	5.19	10.39	12.63	2.24	15.97	9.77	−6.20
四川	10.92	12.56	1.64	14.90	15.11	0.22	9.58	11.34	1.77	7.24	10.78	3.54
贵州	10.09	11.10	1.02	13.52	14.37	0.85	8.05	9.34	1.29	10.41	17.42	7.02
云南	10.50	10.55	0.04	14.10	15.29	1.19	9.00	9.15	0.15	12.04	7.83	−4.21
西藏	15.13	11.30	−3.83	6.67	6.48	−0.19	28.27	15.71	−12.5			0.00
陕西	20.18	16.10	−4.08	20.86	18.06	−2.79	18.19	14.15	−4.04	23.33	17.14	−6.18
甘肃	20.21	16.91	−3.30	21.77	21.15	−0.62	17.71	14.09	−3.62	25.73	24.38	−1.36
青海	17.62	14.15	−3.46	22.23	18.38	−3.85	16.41	12.50	−3.90	11.59	12.48	0.89
宁夏	17.95	25.88	7.92	19.27	30.43	11.16	17.70	20.56	2.86	16.10	23.43	7.33
新疆	16.45	14.40	−2.05	17.61	14.85	−2.77	13.55	12.39	−1.16	19.41	20.60	1.18

本章主要结论

本章通过改革开放30余年来我国教育统计资料中小学教师队伍的历时数据分析，主要发现如下：

第一，数量指标变迁：

◆ 改革开放30多年来，我国中小学教师数量处于增长趋势。专任教师数量的激增期集中在20世纪90年代，这与该时期我国教育事业飞速发展，教育资源投入加大密切相关。

◆ 从城乡教师队伍资源的分布来看，30多年间城市和县镇地区教师队伍规模呈现增长趋势，农村地区教师队伍规模和在校学生数量处于下降趋势，造成这种变动的主要原因之一是我国城市化进程不断推进，大量农村人口涌入城市，或县镇、农村地区转化为城市。

◆ 从生师比的发展来看，改革开放30多年来我国城市、县镇、农村地区的生师比均在逐步降低，教师资源配置水平得到了提高，其中农村地区生师比下降幅度最大，城市与县镇地区生师比基本保持稳定。

第二，结构指标变迁：

◆ 改革开放以来，我国小学和中学的代课教师呈现三个不同的变化阶段，均与国家普及义务教育、代课教师的清退及农村城镇化加快等政策密切相关。从全国、地区和省份来看，代课教师数量和比例普遍呈下降趋势，部分省份有所上升，当前代课教师主要集中于第三、第四类地区。值得注意的是，在代课教师总体下降的同时，女性代课教师的比例则不断攀升，已近70%。从城乡差异看，小学代课教师30多年均呈现“农村主体”，中学代课教师则由“农村主体”转向城市、县镇、农村“三分天下”。因此，在未来制定代课教师政策时需充分考虑女性教师及不同学段代课教师分布的特征。

◆ 改革开放以来，我国小学、初中和高中教师中女性教师数量和比例均呈上升趋势。其中，小学阶段女性教师比例最高，到2010年，小学女性教师数量达到325万，其比例比1978年提高了将近20%，达到57.95%，占据半壁江山；高中阶段女性教师比例上升最快，1984—2010年间，高中女性教师比例上升幅度最大，达到23%。全国、地区、城乡和各省份的教师均朝着“女性化”方向变化，并且预计这一趋势仍将保持。从地区来看，小学、初中和高中的女性化程度较高的都是经济社会发展水平较好的第一、二类地区；从城乡来看，全国和各省份的教师女性化程度均呈现“城市＞县镇＞农村”；从省份来看，我国教师女性化，由南向北、由西向东，程度越来越高，北方省份的比例要高于南方省份，其中比例华北地区、东北三省及新疆地区。

◆ 1991—2010 年 20 年间，我国小学、初中和高中教师队伍年龄结构总体来看朝着“老化”的方向推进。其中，教师队伍整体“老化”的程度“小学＞初中＞高中”，20 年间，小学阶段“51－55 岁”“56－60 岁”两个年龄段教师的比例分别由 7.38％和 1.87％上升到 2010 年的 12.52％和 5.44％。教师队伍整体“老化”的速度“高中＞初中＞小学”，高中教师 1991—2010 年间，30 岁以下教师的比例大约以年均 0.6 个百分点下降，2007 年以后，下降幅度加大。由于 1991 年我国高中和初中教师队伍极为年轻，因此，到目前这两支教师队伍的年龄结构还是较为年轻，以中青年教师为主体。

第三，质量指标变迁：

◆ 改革开放 30 多年来，小学、初中、高中教师学历水平的城乡差距在逐步缩小，但仍然较为明显，需引起重视。相对于农村学校，城市学校拥有更多的高学历教师，且两者之间差距有扩大的趋势。

◆ 改革开放 30 多年来，我国中小学教师学历合格率及职称情况有了显著的提高，小学教师学历从以高中为主提高为以专科为主，初中教师学历从以专业毕业为主提高为以本科毕业为主，高中教师中拥有本科学历的教师占全体教师的 91.2％。

◆ 从教师职称来看，至 2010 年，小学中拥有小学高级职称教师比例上升为 51.94％，初中教师中拥有中学一级教师所占比例最高，为 42.32％，高中教师中拥有中学高级职称的教师所占比例为 34.98％。

第四，工作环境指标变迁：

◆ 1991—2010 年 20 年间，我国小学、初中和高中教师的工作负担越来越重，教育负载现象严重。从班额变化情况看，20 年间，各学段的班额均迅速变大，中学班额超过小学呈现“高中＞初中＞小学”，初中“超大班”比例维持在 36％，高中“超大班”比例为 50％以上。小学教育负载虽不如中学重，但整体也朝“变大”的方向。分城乡比较，三个学段班额大小变化为县镇地区“教育负载”现象严峻，教师工作负荷最重，农村次之，城市最好。近年来，尤其是 2007 年以后，大班额的教育超载现象虽有所缓解，但由于程度较为严峻，依然需要引起重视并研究行之有效的举措进行治理。

◆ 改革开放以来，我国小学、初中和高中师班比变化呈现不同趋势，小学“先平稳，后上升”的趋势，初中“总体上升，但有突降”，高中则“波动变化，有升有降”。分城乡比较，城市、县镇和农村的各学段师班比都有所上升，但在城乡分布方面出现“逆转”现象，小学阶段师班比大小由2005年以前“城市＞县镇＞农村”转为“县镇＞城市＞农村”；初中阶段2005年农村师班比首次与县镇持平，2007年农村和县镇师班比首次超过了城市。农村高中班师比上升较快，1991年与县镇持平，1993年与城市持平，此后一直“农村＞县镇＞城市”。分区域和省份比较，各学段师班比均为第一、二类区域高于第三、四类区域；各学段师班比的省际差异较大，以小学为例，小学农村班师比的省与省间的最大差距达到1.48。

◆ 2001—2010年，我国小学、初中和高中的教师人均办公用房面积呈现“高中＞初中＞小学”，10年期间，各学段这一指标的变化趋势有所不同，小学和初中分别在2005年和2003年后出现下降趋势，而高中这一指标则基本维持稳定。分城乡比较，小学阶段人均办公用房面积总体呈现“农村＞城市＞县镇”；初中“城市＞县镇＞农村”和高中“城市＞农村＞县镇”。分区域比较，小学和初中教师人均办公用房面积最高的分别是第一类地区和第二类地区；分省份比较，各学段教师人均办公用房面积省与省间差异较大，且西南和南部地区这一指标均较低。

参考文献

国家教育委员会计划财务局．中国教育统计年鉴①(1987)．北京，北京工业大学出版社，1988.

国家教育委员会计划建设司．中国教育统计年鉴(1988)．北京，北京工业大学出版社，1989.

国家教育委员会计划建设司．中国教育统计年鉴(1989)．北京，人民教育出版社，1990.

国家教育委员会计划建设司．中国教育统计年鉴(1990)．北京，人民教育出版社，1991.

国家教育委员会计划建设司．中国教育统计年鉴(1991—1992)．北京，人民教育出版社，1992.

国家教育委员会计划建设司．中国教育统计年鉴(1992)．北京，人民教

① 1978—1986年间的数据来源于“教育与经济发展数据库”的中国教育统计年鉴1971—1986年电子数据库．http://jkzy.cqjy.com/sjzy/ShowArticle.asp? ArticleID=343.

育出版社，1993.

国家教育委员会计划建设司．中国教育统计年鉴(1993)．北京，人民教育出版社，1994.

国家教育委员会计划建设司．中国教育统计年鉴(1994)．北京，人民教育出版社，1995.

国家教育委员会计划建设司．中国教育统计年鉴(1995)．北京，人民教育出版社，1996.

国家教育委员会计划建设司．中国教育统计年鉴(1996)．北京，人民教育出版社，1997.

国家教育委员会计划建设司．中国教育统计年鉴(1997)．北京，人民教育出版社，1998.

国家教育部发展规划司(纪宝成 主编)．中国教育统计年鉴(1998)．北京，人民教育出版社，1999.

国家教育部发展规划司(纪宝成 主编)．中国教育统计年鉴(1999)．北京，人民教育出版社，2000.

国家教育部发展规划司(牟阳春 主编)．中国教育统计年鉴(2000)．北京，人民教育出版社，2001.

国家教育部发展规划司(牟阳春 主编)．中国教育统计年鉴(2001)．北京，人民教育出版社，2002.

国家教育部发展规划司(牟阳春 主编)．中国教育统计年鉴(2002)．北京，人民教育出版社，2003.

国家教育部发展规划司(牟阳春 主编)．中国教育统计年鉴(2003)．北京，人民教育出版社，2004.

国家教育部发展规划司(韩进 主编)．中国教育统计年鉴(2004)．北京，人民教育出版社，2005.

国家教育部发展规划司(韩进 主编)．中国教育统计年鉴(2005)．北京，人民教育出版社，2006.

国家教育部发展规划司(韩进 主编)．中国教育统计年鉴(2006)．北京，人民教育出版社，2007.

国家教育部发展规划司(韩进 主编)．中国教育统计年鉴(2007)．北京，人民教育出版社，2008.

国家教育部发展规划司(韩进 主编)．中国教育统计年鉴(2009)．北京，人民教育出版社，2010.

国家教育部发展规划司(谢焕忠 主编). 中国教育统计年鉴(2010). 北京，人民教育出版社，2011.

樊香兰. 新中国小学教师队伍发展历史研究[D]. 西安：陕西师范大学，2004.

教育部. 国家中长期教育改革和发展规划纲要(2010—2020 年)，http://www.gov.cn/jrzg/2010－07/29/content_1667143.htm.

李立国. 论义务教育的特点及我国普及义务教育的走向[J]. 教育理论与实践，1998(3).

沈有禄. 中国基础教育公平——基于区域资源配置的比较视角[M]. 北京：教育科学出版社，2011.

万明钢. 以促进教育公平和教育均衡发展的名义——我国农村"撤点并校"带来的隐忧[J]. 教育科学研究，2009(10).

王大磊. 共和国中小学教师专业发展的政策研究[D]. 上海：华东师范大学，2011.

曾晓东. 中国中小学教师发展报告(2012)[M]. 北京：社会科学文献出版社，2012.

张力主编. 中国贫困地区教育发展背景、现状、对策[M]. 广西教育出版社，1998.

赵子娟. 我国农村教师队伍建设的制度设计研究——以吉林省卡伦镇为例[D]. 长春：东北师范大学，2011.

McKenzie，P.，Santiago，P.，Sliwka，P. & Hiroyuki，H. Teachers matter：Attracting，Developing and Retaining Effective Teachers [R]. Paris：OECD，2002.

UNESCO. EFA Global Monitoring Report 2005. http://unesdoc.unesco.org/images/0013/001373/137333c.pdf

第三章 社会变迁中的我国中小学教师工资研究

通过对教师工资问题的研究，可以探索社会变迁中我国中小学教师的经济地位。我国教师工资政策在改革开放以来经过了三次系统的改革，这几次改革均是在我国事业单位工资改革的方案框架下进行的，没有独立性。从这几次教师工资政策的变革来看，教师工资结构中强调激励的部分一直在不断加强。虽然表面上我国教师工资水平受到教师工资政策的影响，但是在与人均 GDP、事业单位平均工资水平、机关单位平均工资水平、企业单位平均工资水平对比后发现，我国教师工资水平的变化与这些部门工资水平的变化表现出惊人的相似性，据此推断，我国教师工资水平的增长只不过是随国民收入的增长而发生的一种惯性增加，教师工资政策并没有提供使教师工资达到或超越其他部门平均工资水平的动力。除与不同部门相比较之外，本章还将教师工资与计算机服务业、金融业、卫生事业、文化艺术业等与教师具有相似受教育程度的行业工作人员平均工资水平对比，对比发现，教师经济地位在这些行业中是垫底的。从国际比较的角度看，我国教师相对于人均 GDP 的平均工资与 OECD 国家该指标相比，也存在一定差距，但是差距正在缩小，中学教师该指标甚至已经达到或超过发达国家平均水平。本章进而针对我国教师经济地位的状况得出相应的启示。

第一节 教师工资问题的研究背景

国际上对教师工资的研究在很大程度上源于人们对教师

质量的关注。世界各国往往将教师工资的变革作为提高教师质量的重要措施之一，能否吸引与保留足够数量的高质量教师，成为教师工资研究者与政策制定者关注的焦点。工资有两个重要属性：一是工资水平，即工资的具体数额是多少，是高还是低；另一个是工资结构，即总工资可分成哪几部分，是固定的还是根据绩效变动的。这一节将以这两个属性为主线阐明教师工资问题的研究背景。

一、教师工资水平研究

教师工资水平的高低关系着教师的经济地位，影响到教师岗位的吸引力。目前关于教师工资水平的探讨主要包括不同国家之间教师工资的比较、教师工资的变动趋势及其与其他行业工资差异等。

（一）不同国家教师工资水平比较

经济合作与发展组织（OECD）在每年出版的《教育概览》中，涉及各成员国间教师工资水平的比较，包括起点工资、10 年教龄工资、15 年教龄工资和最高工资。从工资的绝对数值上看，在 OECD 国家中，不同国家之间教师工资存在着非常大的差异，以 2009 年初中阶段 15 年教龄工资为例，各成员国平均为 41701 美元，斯洛伐克最低，为 13964 美元，卢森堡最高，为 111839 美元，两国存在近 9 倍的差距。但若从教师工资与人均 GDP 的比值上看，OECD 不同成员国之间的差距则要小得多，对于 2009 年初中 15 年教龄工资与人均 GDP 的比值，墨西哥最高，为 1.76，斯洛伐克最低，为 0.61，经合组织各成员国平均为 1.24。就不同学段的教师工资水平而言，在多数 OECD 国家，高学段的教师工资高于低学段的教师工资，澳大利亚、葡萄牙、希腊等少数国家小学与中学教师工资相同，以色列小学教师工资甚至要高于高中教师工资①。对各国教师工资的分析对我国有一定的启示意义，余强（2011）在对 OECD 国家高中教师的工资绝对数额和相对地位进行分析后提出，我国高中教师合理的平均工资应为全国职工平均工资的 1.4 倍，这个标准远高于

---

① OECD. 教育概览 2011——OECD 指标[M]. 北京：教育科学出版社，2011：422-430.

我国高中教师当前的平均工资水平①。

(二)教师与其他行业工资的差异

讨论教师与其他行业间教师工资水平的差异通常有两种取向，一种是视教师为全职，直接比较教师工资与其他行业工资的差异，持这种视角的研究往往得出教师工资水平过低这样的结论；另一种则认为教师工作时间要比其他职业少，因而需要比较他们的小时工资，持这种视角的研究往往得出教师工资水平较高这样的结论。赫斯(Hess)(2004)认为多数美国人比教师要多工作25%的时间，并据此认为美国教师的工资并不低②。梁晓燕(Xiaoyan Liang)(2000)在研究拉丁美洲12个国家的教师工资水平时同时采用了这两种视角：从年工资来看，有9个国家教师工资显著低于具有相似特征的劳动力；但若计算小时工资，只有巴西和厄瓜多尔两个国家教师工资显著低于具有相似特征的劳动力③。奥登和凯利(Odden & Kelley)(2002)提出那种认为教师工作时间少的观点是错误的，教师在日常工作之外，还需要投入大量的时间和精力去反思以及发展他们的专业知识和技能，因此在讨论教师工资的高低时，应当把教师与其他专业人员同等看待④。

将教师与其他行业工资进行对比有助于了解教师的经济地位。奥登和凯利(Odden & Kelley)(2002)将美国教师的工资跟工程、会计、计算机科学、金融、律师等与教师具有相似受教育水平的行业进行比较并描绘出了两者差异随时间的变化趋势，发现美国教师起点工资与其他行业相比明显偏低并且

① 余强. 经合组织31国高中教师法定工资比较分析[J]. 上海教育科研，2011(5)：26-29.

② Hess，F. M.. Teacher Quality，Teacher Pay[J]. Policy Review，2004，124：15-28.

③ Xiaoyan，L.. Teacher Pay in 12 Latin American Countries：How does teacher pay compare to other peofessions? What determines teacher pay? Who are the teachers? [R]. World Bank Human Development Department LCSHD Paper Series No. 49，2000：1-26.

④ Odden，A.，Kelly，C.. Paying Teachers for What They Know and Do：New and Smarter Compensation Strategies to Improve Schools (2ed)[M]. California：Corwin Press，Inc.，2002：2-26.

差距有扩大的趋势，教师平均工资也存在类似的问题①。OECD(2011)将各成员国15年教龄工资与接受过高等教育的25—64岁全职全年劳动者的工资比较发现，大多数成员国其15年教龄工资低于其他受过高等教育的全职全年劳动者，只有卢森堡、韩国、西班牙和葡萄牙的教师15年教龄工资高于其他受过高等教育的全职全年劳动者②。可见，除在少数几个国家之外，大多数国家教师的经济地位低于具有相似受教育水平的其他行业工作人员。

(三)教师工资水平随时间的变动

在有关教师工资水平的研究中，教师工资随时间的变化趋势是一个重要研究内容。奥登和凯利(Odden & Kelley)(2002)对美国1960—1999年的教师工资水平进行了系统研究。结果显示，虽然在这段时期内美国教师工资的绝对数值增长了8倍多，但是消除物价影响后的工资在这39年间仅增长了44%，而且这部分增长大部分发生在1960—1970年间，之后则增长缓慢，一些年份甚至出现下降趋势，1991年以后基本没有变化③。在OECD国家中，从2000年到2009年，扣除物价因素后大部分国家教师工资有一定程度的增长，只有澳大利亚、法国、日本和瑞士与这种趋势相反；而相对于人均GDP的教师工资从2000年到2009年在多数OECD国家都有所降低，只有捷克、丹麦和葡萄牙相对于人均GDP的教师工资在这十年内有大幅增长④。研究教师工资随时间的变动趋势有助于我们了解教师实际生活水平的变化，也是用以探究当前教师工资水平的一个合理性途径。

二、教师工资结构研究

最常见的教师工资结构主要有两种：一种是基于教龄和学历的单一工资

① Odden, A., Kelly, C.. Paying Teachers for What They Know and Do: New and Smarter Compensation Strategies to Improve Schools (2ed)[M]. California: Corwin Press, Inc., 2002: 2-26.

② OECD. 教育概览2011——OECD指标[M]. 北京：教育科学出版社，2011：422-430.

③ Odden, A., Kelly, C.. Paying Teachers for What They Know and Do: New and Smarter Compensation Strategies to Improve Schools (2ed)[M]. California: Corwin Press, Inc., 2002: 2-26.

④ OECD. 教育概览2011——OECD指标[M]. 北京：教育科学出版社，2011：422-430.

制，另一种是能够反映教师绩效的激励性工资结构。有研究表明，在单一工资制下教师工资水平的提高并不能显著提高教师质量，因而需要对教师工资结构进行调整，使教师能够因其优异的表现而获得额外报酬①。目前关于教师工资结构的文献多集中于对教师激励性工资结构的研究。

(一)教师激励性工资结构的类型

从世界范围来看，很多国家正在经历由单一工资制向注重激励的教师工资结构转变。在中文语境中，这类工资被统称为绩效工资。

按照激励所指向的是过程还是结果，教师绩效工资分为基于投入的绩效工资和基于产出的绩效工资②。基于投入的绩效工资最常见的形式是知识技能工资，这种工资通过奖励获得新知识和新技能的教师来促进其专业知识和专业技能的发展。知识技能工资的基本假设是，教师知识和技能的增加能使其教学更有效，因而为激励教师提高教学质量，应针对教师具有的知识和技能提供奖励。基于产出的绩效工资有两种常见形式：以学生学业成绩为依据的绩效工资和工作扩展(job enlargement)。前者将学生学业成绩作为教学质量的主要指标，将学生成绩与教师工资挂钩，这也是最常受到指责的一种教师绩效工资形式。一方面，以学生成绩为依据支付教师工资容易使教师专注于教给学生考试所需要的东西，而忽略学生其他方面能力的培养，甚至会出现教师协助学生作弊等现象；另一方面，学生成绩是受到很多方面因素和多个教师影响的，无法准确地将单个教师对学生成绩的贡献剥离出来。工作扩展是针对教师承担的额外工作付给教师更多工资，费尔斯通(Firestone)(1991)将之与以学生成绩为依据的绩效工资进行比较，发现工作扩展更能提高教师动机、促进教师教学水平的提高并且有助于保留教师③。

按照教师绩效奖励的对象是教师个人还是教师团体，绩效工资又分为个人绩效工资和团体绩效工资。从理论上说，个人绩效工资更容易让教师看到

---

① Ballou, D., Podgursky, M., Teacher Pay and Teacher Quality[M]. Michigan: W. E. Upjohn Institute for Employment Research, 1997: 15-85.

② Podgursky, M. J., Springer, M. G.. Teacher Performance Pay: A Review[J]. Journal of Policy Analysis and Management, 2007, 26(4): 909-949.

③ Firestone, W. A.. Merit Pay and Job Enlargement as Reforms: Incentives, Implementation, and Teacher Response[J]. Educational Evaluation and Policy Analysis, 1991, 13(3): 269-288.

其个人的绩效与工资的联系，从而更容易激励教师努力工作。但是，教学需要的是一种合作文化，个人绩效工资则鼓励竞争，在很大程度上破坏了教师之间的合作，结果反而不利于教育质量的提高。教师团体绩效工资则是在年级、学科、学校甚至学区层面针对教师团队的教学业绩支付奖励性工资。教师团体绩效工资的引入既可以解决教师个人贡献不易分辨的问题，又有助于塑造教师合作文化。然而，有学者担心针对教师团体的奖励会造成教师个人的“搭便车”行为，从而对其他教师造成不公平。但是，斯特朗(Stronge)等(2006)认为“搭便车”现象更多的是一种理论上的问题，事实上，在多数针对教师团体的绩效奖励项目中并不会出现“搭便车”问题①。

在现实中，典型的教师激励性工资项目往往是不同激励性工资类型的混合。如美国科罗拉多州丹佛市的教师专业薪酬体系(ProComp)根据四个维度为教师提供奖励性工资：一是知识与技能，完成专业发展学分或通过其他方式证明其知识和技能的增加可获得部分奖励；二是专业评价，非试用期的教师在学区和学校对其进行的评估中获得“满意”以上结果，即可获得相当于原有工资3%的奖励；三是学生进步，这部分采取个人奖励与团体奖励相结合的形式；四是市场激励，这部分主要是对任职于教师紧缺学科和偏远学校的教师提供补贴②。这些评价维度既有个人绩效，又有团体绩效；既有针对知识和技能的奖励，也有针对学生进步的奖励。英格兰从2000年开始进行的教师绩效工资改革中对教师的评估标准包括知识和理解、教学与评估、学生进步、更广泛的专业效能和专业特点这五个方面③，这些标准中既包括教师工作投入方面的因素，也包括教师工作结果方面的因素。

(二)教师激励性工资结构的效果

多数对教师工资结构的改革是以形成对教师的激励从而提高学生学业成

① Stronge, J. H., Gareis, C. R., Little, C. A. Teacher Pay & Teacher Quality: Attracting, Developing, & Retaining the Best Teachers[M]. California: Corwin Press, 2006: 7-15.

② Gratz, D. B. The Peril and Promise of Performance Pay: Making Education Compensation Work[M]. New York: Rowman & Littlefield Education, 2009: 90-97.

③ Wragg, E. C., Haynes, G. S., Wragg, C. M., Chamberlin, R. P.. Performance Pay for Teachers: The view and experiences of heads and teachers[M]. London and New York: RoutledgeFalmer, 2004: 1-45.

就为目标，随着这类改革在世界范围内流行，众多学者开始关注各种绩效工资项目的实际效果。

沃斯曼(Woessmann)(2011)在控制了学生、学校和国家背景等变量之后，以OECD国家学生的PISA成绩为因变量，以该国是否采取教师绩效工资为自变量，利用跨国教育生产函数进行回归分析，发现实施教师绩效工资的国家，其学生的数学、科学和阅读成绩要显著高于其他国家①。迪和基(Dee&Key)(2004)利用田纳西州教师职业生涯阶梯计划实施过程中的数据研究这个教师激励项目在为提高学生成绩的教师增加报酬方面是否成功，发现其效果是混合的：通过评估的数学教师其学生的成绩大约高三个百分点，但是学生的阅读成绩与有关教师是否通过评估则没有这种关系②。像这种混合的结果在其他学者的研究中也存在，阿特金森(Atkinson)等(2009)在评估英国教师绩效工资对学生成绩增加值的影响时发现，在实施绩效工资计划后，平均每个学生的成绩提高了一个等级的40%，但是数学教师的教学业绩却无显著提高③。波葛斯基和斯普林格(Podgursky & Springer)(2007)回顾了10项关于教师激励性工资项目与学生学业成就因果关系的研究，其中有8项研究显示教师激励性工资对学生成绩的影响是正向的，只有两项表现出了混合的结果④。

虽然大部分研究都得出了教师绩效工资与学生成绩正相关的结论，但是大部分绩效工资项目往往持续时间都不长。教师工资制度的改革需要学校管理制度的变革与之配合，霍奇(Hodge)(2003)认为学校在改变教师工资支付方式时，必须在组织结构的改善、学校文化的塑造等方面有所作为，让教师

---

① Woessmann, L. Cross-country evidence on teacher performance pay[M]. Economics of Education Review, 2011, 30: 404-418.

② Dee, T. S., Keys, B. J.. Does Merit Pay Reward Good Teachers? Evidence from a Randomized Experiment[J]. Journal of Policy Analysis and Management, 2004, 23(3): 471-488.

③ Atkinson., Burgess, S., Croxson, B., Gregg, P., Propper, C., Slater, H., Deborah, W. Evaluating the impact of performance-related pay for teacher in England[J]. Labour Economics, 2009, 16: 251-261.

④ Podgursky, M. J., Springer, M. G.. Teacher Performance Pay: A Review[J]. Journal of Policy Analysis and Management, 2007, 26(4): 909-949.

工资制度成为促进教师专业发展的一种措施①。教师绩效工资项目的持续性还取决于经费来源的持续性和稳定性，有研究指出缺乏充足和持续的资金支持是导致许多项目失败的直接原因②。教师绩效工资计划的提倡者还往往将来自教师的反对视为绩效工资计划失败的基本原因，教师绩效工资的实施效果在很大程度上取决于教师对它的支持程度，Muralidharan & Sundararaman (2011)通过对印度一项教师绩效工资评估项目的研究，发现教师对绩效工资的支持程度与教师绩效呈显著正相关，有超过80%的教师对将部分工资与教师绩效相联系持积极态度，这使得该地区教师绩效工资项目的推行较为顺利③。

三、教师工资与教师质量的关系研究

教师工资是影响教师供给的重要变量，多数关于教师工资问题的研究内含着对教师数量和质量的关注，能否吸引足够数量的高质量教师并将其留在教学岗位上是许多教师工资研究的着眼点。

教师相对工资水平能影响到毕业生作出是否从教的决定，还可影响到一部分人在渡过职业间歇期后是否重新返回教师岗位，并且现任教师是否会转行也受教师工资的影响④。弗里奥(Figlio)(2002)在分析美国1987—1994年的有关数据时发现，若一个学区相对于其他学区提高教师工资，那么该学区就更容易吸引到有其所教学科背景或通过选择性途径进入教师职业的教师⑤。然而这个研究结论只适用于学区间教师工资发生相对变化的情形，而无法说明当各学区教师工资同时提高时能否吸引到高质量的教师。巴罗和波葛斯基

① Hodge, W. A. The Role of Performance Pay Systems in Comprehensive School Reform: Considerations for Policy Making and Planning[M]. New York: University Press of America, Inc., 2003: 48-50.

② Wragg, E. C., Haynes, G. S., Wragg, C. M., Chamberlin, R. P.. Performance Pay for Teachers: The view and experiences of heads and teachers[M]. London and New York: RoutledgeFalmer, 2004: 1-45.

③ Muralidharan, Karthik., Sundararaman, V. Teacher opinions on performance pay: Evidence from India[J]. Economics of Education Review, 2011, 30: 394-403.

④ OECD. Teachers Matter: Attracting, Developing and Retaining Effective Teachers[M]. OECD, Paris, 2005: 70-71.

⑤ Figlio, D. Can Public Schools Buy Better Qualified Teacher? [J]. Industrial and Labour Relations Review, 2002, 55(4): 686-697

(Ballou & Podgursky)(1997)针对这一缺陷对美国全国范围的数据进行研究，试图证明教师整体工资水平的提高对新入职教师质量的影响。最终得出的结论是，工资水平整体的提高并没有明显地吸引到高质量教师①。但是对已经进入教师岗位的人而言，有研究发现工资的增加确实会提高教师质量，洛布和佩奇(Leob & Page)(2002)对美国1960—1990年人口普查的公用微观数据样本的研究发现如果一个州增加教师相对于其他职业有相同受教育水平的员工的工资，则会降低高中学生的辍学率并增加高中学生的大学升学率，即教师相对工资的增加会提高以学生学业成就为测量标准的教师质量②。教师工资高低对教师供给的作用还体现在不同教师工资水平的国家其合格教师所占比例上，莱德(Ladd)(2007)发现在教师工资水平较高的德国、日本和韩国，仅有4%的教师不合格，而在教师工资水平相对较低的美国，不合格教师所占比例高达10%③。

如何减少教师流失，使优秀教师留在教学岗位上也是教师工资研究关注的重要问题。汉纳谢克(Hanushek)等(2004)分析了1993年到1996年间得克萨斯州30多万教师的数据发现教师工资往往是教师转换学校的重要原因，特别是对于男性教师来说更是如此④。许多研究得出了教师工资与教师保留正相关的结论。波葛斯基(Podgursky)(2004)在一项针对公立学校新教师群体的追踪研究中发现收入越高，教师流失率越低⑤。今关(Imazeki)(2005)将教师流失分为教师流向其他学区和教师退出教学职业(退出式流失)两种类型，并据此对威斯康星州的有关数据进行研究，结果显示临近学区教师工资的提高往往是教师从一个学区流向临近学区的原因，而提高有经验教师的工资则可

---

① Ballou, D., Podgursky, M.. Teacher Pay and Teacher Quality[M]. Michigan: W. E. Upjohn Institute for Employment Research, 1997: 15-85.

② Leob, S., Page, M.. Examining the Link between Teacher Wages and Student Outcomes: The Importance of Alternative Labor Market Opportunities and Non-pecuniary Variation[J]. Review of Economics and Statistics, 2000, 82(3): 393-408.

③ Ladd, H. F.. Teacher Labor Markets in Developed Countries[J]. The Future of Children, 2007, 17(1): 201-217.

④ Hanushek, E., Rain, J., Rivkin, S. Why Public Schools Lose Teachers[J]. Journal of Human Resources, 2004, 39(2): 326-354.

⑤ Podgursky, M., Monroe, R, Watson, D.. The academic quality of public school teachers: An analysis of entry and exit behavior[J]. Economics of Education Review, 2004, 23: 507-518.

以减少新教师的退出式流失，这两个结果在女教师身上表现最为明显①。贫困地区学校教师的保留也一直被人们所关心，美国加利福尼亚州从 2001 年开始对具有高贫困率和低测试成绩学校中的数学、科学和特殊教育教师每年提供 1800 美元的补贴，克洛特费尔特(Clotfelter)等(2008)对这个项目进行追踪研究发现，这个项目使教师流失率减少了 17%，对于有经验教师更为明显②。

虽然多数教师并没有将工资待遇作为选择这一职业的主要原因，但是许多离开教师岗位的人却把教师工资低作为其离开的重要原因之一③，因此为吸引和留住高质量的教师，教师工资问题需要引起足够的重视。

第二节　我国教师工资政策变迁

因为教师劳动力市场属于公共部门劳动力市场，因此其工资难免受到政府政策的影响，理清我国教师工资政策变迁的脉络有助于更好地理解我国教师工资水平和结构的变迁。改革开放以来，在事业单位工资改革框架之内，我国有关教师工资的政策发生过三次主要的变革，分别是 1985 年的结构工资制度改革、1994 年的职务等级工资和 2006 年开始并于 2008 年年底进一步细化的岗位绩效工资制度。除此之外，还多次就提升教师工资、强调保障教师工资足额按时发放等出台过多个政策。

一、1985—1993 年间的结构工资制度

1985 年，国家教育委员会根据中共中央、国务院下达的《国家机关和事业单位工作人员工资制度改革方案》和国务院工资制度改革小组、劳动人事部《关于实施国家机关和事业单位工作人员工资制度改革方案若干问题的规定》制定了《中小学教职工工资制度改革实施方案》等不同学段、不同类型学校的

① Imazeki, J. Teacher salaries and teacher attrition[J]. Economics of Education Review, 2005, 24: 431-449.

② Stockard, J., Lehman, M.. Influences on the satisfaction and retention of 1st-year teachers: The importance of effective school management[J]. Educational Administration Quarterly, 2004, 40(5): 742 771.

③ Wragg, E.C., Haynes, G.S., Wragg, C.M., Chamberlin, R.P.. Performance Pay for Teachers: The view and experiences of heads and teachers[M]. London and New York: RoutledgeFalmer, 2004: 1-45.

工资制度改革方案以及《关于教师教龄津贴的若干规定》。这是我国改革开放以来第一次出台的系统的教师工资政策。

在这次教师工资政策出台之前，执行的一直是1956年国务院制定的《关于工资改革的决定》以及其后一些关于调整工资的政策。这其中普遍存在着一些平均主义、等级性和其他不合理的地方。随着改革开放和1984年十二届三中全会上《中共中央关于经济体制改革的决定》的通过，国民经济社会各领域都开始酝酿更加有效率、更加公平合理的工资制度。1985年的教师工资制度改革正是在这样大背景之下进行的。这次工资改革针对以前工资制度中的不合理现象，主要强调四个原则：按劳分配、把工作人员的工资同本人的工作职务、责任和绩效相联系、使教师工资普遍有所增加和建立正常的晋级增资制度。

这次改革所确立的教师工资统称为以职务工资为主要内容的结构工资制。结构工资主要有四部分构成：基础工资、职务工资、教龄津贴和奖励工资。另外，中小学的班主任津贴、特级教师津贴按原有规定继续发放。总的来说，这一工资政策所确立的工资结构是较为全面和合理的，既有旨在维持教师基本生活的基础工资，又有体现教师岗位价值的职务工资，也有旨在调动教师积极性的奖励工资，还有鼓励教师长期从教的教龄津贴。而且还强调分配到"老、少、山、边、究"地区和调入上述地区的教职员待遇从优，这是一种补偿性工资的体现，有助于提高特殊地区教师的经济地位，稳定教师队伍。但是，这项工资政策只针对公办教师，民办教师工资仍然依照《国务院关于筹措农村学校办学经费的通知》由各省来制定实施办法，这造成了公办教师与民办教师之间工资的巨大差异。两者之间同工不同酬的现象极大地损伤了民办教师工作的积极性，十分不利于教师队伍的健康发展，也造成了教师队伍内部不同类型教师经济地位的巨大差异。

二、1994—2006年间的职务等级工资制度

1994年，国家人事部、国家教育委员会印发了根据《国务院关于机关和事业单位工作人员工资制度改革问题的通知》和《国务院办公厅关于印发机关、事业单位工资制度改革三个实施办法的通知》制定了高等学校、中小学、中等专业学校贯彻《事业单位工作人员工资制度改革方案》。这是我国改革开放以来第二次系统地变革教师工资制度。

这次教师工资制度改革同样是有着深刻的社会经济转型背景。1992年邓

小平南方谈话以及党的十四大关于社会主义市场经济体制改革目标的确立，使我国对效率的强调达到了前所未有的强度。在这种形势下，对已实施多年的结构工资制度进行变革，增加工资中活的部分所占比重，使其更具激励作用已成为不可避免的时代趋势。另外，1993年中共中央、国务院颁布《中国教育改革和发展规划纲要》和《教师法》，在这些文件中都强调提高教师待遇，此时所进行的工资制度改革也是对它的回应。

这次改革所确立的工资制度统称为中小学职务(技术)等级工资制，这种工资结构包括两部分：职务(技术)等级工资和津贴。其中职务(技术)等级工资属于工资中固定的部分，主要体现工作能力、责任、贡献和劳动的复杂繁重程度，这部分占工资总额的70%；津贴主要体现教师的岗位工作特点、劳动的数量和质量，包括教师课时津贴、领导职务津贴、职员岗位目标管理津贴和工人岗位津贴等，属于工资中活的部分，占工资总额的30%。与1985年的工资制度相比，这次改革使工资结构有所简化，工资中的浮动部分明显增加，是教育领域追求效率的反映。这次改革还确立了教师年终奖制度，凡是年度考核合格者均可获得相当于本人一个月工资的奖金。但是此次教师工资改革仍然将民办教师工资问题抛给各省级人民政府，教师之间同工不同酬的问题依然没有解决。在20世纪80年代末90年代初，部分地区出现拖欠教师工资问题，这次教师工资制度改革特别强调要保证教师工资按期足额发放，但是并没有针对教师工资拖欠问题制定相应的细则。而在与此次工资改革大致相同的时间，我国在财政税收领域进行了分税制改革，中央和地方的税收进行重新分割，此后地方财政大为弱化。但由于我国当时主要由县级财政承担中小学教育投入，因此分税制改革后地方政府足额支付教师工资的风险极为增大，加之教师工资此后一直保持高速增长，在20世纪末我国出现了严重的教师工资拖欠现象，这些现象的出现都是同政策目标不相一致的。

三、2006年以来的岗位绩效工资制度

2006年，国家人事部、财政部和教育部依据《事业单位工作人员收入分配制度改革方案》和《事业单位工作人员收入分配制度改革实施办法》印发了关于《中小学、高等学校、中等职业学校贯彻〈事业单位工作人员收入分配制度改革方案〉》的通知，从而开始了改革开放以来我国第三次大规模的教师工资制度改革。此次改革将教师工资结构分为四个部分：岗位工资、薪级工资、绩效工资和津贴补贴。其中岗位工资主要体现工作人员所聘岗位的职责和要求；

薪级工资主要体现工作人员的工作表现和资历；绩效工资主要体现工作人员的实绩和贡献，是收入分配中活的部分；津贴补贴分为边远地区津贴和特殊岗位津贴。在这之中，岗位工资和薪级工资为基本工资。由于种种原因，工资结构中的绩效工资在2009年之前始终没有得到落实。

2008年年底人力资源社会保障部、财政部和教育部制定了《关于义务教育学校实施绩效工资的指导意见》决定从2009年1月1日起在中小学全面实施绩效工资。我国义务教育教师的绩效工资分为基础性绩效工资和奖励性绩效工资，其中基础性绩效工资主要体现地区经济发展水平、物价水平、岗位职责等因素，占绩效工资总量的70%；奖励性绩效工资则主要体现工作量和实际贡献等因素，占绩效工资总量的30%；另外绩效工资中设有班主任津贴、岗位津贴、农村学校教师补贴、超课时津贴和教育教学成果奖励等。在实施绩效工资后，原先年终发放的奖金也被纳入到绩效工资中，不再单独发放。各学校也不再允许利用收费收入和公用经费自行发放津贴补贴。为做好教师绩效考核工作，教育部印发了《关于做好义务教育教师绩效考核工作的通知》，对教师绩效考核的相关问题进行了详细的说明。

教师绩效工资政策实施的主要目标是提高教师工资水平和充分发挥绩效工资的激励导向作用，调动教师工作的积极性。但是在各地实施过程中，出现了教师工作积极性下降等大量与政策目标相悖的问题。造成这些现象的原因主要有以下几个：一是部分地区由于经费不足等原因教师绩效工资无法落实，或虽已实施绩效工资但工资总额并没有增加从而导致部分教师工资下降，使一些教师心存抵触；二是有些学校绩效评价以及绩效工资的分配不透明、不公平，部分教师认为绩效工资增加了自己的工作负担，这些都会引起教师的不满。因此，要使在中小学实施的绩效工资达到其应有的效果，还需在很多方面做出改进。

四、我国教师工资制度改革的特点

根据上面对我国历次教师工资制度改革的分析可以发现，我国教师工资制度改革一直被置于事业单位工资改革的总体框架之下。从改革的时间点来看，往往是在我国经济体制发生深刻变革的情况下，顺势而为进行必要的革新。改革的顺序通常是，首先出台关于事业单位工资制度改革的政策，然后在这个框架中制定教师贯彻这些方案的实施办法。我国教师工资制度改革的另一个特点是，从结构工资中的奖励工资，到职务(技术)等级工资中的30%

活的部分，再到岗位绩效工资制度中的奖励性绩效工资，对教师激励性工资的强调在不断加强，这一点也是与目前的国际趋势相一致的。

第三节　社会变迁中的我国教师工资水平

本节主要研究我国教师平均工资的绝对水平、与不同部门平均工资水平的比较、与不同行业平均工资水平的比较和与我国教师平均工资水平与发达国家的比较，从而从多个角度来考察我国教师的经济地位。

一、我国教师平均工资水平及其变化趋势

这部分数据全部来自《中国统计年鉴》《中国劳动统计年鉴》和《中国劳动工资统计年鉴》，因为从这三种年鉴中只能获得 1988 年至 2008 年的数据，因此这里只分析这一时间段内的数据。

(一)教师平均工资水平

从教师平均工资的原始数据我们可以大致窥见教师经济状况的变化。在这些数据所涵盖的年份，中小学教师平均工资一直在以非常快的速度增长。1988 年，小学教师平均工资为 1700 元，中学教师平均工资为 1791 元；到 2008 年，两者的平均工资水平分别增长到 26258 元和 29889 元。在这 21 年间小学教师和中学教师的平均工资水平分别增长了 1444.6%和 1568.8%，年均增长率分别高达 14.97%和 15.44%，但是仍比人均 GDP 年均增长率略小。

表 3-1　1988 年—2008 年中小学教师平均工资水平　　单位：元

	1988 年	1989 年	1990 年	1991 年	1992 年	1993 年	1994 年
小学教师工资	1700	1827	2029	2148	2585	3098	4514
中学教师工资	1791	1912	2134	2243	2724	3293	4943
	1995 年	1996 年	1997 年	1998 年	1999 年	2000 年	2001 年
小学教师工资	4982	5550	6030	6522	7413	8085	9649
中学教师工资	5424	6059	6639	7348	8385	9239	11080
	2002 年	2003 年	2004 年	2005 年	2006 年	2007 年	2008 年
小学教师工资	11207	12223	13747	15528	17729	22554	26258
中学教师工资	12857	14415	16299	18476	20979	25954	29889

数据来源：《中国统计年鉴》(1988—2008)

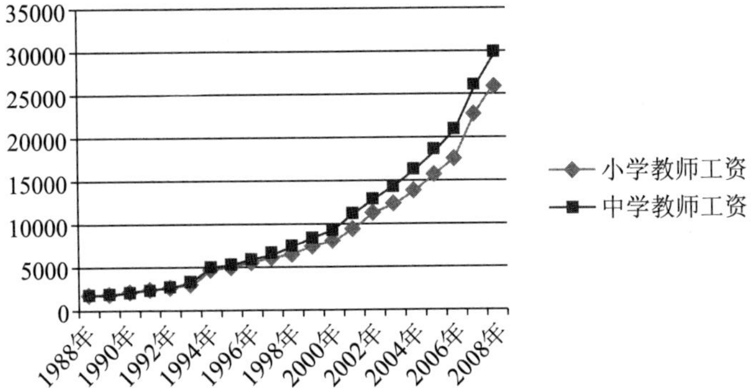

图 3-1　1988—2008 年中小学教师平均工资水平

表 3-2　1988—2008 年中小学教师工资年增长率

	1988 年	1989 年	1990 年	1991 年	1992 年	1993 年	1994 年
小学教师工资		7.47%	11.06%	5.86%	20.34%	19.85%	45.71%
中学教师工资		6.76%	11.61%	5.11%	21.44%	20.89%	50.11%
	1995 年	1996 年	1997 年	1998 年	1999 年	2000 年	2001 年
小学教师工资	10.37%	11.40%	8.65%	8.16%	13.66%	9.07%	19.34%
中学教师工资	9.73%	11.71%	9.57%	10.68%	14.11%	10.18%	19.93%
	2002 年	2003 年	2004 年	2005 年	2006 年	2007 年	2008 年
小学教师工资	16.15%	9.07%	12.47%	12.96%	14.17%	27.22%	16.42%
中学教师工资	16.04%	12.12%	13.07%	13.36%	13.55%	23.71%	15.16%

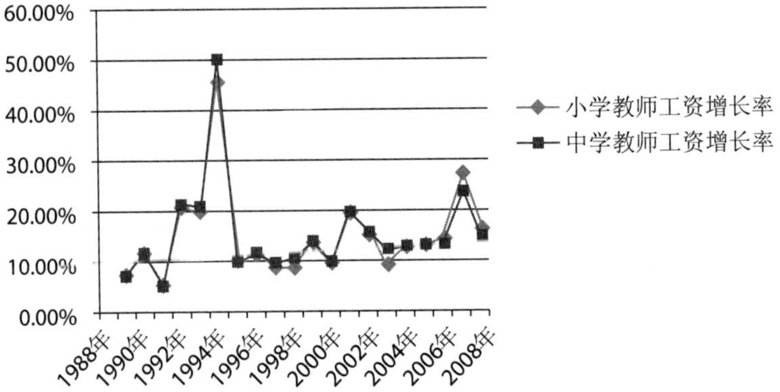

图 3-2　1988 年—2008 年中小学教师工资增长率

从表3-1和图3-1中可以看出，自1998年到2008年，小学和中学教师工资均呈现出指数式增长的特征，多数年份中小学教师的工资增长率在10%到20%之间，其中1992年、1993年、1994年、2007年工资增长率超过20%，尤其是1994年，小学教师工资增长率高达45.71%，中学教师工资增长率高达50.11%。虽然少数年份教师工资增长非常突兀，但是如果将教师工资增长率与人均GDP或与其他行业的工资增长率相对比，上述几年工资的高增长并不是教师独有的：1992年，人均GDP以及事业单位工资和机关单位工资的增长率都超过20%，分别为22.08%、21.69%和22.60%；1993年，人均GDP、企业单位工资、事业单位工资、机关单位工资的增长率分别为29.73%、25.69%、22.45%和21.52%，均超过20%；1994年人均GDP、企业单位工资、事业单位工资和机关单位工资的增长率也达到峰值，分别为34.89%、31.15%、47.71%、46.54%；2007年，人均GDP、事业单位工资和机关单位工资的增长率分别为22.24%、21.38%和23.13%，除企业职工工资外，也都超过20%。在这段时期，小学教师工资、中学教师工资、人均GDP、企业职工平均工资、事业单位平均工资、机关单位平均工资年增长率分别为14.97%、15.44%、15.58%、14.68%、15.36%和16.37%，均处于较高水平。可见，在这几年国民经济多个部门工资均有大幅度的增长，因此可以推断中小学教师工资这几年的高增长是与之关联的。

（二）消除物价因素后的教师平均工资水平

虽然教师绝对工资水平在这段时期一直维持高增长率，但是要说明其实际购买力的变化，则需就消除物价因素后的教师平均工资水平进行分析。在利用历年居民消费价格指数（CPI）对工资的绝对数值进行调整，得出以1988年为基期的实际工资数值后进行分析，也发现了与前面类似的规律。

表3-3　1988—2008年用CPI调整后的教师实际工资（以1988年为基期） 单位：元

	1988年	1989年	1990年	1991年	1992年	1993年	1994年
小学教师工资	1700	1548.3	1667.8	1707.5	1931.3	2018.0	2369.3
中学教师工资	1791	1620.3	1754.1	1783.1	2035.2	2145.0	2594.5
	1995年	1996年	1997年	1998年	1999年	2000年	2001年
小学教师工资	2233.1	2297.0	2427.7	2647.0	3051.3	3314.7	3928.4
中学教师工资	2431.2	2507.7	2672.9	2982.2	3451.4	3787.8	4511.0

续表

	2002 年	2003 年	2004 年	2005 年	2006 年	2007 年	2008 年
小学教师工资	4599.5	4957.0	5365.8	5953.8	6697.2	8129.7	8937.5
中学教师工资	5276.7	5845.9	6361.9	7084.1	7924.9	9355.2	10173.4

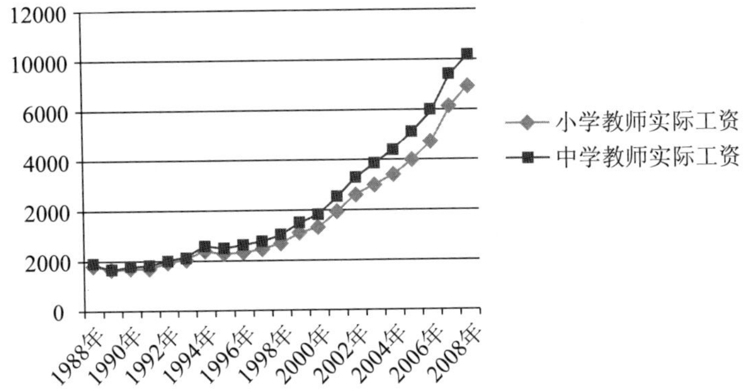

图 3-3　中小学教师实际工资(以 1988 年为基期)

根据表 3-3 和图 3-3 的数据，1988 年小学教师与中学教师的年平均工资分别为 1700 元与 1791 元，以这一年为基期，在剔除物价因素后，至 2008 年小学教师平均工资增长到 8937.5 元，中学教师平均工资增长到 10173.4 元，分别比 1988 年增加 425.7%和 468%，年均增长率为 8.92%和 9.35%。可见，即使消除物价因素，我国小学教师平均工资水平在这 21 年间也有大幅提高，也就是说小学教师生活水平较以前已有非常大的提升。但是与人均实际 GDP 9.39%的年均增长率相比，教师工资的提升还是略为迟缓。

表 3-4　1988—2008 年用 CPI 调整后的中小学教师实际工资增长率

	1988 年	1989 年	1990 年	1991 年	1992 年	1993 年	1994 年
小学		−8.92%	7.72%	2.38%	13.11%	4.49%	17.41%
中学		−9.53%	8.25%	1.65%	14.14%	5.40%	20.96%
	1995 年	1996 年	1997 年	1998 年	1999 年	2000 年	2001 年
小学	−5.75%	2.86%	5.69%	9.03%	15.28%	8.63%	18.51%
中学	−6.29%	3.15%	6.59%	11.57%	15.73%	9.75%	19.09%
	2002 年	2003 年	2004 年	2005 年	2006 年	2007 年	2008 年
小学	17.08%	7.77%	8.25%	10.96%	12.49%	21.39%	9.94%
中学	16.97%	10.79%	8.83%	11.35%	11.87%	18.05%	8.75%

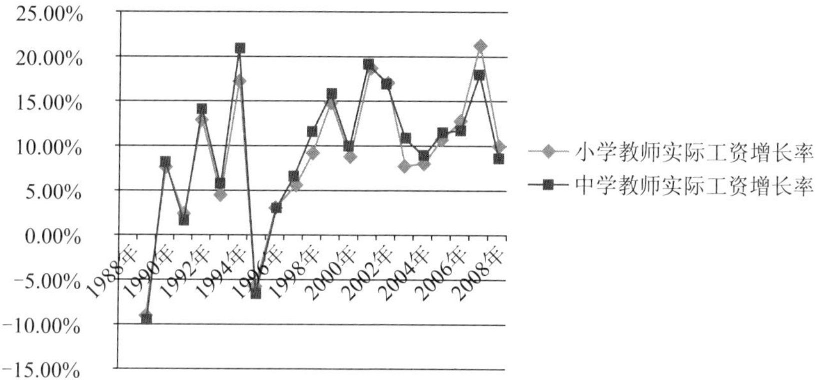

图 3-4　中小学教师实际工资增长率

从表 3-4 和图 3-4 中可以看出，在剔除物价涨幅因素之后，从 1988 年到 2008 年多数年份中小学教师工资增长率在 0 到 15%之间。其中 1989 年和 1995 年教师实际工资增长率为负值：1989 年，小学教师工资实际下降 8.92%，中学教师工资实际下降 9.53%；1995 年，小学教师工资实际下降 5.75%，中学教师工资实际下降 6.29%。在剔除物价因素后，教师工资增长率最高的年份分别为 1994 年、1999 年、2001 年、2002 年、2007 年，这几年中小学教师工资在剔除物价因素后的涨幅均超过 15%。与工资绝对水平类似，这几年教师实际工资水平突兀变化也不是孤立的，消除物价因素后的人均 GDP 和其他行业工资也表现出类似的特点：1989 年，剔除物价因素后的人均 GDP、企业单位工资、事业单位工资、机关单位工资分别下降 5.76%、5.18%、8.60%、6.97%；1995 年，剔除物价因素后的事业单位和机关单位工资分别下降 5.38%和 4.51%，人均 GDP 和企业单位工资的实际值在该年份并没有下降；1994 年，事业单位和机关单位的实际工资增长率分别为 19.02%和 18.08%，超过 15%，但该年人均 GDP 和企业单位实际工资并无太大涨幅，1999 年、2001 年、2002 年与之类似；2001 年，剔除物价因素后的人均 GDP、事业单位工资和机关单位均有超过 15%的涨幅，分别为 16.64%、15.82%和 17.49%。从 1988 年到 2008 年，消除物价因素后的小学教师工资、中学教师工资、人均 GDP、企业单位职工工资、事业单位工资、机关单位工资增长率分别为 8.92%、9.35%、9.39%、8.66%、9.27%和 10.24%。可见，在中小学教师平均实际工资发生剧烈变动的年份，人均实际 GDP 以及其他行业平均实际工资也都有类似的变化，这表明中小学教师工资的变化总是被置于各部门工资共同的变化趋势中。

表 3-5　中小学教师工资与人均 GDP、企业单位工资、事业单位工资、机关单位工资的相关系数

	人均 GDP	企业单位工资	事业单位工资	机关单位工资
小学教师工资	0.997**	0.998**	0.999**	0.999**
中学教师工资	0.997**	0.999**	1.000**	1.000**

注：** 表示在 0.01 的水平上显著

根据前面的分析，中小学教师工资的变动与人均 GDP 以及其他行业的工资变动是非常密切的，而对中小学教师工资跟人均 GDP、企业单位工资、事业单位工资、机关单位工资进行相关分析则可以明显地看出它们之间的高度相关关系。由表 3-5 可以看出，中小学教师工资与人均 GDP、企业单位工资、事业单位工资、机关单位工资均有显著的相关关系（$p<0.01$）。它们之间的相关系数不低于 0.997，属于高度相关或完全相关。由于教师工资、事业单位工资和机关单位工资都是由政府财政来负担，因此，这三者之间的高度相关在一定程度上可以推断为是由政府调控引起的。但是教师工资与企业单位平均工资之间的高度相关则显然还有其他影响因素。由于人均 GDP 表示平均每人在一年内所生产的产品和劳务的总和，因此人均 GDP 的增长必然伴随着各部门人均收入的增加，鉴于这几者两两之间的高度相关关系，可以推测教师平均工资的增长主要是因人均国内生产总值的增长而导致的惯性增长。虽然中国教师工资很大程度上要靠政府政策来调控，但根据前面对工资数据的分析，这些政策显然无法摆脱宏观经济环境的影响。

二、教师平均工资水平与其他部门的比较

从教师的工资水平推断其经济地位还需将教师工资与人均 GDP 以及与其他部门工资进行比较。表 3-6 表示小学教师平均工资分别与人均 GDP、企业单位平均工资、事业单位平均工资和机关单位平均工资的比值。

(一)小学教师相对于不同部门的工资水平

表 3-6　小学教师的相对工资

	1988 年	1989 年	1990 年	1991 年	1992 年	1993 年	1994 年
小学工资/人均 GDP	1.24	1.20	1.23	1.13	1.12	1.03	1.12
小学工资/企业工资	0.90	0.87	0.94	0.91	0.97	0.92	1.02
小学工资/事业单位工资	0.95	0.94	0.96	0.95	0.94	0.92	0.91
小学工资/机关单位工资	1.00	0.97	0.96	0.95	0.93	0.92	0.91
	1995 年	1996 年	1997 年	1998 年	1999 年	2000 年	2001 年
小学工资/人均 GDP	0.99	0.95	0.94	0.96	1.04	1.03	1.12
小学工资/企业工资	0.93	0.94	0.95	0.88	0.91	0.88	0.92
小学工资/事业单位工资	0.91	0.89	0.88	0.86	0.86	0.84	0.84
小学工资/机关单位工资	0.90	0.87	0.86	0.84	0.83	0.81	0.80
	2002 年	2003 年	2004 年	2005 年	2006 年	2007 年	2008 年
小学工资/人均 GDP	1.19	1.16	1.11	1.09	1.07	1.12	1.11
小学工资/企业工资	0.94	0.90	0.88	0.87	0.86	0.94	0.93
小学工资/事业单位工资	0.85	0.84	0.83	0.83	0.83	0.87	0.88
小学工资/机关单位工资	0.80	0.78	0.77	0.75	0.76	0.78	0.78

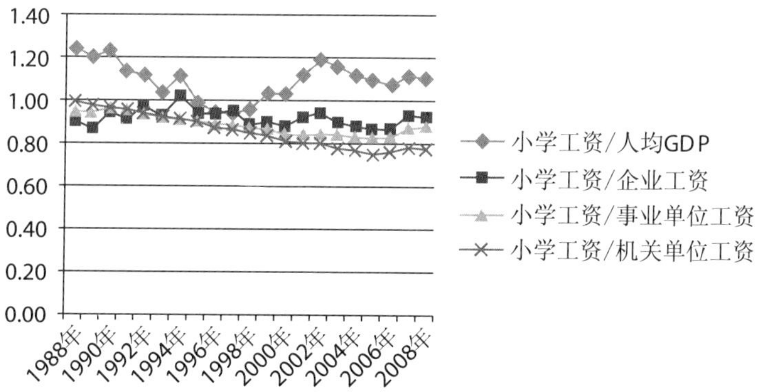

图 3-5　小学教师相对工资

人均 GDP 是一个国家一年内平均每人生产的商品和劳务，一个群体平均工资与人均 GDP 的比值越高，在一定程度上能说明该群体的经济地位越高。从 1988 年到 1997 年，小学教师工资与人均 GDP 的比值总体上呈现下降趋势，这意味着在这段时间内，小学教师的经济地位是在下降的。在1997年，这一数值达到最低值0.94，之后开始回升。从1998年到2002年，小学教师工资与人均GDP的比值不断上升，至2002年上升至1.19。2002年以后这一比值又开始持续下降。根据小学教师工资与人均GDP的比值，我们可以看出从1988年到2008年，教师经济地位经历了先下降后上升然后又下降的过程，多数年份这一比值在1到1.2之间，只有1998年、1989年、1990年三年这一比例达到或超过1.2，1995年到1998年间这一比值则不到1。这样的比例在国际上已处于非常低的水平，所以从国际比较的角度看，我国小学教师的经济地位是非常低的。

从1998年到2008年，小学教师工资与事业单位工资的比值总体上呈现出略微下降的趋势。而且该比值从未超过1，最高值出现在1990年，为0.96，最低值出现在2004年到2006年，为0.83。由此可见，虽然小学教师也属于事业单位工作人员，但是与事业单位工作人员的平均水平相比，其经济地位相对较低而且是在下降的。

从1998年到2008年，小学教师工资与机关单位工资的比值也呈现出持续下降的态势，而且维持着比较高的下降速度。除在1988年小学教师与机关单位工作人员工资持平以外，其余年份小学教师工资一直低于机关单位工作人员的工资水平。2005年小学教师工资与机关单位工资的比值达到最低值0.75，也就是说此时小学教师平均工资仅为机关单位工作人员平均工资的3/4。尽管从1993年起国家一直强调教师工资要不低于或高于当地公务员工资水平，但从平均工资水平的数据看，这一目标显然未能实现，两者之间工资水平的差距反而一直在扩大。因此与机关单位工作人员相比，小学教师的经济地位相对较低而且在持续下降。

小学教师工资与企业职工工资的比值并没有呈现明显的变化规律，这一比值大多年份保持在0.8到1之间，只有1994年该比值超过1，为1.02。因此，从小学教师与企业职工平均工资的对比来看，小学教师的经济地位要低于企业职工。

综上所述，若以相对于其他部门的平均工资水平来衡量其经济地位，那么从1988年到2008年小学教师的经济地位是相对较低的。如此低的经济地位要想吸引大量优秀人才加入小学教师队伍自然比较困难，这样的经济地位也与教师在社会中所发挥的重要作用不符。

(二)中学教师相对于不同部门平均工资水平

表3-7和图3-6表示的是中学教师的平均工资分别与人均GDP、企业职工工资、事业单位工作人员工资、机关单位工作人员工资的比值。

表3-7 中学教师的相对工资

	1988年	1989年	1990年	1991年	1992年	1993年	1994年
中学工资/人均GDP	1.31	1.26	1.30	1.18	1.18	1.10	1.22
中学工资/企业工资	0.95	0.91	0.99	0.95	1.02	0.98	1.12
中学工资/事业单位工资	1.00	0.99	1.01	0.99	0.99	0.98	1.00
中学工资/机关单位工资	1.05	1.02	1.01	0.99	0.98	0.97	1.00
	1995年	1996年	1997年	1998年	1999年	2000年	2001年
中学工资/人均GDP	1.07	1.04	1.03	1.08	1.17	1.18	1.29
中学工资/企业工资	1.01	1.02	1.05	0.99	1.03	1.01	1.06
中学工资/事业单位工资	0.99	0.97	0.97	0.96	0.97	0.96	0.96
中学工资/机关单位工资	0.98	0.95	0.95	0.95	0.94	0.92	0.91
	2002年	2003年	2004年	2005年	2006年	2007年	2008年
中学工资/人均GDP	1.37	1.37	1.32	1.30	1.27	1.29	1.26
中学工资/企业工资	1.08	1.06	1.05	1.03	1.02	1.08	1.05
中学工资/事业单位工资	0.97	0.99	0.99	0.99	0.99	1.01	1.00
中学工资/机关单位工资	0.92	0.92	0.91	0.89	0.90	0.90	0.88

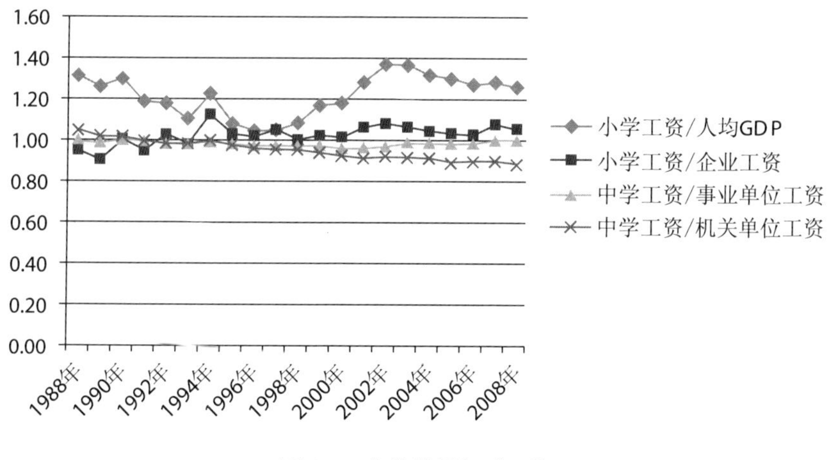

图3-6 中学教师相对工资

从以上图表中可以看出，中学教师工资与人均GDP的比值从1988年到2008年的多数年份在1.2以上。1988年至1997年，该比值主要呈现下降趋势，但在1994年曾有较大幅度的反弹。1997年，中学教师工资与人均GDP的比值达到最低值1.03。1998年至2002年，中学教师平均工资与人均GDP的以较快的速度持续上升，至2002年达到最高值1.37。自2003年之后，该比值有开始缓慢下降。由此可知，若用中学教师平均工资水平与人均GDP的比值来衡量中学教师这一群体在全国的经济地位，则中学教师的经济地位经历了先下降后上升然后再缓慢下降的过程。这一变化趋势与小学教师相类似，但从数值上看，中学教师的经济地位要高于小学教师，但是从国际比较角度看这一比值也不高。

中学教师与事业单位工作人员的平均工资水平非常接近，在这21年中，两者之间的比值在一直维持在0.96至1.01之间，但在多数情况下该比值不到1，即中学教师平均工资水平略低于事业单位工作人员。因此，同属事业单位工作人员的中学教师与事业单位工作人员平均水平相比，两者经济地位基本相当，中学教师略低。

与机关单位平均工资水平相比，中学教师平均工资表现出持续下降的趋势。两者之间的比值从1988年的1.05一直下降到2008年的0.88。中学教师平均工资不低于机关单位平均工资的时间只有1988年、1989年、1990年和1994年，两者比值分别为1.05、1.02、1.01、1.00，由此可见，中学教师工资也未能达到1993年以来被反复提及的“教师工资水平要不低于或高于当地公务员工资”这一目标，而且距此渐行渐远。但是，与小学教师工资相比，中学教师与机关单位工作人员工资的差距明显较小。总之，用平均工资水平来衡量的中学教师的经济地位要低于机关单位工作人员并且这一差距在逐渐扩大。

与企业职工平均工资水平相比，1988年至1991年中学教师平均工资水平低于企业职工，此后的绝大多数年份中学教师平均工资水平超过企业职工，两者之间的比值基本稳定在1到1.1之间，只有1994年该比值超过1，为1.12。由此可见，与企业职工相比，中学教师经济地位比其略高。

综上所述，中学教师与前述小学教师相比，经济地位有所提升，但是仍然处于一种相对较低的位置。在前面提及的几个部门中，只有企业部门平均工资水平低于中学教师。

(三)中学与小学教师经济地位的差异

在教师队伍内部，中学教师与小学教师之间的平均工资水平也存在一定的差异。这种差异反映出中学与小学教师之间经济地位的差别。

表 3-8　中学与小学教师平均工资之差　　单位：元

	1988 年	1989 年	1990 年	1991 年	1992 年	1993 年	1994 年
中小学教师平均工资之差	91	85	105	95	139	195	429
	1995 年	1996 年	1997 年	1998 年	1999 年	2000 年	2001 年
中小学教师平均工资之差	442	509	609	826	972	1154	1431
	2002 年	2003 年	2004 年	2005 年	2006 年	2007 年	2008 年
中小学教师平均工资之差	1650	2192	2552	2948	3250	3400	3631

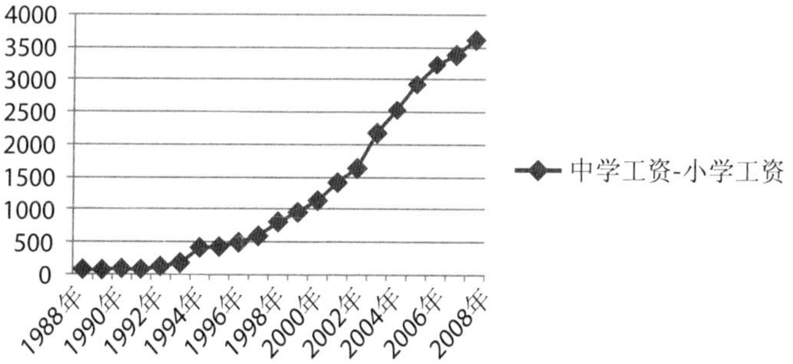

图 3-7　中小学教师工资之差

从表 3-8 和图 3-7 中可以看出，中小学教师平均工资的绝对差值呈现出一种不断扩大的趋势，1988 年中学教师与小学教师平均工资水平的差值为 91 元，至 2008 年扩大至 3631 元，是 1988 年的 40 倍。如果以 1988 年为基期，用居民消费价格指数(CPI)对该差值进行调整，则会发现剔除物价因素后中学教师与小学教师平均工资水平的差值也在不断扩大。

表 3-9　中小学教师平均工资之差(调整后)　　单位：元

	1988 年	1989 年	1990 年	1991 年	1992 年	1993 年	1994 年
中小学教师平均工资之差	91	72.03	86.31	75.52	103.85	127.02	225.17
	1995 年	1996 年	1997 年	1998 年	1999 年	2000 年	2001 年
中小学教师平均工资之差	198.12	210.67	245.19	335.24	400.09	473.12	582.60

续表

	2002 年	2003 年	2004 年	2005 年	2006 年	2007 年	2008 年
中小学教师平均工资之差	677.18	888.96	996.10	1130.33	1227.70	1225.54	1235.89

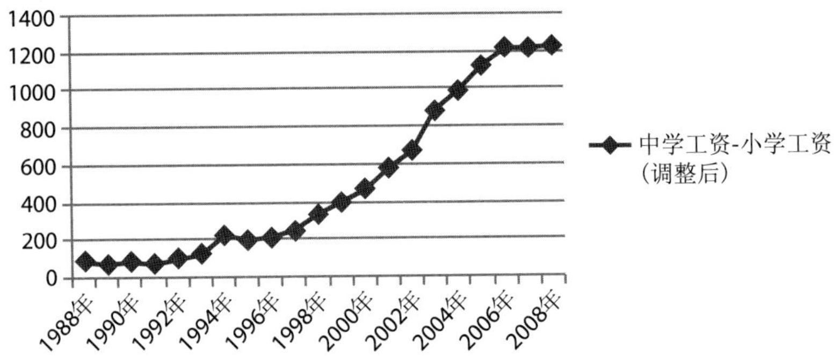

图 3-8　用 CPI 调整后中小学教师工资之差

表 3-9 和图 3-8 中表示以 1988 年为基期，用居民消费价格指数(CPI)进行调整之后的中学与小学平均工资之差。这一差值在 1988 年到 1991 年四年中处于上下波动状态，在此之后逐年扩大。从 1988 年至 2008 年，剔除物价因素后的中小学教师平均工资的差值由 91 元扩大到 1235.89 元，21 年的时间增长了 12.6 倍。

中学教师与小学教师的相对经济地位可由中学教师平均工资与小学教师平均工资的比值给出。表 3-10 表示从 1988 年到 2008 年中学与小学教师平均工资的比值。1988 年中学教师平均工资与小学教师平均工资的比值为 1.05，至 2004 年该值上升至 1.19，2005 年之后，该值又开始缓慢回落。也就是说，从 1988 年到 2004 年，中学和小学教师的经济地位在不断扩大，从 2005 年开始，两者之间经济地位的差距才开始缩小。

表 3-10　中学教师平均工资与小学教师平均工资的比值

	1988 年	1989 年	1990 年	1991 年	1992 年	1993 年	1994 年
中学工资/小学工资	1.05	1.05	1.05	1.04	1.05	1.06	1.10
	1995 年	1996 年	1997 年	1998 年	1999 年	2000 年	2001 年
中学工资/小学工资	1.09	1.09	1.10	1.13	1.13	1.14	1.15
	2002 年	2003 年	2004 年	2005 年	2006 年	2007 年	2008 年
中学工资/小学工资	1.15	1.18	1.19	1.19	1.18	1.15	1.14

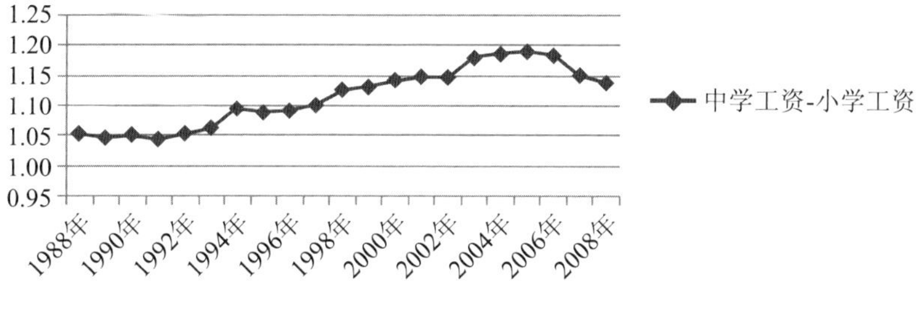

图 3-9 中学与小学教师平均工资比值

三、与其他行业人员对比的经济地位

教师的经济地位还可以从教师与和教师有相似教育程度(应然状态)的职业的对比中显现出来，由于数据可得性方面的原因，这里选择借鉴奥登和凯利(Odden & Kelley)(2002)研究美国教师工资时选取的行业并根据我国数据的可得性选择计算机服务业、金融业、卫生事业和文化艺术业四个行业1993年至2008年平均工资水平的数据与教师相对比①。

(一)教师与不同行业平均工资水平的比较

表 3-11 具有相似受教育程度的不同行业工作人员平均工资 单位：元

	1993 年	1994 年	1995 年	1996 年	1997 年	1998 年	1999 年	2000 年
计算机服务业	4631	6840	8589	13930	17416	15383	19150	28333
金融业	3740	6712	7376	8406	9734	10633	12046	13478
卫生事业	3415	5126	5862	6789	7598	8471	9648	10910
文化艺术业	3352	5194	5841	7006	7947	9231	10658	12159
小学教师	3098	4514	4982	5550	6030	6522	7413	8085
中学教师	3293	4943	5424	6059	6639	7348	8385	9239
	2001 年	2002 年	2003 年	2004 年	2005 年	2006 年	2007 年	2008 年
计算机服务业	30146	38810	41722	47725	52637	60749	60328	74324
金融业	16277	19135	22457	26982	32228	39280	49435	61841

① Odden, A., Kelly, C.. Paying Teachers for What They Know and Do: New and Smarter Compensation Strategies to Improve Schools (2ed)[M]. California: Corwin Press, Inc., 2002: 2-26.

续表

	2001 年	2002 年	2003 年	2004 年	2005 年	2006 年	2007 年	2008 年
卫生事业	12912	14772	16389	18702	21133	24030	28417	32861
文化艺术业	14735	16709	14919	18751	18450	20905	25323	28548
小学教师	9649	11207	12223	13747	15528	17729	22554	26258
中学教师	11080	12857	14415	16299	18476	20979	25954	29889

根据表 3-11 和图 3-10 中的数据，教师平均工资水平与计算机服务业、金融业、卫生事业、文化艺术业之间存在一定差距，尤其是与计算机服务业、金融业之间的差距非常大。

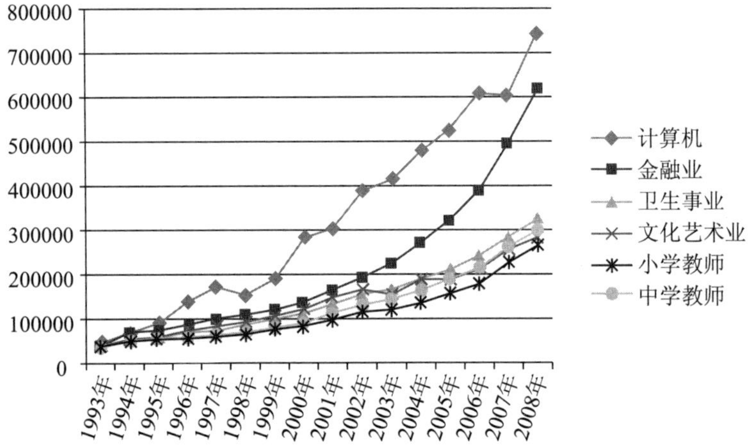

图 3-10　具有相似受教育程度的不同行业工作人员平均工资

文化艺术业和卫生事业与教师平均工资水平的差异相对较小，1993 年小学教师和卫生事业平均工资分别是 3098 元和 3415 元，两者相差 317 元。在这十几年中，小学教师与卫生事业平均工资之间的绝对差值一直处于持续扩大之中，2008 年，小学教师工资增长到 26258 元，但是卫生事业平均工资增长到 32861 元，两者差距扩大为 6603 元。中学教师平均工资与卫生事业平均工资的差异也呈现扩大趋势，1993 年两者之间差异为 112 元，差异最大的年份出现在 1996 年，这一年卫生事业平均工资为 24030 元，而中学教师平均工资为 20979 元，比卫生事业少 3051 元。中小学教师平均工资与文化艺术业平均工资的差异以 2003 年为拐点呈现出前后不同的变化趋势。1993 年，小学教师平均工资比文化艺术业平均工资少 254 元，此后差异逐渐扩大。2002 年，小学教师平均工资为 11207 元，文化艺术业平均工资为 14735 元，两者差异扩大到 5502 元。此后两者之间的差距逐渐缩小，2008 年文化艺术业平均工资增长到 28548 元，比小学教师平均工资高出 2290 元。中学教师工资在 1993 年比文化艺术业平均工资仅少 59 元，但到 2002 年这一差值扩大到 3852 元。在这之后两者之间的差距开始迅速缩小，从 2005 年开始，中学教师的平均工资水平超过文化艺术业，至 2008 年，中学教师平均工资已比文化艺术业高出 1341 元。

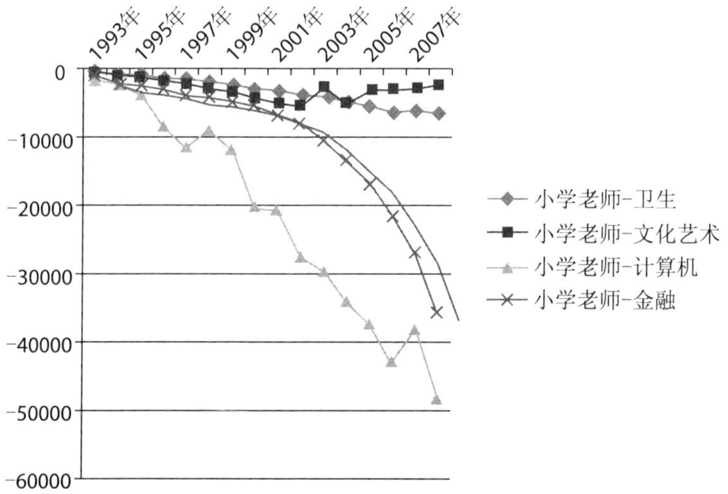

图 3-11 小学教师与不同行业平均工资之差

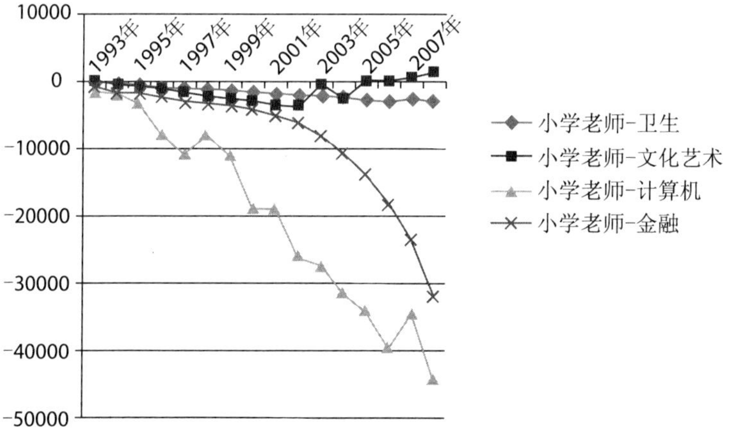

图 3-12 中学教师与不同行业平均工资之差

与金融业和计算机服务业相比，中小学教师平均工资水平明显偏低。根据图 3-11 和图 3-12 中显示，中小学教师工资与金融业平均工资的差值几乎是在指数式增长。1993 年，金融业比小学教师平均水平高出 642 元；到 2008 年，这一差值扩大到 35583 元，是前者的 55.43 倍，年均增长率达 26.64%。中学教师平均工资与金融业平均工资在 1993 年的差距为 447 元，至 2008 年增加到 31952 元，是前者的 71.48 倍，年均增长率高达 28.55%。计算机服务业是在这四个行业中平均工资水平与中小学教师平均工资水平差异最大的，1993 年，计算机服务业平均工资水平就比小学教师高出 1533 元，此后两者平均工资水平之差主要呈现扩大趋势，至 2008 年，计算机服务业平均工资水平已达到小学教师的 2.83 倍，绝对数值比小学教师高出 48066 元。中学教师工资水平与计算机服务业平均工资之间的差额在 1993 年为 1338 元，在这 18 年中两者之间的差值也是主要呈持续扩大趋势，2008 年计算机服务业工资水平高达 74324 元，是中学教师平均工资的 2.49 倍，两者之间的绝对差值扩大到 44435 元。

(二)小学教师相对于可比行业的平均工资

表 3-12　小学教师平均工资与可比行业平均工资水平的比值

	1993 年	1994 年	1995 年	1996 年	1997 年	1998 年	1999 年	2000 年
小学教师/计算机	0.67	0.66	0.58	0.40	0.35	0.42	0.39	0.29
小学教师/金融业	0.83	0.67	0.68	0.66	0.62	0.61	0.62	0.60
小学教师/卫生事业	0.91	0.88	0.85	0.82	0.79	0.77	0.77	0.74
小学教师/文化艺术业	0.92	0.87	0.85	0.79	0.76	0.71	0.70	0.66
	2001 年	2002 年	2003 年	2004 年	2005 年	2006 年	2007 年	2008 年
小学教师/计算机	0.32	0.29	0.29	0.29	0.30	0.29	0.37	0.35
小学教师/金融业	0.59	0.59	0.54	0.51	0.48	0.45	0.46	0.42

续表

	2001年	2002年	2003年	2004年	2005年	2006年	2007年	2008年
小学教师/卫生事业	0.75	0.76	0.75	0.74	0.73	0.74	0.79	0.80
小学教师/文化艺术业	0.65	0.67	0.82	0.73	0.84	0.85	0.89	0.92

表3-12表示的是四个行业相比小学教师的相对工资，从这些数据中可以清晰地看出小学教师经济地位的变化。相对于计算机服务业，小学教师的相对工资从1993年到2000年下降速度非常快。1993年小学教师相对于计算机服务业的工资为0.67，而到2000年，该值已下降到0.29，即此时小学教师工资仅相当于计算机服务业平均工资的29%。从2000年到2006年，小学教师相对工资基本稳定在0.3左右，之后开始有所回升，2007年与2008年小学教师的相对工资分别为0.37和0.35。因此，就近些年的情况来看，小学教师平均工资大致相当于计算机服务业平均工资的三分之一，小学教师相对于计算机服务业工作人员的经济地位是非常低的。

从图3-13中可以看出，小学教师相对于金融业的平均工资在这18年中始终处于下降状态。1993年小学教师的相对工资为0.83，即此时小学教师平均工资水平为金融业平均工资水平的83%，两者之间的差异并不算太大。但到1994年，小学教师相对工资就下降到0.67，并且此后继续下降。至2008年，小学教师相对工资已下降到0.42，此时金融业平均工资水平已超过小学教师平均工资水平的两倍。因此，与金融业相比，小学教师的经济地位依然非常低并且呈现继续下降的趋势。

相对于卫生事业，小学教师的相对工资多数年份在0.9以下。1993年，小学教师相对于卫生事业的工资为0.91，此后呈现出直线下降趋势，至2003年小学教师相对工资已降低到0.74，也就是说此时小学教师平均工资已不足卫生事业平均工资的3/4。从2000年到2006年，小学教师相对工资基本上稳定在0.75左右。在此之后开始回升，2008年小学教师相对于卫生事业的平均工资已上升到0.8，大致恢复到1996年的水平。由此可见，相对于卫生事业，小学教师的经济地位也是比较低的。

在这四组相对工资中，小学教师相对于文化艺术业的平均工资是起伏最大的。1993年，小学教师的相对工资水平为0.92，这一相对工资高于其他三组。但此后小学教师相对于文化艺术业的平均工资越来越低，至2001年下降到最低值0.65。此时小学教师平均工资仅相当于文化艺术业平均工资的65%，但之后这一相对工资开始以非常快的速度增加，2008年小学教师的相对工资已达到0.92，是这18年中的最高值。依上分析，小学教师相对于文化艺术业的经济地位经历了先下降后上升的过程，目前小学教师经济地位仍然低于文化艺术业工作人员，但已经与之相接近。

综上所述，与所选择的四个行业相对比，小学教师的经济地位是最低的。尤其是此前的十几年，小学教师相对于这四个行业的经济地位逐年下降，只有后面几年小学教师相对于部分行业的经济地位才有所回升，但仍处于较低水平。

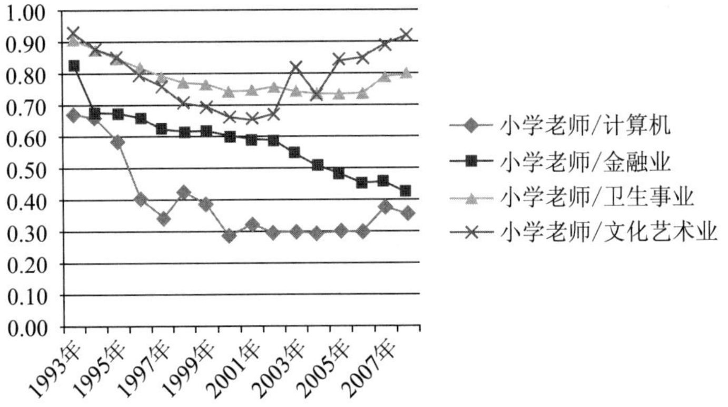

图 3-13　小学教师相对于其他行业的平均工资

(三)中学教师相对于可比行业的平均工资

表 3-13　中学教师平均工资与可比行业平均工资水平的比值

	1993年	1994年	1995年	1996年	1997年	1998年	1999年	2000年
中学教师/计算机	0.71	0.72	0.63	0.43	0.38	0.48	0.44	0.33
中学教师/金融业	0.88	0.74	0.74	0.72	0.68	0.69	0.70	0.69
中学教师/卫生事业	0.96	0.96	0.93	0.89	0.87	0.87	0.87	0.85
中学教师/文化艺术业	0.98	0.95	0.93	0.86	0.84	0.80	0.79	0.76

续表

	2001年	2002年	2003年	2004年	2005年	2006年	2007年	2008年
中学教师/计算机	0.37	0.33	0.35	0.34	0.35	0.35	0.43	0.40
中学教师/金融业	0.68	0.67	0.64	0.60	0.57	0.53	0.53	0.48
中学教师/卫生事业	0.86	0.87	0.88	0.87	0.87	0.87	0.91	0.91
中学教师/文化艺术业	0.75	0.77	0.97	0.87	1.00	1.00	1.02	1.05

表3-13和图3-14中数据表示中学教师相对于计算机、金融业、卫生事业、文化艺术业的平均工资。从中可以看出，中学教师的相对工资在变化趋势上与小学教师类似，但是其数值高于小学教师。

中学教师相对于计算机服务业的平均工资最高值出现在1994年，为0.72。此后几年除1998年有所反弹之外，一直在不断下降，直到2000年达到最低值0.33。此时中学教师平均工资仅相当于计算机服务业平均工资的三分之一。从2000年到2006年，中学教师相对于计算机服务业的平均工资大致稳定在0.35左右，此后两年该值有所增加。2007年和2008年两年中学教师的相对工资达到0.4以上。综上可知，与计算机服务业工作人员相比，中学教师经济地位明显偏低。

在1993年，中学教师相对于金融业的平均工资为0.88，但到1994年该值就突变为0.74。自此之后直到2002年，中学教师的相对工资缓慢下降，2002年该值将至0.67。与其他几组相对工资不同的是，2002年之后，中学教师相对工资加快了下降速度。至2008年中学教师相对于金融业的平均工资水平已低至0.48，也就是说此时中学教师平均工资已不到金融业平均工资的一半。总之，与金融业工作人员相比较，中学教师经济地位过低，而且一直呈现下降趋势，目前仍在继续降低。

中学教师相对于卫生事业的平均工资在数据所处年份一直维持在0.8到1之间，且多数年份不超过0.9。1994年中学教师相对工资最高，为0.96。此后几年缓慢下降，2000年达到最低值0.85。从1997年到2006年10年间，中学教师相对于卫生事业的平均工资基本上稳定在0.87左右，后面两年则跃迁至0.91。可见，中学教师经济地位低于卫生事业单位工作人员，但较为稳定，目前正逐步上升。

中学教师相对于文化艺术业的平均工资是在这四组相对工资中唯一一个在少数年份能超过1的。中学教师的相对工资在1993年为0.98，也就是说此时中学教师与文化艺术业的平均工资水平基本持平。但从1993年到2001年，中学教师的相对工资直线下降，在2001年该值已变为0.75，即这一年中学教师平均工资仅相当于卫生事业平均工资的四分之三。此后中学教师相对工资开始上升，尤其是2003年从0.77跃升至0.97，增幅达26%，中学教师平均工资再度接近文化艺术业。2005年，中学教师相对于文化艺术业的平均工资首次达到1，至2008年，这一数值上升到1.05，即此时中学教师工资已经超过文化艺术业。总而言之，相对于文化艺术业工作人员，中学教师的经济地位在数据所包含的18年中表现出先下降后上升的趋势。2004年及以前，中学教师经济地位低于前者，甚至有的年份两者差距非常大，但是2005年以后，中学教师经济地位赶上并开始超越文化艺术业工作人员。

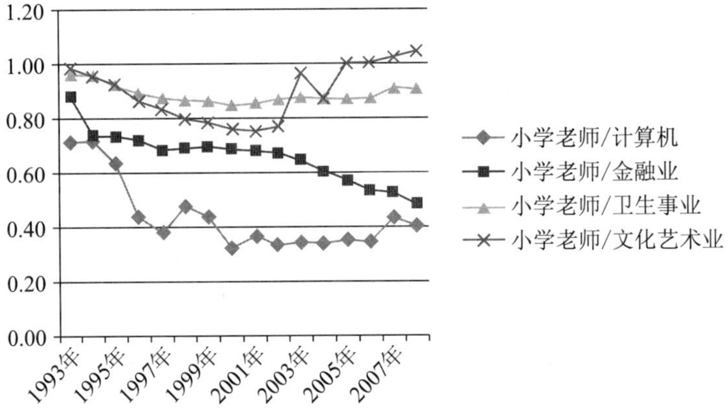

图3-14　中学教师相对于其他行业的平均工资

四、教师工资水平的国际比较

自改革开放以来，我国在各个领域逐渐与国际社会接轨，因此探讨教师经济地位还需将其置于国际比较的框架之中，通过与国外教师经济地位的对比，对我国中小学教师形成更全面的了解。OECD在每年出版的《教育概览》中，大多包含各成员国以及经合组织平均的教师工资绝对水平和相对水平等数据，本节主要就OECD平均的教师工资水平与我国中小学教师作一对比。

表 3-14 和图 3-15 是经济合作与发展组织(OECD)国家 1996 年至 2010 年小学、初中和高中教师的平均工资水平，从中可以看出，与我国相比，OECD 国家教师工资并没有表现出指数式增长的趋势。在大多数年份，OECD 国家教师工资增长幅度不超过 5%，只有 2006 年教师工资增长幅度超过 10%，这一年小学、初中、高中教师的平均工资水平分别比 2005 年增长 14.59%、14.91%和 14.21%。在 OECD 国家中，教师工资随经济状况波动的特征非常明显，自 2008 年发生金融危机以来，随着经济状况的不景气，教师平均工资水平也在持续下降。

表 3-14 OECD 国家不同学段教师工资水平 单位：美元

	1996 年	1997 年	1998 年	1999 年	2000 年	2001 年	2002 年	2003 年
小学	25360		28441	27525	29407	30047	31366	33336
初中	26649		29899	28629	31221	31968	33345	35876
高中	29114		33050	31887	33582	34250	35691	38317
	2004 年	2005 年	2006 年	2007 年	2008 年	2009 年	2010 年	
小学	35099	33015	37832	39610	39426	38914	37603	
初中	37488	35403	40682	42056	41927	41701	39401	
高中	40295	37964	43360	45513	45850	43711	41182	

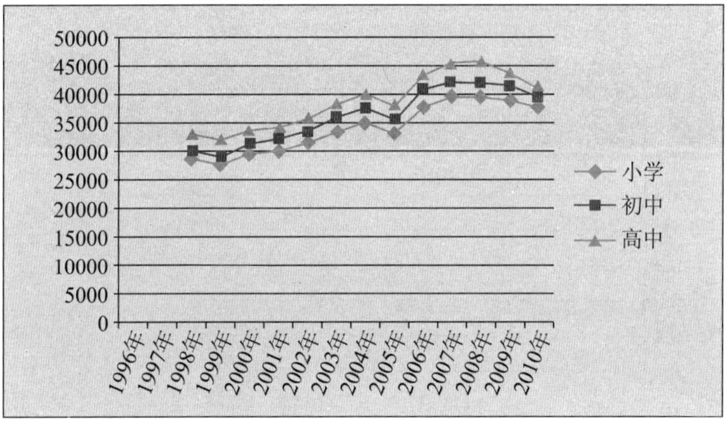

图 3-15 OECD 国家不同学段教师工资水平

教师工资与人均 GDP 的比值反映出教师收入在国民收入中所占的位置，这一指标的国际比较可以直接说明不同国家教师的经济地位。

从教师工资与人均 GDP 的比值来看，OECD 国家教师的经济地位要明显高于我国，尤其是2004年之前，小学教师工资与人均GDP的比值要超过1.3，初中教师工资与人均GDP的比值均超过1.3，高中教师工资与人均GDP的比值超过1.4。但是在2008年之前，OECD国家教师工资与人均GDP的比值一直处于下降趋势之中，因此我国教师相对工资与OECD国家之间的差距也在缩小，特别是中学教师这些年相对于我国优势几乎已经消失。从2002年到2008年，我国中学教师与人均GDP的比值已达到或超过OECD国家初中教师与人均GDP的比值；2007年我国中学教师与人均GDP的比值等于OECD国家高中教师与人均GDP的比值，2008年则超过OECD国家高中教师。由此可见，与OECD国家相比，我国教师的经济地位近些年来已有较大改善，尤其是中学教师，已经达到或超过发达国家平均水平。

表3-15　OECD国家不同学段教师工资与人均GDP的比值

	1996年	1997年	1998年	1999年	2000年	2001年	2002年	2003年
小学	1.4		1.4	1.32	1.32	1.31	1.33	1.31
初中	1.4		1.4	1.36	1.35	1.34	1.37	1.35
高中	1.6		1.5	1.46	1.45	1.43	1.45	1.43
	2004年	2005年	2006年	2007年	2008年	2009年	2010年	
小学	1.3	1.28	1.22	1.14	1.15	1.2	1.3	
初中	1.32	1.3	1.26	1.19	1.18	1.24	1.32	
高中	1.42	1.41	1.34	1.29	1.25	1.31	1.42	

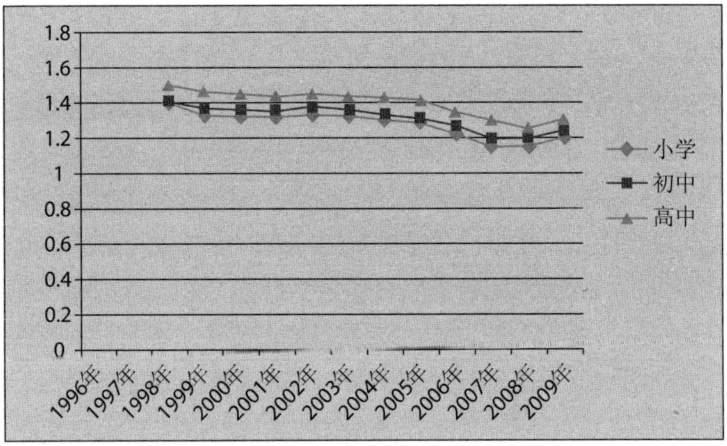

图3-16　OECD国家不同学段教师工资与人均GDP的比值

从我国和经合组织国家教师工资的对比中，我们可以发现教师工资水平的变化与宏观经济环境之间的紧密联系。改革开放以来，我国历年人均国内生产总值一直处于高速增长的状态，发达国家增速则相对缓和。与之相对应，我国中小学教师平均工资连年维持高速增长，但是OECD国家中小学教师工资增长略显平缓。这说明，教师工资的增长显现出一种被动增长的特征，缺少自身的独特性。

第四节　对教师社会经济地位的启示

经过上面对教师工资政策以及中小学教师工资有关数据的分析，我们发现我国中小学教师经济地位总体而言处于一种较低水平，无论是与不同部门、不同行业还是同发达国家相比较，均显示出我国教师极为不利的经济地位。这一问题是我国教师队伍建设的一种制约因素，无论是教师供给还是教师流动和流失都与教师工资有密切的关系。教师工资对教师供给的影响既体现在数量方面又体现在质量方面。就我国的情况而言，教师经济地位对教师质量的影响尤为明显。

教师经济地位的高低能从多个方面对教师队伍质量产生影响：首先会影响到高中毕业生是否选择师范专业的决策；其次，对师范毕业生和非师范毕业生是否选择进入教师队伍有重要影响；最后，教师工资水平也会影响到在职教师能否专注于教学和自身的专业发展。虽然有许多教师是受到教师这一职业工资之外一些特征的吸引而进入教师队伍，如较长的假期、喜欢跟孩子们在一起等。但是，作为教师维持生存的必要条件，过低的工资必然会对教师产生消极影响。而且，从教师人力资本投资的“成本—收益”分析角度讲，学历层次越高的人其人力资本投资就越多，期望获得的收益也会更高。只有为教师提供具有外部竞争力的工资水平，才可能吸引更多高学历的人才进入教师队伍，提升教师队伍质量。

另外，我国城乡教师质量之间存在巨大差距，农村地区高质量教师极为匮乏，与此同时，农村地区教师工资普遍低于城市，这无疑是加剧城乡教师质量差距、造成教师队伍城乡不平衡的一种力量。在2008年年底印发的《关于义务教育学校实施绩效工资的指导意见》中规定在绩效工资中设立农村学校教师补贴，这对提高农村教师工资、改善其经济地位有一定作用。但如果这部分补贴太少，仍然难以起到吸引高质量人才到农村从教的作用。因此，有必要根据各地原有教师工资水平和艰苦程度制定合理的农村教师补贴标准，增强农村教师岗位的吸引力。

参考文献

Atkinson.，Burgess，S.，Croxson，B.，Gregg，P.，Propper，C.，Slater，H.，Deborah，W. Evaluating the impact of performance-related pay for teacher in England[J]. Labour Economics，2009，16：251-261.

Ballou，D.，Podgursky，M.. Teacher Pay and Teacher Quality[M]. Michigan：W. E. Upjohn Institute for Employment Research，1997：15-85.

Dee，T. S.，Keys，B. J.. Does Merit Pay Reward Good Teachers? Evidence from a Randomized Experiment[J]. Journal of Policy Analysis and Management，2004，23(3)：471-488.

Figlio，D. Can Public Schools Buy Better Qualified Teacher? [J]. Industrial and Labour Relations Review，2002，55(4)：686-697.

Firestone，W. A.. Merit Pay and Job Enlargement as Reforms：Incentives，Implementation，and Teacher Response[J]. Educational Evaluation and Policy Analysis，1991，13(3)：269-288.

Gratz，D. B. The Peril and Promise of Performance Pay：Making Education Compensation Work[M]. New York：Rowman & Littlefield Education，2009：90-97.

Hanushek，E.，Rain，J.，Rivkin，S. Why Public Schools Lose Teachers[J]. Journal of Human Resources，2004，39(2)：326-354.

Hess，F. M.. Teacher Quality，Teacher Pay[J]. Policy Review，2004，124：15-28.

Hodge，W. A. The Role of Performance Pay Systems in Comprehensive School Reform：Considerations for Policy Making and Planning[M]. New York：University Press of America，Inc.，2003：48-50.

Imazeki，J. Teacher salaries and teacher attrition[J]. Economics of Education Review，2005，24：431-449.

Ladd. H. F.. Teacher Labor Markets in Developed Countries[J]. The Future of Children，2007，17(1)：201-217.

Leob，S.，Page，M.. Examining the Link between Teacher Wages and Student Outcomes：The Importance of Alternative Labor Market Opportunities and Non-pecuniary Variation[J]. Review of Economics and Statistics，

2000，82(3)：393-408.

Muralidharan，Karthik.，Sundararaman，V. Teacher opinions on performance pay：Evidence from India[J]. Economics of Education Review，2011，30：394-403.

Odden，A.，Kelly，C.. Paying Teachers for What They Know and Do：New and Smarter Compensation Strategies to Improve Schools (2ed)[M]. California：Corwin Press，Inc.，2002：2-26.

OECD. Teachers Matter：Attracting，Developing and Retaining Effective Teachers[M]. OECD，Paris，2005：70-71.

OECD. 教育概览 2011——OECD 指标[M]. 北京：教育科学出版社，2011：422-430.

Podgursky，M. J.，Springer，M. G.. Teacher Performance Pay：A Review [J]. Journal of Policy Analysis and Management，2007，26(4)：909-949.

Podgursky，M.，Monroe，R，Watson，D.. The academic quality of public school teachers：An analysis of entry and exit behavior[J]. Economics of Education Review，2004，23：507-518.

Stockard，J.，Lehman，M.. Influences on the satisfaction and retention of 1st-year teachers：The importance of effective school management[J]. Educational Administration Quarterly，2004，40(5)：742-771.

Stronge，J. H.，Gareis，C. R.，Little，C. A. Teacher Pay & Teacher Quality：Attracting，Developing，& Retaining the Best Teachers[M]. California：Corwin Press，2006：7-15.

Woessmann，L. Cross-country evidence on teacher performance pay[M]. Economics of Education Review，2011，30：404-418.

Wragg，E. C.，Haynes，G. S.，Wragg，C. M.，Chamberlin，R. P.. Performance Pay for Teachers：The view and experiences of heads and teachers[M]. London and New York：RoutledgeFalmer，2004：1-45.

Xiaoyan，L.. Teacher Pay in 12 Latin American Countries：How does teacher pay compare to other peofessions? What determines teacher pay? Who are the teachers? [R]. World Bank Human Development Department LCSHD Paper Series No. 49，2000：1-26.

余强. 经合组织 31 国高中教师法定工资比较分析[J]. 上海教育科研，2011(5)：26-29.

第四章 社会变迁中的我国教师职业道德规范研究

当前，在教育事业飞速发展且取得一定成果的基础上，“人民不仅要求‘有学上，有书读’，而且进一步要求‘上好学、读好书’”。① 提高教育质量成为各学校的当务之急。而教育质量的提高，关键在于教师。“百年大计，教育为本；教育大计，教师为本；教师大计，师德为先。”②加强教师职业道德的发展，有助于提高学生的综合素质，办人民满意的教育，推进整个社会道德建设的完善。“师德是一个历史性、发展性的概念，在社会转型的当下社会，师德也处于嬗变中。”③只有了解师德嬗变的过程，才能更好地理解教师职业道德的概念及发展特征，才能更好地把握教师职业道德的基本范畴和基本原则，才能解决好当今社会中教师职业道德面临的问题。因此，本着从历史的角度看问题，着眼于改革开放以来我国教师职业道德的变迁，梳理了从 1978 年至 2015 年不同时期教师职业道德发展的特点、建设内容、举措及出现的问题等方面的文献，以期找出影响我国教师职业道德发展变迁的原因，为教师职业道德朝着更深层次发展提供借鉴。

为了研究的方便，本研究主要根据我国教师职业道德规范的四次变革，即 1984 年的《中小学教师职业道德要求（试

---

① 仙桃市教育局《教师职业道德规范与礼仪规范》培训材料. www. xtedu. com/4/201008/2010082110303030. doc. 2012-9-7.

② 国家中长期教育改革和发展规划纲要（2010—2020）. http://www. gov. cn/jrzg/2010-07/29/content_1667143. htm.

③ 檀传宝. 走向新师德——师德现状与教师专业道德建设研究[M]. 北京，北京师范大学出版社，2009：24.

行)》、1991 年的《中小学教师职业道德规范》，1997 年修订的《中小学教师职业道德规范》和 2008 年最新修订的《中小学教师职业道德规范》。根据每一次教师职业道德规范具备的不同特点阐释变化的原因，并通过与国外及我国港台地区的教师职业道德规范进行比较，从国际视野下分析我国教师职业道德规范的变迁方向。

第一节　我国教师职业道德规范变迁的不同阶段

一、1978—1984 年：教师职业道德规范从无到有，教师职业道德恢复时期

"文化大革命"10 年不仅导致经济濒临崩溃、文化荒芜萧条，更带来了深刻的道德危机和心灵创伤。教师职业道德在这 10 年间深受破坏。1978 年党的十一届三中全会做出了对思想路线、政治路线和组织路线进行全面拨乱反正的决定，使党从根本上冲破了"左"倾错误思想的长期束缚，端正了党的指导思想；使人们从过去盛行的个人崇拜和教条主义束缚中解放出来，端正了自己的道德价值观。从 1978 年至 1984 年，教师职业道德随着教育的发展而不断得到恢复，我国教师职业道德规范从无到有。

(一)教师职业道德规范的建立

1. 恢复教师道德价值观，树立崇高的理想信仰

"文化大革命"时期，中国的传统道德价值观被认为是封建流毒，被批判得体无完肤。与此同时，西方的道德价值观被当作资产阶级和修正主义，也被毫无选择地加以全盘否定，造成了我国道德的虚无主义。而大批的学者、教授、老师被当作资产阶级反动思想者、"臭老九"，成为改造的对象、斗争批判的对象，这种精神创伤不仅给教师带来了精神压力和痛苦，更是引起教师对既有道德价值观的怀疑，对过去所追崇的理想信仰消失殆尽。随着改革开放后教育的全面恢复发展，也注重对教师道德价值观的重塑，主要体现在对师德教育的拨乱反正上。1977 年 12 月 10 日《教育部加强关于中小学在职教师培训工作的意见》中强调："普及教育与提高中小学教育质量，必须有一支

又红又专的无产阶级教师队伍。”①因此，党集中批判“四人帮”炮制的“两个估计”，彻底砸碎他们强加给教师的精神枷锁，执行尊重知识、尊重人才的政策，充分调动教师的社会主义积极性，努力创造条件，帮助教师认真学习马克思主义，不断改造世界观。1978 年 8 月 22 日《关于试行全日制中学暂行工作条例（试行草案）、全日制小学暂行工作条例（试行草案）的通知》提出“必须积极提倡和热心帮助教师进行思想改造”②，帮助教师将错误的思想、价值观念清除，引导教师进行思想的自我改造，提高思想政治觉悟，重拾高尚道德价值观。1978 年 10 月 4 日《关于讨论和实行全国重点高等学校暂行工作条例（试行草案）的通知》提出：“教师应该热爱教育事业，努力完成教育任务，注意鼓励教师树立长期从教为教育事业服务的思想”。③ 可见，当教师拥有为教育事业奉献终身的理想信仰时，就会热爱自己的教育事业，全身心投入到教育中，教好功课，爱护学生，以身作则，不断提高自己的政治、文化、业务水平，成为一名合格的教师。

改革开放初期，在对教育进行“拨乱反正”的同时，也注重对教师道德的教育，主要是以马克思列宁主义为指导，提高教师的思想政治觉悟，帮助教师从“理想破灭”“精神危机”“信仰危机”中走出来，重拾信心，饥渴求学求知，努力学习，努力教书育人，以教为荣。随着“拨乱反正”的深入，教师的道德价值观逐渐恢复苏醒，耐心教导学生，以身作则；关心祖国的前途命运，树立为教育事业终身奋斗的崇高理想。

2. 逐步建立教师职业道德规范，提供明确的具体要求

随着教师道德价值观的恢复与发展，人们逐渐意识到了教师职业道德的发展对提高教育质量的重要性。而“道德价值观是主体根据自己道德需要时对各种社会现象是否具有道德价值作出判断时所持有的内在尺度，是个体坚信不疑的各种道德规范所构成的道德信念的总和”。④ 虽然教师的道德价值观被

---

① 何东昌. 中华人民共和国重要教育文献（1976—1990）[M]. 海口，海南出版社，1998：1588.

② 何东昌. 中华人民共和国重要教育文献（1976—1990）[M]. 海口，海南出版社，1998：1634.

③ 何东昌. 中华人民共和国重要教育文献（1976—1990）[M]. 海口，海南出版社，1998：1644.

④ 黄希庭、张进辅、李红等著. 当代青年价值观与教育[M]. 成都，四川教育出版社，1994：45.

唤醒了，但是还处于发展阶段，教师对各种社会现象的价值判断不成熟，缺乏具体的教师职业道德规范指导，教师道德价值内化发展缓慢。为了提高教师道德价值的内化程度，促进教师职业道德发展，我国逐渐建立起教师职业道德规范，为提升教师道德水平提供具体的要求，让教师拥有崇高的道德信念。

1980年全国实施师范教育工作会议制定的《中等师范学校规程(试行)草案》对教师提出了具体要求："教好功课，要认真执行教学大纲，钻研教材；爱护学生，对学生热情关怀，耐心教育，严格要求严格训练，指导和帮助他们提高思想觉悟，逐步树立热爱教育事业的专业思想；努力学习，关心政治，认真学习马列主义、毛泽东思想；学习和掌握比较渊博的知识，通晓所教学科的专业知识和熟练的技能；刻苦学习教育理论和教学业务，研究掌握教育科学和教育规律，不断提高政治、文化、业务水平，做到又红又专；以身作则，要有高尚的道德品德和崇高的精神境界，思想、言行、品德修养和教育、教学工作的表现，应成为学生的表率。"①这对教师的教学技能、知识、思想、行为等方面提出了具体的要求，有利于教师根据发展的需要从各方面提升和完善自身的素质，成为值得依靠、尊重和信任的教师。1983年《中等师范学校学生守则(试行草案)》对师范生提出了如下要求："一、热爱祖国，热爱人民，热爱社会主义，拥护中国共产党的领导。二、认真学习马列主义、毛泽东思想，树立共产主义理想。三、热爱儿童，努力学习专业，立志为小学教育事业服务。四、品德高尚，文明礼貌，诚实谦虚，艰苦朴素。五、锻炼身体，讲究卫生，积极参加文娱活动。六、尊敬师长，团结同学，热爱集体，开展批评和自我批评。七、遵守学校纪律，遵守社会公德，遵守国家法令。八、关心国家利益，服从工作需要。"②师范生是教师的后备军，提高师范生的职业道德修养，也是提高教育质量的保障。对师范生要求的提出，推进了教师职业道德规范的制定，也为教师职业道德规范化奠定了基础。1984年10月，为提高教师的社会主义觉悟和共产主义道德情操，把青少年培养成有理想、有文化、守纪律的一代新人，教育部、全国教育工会首次颁布了《中小学教师职业道德要求(试行草案)》，主要内容为："1. 热爱祖国，热爱中国共产党，

---

① 何东昌. 中华人民共和国重要教育文献(1976—1990)[M]. 海口，海南出版社，1998：1838.

② www.law-lib.com/law_view.aspp.id=2575.

热爱社会主义，热爱人民教育事业；2. 执行教育方针，遵循教育规律，面向全体学生，教书育人，培养学生德、智、体全面发展；3. 认真学习马列主义，毛泽东思想，学习科学文化知识和教育理论，精益求精，勇于创新；4. 热爱学生，了解学生，循循善诱，诲人不倦，不歧视，讽刺，体罚学生，建立民主、平等、亲密的师生关系；5. 奉公守法，遵守纪律，热爱学校，关心集体，谦虚谨慎，团结协作，与家长，社会紧密配合，共同教育学生；6. 衣着整洁，举止端庄，语言文明，礼貌待人。”①这是第一次对教师职业道德提出明确的规范要求，标志着我国教师职业道德规范化的开始，为教师职业道德的发展提供了具体要求，使教师职业道德进入了新的发展阶段。

（二）教师职业道德规范的特点

党的十二大提出，要“在各行各业加强职业责任、职业道德、职业纪律的教育”，加强各行各业的职业道德发展，对社会主义精神文明的建设具有巨大的推进作用。加强教师职业道德教育对建设社会主义精神文明负有重要责任。但要进行教师职业道德教育，必须研究教师职业道德的具体规范。在教师职业道德规范正式颁布前，少数学者对教师职业道德的规范进行了一定的研究。比如，查洪德在《师德概说》中提出教师职业道德规范应包含“热爱教师工作，工作态度严肃；热爱学生，严格要求；热爱科学，治学严谨；热爱生活，严于律己”。② 王正平的《论教师道德》一文中，对教师职业道德规范提出了“忠诚教育，教书育人；热爱学生，诲人不倦；严谨治学，搞好教学；团结同事，服从集体；以身作则，为人师表”③等要求。他们对教师职业道德规范的研究为教师职业道德规范的具体要求提供了借鉴。纵观我国教师职业道德规范从无到有的发展经历，教师职业道德规范体现出两大特征：一是结合时代特征，以提高教师的政治觉悟为教师职业道德的前提和以忠诚教育、教书育人为教师职业道德的核心；二是继承传统师德，坚守教师道德的基本要求。

---

① 胡珠楠. 中小学教师职业道德规范历史沿革比较分析与未来前瞻[J]. 天津市教科院学报，2009(3).

② 查洪德. 师德概说[J]. 安阳师专学报，1983(7).

③ 王正平. 论教师道德[J]. 华南师范大学学报社会科学版，1983(3).

1. 提高教师思想政治觉悟和提倡“忠诚教育、教书育人”

(1)教师的思想政治觉悟——教师职业道德的前提

恩格斯说：“每一个阶级，甚至每一个行业，都各有各的道德。”①恩格斯这里所说的行业道德是指职业道德，并认为职业道德需为一定的阶级利益服务。这就要求每一个职员要有为阶级服务的意识和高度的思想觉悟。我国教师在“文化大革命”中遭受到错误思想的洗礼及“精神危机”；改革开放后，又强调我国是无产阶级领导的社会主义国家，以共产主义的世界观为指导。因此，提高教师的思想政治觉悟是教师重新树立为社会主义国家服务意识和坚持共产主义世界观的重要保障。“学校应该把坚定正确的政治方向放在第一位，必须对学生进行共产主义思想教育，促进整个社会风气的革命化。”②这一时期学校教育的根本任务是对中小学生进行思想政治教育，培养学生热爱祖国、热爱中国共产党和社会主义的精神，改革整个社会的风气。当时，强调社会主义精神文明建设离不开教育的发展，而教师是教育发展和改革的主力军，教师的思想政治觉悟水平影响着学生的思想及行为，也影响着社会主义精神文明建设的发展。所以，为适应我国社会主义的发展与建设，教师应该认真学习马列主义，毛泽东思想，学习科学文化知识和教育理论，从思想上武装自己，做到热爱祖国，热爱中国共产党，热爱社会主义，用高深的思想政治觉悟去影响着每一个学生，将他们培养成合格的社会主义建设接班人。

(2)忠诚教育、教书育人——教师职业道德的核心

十一届三中全会将工作重点转移到社会主义现代化建设上来，社会主义教育的目的就是培养共产主义的新人。加里宁说：“教师的主要任务是培养新人，即培养社会主义社会的公民。”③经历“文化大革命”精神创伤的教师，需重新坚守教书育人的宗旨，才能为社会主义发展建设培养出优秀的新人，将“忠诚教育、教书育人”作为教师职业道德规范的核心内容，是当时顺利实现社会主义教育目的根本保障。忠诚教育、教书育人是“要求所有在学校里从事对学生教育工作的教师，无限忠诚于我们党领导的无产阶级教育事业，把自己的毕生精力自觉贡献给培养社会主义新人的伟大事业，在对学生传授知识

---

① 《马克思恩格斯选集》，第四卷[M]. 北京，北京人民出版社，1996：236.

② 何东昌. 中华人民共和国重要教育文献(1976—1990)[M]. 海口，海南出版社，1998：1632.

③ 加里宁. 论共产主义教育[M]. 北京，北京中国青年出版社，1979：39.

的过程中，把青少年一代培养成德、智、体全面发展的社会主义‘四化’人才。”①这是党和人民对教师职业道德最基本的要求，也是执行党的十一届六中全会通过的教育方针的保障。社会主义建设的人才不仅要有深厚的科学文化知识，更要具备高尚的思想道德品质，这要求教师“教书不仅是传授知识，更重要的是教人，教育后一代成长为具有共产主义品质的人”。② 因此，教师只有做到“忠诚教育、教书育人”，才能够在教学过程中正确处理好与学生、他人及社会的多种关系，使自己的教育行为满足党和人民的利益要求，也符合学生的发展要求。如果不热爱教育事业，或是“只教书、不育人”，不仅会损害学生、集体及社会的利益，也阻碍着教育的发展和社会主义建设人才的培养。可见，教师在教学中能否做到“忠诚教育、教书育人”，不仅是教师能否完成社会主义教育任务的根本前提，也是衡量教师职业道德最核心的标尺。

2. 继承师德传统，坚守教师道德的基本要求

在我国，最早对教师师德进行系统论述的是孔子。他对教师道德的论述可以概括为“学而不厌、诲人不倦、温故知新、教学相长、爱护学生、以身作则”③六方面，他对教师师德全面的论述，为日后我国许多教育家、思想家所继承发展。如荀子在继承孔子的师德观上，提出了对教师道德品质的两点要求：一是“耆艾而言，可以为师”(《荀子·致仕》)。二是“以善先人者谓之教”(《荀子·修身》)。即教师需要具有丰富的阅历和崇高的威信以及善良的品质，才可以教育他人。近代我国著名教育家陶行知的教育口号是“爱满天下”“捧着一颗心来，不带半根草去”“教师必须学而不厌，才能诲人不倦”“鞠躬尽瘁，死而后已”，教师应“以身作则”“自立立人”“为人师表”。④ 可见，继承与发扬我国传统师德是教师道德发展不可忽视的引导力量，也是教师道德要求的具体参照。因此，在教师职业道德规范发展的初期，继承传统师德，坚守教师师德的基本要求，是教师拥有高尚职业道德的保障，也是推进教师职业道德不断与时俱进的前提。教师需继承的职业道德有：

(1)热爱学生，诲人不倦。孔子在《论语·述而》中提到“抑为之不厌，诲人不倦，则可谓云尔已矣”。即教师如果做到了热爱学生，教导学生总不疲

① 王正平．论教师道德[J]．华南师范大学学报社会科学版，1983(3)．

② 《徐特立教育文集》，北京，人民教育出版社，1986：295．

③ 孙培青．中国教育史[M]．上海，华东师范大学出版社，2000：45-47．

④ 王炳照．中国教育史专题研究[M]．北京，北京师范大学出版社，2009：240-241．

倦，就可以成为“圣与仁”。广东教育学院作过一个关于“学生喜欢什么样的教师”的调查，结果有一半多的学生喜欢教师能热爱、同情、尊重同学，肯教人，耐心，容易接近，对同学实事求是、严格要求等。① 可见，教师需要以共产主义思想为指导，树立高度的责任感，对学生充满爱、耐心，诲人不倦，不歧视、讽刺、体罚学生，尊重学生，关心学生，与学生建立民主、平等、亲密的师生关系。教师做到热爱学生，诲人不倦，才能为社会主义建设顺利培养出合格的建设者。因此，“热爱学生，诲人不倦”是教师职业道德的基本要求之一。

(2)以身作则，为人师表。子曰：“其身正，不令而行。其身不正，虽令不从。”(《论语・子路》)《学记》中也提到过“善教者，使人继其志”。② 从现代角度看，教师行得正，以身代行，学生便可从教师的行为中得到熏陶与启发。教师的行为品质，直接影响着青少年一代的思想道德品质。在教育恢复与建设社会主义精神文明起步阶段，教师需为人正直，举止端庄，礼貌待人等，并身体力行，为学生树立健康高尚的榜样，更好地促进学生思想道德健康发展。因此，继承“以身作则，为人师表”师德要求，是教师职业道德的重要规范，也是社会主义精神文明建设的有力保障。

总之，教师职业道德在这一阶段处于恢复时期，并逐步建立了教师职业道德规范，为教师职业道德的提供了明确的要求。这些要求中不仅包含有与当时社会发展相适应的思想政治觉悟要求和热爱教育事业、教书育人的核心要求，更是体现出了对优秀传统师德的继承，使其在新的发展时期大放光彩，提出了对教师需具备的基本道德要求，有利于教师在教育教学过程中，坚守基本的师德要求，培养出合格的建设者，促进精神文明的发展。

二、1985—1991年：教师职业道德规范从经验到法规，教师职业道德发展时期

随着教育改革的继续前进和教师职业道德规范的初次颁布，教育部门和教育学者们对教师职业道德的关注逐渐提高，也促进了教师职业道德规范的发展。随着1986年颁布的《义务教育法》对教师提出了“为人师表，忠诚于人民的教育事业，平等对待学生，尊重学生人格”等要求，这使得教师的职业道

① 林慧莲．谈谈教师的职业道德[J]．丽水师专学报，1983(5)．

② 高时良．学记研究[M]．北京，人民教育出版社，2005：158．

德规范开始具备法律效力，推动着我国教师职业道德规范从经验走向法规，教师的职业道德得到进一步发展。

(一)教师职业道德规范的改进

1985年，王少哲、于泽滨、李齐念合著的《教师职业道德》一书出版，该书对教师道德的基本原则、主要规范、教师道德特点、教师道德教育与道德修养等方面进行了论述，是我国第一本全面论述教师职业道德的著作，为教师职业道德发展提供了多样的原则与丰富的要求。1986年《中华人民共和国义务教育法》中提出“教师应当热爱社会主义教育事业，努力提高自己的思想、文化、业务水平，爱护学生，忠于职责”①，首次将对教师的要求写进法律中，强制要求教师遵守，这也是教师职业道德规范具备法律效力的开端。1987年国家教委师范教育司重新制定的《中等师范学校培养目标(初稿)》中提出“中等师范学校的培养目标是：培养具有为祖国社会主义现代化建设而奋斗的远大理想、社会主义道德品质、良好的师德、热爱教育事业，求实创新精神，从事小学教育工作者必备的知识和技能，一定的艺术修养和健康体魄的全面发展的小学教师”②，并从“思想品德、知识和技能、基本能力和体育卫生”四方面对师范生提出了具体的培养要求。对师范生培养目标和培养要求的重新规定，不仅适应了社会主义现代化建设的发展和实施九年制义务教育对师资提出了更高的要求，也为新的教师职业道德规范颁布奠定了基础。1991年，国家教委、全国教育工会结合现实需求对《要求》进行修订后，颁布了《中小学教师职业道德规范》，新规范的具体内容为：“1. 热爱社会主义祖国，拥护中国共产党的领导，学习和宣传马列主义、毛泽东思想、热爱教育事业，发扬奉献精神。2. 执行教育方针，遵循教育规律，尽职尽责，教书育人。3. 不断提高科学文化和教育理论水平，钻研业务，精益求精，实事求是，勇于探索。4. 面向全体学生、热爱、尊重、了解和严格要求学生，循循善诱，诲人不倦，保护学生身心健康。5. 热爱学校，关心集体，谦虚谨慎，团结协作，遵纪守法，作风正派。6. 衣着整洁，大方，举止端庄，语言文明，礼貌待人，

---

① 教育部基础，教育司义务教育实施处编. 义务教育法规文献汇编(1900—1998)[M]. 北京，中国社会出版社，1998：35.

② 《中国教育年鉴(1988)》，北京，人民教育出版社，1989：112.

以身作则，为人师表。”①从中可以看出，新的规范是以继承旧的规范为主，又增添了新的内容，使得新的规范具备自己的特点。

（二）教师职业道德规范的特点

1. 强调教师的思想政治素质和科学文化素质

（1）社会主义现代化建设的需求

随着改革开放的发展，我国的工作重心依旧是进行社会主义现代化建设。现代化的建设离不开一支高素质、高质量的劳动者。而劳动者的质量，又取决于教师。在中国教育工会第三次全国代表大会上关于《发挥教职工的主人翁精神，为培育一代社会主义新人而奋斗》的工作报告中指出：“历史的基本事实告诉人民：我们中国的教师队伍是一支始终不渝坚定不移地跟着中共共产党走的特殊产业大军，是中国工人阶级宝贵的一部分，是社会主义建设必须充分信任和坚决依靠的重要力量。”②教师对社会主义建设具有不可替代的作用。建设有中国特色的社会主义需要培养一代又一代的宏大的知识分子队伍，这支队伍的思想道德素质和科学文化素质，关系着我国社会主义事业的前途和命运。如果教师的思想素质和科学文化素质低下，他对待教育就会懈怠，不会关注学生的发展，甚至会出现辱骂、体罚学生的情况，打击学生的积极性，伤害学生的自尊，又怎能培养出具备高尚思想道德修养和较高科学文化素质的新一代建设者。可见，强调教师的思想道德素质和科学文化素质是我国社会主义现代化建设的基本要求和重要的依靠力量。

（2）加强对中小学生思想政治教育的需求

经过改革开放初期的恢复发展，我国的教育开始进入全面的发展时期，新的阶段特别重视中小学思想政治的教育。1986 年颁布了《全日制小学思想品德课教学大纲》，注意增强教材的思想性、知识性、趣味性和实践性。1987 年，全国中小学教材审定委员会于广州召开了思想品德教材审查会议，对不同套教材进行审查。为了使小学德育工作适应新时期的要求，国家教委在不同的城乡小学进行小学德育整体的改革和实验，以提高小学生的思想品德素

① 胡珠楠. 中小学教师职业道德规范历史沿革比较分析与未来前瞻[J]. 天津市教科院学报，2009(3).

② 何东昌. 中华人民共和国重要教育文献(1976—1990)[M]. 海口，海南出版社，1998：2408.

质和道德水平。在《为了下一代，迎接新世纪，切实加强和改革中小学德育工作(节录)》中提到："数以亿计的中小学生的思想道德素质和科学文化素质，不仅是当代社会文明程度的重要体现，而且关系着我国未来的社会风貌和民族精神，在很大程度上决定着我国生产力发展水平和社会主义现代化进程。"①由此可见，提高中小学生的思想道德素质和科学文化素质是进行中小学生道德教育的首要目标，而这个目标的实现，离不开具备较高思想政治素质和科学文化素质的教师，否则我国社会风貌、民族精神及社会主义现代化建设之路将发展缓慢甚至被扭曲。因此，注重教师的思想道德素质和科学文化素质的提高是这时期发展中小学生道德教育的要求。

(3)反思失误，加强思想教育

20 世纪 80 年代末，社会上掀起一股资产阶级自由化思潮，一些自由化分子大力宣传资产阶级的民主和自由，进行反党反社会主义的活动。在此影响下，导致了 1989 年"学潮"的发生，并迅速发展成为动乱。这场政治风波，破坏了我国正常的社会主义秩序，扰乱了社会主义建设的步伐，损害了党和人民的利益。邓小平在同国外外宾的一次谈话中说道，我们最大的失误是在教育方面，政治思想工作薄弱了，教育发展不够。由于对政治思想重视不够，所以广大青年学生才会被自由化分子利用，针对现实社会中存在的问题开展多样的活动，形成学潮，给社会带来动乱。因此，加强对学生的思想教育成为教师当时最紧迫的任务。这就要求教师自身首先具备热爱社会主义祖国、拥护中国共产党的领导的正确的思想政治素质和科学文化素质，才会从实事求是出发，纠正学生的错误思想，引领他们走向正确的思想政治之路和具备科学文化的素质。

2. 新增作风正派，关注教师的行为作风

在新的《中小学生教师职业道德规范》中，很明显增加了"作风正派"一条要求，之所以会增加这一要求，一是受经济浪潮的冲击；二是教学中教师行为出现了偏差，均要求教师在社会主义初级阶段建设中作风正派，培养出高素质的新一代。

(1)商品经济的发展，教师的行为作风受冲击

马克思主义认为："一切已往的道德论归根到底都是当时的社会经济状况

---

① 何东昌. 中华人民共和国重要教育文献(1976—1990)[M]. 海口，海南出版社，1998：2759.

的产物。"①可见，社会的经济状况是教师道德产生的根源。我国当时正处于有计划的商品经济发展阶段，商品经济将竞争机制引入教育，商品经济的发展使拜金主义盛行，商品经济提倡自我向上意识，商品经济的一些特点与内容冲击着教育，影响着教师的价值观及行为作风。"在'商品经济'的浪潮冲击下，有的教师觉得'什么都涨价，就是知识不值钱'，认为'学与不学一样'，放松了业务学习；还有的老师只热心于办班讲课，对于钻研业务缺少动力，缺乏战略的眼光。"②在商品经济所带来的资产阶级自由化思潮的影响下，有的教师教书育人的观念淡化，教师事业心不强，对待教育的热情不高，并乐于开补习班争取额外收入，教师的行为作风受到影响。因此，在商品经济发展阶段，教师需具备正派的作风，才可能抵制商品经济带来的各种冲击，保持教师职业道德的高尚性，使教师更好地完成其在新时代的任务。

(2)教师在教学中行为偏差的出现

党的十三大报告指出：从根本上说，科技的发展，经济的振兴，乃至整个社会的进步，都取决于劳动素质的提高和大量合格人才的培养。大量合格人才的培养，必须有一大批德才兼备、勇于探索、具有强烈事业心和奉献精神的教师。自此，不少学者加强了对教师职业道德的研究，发现了教师在教学中出现了新问题，并开始关注教师的角色问题。关庆荣在《试论教师职业道德》一文中指出："教师职业道德的核心是对优生不偏爱，对差生要给予更多的爱，理解与尊重是更深层次的师爱。"③教师需对所有的学生一视同仁，能够做到对每一个学生平等、民主，这对教师的作风是一个很大的挑战。《略述加强教师的职业道德教育——关于中学生对教师职业道德要求的调查》中关于"你认为教师有哪些做法要改进"一栏中，有 81.7%的学生提出教师不关心爱护学生，提出教师打骂学生的占 57.3%，49%的学生提出教师对学生不一视同仁。④ 教师这些行为的出现，引起了学生的极度不满，影响着学生学习的积极性。教师的不爱生、打骂学生、不平等对待每一个学生，透视出教师的行为作风出现了一定的问题。有学者指出："社会对教师的期待，集中概括在

---

① 《马克思恩格斯选集》，第三卷．北京，北京人民出版社，1972：134.

② 于伟．"学而不厌，严谨治学"是教师职业道德的一项基本要求[J]．中学教师培训，1991(5).

③ 关庆荣．试论教师职业道德[J]．佳木斯教育学院学报，1988(3)

④ 毛秋云、熊建设、郭细英、杨孝文．略述加强教师的职业道德教育——关于中学生对教师职业道德要求的调查[J]．江西教育学院学报，1989(2).

‘为人师表’上。只要作为一名教师，他就自觉或不自觉地摆在了‘为人师表’的角色地位上。”①能否做到“为人师表”，与教师自身的作风有着莫大的关系。如果一位教师的作风不纯，上课不认真，当着学生讲脏话、辱骂学生，接受家长的“贿赂”，有差别地对待学生等，这种种都不是学生的好榜样。因此，教师拥有正派的作风，不仅是“为人师表”的前提，也是教师职业道德发展不可忽视的要求。

简言之，在这短短的几年里，随着计划商品经济的发展及教育部门和教育学者对教师职业道德研究的重视，我国教师职业道德的一些规范得到法律的认可，并以教师的思想政治素质和科学文化素质为核心，增加教师作风要求，这不仅是对当时教师职业道德建设中出现问题的回应，也是社会经济发展和社会主义建设发展的需求。

三、1992—1997年：教师职业道德规范从实行到完善，教师职业道德丰富时期

此阶段，随着我国社会主义市场经济体制的确立及发展，人们的社会价值观念、政治观念、经济观念等都有所变化，这给教师职业道德的建设与发展带来了新的机遇与挑战。在新的时代多种因素的综合影响下，我国教师职业道德规范又有所变化，教师职业道德的法制性增强，并开始了专业化的摸索之路。

(一)教师职业道德规范的完善

1992年3月14日，国家教委发布了《中华人民共和国义务教育法实施细则》，第22条规定：“学校和教师不得对学生实施体罚、变相体罚或者其他侮辱人格尊严的行为；对品行有缺陷、学习有困难的儿童、少年应当给予帮助，不得歧视。”②实施细则中对教师提出了比较具体的行为要求，具有一定的可行性。1993年10月31颁布了《中华人民共和国教师法》规定教师须履行的义务为：“1. 遵守宪法、法律和职业道德，为人师表；2. 贯彻国家的教育方针，遵守规章制度，执行学校的教学计划，履行教师聘约，完成教育教学工作任

① 高世贵. 浅谈电大教师角色的职业道德[J]. 辽宁高等教育研究，1990(5).

② 何东昌. 中华人民共和国重要教育文献(1991—1997)[M]. 海口，海南出版社，1998：3291.

务；3. 对学生进行宪法所确定的基本原则的教育和爱国主义、民族团结的教育，法制教育以及思想品德、文化、科学技术教育，组织、带领学生开展有益的社会活动；4. 关心、爱护全体学生，尊重学生人格，促进学生在品德、智力、体质等方面全面发展；5. 制止有害于学生的行为或者其他侵犯学生合法权益的行为，批评和抵制有害于学生健康成长的现象；6. 不断提高思想政治觉悟和教育教学业务水平。”①这是第一次通过法律的形式对教师须履行的义务明文规定。教师须履行的义务与之前教师职业道德规范的内容相差无几，但还是有所变化，这为规范的更新提供了借鉴作用。1996 年 3 月 9 日，国家教委颁布《幼儿园工作规程》，对有关幼儿园教师的职责提到：“与家长保持经常联系，了解幼儿家庭的教育环境，商讨符合幼儿特点的教育措施，共同配合完成教育任务。”②这表明教师与家长应该建立良好的关系，这也是对教师职业道德的一种挑战。随着社会的发展变化和对教师要求法律法规文件的颁布，我国于 1997 年修订颁布了《中小学教师职业道德规范》，新的规范内容为：“依法执教；爱岗敬业；热爱学生；严谨治学；团结协作；尊重家长；廉洁从教；为人师表”③，将规范内容从六条改变为八条，新增了许多内容，使得教师职业道德更加丰富。同时，也显现出新的规范又具备新的特点。

(二)教师职业道德规范的特点

1. 突出依法执教的重要性

在新的《中小学教师职业道德规范》中，第一条就明确提出教师应“依法执教”，需全面贯彻国家教育方针，自觉遵守《教师法》等法律法规；在教学活动中，不得出现有违背党和国家教育方针和政策的言行举止。之所以会增强教师职业道德的法制性，一是法制社会建设的需要，二是教师职业道德自身建设的需求。

(1)建设社会主义法制国家的需求

国务院在 1996 年提出的《国民经济和社会发展“九五”计划和 2010 年远景

---

① 何东昌. 中华人民共和国重要教育文献(1991—1997)[M]. 海口，海南出版社，1998：3570.

② 何东昌. 中华人民共和国重要教育文献(1991—1997)[M]. 海口，海南出版社，1998：3952.

③ 胡珠楠. 中小学教师职业道德规范历史沿革比较分析与未来前瞻[J]. 天津市教科院学报，2009(3).

目标纲要的报告》中提出："要坚持和实行依法治国，积极推进社会主义法制建设的进程，加强立法，严格执法，不断提高广大干部和群众的法律意识和法制观念，努力建设社会主义法制国家。"①促进社会主义精神文明和民主法制建设的全面发展，需加强思想道德和文化建设，继续大力开展爱国主义、集体主义、社会主义思想教育。加强教师的法制观念，有助于培养出更多具备法制意识的青年，从而促进社会主义法制建设。因此，教师"依法执教"，不仅做到了有法可依，更有利于促进社会主义法制国家的建设。

(2)教师职业道德自身建设的需求

20 世纪最后 10 年是我国社会主义现代化建设历程中非常关键的时期，发展教育事业、提高全民素质是社会主义的根本大计。教师的作用不容忽视，对教师职业道德也提出了更高要求。《教师法》明确规定了教师的义务，这对教师的行为举止有制约作用，会减少教师不良行为的出现。同时，教师必须去履行与教师职业道德规范内容非常相近的所有义务。义务的履行过程，也是对教师职业道德的建设过程。可见，主张教师"依法执教"，可以为教师职业道德的建设与发展提供保障作用。

2. 明确教师"爱岗敬业"和"严谨治学"的责任

新规范都以诸如"爱岗敬业""热爱学生""严谨治学""为人师表"四字句开头，对教师的职业道德进行了高度概括。对各条的解释清晰明了，如"爱岗敬业"中不仅具备"认真备课上课，认真批改作业"的具体要求，还提出了"不敷衍塞责，不传播有害学生身心健康的思想"的禁止性要求。"严谨治学"中要求教师"刻苦钻研业务，不断学习新的知识"等。这些都是教师须履行的责任与义务，新规范以"爱岗敬业"和"严谨治学"高度概括，使得教师的责任明确清晰。明确教师的责任，主要受职业道德发展及市场经济发展的影响。

(1)职业道德发展的推进

职业道德是所有从业人员在职业活动中应该遵循的行为准则，又是社会主义道德的重要组成部分，对推进社会现代化建设具有重大的作用。随着现代社会分工的发展和市场竞争力的增强，国家对社会主义职业道德的发展也越来越重视了。在党的十四届六中全会《决议》中明确规定了社会主义职业道德的基本内容为"爱岗敬业、诚实守信、办事公道、服务群众、奉献社会"。"爱岗敬业"是社会主义职业道德最基本、最起码的要求。爱岗，就是热爱自

① http://www.baike.com/wiki.

己的工作岗位，热爱自己的本职工作。敬业，就是以极端负责的态度对待自己工作，其核心要求是严肃认真，一心一意，精益求精，尽职尽责。教师是一种特殊的职业，《教师法》第三条中规定“教师是履行教育教学职责的专业人员，承担教书育人，培养社会主义事业建设者和接班人、提高民族素质的使命。”①教师的服务对象是学生及教师的主要职责是教学，那教师更应该“爱岗敬业”和“严谨治学”。只有这样，教师才会在教育活动过程中，热爱教育，热爱教学，尽职尽责，千方百计提高自己的教学水平，对待教学严肃认真，一心一意，促进学生身心健康地发展。正是社会主义职业道德的发展，也推动了教师职业道德发展，明确了对教师的责任要求。

(2)社会主义市场经济发展的挑战

党的十四大，确立了社会主义市场经济体制改革的目标。“经济基础决定上层建筑，任何价值观都是由一定社会的经济关系的变革而变革。”②可见，经济体制的变革，必然会引起政治观念、文化观点、道德观念等的变化。随着我国经济体制的改革的深入发展，我国因循守旧、排斥个性、安贫乐道、平均主义等传统观念受到了严重的冲击，这也引起了教师职业道德观念的变化。“一些青年教师，受市场经济负效应的影响，计较得失趋于公开化，价值取向功利化，价值目标短期化，实现价值目标的途径多样化。有的工作不安心，时刻想跳槽，有的只满足与应付课堂教学，不考察教学效果，很难做到教书育人。”③面临着社会主义市场经济的挑战，只有更加明确教师“爱岗敬业”和“严谨治学”的责任，教师才会坚守自己的教学岗位，认真备课上课、刻苦钻研业务，不断改进教育教学方法，提高教育、教学和科研水平，提高教学效果，做到教书育人。

3. 新增廉洁从教，重视教师的情操

规范第七条“廉洁从教”，要求教师“坚守高尚的情操，发扬奉献精神，自觉抵制社会不良风气影响”。新提出教师要做到“廉洁从教”，与国家倡导的廉政政府建设不谋而合，同时也与学校德育工作的开展相符，使教师职业道德规范更具全面性。

---

① 何东昌. 中华人民共和国重要教育文献(1991—1997)[M]. 海口：海南出版社，1998：3570.

② 史娜. 改革开放以来中国社会价值观的嬗变与建构[D]. 辽宁大学，2010，5.

③ 吴建婷. 高校教师职业道德问题刍议[J]. 安徽教育学院学报，1996(3).

(1)加强廉政建设的需求

在第八届全国人民代表大会第四次会上提出了："加强廉政建设和反腐败斗争，这是关系我国现代化事业成败的一项长期而艰巨的任务。"廉政建设的发展，需要深入开展思想教育和塑造一个良好的社会风气。社会主义现代化建设是以青少年为主体的，加强青少年的思想教育和提高青少年的道德水平，对廉政社会的建设是非常有利的。"教师所具备的道德品质，通过教育实践直接转移到学生的身上，成为学生的精神财富。"①这体现出教师职业道德对学生的作用，教师职业道德还有助于促进整个社会良好风气的形成。要求教师"廉洁从教"，可以培养学生廉政思想，也有利于廉洁社会风气的形成，从而推动整个社会的廉政建设。

(2)学校德育建设的需求

这一时期，由于社会主义市场经济体制的初步建立，在"一切向钱看"的经济思潮冲击下，学校教育中出现了重智育、轻德育等问题，加强和改进学校德育工作非常紧急。《中共中央关于进一步加强和改进学校德育工作的若干意见》中要求"进一步发挥全体教职工的育人作用"。教师对学生的道德发展起着关键的作用，是学校开展德育工作成败的关键。因此，需要建设一支具有高尚情操的教师队伍。但如果在队伍建设中，没有"廉政"思想的约束，有的教师可能会利用职权谋取私利，或是争夺"权利"，这都会影响高素质教师队伍的建设。"廉洁从教"不仅是教师坚守高尚情操的保障，也是学校顺利开展德育工作的保障。

从这阶段教师职业道德规范的特点可以总结出，社会主义市场经济体制的确立和社会主义精神文明、民主法制的发展建设，对教师的职业道德提出了新的时代要求，推进教师职业道德向着更加完善和多元化的方向前进，这对整个社会主义道德建设也是全新的促进力量。

四、1998年至今：教师职业道德规范从专业到务实，教师职业道德完善时期

21世纪的到来，我国政治、经济、文化等方面有了新的发展，教育发展也被提升到一个新的高度。1999年中共中央，国务院发布的《关于深化教育改革，全面推荐素质教育的决定》规定："建设高质量的教师队伍，是全面推进

① 赵野田．谈教师职业道德的特点作用[J]．中学教师培训，1991(2)．

素质教育的基本保证。"[①]党的十六大确定继续实施科教兴国战略和人才强国战略，从时代的高度对"加强教师队伍建设，提高教师的师德和业务水平"提出了新的要求。[②] 随着社会经济和教育发展进入新的历史阶段，国家、社会都更加注重教师职业道德的发展，将其明确纳入教育发展目标中，是教师职业道德更加趋于完善。

(一)教师职业道德规范的升华

2000 年，教育部关于印发《关于加强中小学教师职业道德建设的若干意见》的通知中主张，"在进一步贯彻落实教师职业道德规范的基础上，通过加强中小学教师职业道德建设，努力使广大教师做到：要拥护四项基本原则，遵守国家的法律法规；不得有违背四项基本原则和国家法律法规的言行。要热爱学生，尊重学生人格；不讽刺、挖苦、歧视学生，不体罚或变相体罚学生。为人师表，廉洁从教；不强制学生购买教学辅助材料，不向学生推销商品，不向学生和家长索要财物，不利用职务谋取私利等"。[③] 在原有教师的职业道德规范的基础上，进一步具体化教师该做不该做的事情，增强了可行性。2005 年 1 月 13 日，教育部印发《关于进一步加强和改进师德建设的意见》提出："师德建设要以热爱学生、教书育人为核心，以'学为人师、行为世范'为准则，以提高教师思想政治素质、职业理想和职业道德水平为重点。"[④]随着教师职业道德的建设发展，教师职业道德也有新变化，推动着教师职业道德规范的不断深化与升华。2007 年胡锦涛"8・31"讲话中，对广大中小学教师提出："一个精神，四点希望。"一个精神就是："教师应该体现胸怀祖国，热爱人民，学为人师，行为示范，默默耕耘，无私奉献的精神"；四点希望即要求教师"爱岗敬业、关爱学生；刻苦钻研、严谨笃学；勇于创新、奋发进取；淡泊名利、志存高远。甘为人梯、乐于奉献、静下心来教书，潜下心来育

① 何东昌. 中华人民共和国重要教育文献(1998—2002)[M]. 海口：海南出版社，2003：289.

② 《中国教育年鉴(2004)》[M]. 北京：人民教育出版社，2004：265.

③ 何东昌. 中华人民共和国重要教育文献(1998—2002)[M]. 海口：海南出版社，2003：677.

④ 《中国教育年鉴(2006)》[M]. 北京，人民教育出版社，2006：271.

人。”①这不仅是对教师原有道德规范的提炼，也提出了新的要求与期盼，在一定程度上催生《中小学教师职业道德规范》适应新形势进行修订。2008年，为适应新时期教育发展的需要及升华教师职业道德，重新修订了《中小学教师职业道德规范》，主要内容为：“1. 爱国守法；2. 爱岗敬业；3. 关爱学生；4. 教书育人；5. 为人师表；6. 终身学习。”②新《中小学教师职业道德规范》将原来的八条高度概括成六条，增添了新的内容，不仅是在原有的版本基础上的深化和升华，而且提出了更高的目标和要求，且充分彰显了以人为本的思想，使得新《中小学教师职业道德规范》又具备新的特点。

(二)教师职业道德规范的特点

1. 突出教书育人的重要性——教师专业化发展的需求

在旧的规范中，“教书育人”只是某一条内的一句话，在新的规范中却升格为第四条的条目，可见其重要性的突出。因为“教书育人”是教师的第一要务，且是教师职业区别于其他任何职业的根本所在。在21世纪，随着对各行业专业化发展要求的提出，突出“教书育人”显得尤为重要，是推进教师专业化发展的重要保障。

《教师法》中明确指出“教师是履行教育教学职责的专业人员”，首次提出教师是专业人员，推动着教师专业化的发展。“所谓专业，是指一群人经过专业教育和训练、具有较高深和独特的专门知识与技术，其目的是在于提供专门性的服务。”③教育劳动是以培养人为目标的特殊职业劳动。教师的服务对象是学生，不仅需向学生传授文化知识，还要对他们进行思想品德教育，使他们树立正确的人生观、世界观和价值观。教师的劳动特点决定了每一位教师肩负着双重使命：既要教书，又要育人。对特定社会、特定时代所需的人才的培养，只能由教师来承担。正如钱焕琦所说：“教师的职责时教书育人，这是教师职业区别于其他职业的特点，教师职业道德原则必须体现这个特

① 何东昌. 中华人民共和国重要教育文献(2003—2008)[M]. 海口：海南出版社，2010：1460-1461.

② 胡珠楠. 中小学教师职业道德规范历史沿革比较分析与未来前瞻[J]. 天津市教科院学报，2009(3).

③ 刘兴福、刘芳主编. 教师专业化发展的理论与实践[M]. 北京：光明日报出版社，2010：5.

点。”①既然教书育人是教师职业区别于其他职业的特点，促进教师专业和教师专业化发展，必须突出教书育人的重要性。教师坚定教书育人原则，才能让自己在教学中越来越成熟，更加凸显出自己对培养社会主义新人的重要职责。“教师专业化是职业专业化的一种类型，是指教师个人成为教学专业的成员并且在教学中具有越来越成熟的作用的这样一个转变过程。”②可见，教师职业道德规范突出教书育人的重要性，不仅是由教师劳动的特点决定，更是由于我国教师专业化的发展。只有突出教师的教书育人职责，才能将教师专业与其他专业相区别，因而能更好地促进教师专业化的发展。

2. 提高了对教师责任的针对性——体现出“以生为本”的思想

(1)社会事件的推进

虽然旧的规范中明确提出了教师“爱岗敬业”“热爱学生”“严谨治学”等责任，但是其中一些规范存在意思不明、针对性不强的漏洞，如“热爱学生”中的“保护学生合法权益”，对学生合法权益的范畴未作具体说明，使得教师在履行时会钻漏洞。2008年汶川大地震中“范跑跑”事件震惊全国，引发了对教师职业道德的热议。本来在“热爱学生”一条中便包含有“保护学生安全”之意，但是未作具体的要求，因而被“范跑跑”这样的人钻了空子。新的《中小学教师职业道德规范》中，增加了“保护学生安全”内容，在一定程度上提高了针对性，且体现了以学生为本的人本思想，教师职业道德被进一步深化。

(2)解决教师职业道德问题的需求

在新的世纪，教师职业道德的建设也面临着一系列的问题，一些教师在教育教学中丢失了自己的职业道德，影响着整个教育的发展。如有的教师利用自己教育和管理学生的便利条件而谋取私利，最突出的表现是进行有偿补课。补课是对课堂教学的一种补充手段，是每位中小学教师出于对学生负责的态度而进行的一种额外劳动，是其分内之事。虽然我国的一些法律法规中也规定教师有责任帮助学生解决学习上的困难。但是，“如今一部分中小学生教师利用学生求知及家长望子成龙的心理，扮演了一个商人的角色——将自己的知识作为待价而沽的商品，按质论价，明码标价，搞起了有偿补课，借

① 钱焕琦．教师职业道德[M]．上海，华东师范大学出版社，2008：35.

② 邓金主．培格曼最新国际教师百科全书[M]．北京，学苑出版社，1989.

补课之名谋创收之实。”①虽然在旧的规范中，提出了教师不能利用职责之便谋取私利，但并未明确提出教师不能进行有偿家教，这就给很多教师钻了空子，打着为学生进步额外补课的幌子，实质上是进行有偿补课，为自己谋取高额私利。这使教师形象大打折扣，也降低了教师的职业道德水平。在新的规范中，在“为人师表”一条中，明确要求教师“自觉抵制有偿家教”，这一针对性的要求，对解决教师有偿补课有一定的作用。同时，抵制有偿家教，不仅维护了学生的利益，也能促进学生公平的发展。如果教师进行有偿补课，这对那些有权有钱家庭的孩子来说是得益的，而对于那些相对贫困的孩子来说则是不公平的，不能平等地享受教师资源。因此，抵制有偿家教，可以为每一个孩子的学习创造公平的环境，能够促进每一个学生平等健康地发展。可见，抵制有偿补课也赋予了“以人为本”的思想。

3. 新增“实施素质教育，终身学习”内容——体现了时代性

新《中小学教师职业道德规范》中新增了“志存高远”“素质教育”“知荣明耻”“终身学习”“探索创新”等词，是21世纪对教师的时代要求，这也是与时俱进在新规范中的具体体现。重视教师的时代性发展，受我国素质教育的发展和终身教育思想的影响。

(1)素质教育发展的要求

李岚清在视察汨罗素质教育时说道：“对于即将到来的新世纪，我们既面临着机遇，也面临着挑战。我们能不能赢得这场挑战，抓住这个机遇，有一个更大的发展，最重要的问题不是资金，也不是设备，最重要的是人，人的素质和人才问题。”②实施素质教育，是我们迎接新世纪挑战的主要出路。随后，我国中央政府发表了一些具有指导性饿权威性的文章，如李岚清的《面向21世纪，开创基础教育的新局面》、朱开轩的《全面贯彻教育方针，积极推进素质教育》、陈至立的《认真贯彻十五大精神，加快教育改革和发展步伐》、顾明远教授的《提高民族素质，迎接21世纪挑战》等文章都说明了实施素质教育的重要性。素质教育的顺利开展，离不开教师。在党的十六大报告中提出了要“发挥我国巨大人力资源的优势”，实现从人力资源大国向人力资源强国转

① 刘格华. 当前部分中小学教师职业道德失范的透视与思考[D]. 湖南师范大学，2005，4.

② 何东昌. 中华人民共和国重要教育文献(1991—1997)[M]. 海口：海南出版社，1998：1683.

化，提高国际竞争力，必须大力实施素质教育。可见，要求教师实施素质教育，与新世纪提倡的素质教育不谋而合，体现出很强的时代性。

(2)终身教育发展的需求

终身教育理念是法国教育家郎格朗在1965年的巴黎联合国教科文组织成人教育会议上首次提出，一经提出后就受到了国际社会的广泛认可，对各国的教育改革产生了巨大的影响。一些发达资本主义国家，如美国、法国、英国等率先采取措施，深化本国的教育改革，逐渐构建适合本国的终身教育体系和终身学习化社会。随着我国对外开放的扩大与深化，在教育方面与不断学习与借鉴国外发达国家的优秀经验，推进自身教育发展。在终身教育思潮的影响下，我国也进行了积极的探索，期望构建适合自身教育发展的终身教育体系和终身学习体系。将“终身学习”作为衡量教师职业道德的一个新指标，不仅是终身教育发展的需求，也是我国对外开放，交流加强的产物。走终身教育发展之路，是一个民族立足于世界之林的重要保障。教师树立“终身学习”的观念，能更好地进行终身教育，构建符合时代发展又适合本国国情的终身教育体系。

总之，经过不断地发展与探索，我国的教师职业道德规范在不断地完善与深化，并与时俱进，对教师职业道德提出新的衡量指标，不仅提高了针对性，体现了时代性，还突出了重要性，为教师职业道德的发展提供了更加务实的规范，有利于培养出一批高质量、高素质的教师，推动整个教育和教师职业道德继续完善与发展。

第二节　教师职业道德规范变迁的影响因素

周济在学习贯彻《中小学教师职业道德(2008年修订版)》的若干问题的讲话中谈到：“百年大计，教育为根本，教育发展，教师是关键；教师素质，师德最重要。加强中小学教师职业道德建设，提高中小学教师职业道德素养，对于确保党的事业后继有人和社会主义事业兴旺发达，全面建设小康社会，构建社会主义和谐社会，实现中华民族伟大复兴，具有深远意义。”①不断加强教师职业道德的发展，是我国教育发展不可忽视的重要方面。我国教师职

① 周济．学习贯彻《中小学教师职业道德规范》座谈会上的讲话，中国教育报，2008，9.

业道德规范经历了四次变革，每次变革都由于受到多方因素的影响而呈现出不同的特点。综合四次变迁，影响我国教师职业道德发展的原因主要有：经济的发展——教师职业道德变迁的根本原因；教育的发展——教师职业道德变迁的主要原因。

一、经济的发展——教师职业道德规范变迁的根本原因

改革开放以来，党和国家将工作的中心逐渐转移到经济建设上来，并从计划经济发展到市场经济，经济体制也发展成为社会主义经济体制。随着经济的发展和经济体制的转型，我国社会的价值观取向也发生了变化："一是20世纪70年代末到80年代末，从单一的集体主义价值观走向价值观多元化，集中表现为个人利益与集体利益之间的冲突；二是从90年代开始，基于各种价值观的不断冲突与相互融合，形成了与社会主义市场经济相适应的新型集体主义价值观。"①社会主义市场经济的不断发展，为我国教育的发展提供了很多有利的条件，但市场经济也带来了一些消极影响，使教师职业道德发展不断面临着新的问题。如在商品经济阶段，受"一切向钱看"思想的影响，我国教师中出现了"厌烦教学，千方百计挣取额外工资，将自己利益高于集体主义"等不良行为。为了改变教师所产生的问题，新的教师职业道德规范提出了"作风正派""廉洁从教"等新要求。"随着社会主义市场经济体制的建立，经济的快速发展、东西文化的相互激荡，给人们的价值观、道德观、职业观等来了一系列新的变化，价值取向多元化已经成为客观存在的事实。"②市场经济体制变革带来的价值多元取向，使一些教师经受不住社会诱惑，产生新的道德问题，如注重追求个人利益、有偿补课、学术腐败等，这些问题都阻碍着我国教师职业道德的发展，但这又是因为市场经济带来的不可避免的影响，不断加强教师职业道德的发展是迎接挑战的举措之一。总而言之，随着经济的发展变化，我国教师职业道德必须进行相应的变革，才能与时俱进，促进教师队伍的建设和教育的发展。

二、教育的发展——教师职业道德规范变迁的主要原因

1978年，邓小平在全国教育工作会议上重申了毛泽东提出的全面发展的社

① 李皓．当代中国社会价值观念的嬗变[J]．东岳论丛，1997(4).

② 陈学凤．市场经济条件下教师职业道德建设研究[D]．苏州大学，2008，10.

会主义教育方针，认为“我们的学校是为社会主义建设培养人才的地方……应该使受教育者在德育、智育、体育几个方面得到发展，成为有社会主义觉悟的有文化的劳动者。”①注重提高学生的思想政治觉悟。1986 年的《义务教育法》第一条规定：“为了发展基础教育，促进社会主义物质文明建设和精神文明建设。”②社会主义精神文明建设的根本任务是适应社会主义现代化建设的需要，培养有理想、有道德、有文化、有纪律的社会主义公民，提高整个中华民族的思想道德素质和科学文化素质。注重培养学生的思想道德素质和科学文化素质。1999 年，江泽民在全国教育工作会议上强调“我们必须全面贯彻党的教育方针，坚持教育为社会主义，为人民服务，坚持教育与社会实践相结合，以提高国民素质为根本宗旨，以培养学生的创新精神和实践能力为重点，努力造就‘有理想、有道德、有文化、有纪律’的，德育、智育、体育等全面发展的社会主义建设者和接班人。”③教育的目标重点落在素质教育身上。纵观我国教师职业道德的变迁，从注重提高教师的思想政治觉悟到注重教师思想道德素质和科学文化素质再到新的规范中提出的“素质教育”，教师职业道德的这些变化，与我国教育的发展变化是一样的变迁路线。可见，随着教育自身的发展，教育的目的、教育的方针等都会不断地变化，从而要求教师具备不一样的职业道德，这样才能符合教育自身的改革与发展，教师才能够培养出适应教育发展，适应时代变化，能在国际竞争中脱颖而出的高素质高质量人才。

总之，教师职业道德规范的变迁，最主要是受经济的发展变化影响。同时，教育自身的变革，也需要教师不断加强道德修养，才能满足教育发展的需要。

第三节 中国大陆与国际教师职业道德规范的比较研究

西方各国非常重视教师职业道德规范的具体编制，以保证教师职业道德习惯的养成和社会对教师道德行为的评价有法可依，有章可循。教师职业道

① 王炳照主编. 中国教育改革 30 年[M]. 基础教育篇，北京，北京师范大学出版社，2009：10.

② 教育部基础，教育司义务教育实施处编. 义务教育法规文献汇编（1900—1998）[M]. 北京，中国社会出版社，1998：34.

③ 江泽民. 在全国教育工作会议上的讲话[J]. 中国教育报，1999，6.

德规范的编制成为世界性的发展趋势，如1966年10月，联合国教科文组织通过了《关于教师地位的建议书》，对教师职业道德提出了一系列要求；美国的师德规范从19世纪就开始存在了，1896年，美国佐治州教师协会颁布教师专业伦理规范。随后，各州纷纷效仿。美国于1929年通过了《教学专业伦理规范》，通过对这个规范的两次修改，于1963年改名为《教育专业伦理规范》。随着社会的发展变化与教育自身的改革，美国全国教育协会于1975年又一次重新制定了《教育专业伦理规范》，并在1981年进一步的修改与完善，一直沿用至今。在国际发展趋势的推动下，德国制定了《教师专业伦理规范》、新西兰颁布了《注册教师专业伦理规范》、加拿大的《安大略省教师专业伦理标准》也于2006年出台、日本也制定了《教师的专业伦理要求》、中国香港则颁布了《教师专业守则》、中国台湾制定了《教师自律公约》等。可见，教师职业道德在全世界的教育发展中占据着重要的地位。“他山之石，可以攻玉”，由于中国大陆与国外及中国港台地区的政治经济文化发展不同，教师职业道德规范存在一定的差异。因此，分析出中国大陆与国外及港台地区教师职业道德规范之间的差异性，且借鉴其长处，对我国教师职业道德的发展与完善是非常有利的。

一、概念的界定

在我国，“教师专业伦理”的提法较少，一般使用“教师职业道德”。随着教师专业化的发展，在一些研究中也逐渐出现了“教师专业伦理”的提法。在西方国家，“教师职业道德”一般被称为“教师专业道德”“教师伦理”“教师专业伦理”等。但由于对这些概念的含义模糊不清，经常会出现滥用这些概念的情况，不利于教师专业伦理理论的建立和实践的开展。从上述教师职业道德规范世界性的发展趋势中可以看出，国外及中国港台地区将“教师职业道德”均称为“教师专业伦理”。因此，对教师职业道德与教师专业伦理概念进行区分是比较研究首先应该做的。

（一）教师职业道德

“教师职业道德是一个偏正结构的词语，处于中心位置的是‘道德’，‘道德’依附的对象是教师职业。”①因此，对教师职业道德概念可以从“道德”“职

① 檀传宝. 走向新师德——师德现状与教师专业道德建设研究[M]. 北京：北京师范大学出版社，2009：20.

业道德”中衍生而来。《简明社会科学词典》把道德概念界定为：“一定社会为了调整人们之间以及个人和社会之间的关系所提倡的行为规范的总和。”①“职业道德是与人的职业角色和职业行为相联系的一种高度社会化的角色道德，以责任、权力和利益为基础，是在工作中协调个体、群体与社会之间的关系的职业行为准则和规范系统。”②从“道德”和“职业道德”的概念中可以看出，道德的本质是调整人们之间关系的规范总和。教师职业道德是一种特殊的职业道德，具体是指“教师在从事教育劳动过程中形成的，用以调节教师与他人、教师与社会、教师与集体等相互关系时所必须遵守的基本道德规范和行为准则，以及在此基础上表现出来的道德观念、情操和品质”。③ 道德规范和行为准则是对所有教师的共同要求，即教师职业行为受一定外在因素的约束，具有他律性。而道德观念、情操、品质是教师将外在的道德规范和行为准则内化而形成的，体现出教师个体的主动性和自觉性，具有一定的自律性。因此，教师职业道德是“自律”和“他律”的统一，着重的是教师个体内化的道德观念、情操与品质。

(二)教师专业伦理

“伦理(ethic)”常与“道德(moral)”一词相通，指“道德现象和道德关系，侧重指关于这种现象和关系的道德和理论，指一定社会的基本人际关系规范及其相应的道德原则。”④DeSensi and Rosenberg (2003)⑤将“伦理”定义为：广义上，是有关“真理、正义、诚实、正确和公平”等原则；具体上，伦理指一种是非善恶的决定或行为原则。“专业伦理(professional ethics)”是“职业群体为更好地履行职业责任，满足社会需要，维护职业声誉而制定的自我约束的行为规范——一套一致认可的伦理标准。”⑥专业伦理是专业必不可少的要

① 《简明社会科学词典》编辑委员会编．简明社会科学词典，上海，上海辞书出版社，1982：1024.

② 傅维利主编．教师职业道德教育指南[M]．第2版，北京，高等教育出版社，2009：4.

③ 黄正平，刘守旗．教师职业道德新编[M]．南京，南京大学出版社，2010：12.

④ 杨雪．教师专业伦理守则比较分析[J]．中国电力教育，2008(2).

⑤ Shirley Van Nuland. Literature Review：Development of Teacher Codes of Conduct，UOIT Faculty of Education，2011.

⑥ 刘捷．专业化：挑战21世纪的教师[M]．北京，教育科学出版社，2002：70.

素，强调的是高度的社会服务责任。“一个专业以实际行动证实了它对公众福利的承诺前，社会并不贸然授予它自治权。”①可见，专业伦理注重保护服务对象的利益及维护专业团体的道德声誉和专业自主性。目前，关于“教师专业伦理”的概念有着不同的解释。西方学者称其为“Teacher's Professional Ethics”，有时也在教学专业伦理（Professional Ethics in Teaching）或教育专业伦理（Professional Ethics in Education）的框架内讨论教师专业伦理问题。② 我国有学者认为：“教师专业伦理是指教师为维护职业声誉，在从事教育教学这一专业活动时所必须遵守的一套基本的制度伦理规范和行为准则，是教师职业社会性功能及其专业伦理性的集中体现。”③教师专业伦理关注的是教师专业实践的事实及教师专业共同体的伦理责任及现实问题；其目标是在教育教学中实现教师专业共同体的道德责任。

“伦理是从社会的角度提出的如何处理人与人之间的关系的规范，伦理的根源产生于社会利益冲突；道德是从个体的角度身体力行，行伦理规范而后有所得，道德根源在于人心。”④基于此，教师职业道德强调的是个体内化的道德规范、品质，更多的是用于个体；而教师专业伦理强调的是教师专业团体对社会履行的服务与责任，更多关注的是教师共同体。既然教师职业道德与教师专业伦理概念存在差异性，那么，我国教师职业道德规范与国外及中国港台地区教师专业伦理规范之间必然也会存在一定的差异。

二、中国大陆与国外及中国港台地区教师职业道德规范的差异比较

（一）教师职业道德规范制定主体的比较——行会性与政府性

美国的《教育专业伦理规范》是美国全国教育协会于 1975 年制定并通过的；《注册教师职专业伦理规范》是由新西兰教师委员会所颁布；加拿大安大

---

① 赵康．专业、专业属性及判断成熟专业的六条标准——一个社会学角度的分析[J]．社会学研究，2000(5)．

② 王丽佳，洪洁．解读“教师专业伦理”[J]．湖南师范大学教育科学学报，2009(6)．

③ 于永平．我国教师专业伦理建设研究——基于对重庆地区中小学校的调查分析[D]．西南大学，2009，4．

④ 檀传宝．走向新师德——师德现状与教师专业道德建设研究[M]．北京：北京师范大学出版社，2009：20．

略省的《教师专业伦理标准》在2006年由加拿大安大略省教师协会制定的；中国香港的《教育专业守则》也是由教育人员专业操守会议制定颁布的。上述国家的教师专业道德规范都是由教师专业组织制定颁布的，体现出行会性的特点。而纵观我国内地四次教师职业道德规范的发展变化，均是由教育部和全国教育工作会或是中国教科文卫体工会全国委员会制定颁布的，教师专业组织几乎没有参与，具有很浓烈的政府性。相比之下，教师行会组织更能接近教师的生活，更能体现出教师的意志，更能很好地反映出教师的利益。因而，能制定出符合教师专业发展的专业伦理规范。

(二)教师职业道德规范适用对象的比较——广泛性与狭窄性

从美国、德国、新西兰、加拿大、日本、中国香港和中国台湾等国家和地区的教师专业伦理规范所使用的对象范围来看，他们并不只是适用于某一个阶段或是某一个团体教师的伦理规范，而是对全体教育工作者都有约束作用。如美国《教育专业伦理规范》的适用对象包括了各级各类学校的教师和教育行政人员，采用了教育者(educator)而非教师(teacher)的概念来规定其适用对象。香港的《教育专业守则》在规定适用对象时采用了“专业教育工作者”的概念，它的适用对象包括幼儿园、中小学教师和行政人员。由此可以看出，国外及中国港台地区在规定适用对象时，面向的是全体教育工作者。而我国《中小学教师职业道德规范》规定其适用对象限于中小学教师，却把行政人员、幼儿园及大学教师排除在外。相比起来，我国《中小学教师职业道德规范》的适用对象狭窄，这不利于整个教师队伍的建设和教师质量的提高。

(三)教师职业道德规范内容的比较——具体性与理想性

“师德水平直接反映在教师的言行之中，规范的作用也体现在教师能依此判断其行为合理与否。”①因此，规范内容是否具体可行，对于教师职业道德或是专业道德能否提高起着最直接的作用。美国的《教育专业伦理规范》中，不仅明确规定着教师应该做什么，还明确教师不应该做什么，如“不应该无理阻止学生接触各种不同的观点”“不应有意对某职业岗位申请者的资格作出错

① 周济. 大力加强师德建设努力造就让人民满意的教师队伍[J]. 人民教育，2004(19).

误陈述”①等。新西兰《注册教师专业伦理规范》从对学生的责任、对学生家长/监护人的责任、对社会的责任和本职的责任全面提出了对教师的责任要求，并且在每一个责任要求下，又有许多不同具体的要求，如对学生的责任中规定教师应努力做到“促进学生在身体、情感、社交、智力、精神等方面的发展”②，具体明确，且具备一定的可行性。中国香港的《教育专业守则》在对专业的义务中，要求一个专业教育工作者“不应从事有损专业形象的工作”“不应接受可导致影响专业判断的酬金、礼物或其他利益”③等，这些要求不仅具体而且具备一定的可行性。我国1991年版的《教师职业道德规范》虽然具备六条规范要求，但是没有层次性可言，且内容偏向于理想化。如“热爱社会主义祖国，拥护中国共产党的领导”“不断提高科学文化和教育理论水平，钻研业务，精益求精”④等，没有明确说明该怎样热爱社会主义祖国或是达到什么样的程度才算是热爱，也没有具体说清楚在钻研业务时应该怎样做，精益求精更是不可测量与估计，什么样的程度才算“精益求精”，可能每个人的衡量标准都不一样，这就加大了教师职业道德规范的操作性与可行性。2008年的修订版中，虽然用四字句先高度概括了规范内容，在每一条规范中也有具体的解释，但还是主要停留在理想层面，如“教育育人。遵循教育规律，实施素质教育。循循善诱，诲人不倦，因此施教”。“终身学习。崇尚科学精神，树立终身学习理念，拓宽知识视野，更新知识结构。”⑤从中可以看出，我国教师职业道德在一定程度上继承与发展着传统师德的理想要求，但是却没有具体规定教师应该怎么做才能达到这种境界，只能给人高度的指引。在新的规范中，也提出了新的要求“终身学习”，但是却只是从“树立理念”“拓宽视野”等一些宽泛的方面去谈，具体的该做与不该做几乎没提及过，又是要求教师树立崇高的理想，但是否可行就不在规范考虑之类。综上所述，我国现存的教

---

① 美国全国教育协会．美国全国教育协会教育专业伦理规范[DB/OL]．http://www.thcyzy.org/ReadNews.asp? NewsID=321.

② 新西兰教师委员会．新西兰注册教师专业伦理规范[DB/OL]．http://www.npypjy.com/newsInfo.aspx? pkld=3498.

③ 教育人员专业操守议会．香港教育专业守则(抽印本)[DB/OL]．http://cpc.edb.org.hk/Chinese/download/CPC-Code%20-Chin-.pdf.

④ 胡珠楠．中小学教师职业道德规范历史沿革比较分析与未来前瞻[J]．天津市教科院学报，2009(3).

⑤ 胡珠楠．中小学教师职业道德规范历史沿革比较分析与未来前瞻[J]．天津市教科院学报，2009(3).

师职业道德规范主要是对教师职业道德的理想化要求，缺乏具体可行的规范。

（四）教师职业道德规范主体本位的比较——学生与教师

"按照伦理学的观点，人的行为应该如何的优良，道德绝非可以随意制定，而只能通过社会制定道德的目的，亦即道德终极标准，从人的行为事实如何的客观本性中推导出来。所以，教师专业伦理的制定必须以保障学生的发展利益为根本。"①在国外及中国港台地区的《中小学教师职业道德规范》中体现出更多的是以学生为主体，注重强调教师为了学生的发展"应该做"和"不应该做"，如日本教师的专业伦理要求是通过对学生的伦理教育体现出来，以学生的发展为核心。加拿大安大略省《教师专业伦理标准》中在导言部分就提出"教师职业的核心是对学生及其学习的高度负责。"②这些国家和地区从学生主体本位出发，学生的意识被充分表达，体现出民主性。而我国《中小学教师职业道德规范》的制定与修订，其主要的目的是提高教师的道德素养，建设一支高质量高素质的教师队伍。因此，《中小学教师职业道德规范》均是直接要求教师"为人师表，坚守高尚情操，知荣明耻，严于律己，以身作则"③，等等。纵观四次规范的变革，都是直接对教师提出应该具备的道德境界，缺乏从学生的利益或视角出发，提出对教师的具体要求。

总之，国外及中国港台地区《中小学教师职业道德规范》制定主体的行会性、针对对象的广泛性、内容的全面具体性及以学生为主体本位等特点，显示其具有较高的专业性，有利于促进教师专业化的发展。同时，也给我国教师职业道德发展提供了深刻的启示。

三、国外及中国港台地区教师专业伦理规范发展给我们的启示

（一）重视教师职业道德规范制定主体的行会性

"制定师德规范的主体，影响规范固有的代表性、可接受性与可行性。"④

---

① 徐廷富. 教师专业伦理建设探微[J]. 教育评论，2005(4).

② 安大略省教师协会. 加拿大安大略省教师专业伦理标准(2006年修订版)[DB/OL]. http://www.jyb.cn/world/gjgc/200807/t20090709-176925.html.

③ 胡珠楠. 中小学教师职业道德规范历史沿革比较分析与未来前瞻[J]. 天津市教科院学报，2009(3).

④ 王丽佳. 美国全国教育协会教育专业伦理规范历史演进探析[D]. 华东师范大学，2010，4.

从上述的比较中可得出，我国的《中小学教师职业道德规范》是由国家教育部、中国教科文卫体工会共同制定，主要是教育行政部门为制定主体，在一定意义上是政府行政命令，是外部对教师的规定与限制，着眼于从行业外部进行监督与控制，教师的自主权无从谈起，教师自身的声音得不到体现。而纵观国外及中国港台地区，其《中小学教师职业道德规范》是以教师组织为制定主体，不受教育行政部门的参与和干预，教师的自主权得到体现，能够自行决定对成员的各种伦理要求，能够更接近教师的生活，专业性也更强。我国2008年教育部在《〈中小学教师职业道德规范〉征求意见》中指出："此次修订的《中小学教师职业道德规范》是广大教师共同的行为准则，需要广大教师共同参与、共同完善和共同遵守，也需要全社会的支持和监督。"①这体现出教师职业道德规范制定主体行会性的发展趋势。因此，教师专业道德规范的制定必须以教师组织这一专业团体为主体，才能更具代表性与专业性。

（二）提高教师职业道德规范内容的具体可行性

教师职业道德规范承担着在教育职业活动中调整各种利益关系的作用和判断教师教育行为是否得体的具体标准。高尚的师德需崇高的理想引导，但是如果仅有理想、缺乏实践是不够的。纵观我国各时期的教师职业道德规范，理想层次的内容占据较大比例，影响着其操作性。有学者说过"偏重理想性、缺乏现实性的师德规范只会使广大教师内心加剧，并最终因其高远而形同虚设"。② 因此，在制定教师职业道德规范时，要从"理想"回归到"现实"，从"高尚"走向"朴素"③。另外，我国教师职业道德规范一些条文的提法模糊、笼统地概括教师品质，而要付诸实践操作较难且难以评估。而国外，以美国为例，其《教育专业伦理规范》中对教师提出的基本要求明确具体，表达多采用限制性语言（如不让、不应该），可操作性较强。因此，"我国的师德规范必须朝着更具可操行、更具可行性、更朴实的方向发展，坚持底线伦理与最高伦理的准则统一"④，实现教师职业道德规范内容的具体可行，以便实现理想

① 教育部：《中小学教师职业道德规范》征求意见，中国教育报，2008，6.

② 傅维利．教师职业道德教育指南[M]．第2版，北京，高等教育出版社，2002：103.

③ 李国庆，赵国金．西方教师职业道德发展研究及借鉴[J]．高校教育管理，2011(5).

④ 徐廷富．美国教师专业伦理建设及启示[J]．比较教育研究，2005(5).

与现实的统一，促进教师职业道德的发展与提高。

(三)强调以学生发展为核心的专业伦理精神

专业精神是专业化的核心特质，是专业化发展的保障。在美国，教育被当作是向公众提供的一项服务，教师则是教育的服务者，必须把服务学生利益放在首位。其教育专业伦理规范是从“对学生的责任”和“对本职业的责任”两方面规定的，但是具体的内容都是基于学生的发展及为学生服务而规定的。中国香港《教师专业守则》中也明确提出了对学生的义务、对专业的义务、对同事的义务、对家长/监护人的义务等，但是从具体的要求中可以看出，不能是对哪一方的义务，其最终落脚点都是在学生的发展上。所以，他们在教育教学工作中，“在与学生的关系方面，表现出更强的服务伦理；对教师职业表现出更强的认同和情感投入”,① 体现出教师良好的专业精神。而在我国教师职业道德规范中很难看出是基于学生发展或是为学生服务的条文，教师更是将自身责任当成义务，无条件地去执行，很少体现出主动服务学生的专业精神。“在我国全面推进教师专业化的今天，教师的服务意识和教学工作中良好的服务态度、服务品质，显得格外重要，这关系到我国能否由传统师德向现代教师专业伦理的转变。”②因此，在建设教师职业道德规范时，要强调服务学生作为核心的专业伦理精神，规范的制定要从学生的利益与发展出发。

总而言之，教师专业伦理是教师专业化发展的一个重要维度，是保障教育成为灵魂的技术，成为真正唤醒、生成学生美好精神世界的活动，也是赋予教育生命力的动力，决定教师传递知识的价值意义和伦理意蕴。因此，在国外及中国香港地区对教师专业伦理的发展建设启示下，不断完善与发展我国教师职业道德，并实现向教师专业道德的转化，推动着教师专业化发展和实现经验型教师向专家型教师发展及转变。

参考文献

马克思恩格斯选集．第三卷，北京，北京人民出版社，1972：134.

马克思恩格斯选集．第四卷，北京，北京人民出版社，1996：236.

---

① ［英］IF Goodson，A Hargreaves：《Teacher's Professional Lives》，《New prospects series》，1996(3).

② 徐廷富．美国教师专业伦理建设及启示[J]．比较教育研究，2005(5).

徐特立教育文集. 北京，人民教育出版社，1986：295.

中国教育年鉴(1988). 北京，人民教育出版社，1989：112.

中国教育年鉴(2004). 北京，人民教育出版社，2004：265.

中国教育年鉴(2006). 北京，人民教育出版社，2006：271.

参见王炳照主编. 中国教育改革30年，基础教育篇. 北京，北京师范大学出版社，2009：10.

邓金主. 培格曼最新国际教师百科全书. 学苑出版社，1989.

傅维利主编. 教师职业道德教育指南. 第2版，高等教育出版社，2009：4、103.

高时良. 学记研究. 北京，人民教育出版社，2005：138.

何东昌. 中华人民共和国重要教育文献(1976—1990). 海口，海南出版社，1991：1588、1634、1644、1838、1632、2408、2759.

何东昌. 中华人民共和国重要教育文献(1991—1997). 海口，海南出版社，1998：3291、3570、3952、3570、1683.

何东昌. 中华人民共和国重要教育文献(1998—2002). 海口，海南出版社，2003：289、677.

何东昌. 中华人民共和国重要教育文献(2003—2008). 海口，海南出版社，2010：1460-1461.

黄希庭、张进辅、李红等著. 当代青年价值观与教育. 成都，四川教育出版社，1994：45.

黄正平，刘守旗. 教师职业道德新编. 南京大学出版社，2010：12.

加里宁. 论共产主义教育. 北京，北京中国青年出版社，1979：39.

教育部基础教育司义务教育实施处编. 义务教育法规文献汇编(1900—1998). 北京，中国社会出版社，1998：35、34.

刘捷. 专业化：挑战21世纪的教师[M]. 北京，教育科学出版社，2002：70.

刘兴福、刘芳主编. 教师专业化发展的理论与实践. 北京，光明日报出版社，2010：5.

钱焕琦. 教师职业道德. 上海，华东师范大学出版社，2008：35.

孙培青. 中国教育史. 上海，华东师范大学出版社，2000：45-47.

檀传宝. 走向新师德——师德现状与教师专业道德建设研究. 北京，北京师范大学出版社，2009：21、20、20.

王炳照．中国教育史专题研究．北京，北京师范大学出版社，2009：240-241.

［美］Shirley Van Nuland：《Literature Review：Development of Teacher Codes of Conduct》，《UOIT Faculty of Education》，2011

［英］IF Goodson，A Hargreaves：《Teacher's Professional Lives》，《New prospects series》，1996年第3期

参见林慧莲．谈谈教师的职业道德．丽水师专学报，1983(5).

查洪德．师德概说．安阳师专学报，1983(7).

陈学凤．市场经济条件下教师职业道德建设研究［D］．苏州大学，2008，10.

高世贵．浅谈电大教师角色的职业道德．辽宁高等教育研究，1990(5).

关庆荣．试论教师职业道德．佳木斯教育学院学报，1988(3).

胡珠楠．中小学教师职业道德规范历史沿革比较分析与未来前瞻．天津市教科院学报，2009(3).

李国庆，赵国金．西方教师职业道德发展研究及借鉴．高校教育管理，2011(5).

李皓．当代中国社会价值观念的嬗变．东岳论丛，1997(4).

刘格华．当前部分中小学教师职业道德失范的透视与思考［D］．湖南师范大学，2005，4.

毛秋云、熊建设、郭细英、杨孝文．略述加强教师的职业道德教育——关于中学生对教师职业道德要求的调查．江西教育学院学报，1989(2).

史娜．改革开放以来中国社会价值观的嬗变与建构［D］．辽宁大学，2010，5.

王丽佳，洪洁．解读“教师专业伦理”．湖南师范大学教育科学学报，2009(6).

王丽佳．美国全国教育协会教育专业伦理规范历史演进探析［D］．华东师范大学，2010，4.

王正平．论教师道德．华南师范大学学报社会科学版，1983(3).

吴建婷．高校教师职业道德问题刍议．安徽教育学院学报，1996(3).

徐廷富．教师专业伦理建设探微．教育评论，2005(4).

徐廷富．美国教师专业伦理建设及启示．比较教育研究，2005(5).

杨雪．教师专业伦理守则比较分析．中国电力教育，2008(2).

于伟．“学而不厌，严谨治学”是教师职业道德的一项基本要求．中学教师培训，1991(5)．

于永平．我国教师专业伦理建设研究——基于对重庆地区中小学校的调查分析[D]．西南大学，2009，4．

赵康．专业、专业属性及判断成熟专业的六条标准——一个社会学角度的分析．社会学研究，2000(5)．

赵野田．谈教师职业道德的特点作用．中学教师培训，1991(2)．

周济．大力加强师德建设努力造就让人民满意的教师队伍．北京，人民教育，2004(19)．

《简明社会科学词典》编辑委员会编．简明社会科学词典．上海，上海辞书出版社，1982：1024．

http://www.baike.com/wiki

http://www.gov.cn/jrzg/2010-07/29/content_1667143.htm

www.law-lib.com/law_view.aspp.id=2575

安大略省教师协会．加拿大安大略省教师专业伦理标准(2006年修订版)[DB/OL]．http://www.jyb.cn/world/gjgc/200807/t20090709-176925.html.

国家中长期教育改革和发展规划纲要(2010—2020)．

江泽民：在全国教育工作会议上的讲话．中国教育报，1999，6．

教育部．中小学教师职业道德规范征求意见．中国教育报，2008，6．

教育人员专业操守议会．香港教育专业守则(抽印本)[DB/OL]．http://cpc.edb.org.hk/Chinese/download/CPC-Code%20-Chin-.pdf.

美国全国教育协会．美国全国教育协会教育专业伦理规范[DB/OL]．http://www.thcyzy.org/ReadNews.asp? NewsID=321.

仙桃市教育局《教师职业道德规范与礼仪规范》培训材料．www.xtedu.com/...4/201008/2010082110303030.doc 2012-9-7.

新西兰教师委员会．新西兰注册教师专业伦理规范[DB/OL]．http://www.npypjy.com/newsInfo.aspx? pkld=3498.

周济：学习贯彻《中小学教师职业道德规范》座谈会上的讲话，中国教育报，2008，9．

第五章 社会变迁中的我国教师身份研究

在政策研究领域中，自 20 世纪 50 年代开始很长一段时间都遵循“实证—经验”取向，认为只要通过理性运用科学方法制定出的政策，就一定能够达到想要的效果。但在 20 世纪 60 年代末 70 年代初西方一系列社会思潮变动中，政策研究逐渐出现了“阐释取向”。这种看法认为，由于人的有限理性，很难有完美的政策设计，而在政策实施中，每个行动者都具有意向性和主观能动性，他们是否及多大程度去执行政策有赖于他们如何阐释政策，如何基于自己的工作生活为该政策赋予意义。也是在此种研究范式下，面对西方各国自 20 世纪 80 年代纷纷兴起的课程改革，“教师身份”议题逐渐受到越来越多的关注。学者们呼吁，身份是教师用来解释外部世界的资源，任何外来试图强加的教师专业化举措，如果没有和教师自身的经验契合，忽略教师的生命经历和声音，必然是无效的(Goodson，1992；Hargreaves，1996)①。

前面几章就改革开放后教师队伍的变化及教师所面对的相关政策及制度环境的变化进行了梳理。然而，这些政策上的变化究竟如何及多大程度影响了个体教师？个体教师如何面对这些变化？如何为这些变化赋予意义以维系自己的教师工作与生活？来自外部的政策规定是否影响了教师对自己身为教师是谁的认知？只有回答这些问题，我们才能更加深刻

---

① Goodson，I.(1992). Sponsoring the teacher's voice：Teachers' lives and teacher development. In A. Hargreaves & M. Fullan (Eds.)，*Understanding teacher development* (pp. 110-121). London：Cassell；Hargreaves，A.(1996). Revisiting voice. *Educational Researcher*，25(1)，12-19.

全面地认识改革开放30多年来教师队伍的实质性变迁。

第一节 核心概念：教师身份

在中国语境下提及“身份”，往往包含两个层面的意思：一是在社会意义上，相当于社会地位(status)或者制度化的身份，是“社会赋予个人与职业及其他社会角色相联系，标明人的社会地位的类别标志”①，也有的学者称此为“制度上的权利(right)”，是一种法律意义的身份②。比如在教师群体中，我们常常会说教师是官员、教师是国家干部，教师是专业人士、某位教师是中学教师、小学教师等。在这个层面上的身份由于主要靠法律、社会或者说制度来确认，可以称之为是一种制度性身份，具有结构性。第二个层面的意思则是本章所讨论的“身份”(identity)，是关系“我是谁”“我如何看待自己”的问题，在个人如何看待自己是谁时，又会纳入他人对自己的看法和期待。因此这个层面上的身份，既有其结构性的一面，又有其建构性的一面。

“我是谁”，是对个人身份的追问。而当个体进入教师角色后，也会追问“我是怎样的教师”“我想成为怎样的教师”。但在追问“我是怎样的教师”时，不可避免地会纳入社会中业已存在的教师角色及他人对自己是怎样的教师的理解。因而，所谓教师身份即是进入教师岗位的个体如何看待自己身为教师及如何被他人看待(Coldron & Smith，1999)③，其背后蕴含了教师对自己身为教师是谁、为什么担任教师、如何看待自己的教学和学生等问题的追问，是关系教师的主观世界和存在意义的问题。

这里也可以看到，“角色”和“身份”是一对相对的概念。所谓“角色”，是社会中存在的关于某个位置上的人该如何行动的期待，可以说是一种外部的客观现实。对于教师来说，这种角色可以来自政策、也可以是教师所面对的不同的人际群体的期待。而“身份”，则是个体在面对角色时，多大程度认同、认同哪些角色并将之内化成为自己的主观世界。因此，我们可以将“角色”看作是个体教师建构自己身份的“中介”。在特定时间内，教师往往会逐渐习得

① 孙立平．改革前后中国国家、民间统治精英及民众间互动关系的演变[J]．“华人社会之社会阶层研究讨论会”会议论文，中国香港，1993，12.

② 曲正伟．教师的“身份”与“身份认同”[J]．教育发展研究，2007(4).

③ Coldron，J. & Smith，R. (1999). Active location in teachers' construction of their professional identities. *Journal of Curriculum Studies*，31(6)，711-726.

外部的角色期待并逐渐形成对自己作为教师是谁应该是谁的相对稳定的看法，形成相对稳定的身份认知。此外，在相对稳定封闭的社会中，社会中关于教师角色期待有着很强的共享规范和实践时，教师只要努力去习得这些角色期待，并表现出相应的行为即可。但在社会逐渐多元、对教师的角色期待亦多元、且不断变化时，教师被迫离开原来的“温床”，不断重构着他们对自己作为教师到底是谁，应该是谁的感知。在这个过程中，教师原先构建起的意义世界和身份感就可能被打破，需要去对新的角色进行阐释，并重构自己的教师身份感。从这个意义上说，教师身份又是不断建构着的。在这个过程中，教师不断面临的就是处理“同”与“异”的关系：“我”是怎样的教师？“我”到底该做怎样的教师？作为教师“我”和他人有何不同？“我”如果坚持做自己是否会不被他人所认可？“我”应该到哪里去寻找可以归属的社群？这些问题往往是教师内心不断在追问的问题。

实际上，从西方近年关于教师身份的研究也发现，在政策导向发生巨变时，教师身份受到很大挑战。如英国在 1988 年教育法案要求实行统一课程和考试，英国教师原先持有的以“儿童为中心”的身份感受到挑战，许多教师面临着教学和情绪上的压力并感到被工作所异化①。古德森领导的团队对英国、芬兰、希腊、爱尔兰、葡萄牙、西班牙和瑞典 7 国教师的大型历史—比较研究亦发现，面对教改的宏大叙述，7 国教师呈现出 4 种身份类型：重构的专业者、竞争的专业者、抵制的专业者和去耦合的专业者②。针对中国新课改后教师身份的研究也显示，中国教师在面对国家新政策时是尽力去地满足政策的要求③，但改革的优势话语和考试的隐蔽话语同时牵制着中国教师的身份构建④。

---

① Osborn, M. (2008). Teacher professional identity under conditions of constraint. In D. Johnson and R. Maclean (eds.) *Teaching: professionalization, development and leadership* (pp. 67-81). Springer Netherland.

② Goodson, I. (2010). Times of educational change: Towards an understanding of patterns of historical and cultural refraction. *Journal of Education Policy*, 25(6), 767-775.

③ Lai, M. & Lo, L. (2007). Teacher professionalism in educational reform: the experiences of Hong Kong and Shanghai. *Compare*, 37(1), 53-68.

④ 张爽、林智中：《课程改革中教师专业身份的危机与重构》，《教育发展研究》，2008 年第 2 期；王夫艳：《中国大陆素质教育改革中的教师专业身份及其建构》，香港中文大学哲学博士论文，2010.

但针对中国教师的身份研究主要关注新课改政策对教师的影响，而没有将时间向前延伸到改革开放30多年的脉络之中。究竟改革开放这30多年来，对教师造成了怎样的实质性影响？他们的身份认同经历着怎样的变化？他们如何应对这些变化？本章将以个案的形式呈现改革开放30年中不同时期不同政策对教师的影响。

第二节　脉络中的本体叙述与构建：研究方法的考虑

在现有教师身份的研究领域，采用怎样的研究方法对这个本体论层面的问题进行研究，学者们仍然还在摸索。纵观已有身份研究，可以看到一种语言学转向，即认为个体如何用语言将自己表达出来，即是一个构建“我”是谁的过程①。有的学者用话语分析的方法，分析教师与他人的对话中如何利用言语表述以协商其身份②；有的则借用对话自我理论，通过考察教师如何在多个相对自主的I-position中不断协商和构建一个相对整合和持续的自我身份感③。近年来的“叙述研究”是一种主流的研究教师身份构建的方法。但从目前来看，这些研究多是运用叙事方法获得教师自传性的资料，而并没有去进一步分析个体教师是如何在这样的叙述中构建自己的身份的。有的学者则直接将“身份”操作化地界定为“关于人的故事”④。但如Ricoeur所论述的，故事不同于生命就在于故事是被讲述出来(recounted)，生命却是被经历的⑤。因

---

① Weedon, C. (1997). *Feminist practice and poststructuralist theory* (2nd ed.). Cambridge: Blackwell.

② Cohen, J. (2008). 'That's not treating you as a professional': Teachers constructing complex professional identities through talk. *Teachers and Teaching: Theory and Practice*, 14(2), 79-93. Cohen, J. (2010). Getting recognised: Teachers negotiating professional identities as learners through talk. *Teaching and Teacher Education*, 26(3), 473-481.

③ 吴宗杰. 对话中的教师自我：巴赫金视角下的教师故事[D]. 浙江师范大学硕士论文，2007.

④ Sfard, A. & Prusak, A. (2005). Telling identities: In search of an analytic tool for investigating learning as a culturally shaped activity. *Educational Researcher*, 34(4), 14-22.

⑤ Ricoeur, P. (1991). Life in Quest of Narrative. in D. Wood (Eds.). *On Paul Ricoeur: Narrative and Interpretation* (*pp.* 20-33), London and New York: Routledge.

此，在收到教师个体的叙述后，作为研究者，还应该追问，为何教师如此叙述。但现有研究并没有在方法论层面解释清楚究竟个体的叙述与其“真实的身份”之间到底是什么关系，也未能证立为什么叙述可以体现出身份构建的过程。而本研究对叙述的理解，包括两个层面，本体的叙述和分析的叙述。这也是本研究所采用的研究方法。

一、叙述与身份的关系：本体性叙述

如前所述，身份中存在着“同”与“异”两个层面的内容。哲学家 Paul Ricouer 就曾用“同一性身份”和“自我身份”这对学术概念来“同”与“异”。而个体究竟如何平衡“同一性”与“自我”之间的矛盾，Ricouer 提出了“叙述身份”(narrative identity)的概念。所谓“叙述身份”，指人类通过叙述作用的调解而获得的身份类型①。在叙事中，通过对叙述对象(character)生命经历进行因果情节化处理，使叙述对象同一性中的永久性与自我的变化性和多面性之间的矛盾得到化解，其不和谐的生命事件通过因果情节化而建立和谐，叙述对象生命的一致性和持久的特性得以建构。如果个人无法将其生命经历进行因果情节化，获得一致性和和谐，则意味着叙述对象出现身份危机。

另一位哲学家 MayIntyre 亦问道：在高度发达的现代性及社会分工下，自我被消解为一系列分离的角色扮演的领域，人还如何能保持一种统一完整之感呢?② 他的回答是通过叙述来整合。在他看来，社会生活就是叙述，人通过叙述，将自己从出生、生活到死亡贯穿起来构成故事的开端、中间和结果，从而使自己得以统一完整③。心理学家 Jerome Bruner 则于 1987 年和 1991 年相继发表两篇重要论文《生命作为叙述》(*Life as Narrative*)和《现实的叙述构建》(*The Narrative Construction of Reality*)。他也认为，叙述并不只

---

① Ricoeur, P. (1991b). Narrative Identity. in D. Wood (Eds.). *On Paul Ricoeur*: *Narrative and interpretation* (pp. 188-199). London and New York: Routledge.

② MacIntyre 的这一理论也是为了回应被后结构主义理论所肢解的零散破碎的“自我”，但叙述就重新树立了“自我”得以立足的支撑点，至少“自我”还是叙述的中心，不管社会如何变化迅速，充满风险，“我”还是会寻找到让我自己得以整合和存在的意义的(赵毅衡，2008)。

③ MacIntyre, A. (2007). *After virtue* (Third Edition). Notre Dame: The University of Notre Dame Press.

是表征现实的方式，其本身就是构成现实的一种方式①，因为生命并不是“它是怎样的”，而在于它是如何被理解和重新理解，如何被讲述和重新被讲述的。在这个过程中，个体获得其存在的意义及自我身份感，因而叙述被看作是很好的研究主体性和身份的手段②。

从上述学者的论述可以看出，个体如何讲述自己的生命经历，尤其是将自己的生命经历进行“因果情节化”时，实际上是一个为自己生命经历赋予意义的过程，“我之所以成为今天的我，是因为……”在叙述中，个体获得了对自己生命经历的理解，也获得了对自己是谁的理解。而其叙述中情节的和谐、合情理、连贯性与一致性也可以让读者清晰地感觉到这个人物的性格特征，并可能预测这个人物的发展及行动。此时，我们可以将这个叙述中的人物看作是个体对自己是谁的身份感知。而在其对自己生命经历的叙述中，尤其是在每一次选择时，他们如何做出选择，其选择产生了怎样的结果，从而影响着其后续的行动，实际上亦反映了其身份协商和构建的过程。而当个体无法将自己的生命经历因果情节化，无法达到和谐和连贯时，则意味着个体陷入了身份危机。当他们实在无法从中找到出路，即无法为自己的经历赋予意义时，则很可能会选择自杀。

有读者或许会提出疑问：如果个体如此讲述自己，就相当于其身份，会不会个体因面对不同的听众有不同的讲述，那么如何确保研究的科学性和研究结果的可信呢？对于这样的质疑，首先在访谈中，研究者在倾听受访教师的叙述时，往往会逐渐获得一个较为清晰的人物形象，并预测其行为，但当受访者讲述的行为与研究者的预测相悖时，研究者就会以“咦？听起来这不像是你的所为啊？”这样的话进行追问，以进一步理解受访者当时的考虑。此外，作为严肃的社会科学研究，我们在获得个体教师的叙述时，还必须追问：个体究竟为何如此叙述自己？即要对所收集到的个体的叙述进行分析。

二、分析的叙述

在对叙述进行分析时，我们可以借助社会科学领域学者的研究成果。历史社会学家玛格丽特·萨默斯指出，叙述是对历史的建构性陈述，从零散的

---

① Bruner, J. (1991). The narrative construction of reality. *Critical Inquiry*, 18, 1-21.

② Bruner, J. (1987). Life as narrative. *Social Research*, 54(1), 11-32.

事件中寻找到秩序和意义，并将它们以一定事件顺序组建在一起，成为一个具有内在意义的整体，即是“叙述性”(narrativity)。在萨默斯的论述中，叙述蕴含了4个特点：(1)各部分的关联性(relationality of parts)；(2)因果情节化(casual emplotment)；(3)选择性选取(selective appropriation)；(4)时间、顺序和地点(temporality, sequence and place)①。在叙述时，人们(史学家)在众多的事件中往往会选择性地选取一些事件，一些事件之所以被选中，意味着该事件对叙述者来说是有意义的，前面发生的事件所造成的结果往往会影响着后续事件的发生，这样进行因果情节化编排后，各部分之间彼此关联成为具有内部连贯意义的有机整体。

史学家海登・怀特(Hayden White)亦提出叙述的5个要素：(1)叙述必须有中心主角；(2)事件是有次序的；(3)有情节；(4)叙述中必然有一个权威，即选择怎样的事件，根据怎样的叙述线编排情节，关系“权威”问题；(5)结局。这一结局往往意味着有一个道德教训，从中可以习得一些东西。② 其中“权威性”这一点尤其重要。教师根据怎样的故事线来因果情节化自己的从教经历，实际上隐含着当时社会上对“何谓好教师”的主流叙述。如当社会中“人民教师”的议论(discourse)压倒一切时，教师就会根据这个角色要求来为自己的经历赋予意义，并以此指导着自己的从教行为，在其叙述中亦会以此为线索来因果情节化自己的经历。

萨默斯亦提出了“关系格局”(constellations of relationships)这一概念，认为叙述是嵌入在特定时空中的关系格局中，这种关系格局受到制度、公共叙述和社会实践三者的影响③。它实际上是进一步清晰了怀特所言的“叙述中权威”的来源。制度、公共叙述和社会实践三者可能对教师有一致的要求，亦可能彼此相左：如新的政策对教师有新的期待，如以学生为中心，提倡素质教育，但社会中的公共叙述仍然希望教师能够帮助孩子考高分，而教师群体中的主流社会实践亦仍然延续过去的做法，注重以教师和教材为中心。那么教师究竟以怎样的故事线来为自己的经历进行因果情节化，就取决于教师究竟

① Somers, M. (1994). The Narrative Construction of Identity: A Relational and Network Approach, *Theory and Society*, 23, 605-649.

② White, H. (1987). *The content of the form*. Baltimore: The Johns Hopkins University Press.

③ Somers, M. (1994). The Narrative Construction of Identity: A Relational and Network Approach, *Theory and Society*, 23, 605-649.

如何看待自己应该承担的角色，从而采取相应的行动，并在叙述中呈现给他人“自己是怎样的教师”的身份感。

在本研究中，收集到个体教师的本体叙述后，研究者首先反复阅读该个体教师的叙述，考察其中是否出现了清晰的人物形象，对方是以怎样的故事线将自己的经历因果情节化的，他们在自己的每次经历中获得了怎样的道德教训，这种教训如何影响着其后来的行动。研究者亦需要发挥“社会学的想象力”①，将这些个案教师放置到改革开放 30 年中国社会、历史、政治、经济和教育的变迁脉络之中，通过结合宏观脉络及个人本体叙述，对其叙述进行重新构型，以进一步展现出教师生命事件之间的因果关系以及事件中各种力量的对比与关联，凸显其教师身份。此外，研究者亦需要在不同个案间进行比较，如果在同一时期内的个案出现了相似的故事线，并能将之放置到宏观脉络间进行理解，就可以认为某个时期该条故事线(对教师的角色期待)是一种主流的议论，或者说在这一时期教师身份呈现出了某种类型，这就从方法论上将个案研究升华至对群体类型的解释了。

三、样本情况

由于在不同历史时期进入教师职业的教师会面对不同的政策要求，因而在本研究中，样本选取的第一个重要考虑因素即是其入职的年代。在此基础上，由于本研究要求个体教师深入剖析自己的从教经历，非常需要仰赖受访教师的配合，因而主要采取方便抽样及滚雪球的策略，吸纳自愿接受研究者访谈的教师，最终访谈 24 位教师，其从教生涯的时间点可见图 5-1：

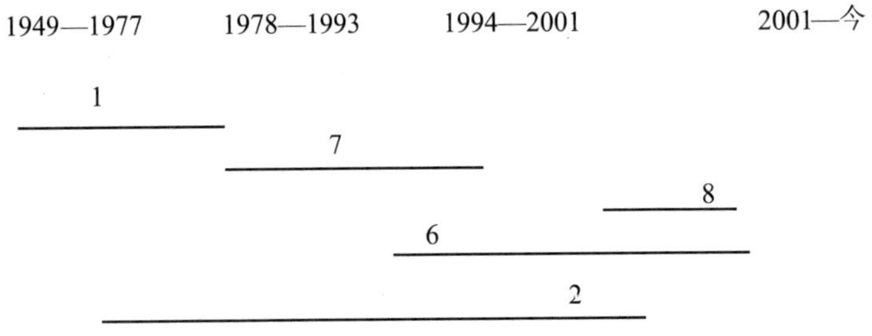

图 5-1　样本教师从教年限分布情况

① Mills, W. (2000). *The sociological imagination*. Oxford: Oxford University Press.

上述年代的划分是以重大的政策变革为依据。如 1977 年“文化大革命”结束，这个政治事件给经历“文化大革命”的教师带来了翻天覆地的变化，也极大地影响着教师对自己是谁的身份建构。1993 年为市场经济的开始，下海经商潮亦影响着教师群体，受访教师中有不少都会回忆自己在这段时间内面对的诱惑及自己如何抵御住诱惑而坚持从教。2001 年则是新课改的实行，且 2000 年以后随着网络社会和消费时代的兴盛，学生群体发生了很大的变化，亦极大地影响着教师对自己工作的认同。不同的样本教师往往会经历不同政策的更替和时代的变革，因此，讨论他们如何在面对新的角色和时代脉络中构建或重构自己从教的意义，有助于更好地理解教师及制定切实有效的教师政策。

第三节　教师身份变迁：从人民教师到专业人

通过对样本教师的叙述进行并置比较，并结合宏观时代脉络对样本教师的叙述进行阐释性理解，研究者发现在改革开放 30 年来伴随着不同政策取向及政策重点的不同，样本教师在不同的时期内呈现出了一些共同的身份类型，这在某种程度上即可看作是中国教师在该时期内呈现出的共性的身份特征。接下来就按照从样本教师的叙述中浮现出的时间顺序呈现中国教师身份的变化。

一、改革开放初期：光荣、困惑与无奈交杂的人民教师

“文化大革命”结束后，中国宏观政策的一个根本性变化即是从原来的抓政治斗争、以阶级斗争为纲转向一切以“经济建设”为中心，实行对外开放。受第二次世界大战后人力资本理论及各国加大对教育投资以培养适应经济竞争人才潮流的影响，我国政府也将“科教兴国”提高到战略高度，并提出要从“人口大国”转为“人力资源强国”。如同晚清时一样，“人才”一词在教育目的的论述中使用频率很高。

随着教育受到重视，国家也开始重视教师队伍的素质建设，改善教师队伍待遇，并试图在社会上营造尊师重教的风气。如 1980 年《中共中央、国务院关于普及小学教育若干问题的决定》中就明确提出要大力做好教师队伍的整顿和培训、提高工作效率，努力召回散落在各行各业的教师；切实改革教师工资制度，提升教师工资待遇，在中小学实行教龄津贴制度，以鼓励教师终

生从教等。该规定中亦明确提出要造成尊师的良好社会风气，教师“担负着传授科学文化知识、培养社会主义新人的光荣任务，理应受到全社会的尊敬”。

阶级斗争的结束对于很多经历“文化大革命”磨难的教师来说，无不长舒一口气，以更加饱满的精力投入工作，以表达自己对国家和孩子的爱。我们所熟知的斯霞老师即是如此。经历过国民党黑暗统治的她在建国后，其生活和教学两方面的环境均有很大改善，因而对共产党和新中国有强烈的认同感，愿意全心全意奉献教育事业。虽然“文化大革命”让她受了很大委屈，但在她看来，这是“四人帮”的问题，不是共产党的问题，因此自己被平反后，反而更加感激党对自己的解救，因而要愈发努力工作，为党和国家培养社会主义建设者和接班人。

但也有一些在新中国成立后进入教师工作的教师，由于当时阶级的分类(工人、农民、知识分子、干部等)替代了职业的边界，很多人虽然从事着教师工作，被贴上“光荣的人民教师”的身份标签，但在长期“人民教师”符号的影响下，这些教师反而在改革开放后出现了困惑与无奈。

1956年D老师在党的号召下不情愿却又为了表现积极而走上了教师岗位。“文化大革命”期间他被下放到商业口当工人长达13年。长期思想改造的经历使他对自己作为语文老师有清晰的定位：作为共产党政策的宣传员。“文化大革命”后，当他响应教育部门的呼唤重新站上讲台时，满心欢喜的他却发现自己难以从教了，其原因一是因为学生群体变得多样化，程度及年龄不一，另一个原因则是教学中涉及意识形态方面的内容时他不知道该如何教，生怕说错话会为自己再次引来牢狱之灾。

“有一段时期我非常困惑，就是邓小平改革开放后初期。因为毛泽东时代，我当时讲课时社会主义与资本主义的根本区别在哪里，社会主义没有人剥削人的现象。那改革开放后我就问了，包工头与工人之间是人剥削人的关系吗？他们有没有剥削？现在所谓的厂长与工人有没有剥削关系？咱们过去工厂的厂长与工人是同事关系，挣的钱都归国家。可现在呢，赚的钱归工头呀。他从工人身上榨取来的钱归自己呀。这不是剥削是什么？可过去咱们说社会主义中应该是没有剥削的呀。那你说让我讲这个政策该怎么讲？我政治课也没法讲了。你不了解现实，按照过去那个死教条来讲的话，这不符合现实了呀。学校里也有政治课呀，过去的思想政治教育，走阶级路线，讲阶级斗争，时刻把人分为敌人和自己人。那现在分吗？不分了。那现在你说有人民的敌人吗？咱们现在管人民的敌人叫‘罪人’。过去不是罪人，他没犯罪呀。

但就把他们定为敌人。因为他出身不好，成分不好，就是敌人。所以那时候讲法和现在讲法完全不同。那你说你语文课能不涉及政治吗？教学里怎么可能是纯文化的东西？再比如《为了六十一个阶级弟兄》中，里面讲阶级，救人。这里面不就有政治吗？语文离不开政治。”

研究者：那您在讲课时怎么处理呢？

D：那我也要改变观念呀，否则我怎么解释现在的现实？你不理解现在这个现实你也得理解。如果没有毛泽东，我们能有现在的生活吗？还能有现在的和平年代吗？还不是一样在挨饿。一亩地现在产粮该多少？那时候一个玉米棒长多长，现在多长……

研究者：那剥削问题您怎么讲呢？

D：避开这个问题。如果学生提问到，我就说，这就是咱们现在的社会主义，和过去的社会主义不一样了。社会主义的性质不变，但是政策上有所改变，这种改变并不是为了学西方，而是为了发展咱们中国的经济。所以咱们现在才有私营企业，过去可没有……

除了在教学上感到困惑外，社会中逐渐唯经济至上导向中教师收入和地位卑微的进一步凸显、长期阶级斗争造成的知识分子群体的畸形心理等都严重影响着这类教师对教师身份的认同。

虽然教师恢复了地位，国家也试图提升教师工资待遇，然而由于财政困难，许多地方教师工资并未落到实处。D老师就提及自己在退休前遭遇了3次“档案工资”，即地方没钱给教师涨工资，就在记录中说涨工资，实际上自己一分钱也没有拿到。在D老师看来，在“文化大革命”后，“有啥不如有个好爸爸呀。如果你有权，你给儿女安排个工作，啥也能安排进去。可当老师没权没钱呀，你安排不了。所以在这一点上，权力地位没有。”也是因为此，他的儿子因为无钱上大学而读了技校当工人，因过劳而死，白发人送黑发人，这件事情对D老师的打击非常大。

也是因为教师工资待遇的低下，以至于在利益的诱使下，教师群体继续延续阶级斗争时的内斗。在阶级斗争时期，知识分子为了自保往往通过与领导套近乎、打小报告等方式获得领导庇护。未想到阶级斗争结束后，知识分子之间的这种不正常关系仍然延续，甚至因与经济利益挂钩而更加严重，这让D老师感到非常无奈。由于“文化大革命”后学生程度不一，D老师好心义务拿出时间为学生补习，未想被同事们到领导处“穿小鞋”，认为其浪费了学校电费，而且可能收取了利益，让领导查处之。虽然其后来学生的考试成绩证明了D老师的努力，D老师亦受到了学校领导的表扬，但各种各样的内斗事件还是让他不得不在20世纪90年代初下海潮时离开了教师岗位，但最终其“知识人”的傲骨让他适应不了商界而重回讲台。

为何D老师会出现上述困惑与无奈，我们还得结合“人民教师”所出现的时代脉络及这一时代脉络为其所赋予的内涵来理解。

首先，何谓“人民”？从1949年10月1日毛泽东签发《中国人民政治协商会议共同纲领》中可以看到，工人阶级、农民阶级、小资产阶级、民族资产阶级及其他爱国民主分子均是人民之列，而“反动分子、封建地主、官僚资本家”则非人民，需经改造或制裁。“人民政府的文化教育工作，应以提高人民文化水平、培养国家建设人才、肃清封建的、买办的、法西斯主义的思想、发展为人民服务的思想为主要任务”。同年11月1日，中央人民政府教育部成立，同年2月召开了新中国第一次全国教育工作会议。会上所确立的新中国教育工作的目的，基本上延续了根据地时教育方针的主要精神，即“为人民服务，首先为工农服务，为当前的革命斗争与建设服务”。在新中国成立后长期的阶级斗争环境下，“人民教师”亦被赋予了意识形态上的要求：作为“人民”的教师，应该站在人民的阵营中，服务于人民，服务于革命斗争与建设①，必须自觉地接受思想改造，以马列主义、毛泽东思想的意识形态武装自己，积极发扬自我奉献和牺牲精神，全心全意为人民服务。在1951年《人民日报》的一篇社论中就表示，教师作为人类灵魂的工程师，必须严格要求自己，认真改造思想，使自己逐步能真正称得上“人民教师”的光荣称号。同年，《人民教育》发表一篇题为《人民教师必须成为马克思主义者》的社论，指出“人民教师和一切人民的教育工作者是“新中国儿童、青年的灵魂工程师”，是工人阶级领导国家极重要的助手，教师在很大程度上决定着国家的未来。1952年6月《人民教育》发表社论表示，“新中国每个人民教师必须使自己成为一个马克思主义者。因为教师是人们灵魂的工程师，只有我们的头脑被马克思列宁主义和毛泽东思想所武装了，我们才能将新中国的新后代塑造成为今天的新民主主义社会和将来的社会主义社会共产主义社会的积极的和自觉的建设者”②。在20世纪50年代，一系列的思想改造运动和三反五反运动，使得这

① 刘云杉．从启蒙者到专业人：中国现代化历程中教师角色演变[M]．北京：北京师范大学出版社，2007．

② 转引自白志忠．中共教育批判[M]．台湾自由出版社，1955．

一要求逐渐被教师所内化，成为自我教师身份认同的重要依托。D老师也因此将自己定位为“党的政策的宣传员”。而在改革开放后，随着一切工作重心转入经济建设，经济挂帅的局面让经过长期意识形态浸泡的D老师难以适应，甚至认为这是错的，在他看来，什么时候都不能抛开政治主导和价值主导，否则人心无向，缺乏灵魂。

在新中国，人民当家做主，因此，为人民服务亦是为国家服务，为人民自我奉献和牺牲也意味着应该要得到人民和国家的认可，在当时国家包办民众一切生活的环境下，教师为国家的奉献亦意味着国家应该解决教师的生活困难与问题。在阶级斗争时期，国家经济基础薄弱，所有的人都穷，作为“人民教师”理应也能够体谅国家，默默忍受。但在改革开放后，随着贫富差距的增大，为国家牺牲奉献自己的“人民教师”却仍然贫穷，甚至被拖欠工资，“人民教师”心里的平衡就被打破了。这也使得教师群体开始寻找新的身份认同资源，以使自己的工作生活得以依托。在高考压力及相应的问责奖惩制度引导下，从“红”走向“专”是大多数教师的选择。

二、20世纪80年代中后期：专业人的崛起

1957年10月9日，在中国共产党八届三中全会上，毛泽东从当时干部队伍缺乏领导建设事业的专业知识和能力出发，提出“我们各行各业的干部，都要努力精通技术和业务，使自己成为内行，又红又专”。这是中共领导人首次正式提出“又红与专”的要求。此后，如何处理“红”与“专”之间的关系就成为表达知识分子和青年学生如何处理政治与业务、技术关系的指标。但这两者究竟什么关系，孰轻孰重，却没有统一标准。1958年“大跃进”期间，《中共中央、国务院关于教育工作的指示》指出，一切学习中，必须进行马克思列宁主义的政治教育和思想教育。同年毛泽东在《正确处理人民内部矛盾的问题》中论及对知识分子的改造时也表示，“不论是知识分子还是青年学生，都应该努力学习。除了学习专业以外，在思想上要有所进步，政治上也要有所进步，这就需要学习马克思主义，学习时事政治。没有正确的政治观点，就等于没有灵魂。”因而政治是主要的，第一位的，政治是统帅，是灵魂，是业务的保证，只有“红”，才会全心全意为人民奉献，才会有工作热忱。实际上，经过长期思想改造浸淫的D老师已经深刻地内化了这一观点，使得他至今都认为如果没有正确的观点与信仰，人是缺乏灵魂的，他亦明确表示，自己作为知识分子应该“德才兼备，德为首”，这里的“德”既包括道德，也包括思想政治

素质，“政治可靠，积极向上”。

改革开放将世界带到了中国面前，此时恰逢欧美国家在财政危机之后的新一轮经济发展与竞争。为了积极参与世界经济竞争，培养人才成为国家的重大战略。在改革开放后，“红”与“专”问题亦曾引发过大讨论。出于对全球竞争时局的敏锐把握，邓小平在1980年1月16日中央召集的干部会议上的讲话明确表示了“专”与“红”的关系：“专并不等于红，但是红一定要专”。同年8月，邓小平在《党和国家领导制度的改革》中明确指出：“我们选干部，要注意德才兼备。所谓德，最主要的，就是坚持社会主义道路和党的领导。在这个前提下，干部队伍要年轻化、知识化、专业化，并且要把对于这种干部的提拔选用制度化”①。此时，“红”与“专”的表述转变成了“四化”的表述，其中“知识化”与“专业化”即是原来“专”的意思。此时行政决策权开始交由专家负责而不再像过去那样由群众根据政治表现进行选举②。恢复高考以选拔优秀人才、设立重点学校以集中力量培养拔尖人才、重视专业人员参与国家管理等政策的实行均反映出国家对人才的重视，亦对中小学教师队伍素质的提升提出了新的要求。在高考压力及教师队伍青黄不接的情况下，各中小学校都较为重视教师“专”的一面的提升，这种“专”在中国本土话语体系中即为教师口中常提到的“业务能力”。

实际上，在20世纪五六十年代，受苏联教研传统的影响，我国中小学界亦较为注重教研、教育实验、以赛课促教师业务提升。以北京为例。早在1954年，为了提升教育质量，改善当时教师队伍素质，北京市文教委员会颁布《关于提高北京市中小学教育质量的决定》(简称《五四决定》)，要求各教育局、学校和每位教师都要制定提高教育质量的计划；领导教师深入钻研教材和教学大纲；组织力量编写教学指导和教学参考资料，用以促进教师的业务学习；根据学生成绩的优劣和进步速度的快慢来评定教师的工作成绩；教育系统领导加强教育业务的学习以成为名副其实的内行等。在这一决定的指导下，北京市中小学教育界形成了很好的教研传统，如教育局内分别设立了中、小学教师研究组，针对各学科教学中存在的问题举办业务报告会、开设各学

---

① 国家教育委员会政策法规司编. 十一届三中全会以来重要教育文献选编[M]. 北京，教育科学出版社，1992：39-47.

② Delany，B. & Paine，L. (1991). Shifting patterns of authority in Chinese schools. *Comparative Education Review*，35(1)，23-43.

科进修班、业务经验交流会等。“文化大革命”期间，执行该决定的教育领导和教师均受到残酷打击和迫害。“文化大革命”结束后，1978 年 12 月 3 日北京市中小学教育工作会议为《五四决定》平了反，并于 1979 年 3 月《北京日报》中发表北京市教育局题为《〈五四决定〉是一个好的决定》的文章，号召全市中小学要发扬《五四决定》的基本精神，进一步提高教育质量①。

(一)“50 后”“60 后”，既“专”也要“红”

S 老师、M 老师、W1 及 W2 老师有一个共同的特征，出生于“文化大革命”前的知识分子家庭，在“文化大革命”期间接受学校教育。尽管这段时期知识分子受到了很大迫害，但另一个环境却是上山下乡潮。除了 M 老师外，其他三位老师的父母都作为知青到了边疆或农村。四位老师的父母均非常注重她们的文化课教育，即使在“文化大革命”期间，亦经常向她们传达“国家要发展，只有靠知识”的理念。由于在她们的父母下乡支边中，她们都享受到了老师额外的关爱，因而均有着强烈的从教意愿，希望能像自己的老师那样有机会去传播爱。其中，M 老师 1971 年初中毕业时留校入职并任团支书工作，W1 老师于 1973 年入职后长期从事德育工作，S 老师和 W2 老师则是“文化大革命”后恢复高考的第一拨大学生，分别任教高中历史和化学。如今 M 老师和 W1 老师已退休，M 老师作为业务骨干继续被学校返聘，而 S 老师和 W2 老师则进入 50 岁生涯，还有 4—5 年退休。在这 4 位老师的叙述中，研究者深刻感受到她们对教育事业和学生的热爱，亦感受到她们从教职中所收获的浓浓的幸福感和成就感。

在她们的叙述中，呈现出较为相似的一点既是：她们非常重视自己身为教师的专业能力，抓住一切机会进行学历和业务能力的提升，尽管退休或临近退休，仍然有着强烈的学习愿望，不愿落在时代后面。同时，她们亦有着非常强烈的“国家”情结，在他们从事班主任或德育主任工作时，都非常注重对学生进行爱国教育。此外，她们对传统文化中“师德”及集体时代教师要“牺牲奉献”的角色要求非常认同，处处以身作则。用 M 老师的话说，“我们这代人就是奉献，没别的，学校交给你的任务，二话没说不管多晚下班家里孩子多小，也要接下来，不像现在的年轻人……”W2 老师亦是如此。在如今大家都嫌班主任工作吃力不讨好，年轻人出于评职称考虑被迫当班主任的情况下，

① 郭晓燕. “五四决定”的制定、贯彻与历经的磨难[J]. 北京党史，2001(3).

她作为一名职称名利都有了的老教师，仍然坚持20多年不间断地当班主任。当学校考虑到她面临退休不让她当班主任时，她深感愤怒与失落，看到自己曾经带过的学生在运动会现场，她觉得自己“缺席”了。

S老师用“幸运”来形容自己作为恢复高考后的第一届大学生，因为当时高校里的知识分子重回讲台，把自己积累了十几年的知识都毫无保留地传授给了他们，这些重返讲台的老学者对教学的激情也深深感染着她，亦进一步坚定了她从教的信心。作为新毕业的大学生，S老师一入教职就受到了重视。学校给了她非常宽松的专业积累空间：推荐她作为青年教师代表参与区里每周一次的教研课；为她“一对一”地配备了德高望重的老特级教师做师父，从高一到高三带了她一轮，手把手地教；在她带了一年高一后，学校再将她安排在高一年级，这样就使她获得了对过去一年教学进行总结与反思的机会。新入职的教师则在这种辅导下快速地进入到教师角色中，并从教学中获得成就感进而认同自己的教师身份。

教师节的设立无疑进一步增强了S老师对教师职业和国家的认同感。1985年9月10日是S老师永远忘不了的一天。当天她作为该区代表参加了在北京师范大学操场所举行的第一个庆祝教师节的典礼，且深受鼓舞：

“你那时候就感觉到，不是一种无助，不是一种孤立，凭你个人的素养在做教师，而是国家在重教。国家认识到了国家要发展必须要重视教师，必须要重视教育，必须要有愿意从事教育事业的这样一批人，他们是心甘情愿的。”

S老师认为教师作为一名具有社会价值的社会人，其所传的“道”是一种高品位的东西，教师要把社会上最好的东西集中后传递给学生。这种“好东西”在S老师看来是具有社会责任感的东西：从爱自己开始，扩展到爱家庭、爱班级、爱学校、爱社区，最后是爱自己的国家；在这个过程中教育学生懂得感恩、懂得回报、懂得尊重、能坚持、有毅力。

研究者：那什么是“好”的东西？

S老师：我觉得你最起码得要有爱心，咱要从小了说，从爱自己开始、爱家庭开始、爱班级、爱学校、爱你的社区、爱你的国家，我觉得最高一个层面就是爱国家。而且国家的这种，你不能说这个事我特别麻木，我是教历史的，可能“国家”反而是更敏感的话题。那学生他就会有疑惑，他就会有不解，学生的这种思维是一种模糊的，甚至有的时候是一种混乱的，但是你一定要给学生一个明细的、透彻的这样一种解释，在这个过程中，那你渗透的就是一种国家意志，我代表的是国家。……每一桩、每一件你说的东西，你一定要是跟国家一致。社会科学，我就是说它有着一种很强烈的社会责任感，因为从你的教学的过程中，从你的教育活动的过程中，你是在渗透这种东西，你是在给他一种正面的引导的东西。

那么当S老师在教学中遇到不同的史料、史实会如何传达给学生呢？

“我们现在在解释问题的时候，第一个就是客观的现实是什么，通过文献你自己去分析；第二个，这个文献，著文献者他的价值观是什么，我觉得就要真的站在还要高的一个台阶上，往下去看，他在写、记录这个的时候，他本身就有价值观。但是你在这个方面，我觉得可能不能简单的中性化，因为你在中国，你在社会主义的国情下，你在中国共产党的执政党的领导下，那你必须是非常鲜明的表明你的一种观点。……一定要维护国家的、正面的、积极的……不能说没有问题，或者说怕有问题，怎么客观公正地看待这些问题，我觉得很重要，就是给孩子们方法论层面的东西很重要。因为现在坐在课堂里的这些孩子，说不定20年之后他们就是一个历史学家，就是一个社会学家，就是一个国家领导人，所以我觉得还是应该给他一个辩证的、客观地分析问题的这样一种能力。有些东西，你像咱们也不回避，包括文化大革命中的一些过激的、过左的问题都不回避，你这些文献都可以给他。”

与D老师口中“党的政策”不同的是，此时S老师虽然仍然坚持共产党的立场，但却是以“国家”的名义。这种在国家认同下的政党认同可谓是一种新时期的“红”。与D老师对自己做出牺牲而无回报的无奈不同的是，S老师在自己的叙述中体现出身为教师的浓厚的幸福感，这多少也反映出教师待遇的改善及该职业越来越强的吸引力。

（二）市场竞争力量推动教师成为“专业人”

改革开放后，国家也逐渐开始放权和推动市场化，试图以竞争带动效率和活力。1984年，新中国成立后的第一支股票发行。市场的引入意味着国家自上而下主动地瓦解着“文化大革命”前建立的“总体性社会”，国家不再包办和控制一切。社会中“经济挂帅”的趋势越来越强，清贫的教师职业无太大吸引力了。据S老师回忆，还在“文化大革命”刚结束自己选报专业时，就已经非常多人选读经济类专业。而在她1983年毕业时，全班40个同学中只有7个从教。当她入职进入教室后，都觉得自己茫然了：

“我刚离开四年，为什么学校是这样的，座位都变成单行了，这是给我的第一个感觉。原来我们上学就是并桌的，就是男女同桌的，为什么就变成了单行？……学生的经济状况也比我们好，当时已经有不少学生有自行车了，我都还是在工作两年后才买的自行车……”

在20世纪80年代末和90年代初入职的不少教师均表示，自己从教就是两个目的：找一个免费的读书之处，解决城市户口。H老师和X老师亦是在这样的动机下分别于1989年和1991年进入教职。1992年邓小平南方谈话后，市场进一步开放，许多在职的教师纷纷下海。前文提及的所有受访教师均面临着这一诱惑，看着身边的同事不断离开。除了D老师下海从商失败又回到了教职外，其他人都坚持住了。究其原因，现在这些教师基本上都是以“在这行多少干出了点成绩”为理由。S老师表示与自己当时一同毕业的7位同学在这段时期离职了5位，出国或经商，但从现在来看，她并不认为那些离开的人过得比她幸福。当然，从生命的叙述构建这一角度来看，既然这些教师留守教职，她们一定要为自己当初留守的行为赋予意义。

市场竞争的力量亦逐渐渗透到教育领域。1985年颁布的《中国教育体制改革的决定》赋予了学校更大办学自主权的同时亦给学校下放了更多的责任，学校面对自筹办学经费的压力开始面对市场竞争的压力，这就需要通过提升教育质量和升学率以吸引生源。相应地，旨在提升人才队伍活力与质量的聘任制改革也将原来以国家干部身份处于单位体制中，端着“铁饭碗”的教师推到了市场中，开始面对市场竞争压力。在1993年出台的《教师法》中就明确规定将“陆续推行教师聘任制度”。上述教师不约而同谈及“成绩”，可见在竞争压力下“做出成绩”已被教师内化为自己的工作要求。这一“成绩”由什么决定呢？通过H老师和X老师的叙述可以看到，决定性指标是所教学生的考分。此外，还包括她们在各种教研活动、教师科研、赛课获奖情况、参与教改实验中的表现等，但教学水平的高低仍然是以学生分数为最终衡量指标。

此外，在市场环境下，家长通过钱、权等手段进行择校的方式亦越来越强地影响到教师的生存状态。许多受访教师表示，自己学校中明确提出了教师作为“服务者”的口号，要求教师要使自己的工作让家长满意。这种与我国“师道尊严”传统大相径庭的要求让许多教师深感痛苦，无法从教师职业中获得幸福感。

在市场和绩效考评压力下，教师会努力去增强教师自己的业务能力，以使自己能够在学校中站住脚，增强自己在行内及家长面前的议价能力。这亦促使教师形成这样一种信念：只要自己努力，是可以为自己赚得权利的。努力在何处？即是提升自己的教学业务能力，抓学生成绩，至于“红”，只要不犯政治错误就行。

如今已是所在学区业务骨干的 H 老师就表示，自己入职时的发展动力来自校长的推门听课：

“我们那个学校都是很好的老师，我就想至少别被人骂了，那几乎是对自己最低的要求了。当时还有一个想法：如果你教学不行，领导一听课你就害怕，你要教一辈子书，难道要害怕一辈子吗？所以就是想在教学上提高自己，得到认可，这纯粹是生存。……入职那会就相对来说只关注教学。”

此外，对于从郊县到内城任教的 H 老师来说，人脉的积累亦非常重要，得到区教研室及专家教师的认可在她看来是最为重要的。而她幸运地先后被配给业内两位德高望重的名师任徒弟，为她后来被选为区里重点培养对象、参与教改实验并被专家教师认可起了铺垫作用。

“我觉得我对于自己作为老师身份的认可很大程度来自被这些专家教师、教研室老师认可。教研室是区里专门负责管理教学的，如果他们说你这个人行，那你就行了。否则，你在学校再有名，如果你没有得到教研室的认可，你就不行。”

重视被同行或者说专家教师的认可，恰恰反映出 H 老师作为“专业人”的身份感是非常清晰的。然而，从 H 老师的叙述来看，这一“专”只通过教学来体现，育人维度则可以不被考虑。

进入 20 世纪 90 年代后，随着素质教育改革的兴起，西方“教师专业化”的概念亦传入了我国，大学中的专家学者亦纷纷介入到教改中。在市场竞争压力、国家自上而下的教师专业化政策驱动及大学专家学者的鼓吹下，中国教师作为“专业人”的趋势进一步增强。但伴随时代的变化，所谓的“专”又被注入了新的内涵。

(三)素质教育改革进一步强化教师的“专业人”身份

改革开放及市场经济促成了西方多元价值观的传入。“89 动乱”后，国家试图重塑“红”统领“专”的局面。1989 年 3 月 23 日邓小平在会见乌干达总统约韦里·穆塞韦尼时表示 10 年发展的最大失误在于“思想政策工作薄弱，教育发展不够”，在其后 6 月 9 日接见首都戒严部队军以上干部时再次重申，认为四项基本原则没有错，错的是没有将其作为基本思想来教育人民、学生、全体干部和共产党员。李铁映在 1989 年 12 月 23 日在第七届全国人大常委会第十一次会议上的讲话《关于我国教育工作若干问题的汇报》中也表示，10年来“未能始终如一地把培养社会主义事业的建设者和接班人放在首要位置”，削弱了学校的德育。故在此之后，一系列的政策出台重申教育的社会主义方向，教师承担着培养德、智、体、全面发展的社会主义事业的建设者和接班人的重担和光荣任务，要求教师把坚定的政治方向放在首位，对广大青少年坚持不懈地进行爱国主义、集体主义和社会主义教育。此后，国家不论在意识形态还是行政管理上也进一步施以配套的政策约束及控制机制，并加强青少年德育及教师师德建设。此时“红”的统帅作用重新提出。李铁映在1990年国家教委工作会议上的讲话就明确提及：“在招生分配、评优评奖、授予学位、选聘校长、录用教师、教师职务评聘、干部提拔、工资晋升、出国留学诸方面，都必须严格掌握政治标准”，“学校应该为维护国内安定团结的政治局面做出贡献”①。

政治标准被重新抬到高位，意味着国家试图重新恢复对大局自上而下的操控。在教育领域国家借助制定政策及为引导政策执行而配套的奖惩制度两种途径实现这种控制。而20世纪90年代后最为重要的教育政策即是轰轰烈烈的素质教育改革进而到21世纪初开始的课程改革。

随着全球化和信息时代的到来，世界各国在20世纪80年代都纷纷进行了旨在提升国家综合竞争力的教育改革，并在80年代末将改革的重点从过去的体制变革转到了课程改革上。教师作为一线教育实践者，被看作是变革的能动者及最终仲裁人(Hargreaves & Fullan，2009)②，其专业能力被认为是影响教育改革的关键因素。基于这样的考虑，各国纷纷通过改革教师培训体系、加强教师专业发展等方式加强本国教师的专业化进程。

改革开放将中国推入世界市场，“冷战”的结束亦意味着国与国的较量将聚焦到经济实力的较量上。为了培养适应全球竞争的创新型人才，扭转“应试教育”培养的无法满足用人单位的“高分低能”毕业生的局面，我国的教育改革从80年代中期的体制改革过渡到90年代的素质教育改革进而到21世纪的课程改革。面对日新月异的多元社会、独生子女问题的凸显、网络对学生的影

① 国家教育委员会政策法规司编. 十一届三中全会以来重要教育文献选编[M]. 北京：教育科学出版社，1992：421-432.

② Hargreaves，A. & Fullan，M.(2009). *Changing war*. Bloomington：Solution Tree.

响，教育问题变得越来越复杂，教师面对着新的挑战，需要不断提升和发展自己以应对这些挑战。在这样的环境下，西方课程改革中要提升“教师专业化”“加强教师专业发展”的话语也被专家学者带入中国。由此，西方教师专业化的话语与中国本土的“红”与“专”中的“专”合流，教师专业化，走专业发展道路在国家、专家学者和市场力量的汇聚下被构建为一种强有力的公共叙述。

然而，在各种力量的交织下，中国教师的“专”被赋予了新的内涵。

1. 教师作为研究者

素质教育改革开始后，各种教育实验纷纷开展，“研究型教师”“教师作为研究者”的口号也被提出。许多学者亦呼吁，教师应该通过做科研从“经验型教师”成长为“专家型教师”。但在一线的考评压力下，如何考评教师的科研能力呢？发表的论文数量成为了重要指标。H 老师就表示，在课改环境下，自己所在的区由原来重视教师教学，重视把课研究透了并上得特别精彩，转而重视教师的科研及论文发表。

在中小学科研受到高度重视的环境下，一些教师开始自觉地内化了教师从事科研的角色要求，自觉地将研究与自己的工作结合起来。尤其是一些老师在参与科研中尝到甜头，即发现不仅能够改善自己的教学工作，自己亦能通过发表论文而获得制度的认可与奖励时，他们进一步认同教师作为研究者的理念。

F 老师 1997 年毕业于师范院校后，被分配在郊县中学。为了进城，他于 1998 年调入城内名校任教，获得参与某教授教改实验研究的机会。这次行动研究改进了他的教学，亦使他发表了生平第一篇论文，积攒了跳槽的资本。2002 年他得以进入同区另一所更加知名的学校，获得了更大的展示平台。他在教研课和公开课上的表现获得了该区一位知名专家教师的认可，此后，他的发展路可谓一帆风顺，负责起该校的教研工作。他的经历使他对教师要有研究意识的观念非常认同。在他看来，过去那种认为教师只要奉献自我牺牲的就是好老师的标准已过时，教师必须专业，这就要求教师要科学地看待教育教学工作，要对教育教学工作进行研究。

也有教师由于不知道如何做科研而无法对教师作为研究者的角色赋予意义，反而将之看作是负担。尤其是当看到各种职称评定必须要求课题与论文时，她们发出“教师工作已经不纯粹”的声音。

在素质教育改革后，尤其是课程改革背景下，越来越多的专家开始介入到中小学教研中。在这些具有高度文化资本的专家面前，一线教师是失语的。

许多受访教师纷纷表示，专家自己不知道该如何教书了，每位专家有一种说法，不知道听谁的。也有教师自豪地表示自己已经练就了根据不同听课专家的喜好而上课的本领。实际上，教师选择走研究的道路，以研究者自居在某种程度上亦反映出一线教师试图能够与专家在身份上缩小差距的诉求。

2. 被制度化与工具主义取向的"专业人"

在西方教师专业化的语境中，不论学者如何论述一个职业被称为专业的特质，大抵上有三点是最为重要的：一套行内人所知的专业知识和技能体系；从业者享有专业自主权；面对客户履行专业伦理①。如果说教师通过做研究以提升专业知识和技能是教师专业化的一种途径，在教师专业自主权上中国教师群体并没有向英美国家那样努力建立自己的专业协会，亦没有发展相应的专业操守准则。相反，中国式的教师专业化是由国家自上而下推动进行的，从十几位受访教师的叙述来看，此时所谓的专业发展成为了教师在国家所设定的外化专业发展轨道上逐渐晋级的代名词。

为了提升教师队伍素质，促进教师专业化以落实教育改革，国家设置了一系列的头衔以激励教师专业发展。除了在1993年颁布《特级教师评选规定》以延续和完善自1978年开始的特级教师制度外，还分别在各层级教育行政单位设立骨干教师和学科带头人，形成教师的专业发展路径。每一层次的头衔都要求教师积累不同的材料，因此，许多受访教师在自己的叙述中常常会提及"攒材料"这个词，而这些材料包括：赛课获奖、论文发表、参与科研等。如某教师在做公开课与论文上具备了一定数量，就可以从普通教师晋升为校级骨干教师或学科带头人，进而通过进一步积攒材料而"发展"为"区级骨干"和"学带"，再进而到市骨干和学带。学校为了快速帮助年轻人"成长"，亦是希望能够"打造"新人以提升学校知名度，与20世纪80年代新入职教师能因课少获得较为宽松的学习环境以更好地适应教学不同的是，"一年入轨、两年走上路、三年出成果"的口号被许多学校作为教师专业发展模式提出。已有三年工作经历的L老师表示，自己在入职的第一年里，不仅带两个班的数学，还兼任班主任和年级组长助理，每天压力太到睡不着觉。为了能够使自己的工作和生活有意义，L老师如是评价自己的第一年：当时领导也是为了锻炼

---

① Hoyle, E., and John, P. D. (1995) *Professional knowledge and professional practice*. London: Cassell; Furlong, J., Barton, L., Miles, S., Whiting, C. and Whitty, G. (2000). *Teacher Education in Transition*, Buckingham, OUP.

我们，想让我们早点出成绩，现在想来那一年还是很值得的。

已成为市级骨干教师的X老师，作为一个从上述教师专业发展路径中的得利者，她非常积极地看待自己的“发展”前景。X老师于1991年进入教职，与H老师有着几近相同的发展轨迹，入职后跟着师父学习、露脸、积攒人脉，参与各种赛课，获得各种奖项，进而获评骨干。对她来说，最有成就感的事情即是数各种证书的时候。她亦认为当前教师有很多专业发展的机会，只要自己愿意努力和付出，只要一心朝着自己的目标努力积累材料总会有所得。X老师三年前为自己设定了评上“市级骨干”的目标，如今已顺利实现，因而她又为自己设定了“中学高级职称”①进而是“市级学科带头人”的目标。这就意味着她必须开始把工作重心从参加赛课转移到发表论文上，以积累足够多的材料。X老师非常高兴于现在所获得的发展空间，并且认为自己已经将教师这个职业看作事业而非工作了，而她对“事业”的理解即是她能够从层层晋升中获得自我实现之感，而非西方专业人员所秉承的为客户服务的“天职感”。此时，教师工作对其而言只是一种工具性价值，本为目的的学生此时成为了其追求事业的手段。用X老师的话说，她已经练就了根据不同听课者的需求上课的本领，学生亦被训练得可以和她完美配合，有人听课时，“一个眼神”就可以让学生明白她的意图。

这种由政策驱动的“功利性导向”的教师专业发展路径亦给怀抱教育理想的教师带来痛苦，不知该如何选择。如前所述，在20世纪80时代，对“专”的理解多是围绕教学而言，对育人方面基本不关注。实际上，在中国由于有班主任这一特殊群体的存在，教书育人虽然是一位教师的天职，但在制度设计上却人为地将这一职责进行分离，造成学科教师往往关注学科教学，一切与育人有关的事情则交由班主任负责。

育人是一个慢活，其成效无法即刻体现。相比育人，教师在教学上相对来说可以更快地出成果，如写一篇论文、做一次公开课就可以看到教师的成绩。因此，在功利性的政策导向和生存压力下，许多教师并不愿意担任班主

---

① 根据国家1986年颁布的《中学教师职务试行条例》的规定，中学高级职称的评审条件为以下几条：1. 对所教学科具有系统的、坚实的基础理论和专业知识，教学经验比较丰富，教学效果显著；或者在学生思想政治教育和班主任工作方面有比较突出的专长和丰富的经验，并做出显著的成绩；2. 从事中学教育、教学某一方面的科学研究，写出理论联系实际、具有一定水平的经验总结、科研报告或论著，或者在培养提高教师的文化业务水平和教育教学能力方面做出显著贡献。

任。为了激励班主任，在教师专业发展中亦专门开设了“班主任专业发展”的路径。与学科教师通过公开课、赛课等方式类似，班主任则通过召开班会、发表育人方面的论文等获得晋升，如校级优秀班主任、区级再到市级优秀班主任等。但是对于一些学科教学和班主任“双肩挑”的教师来说，在有限的时间与精力下，她们就面临发展困惑了。

已有11年教龄的C老师从事着语文教学兼班主任的工作。对她来说，现在两头的成绩都已经有了一些，但如果要想有所突破，她只能选择其中一条道路集中努力。她就面临着到底要走语文教师的专业发展道路还是班主任的专业发展道路的两难选择。作为语文老师，当看到同事们纷纷发展出自己一片天地时，她却因为班主任工作牵扯了自己大量时间而在学科教学方面没有太大突破：

“科任老师除了上课就可以有时间来琢磨自己这门课，怎么把学科教学搞好。你说你这当班主任的，本来也想好好钻研教学的，可刚一琢磨琢磨，班里孩子打架了，你再一琢磨琢磨，家长给你打电话来了。一节课就30分钟，下课了你要带学生上操了，下午下课你又要监督学生眼保健操了，你的时间被分得很碎……我不是不想出成绩(即发表论文等)，我也想出成绩，真的是时间太少了……人家科任老师可以在学校写(论文)，你呢，你只能带回家写，你在学校你得盯孩子……”

为了发展自己，她攻读了语文教学专业的研究生，在撰写硕士论文时却常受到导师的“看不起”，觉得她们一线老师做得研究太没水平。这种不屑使她更想好好努力发展自己的专业。然而，她的大量时间精力都不得不投放到班主任工作上。在她看来，小学阶段是儿童养成良好习惯的重要时期，必须时刻要有人盯着。出于她的用心努力，学校将其定位到班主任专业发展的轨迹上，这种被定位就意味着她会得到更多班主任专业发展方面的机会，相应的则失去语文学科的发展机会，这与C老师的本意却是相左的。在访谈时，她甚至向研究者要建议究竟自己该往哪个方向走。实际上，这是C老师不知道该从何处寻找归属感的体现。

Z老师同样面临着归属的困难。她用“孤独”来形容自己。与C老师不同的是，Z老师看清了这个专业发展制度，并试图发挥自己的智慧去坚持自己的教育理想。这就意味着她很难在已经被功利政策所异化的同事群体中获得归属感。她用“形单影只”的大雁表达自己对团队的渴望。

功利导向的制度亦使上文所提及的临近退休的W2老师需要重新寻找维

系自己工作的意义。作为已经有 20 多年班主任工作经历且获得过所在省份最高级别的班主任荣誉表彰，她深深地热爱班主任工作。用她的话说，她就是喜欢听学生喊她妈妈，她亦觉得自己的育人理念只有借助班主任这个平台才能名正言顺地去实施。在所有人都不愿意当班主任时她仍然坚持当，其他班主任不愿家访时她亦仍然坚持家访。但学校考虑到她要退休，需要发展新人来接替其工作，在她还有两年才退休时，取消了她的班主任资格。这对她来说是一个非常大的打击。然而她却非常无奈，因为不论她如何向学校申诉，也于事无补了。

从上述分析可以看到，在中国语境下对教师的“专”的理解，仅是“业务素质”的理解，甚至随着时代的变化，而进一步被窄化为教学的业务素质，而教师的专业发展亦被逐渐异化为“攒材料”以实现在制度内晋升的过程。在这样的环境下，国家提倡师德建设既有其时代意义，亦面临着时代的挑战。

当然，也有的教师在素质教育改革的背景下不仅能够坚持自己的教育信念，甚至能非常好地利用素质教育及新课改的理念为自己原来开展的一系列教育教学工作进一步合理化。S 老师就表示新课改并没有给自己带来任何冲击，因为她一直都在主动调整自己的教学，坚持课后写反思。她也从不会单纯从知识层面来评价学生，而是一直都非常注重学生的情感态度和价值观。新课改提出的种种理念恰恰让她进一步意识到原来自己一直坚持的东西是对的，亦给她带来很强的成就感与职业幸福感。因此，我们又不得不好奇：为何不同的教师会如此不同地面对变化的政策？为何其他老师痛苦时 S 老师却收获幸福，她有怎样的智慧来平衡时代与政策的变化带给自己的影响？

第四节　我国教师群体身份变迁的启示

从上文的分析可以看到，在改革开放以前国家包办一切的环境中，社会上存在着对“好教师”应该是怎样的高度一致的看法，即服务于社会主义建设事业，能够为了国家事业牺牲与奉献的人民教师。教师亦以此为自己工作与生活赖以依托的意义源，牺牲奉献自我，并以被国家与人民认可为荣。改革开放后，社会价值观逐渐多元化，国家亦自上而下地松绑，将市场竞争引入教育领域，随着民众对教育的多元需求呼声的兴起、教育改革政策的实施及专家的介入，教师开始面对多元的角色要求，需要重新构建自己身为教师究竟是谁的身份感。在改革开放初期，一切唯经济的价值观给那些长期在“教育为政治服务"环境下工作生活的老教师带来了困惑。在市场导向与考试制度的牵引下，教师转向努力提升业务素质，走"专业人"的发展道路。在教师这一身份的转变中，呈现出了一些值得注意的现象。

一、中国教师的"国家情结"

如上文中分析的，在对外开放环境下，中国在世界中的崛起让教师们的国家意识凸显，过去教师口中的"共产党"被"国家"所取代。尤其是在近年随着中国经济的高速发展，民族自豪感亦被极大地提升。为了国家培养人才、传播国家意志仍然是许多教师赋予自己工作的意义之一。

这种对国家的认同及对国家的奉献，亦使教师仍然将改善自己待遇与工作条件的期待寄托在国家身上。尤其在市场力量日益介入到自己工作中时，许多教师表示，国家应该出面维护教师权利，而当他们发现国家并"不管"自己，反倒顺着市场的力量对教师提出若干要求时，他们表现出无奈与失望。可见国家权力仍然是影响教师工作和意义获取的最主要的力量。当然，这也与教师工作的特殊性有关。与可以在市场上自由从业的医生、律师等专业人员不同，身处国家自上而下举办的义务教育体制内工作的教师，不可避免地会受到国家任何政策变动的影响。

实际上，由于处于市场中的家长对教育存在多元需求，对教师的认可亦有不确定性。相比而言，国家认可的条件与要求相对是确定的。这也是为何许多教师纷纷抓住国家所投过来的"专业化"这根救命稻草，努力参加各种赛课以试图获得名利，甚至不断追求更高级别的赛课。因为比赛级别不同，不仅意味着所获奖项的文化资本含量不同，政治资本含量亦不同。身为评委的专家教师和教研员此时所代表的不仅是专业的力量，更是国家权力的象征。还有的教师则努力向大学教育学院靠拢，通过提升学历以提升自己个人拥有的文化资本，又或者往教育行政部门靠拢以获取政治资本，以此来调整自己夹在官方、社会之间日益低落的地位与心情，获得维系自己继续栖身教育界的内在动力。

教师的这种"国家情结"亦意味着国家出台任何教师政策，都应该充分考虑到当前教师所面对的真实处境及国家政策可能对他们的影响，尽可能要考虑到新出台的政策与已有政策之间的一致性。对于容易受政策牵引的教师来说，任何相互矛盾的政策都容易使他们无所适从而产生对工作意义的困惑。

二、缺乏安身立命之所的中国教师与其独特的抗逆力

在本研究中，几乎所有受访教师都提及“认可”一词：获得“师父”的认可，获得学校领导的认可，获得专家教师的认可，获得学生的认可、家长的认可，哪怕一点小小的表扬和鼓励，他/她们都会非常开心，觉得自己被认可了，进而获得成就感。这种仰赖他人以证明自己工作和存在价值恰恰说明当前在国家和市场夹击下的个体教师是如此的缺乏安全感。

这种对他人认可的依赖在某种程度上也反映出在国家和市场夹缝中生存的教师已经逐渐失去了从教对其生命的终极意义。在本研究中，当研究者问及受访教师教师工作对自己的意义及他们想成为怎样的教师时，不少教师直接表示，不想这么多，认认真真做好每一天领导交代的事情就行。既然自己无法确定从教到底有何意义，那么最直接的来自身边他人的认可及获得各种奖励就成为自己的工作意义和价值体现了。

但与西方一些教师面对课改难以获得维系自己工作与生活意义依托而离职或自杀不同的是，中国教师并没有出现太多过激的抵制情绪，尽管他/她们在言语上会抱怨近些年自己变得非常忙碌。一般来说，有着较强抗逆力的人往往因为有着坚定的追求与意义源。但如上述，中国教师的意义源来自他人的认可而非自己的终极关怀需求，那么教师很容易因为被认可或不被认可而情绪波动。但他们却又能如此抑制住自己的情绪情感，这种以“忍”的方式出现的抗逆力无疑是儒家文化滋养下中国教师的独特之处。中国教师群体身上的这种特点值得国家在制定教师政策时着重考虑。

三、中国教师群体渐呈分化与多元

改革开放 30 年是中国社会急剧转型的 30 年。不同时代背景下进入教职的教师身上亦不可避免地带着其所处的时代烙印，这些教师共同存在于当前的学校中，使教师群体呈现分化和多元的同时，也使得教师在群体内获得归属感出现困难。

比如，尽管现今国家在提倡师德的时候仍然要求教师要淡泊高远，要牺牲与奉献，但不同教师对这一角色要求的认同度已有所不同。在访谈的样本中，年轻教师往往认为教师既是社会的，也是个人的，不能要求教师过多。还有的教师则明确说自己不太认同牺牲与奉献是好教师的标准，教师必须要专业，懂教学和教育规律。几位出生于 20 世纪五六十年代的老教师则对年轻

教师所表现出的对利益斤斤计较及不注重自己的言行品德、不注重“为人师表”表示反感。当然，也有教师表示不能按照年龄来区分不同教师的表现。在这位老师的学校中，有的老教师也同样会斤斤计较，而新来的教师却很懂事。

此外，随着教师教育体系的逐渐开放，越来越多的非师范生进入到学校中。这些新教师由于没有经过师范教育的社会化过程，对于社会已共享的教师行为规范并不清楚，“衣着暴露”“奇装异服”“当着学生面吃东西”等均让老教师反感。面对这样的现象，老教师们除了无奈外，也只能以“包容”进行自我安慰。但非师范毕业的教师却认为，师范教育培养出的教师多数都属于乖和保守类型的。如上文提及的Z老师，作为非师范专业毕业的1991年大学毕业生来说，她在教师群体中有着较强的优越感。在她看来，同事们都只知道执行学校政策，随着制度起舞，却不跳出来问为什么。出于教育理念上的不同她亦无法从自己的同事群体中获得归属感，而这种孤独感同样深刻地影响着她从教的幸福感。

四、网络社会对教师工作的挑战

上文反复提及国家、市场、专家在改革开放后尤其是20世纪90年代素质教育改革后对教师的影响，实际上，还有另一个对教师工作进行影响的重要因素——网络社会。这种影响不仅仅是在教师的任何言行很容易通过网络而被传播。

首先，网络深刻地影响着学生群体，从而对教师的教育工作提出了新的挑战。据不少教师反映，自己的工作是在2000年以后才发生深刻变化的，除了课改外，重要的一点就是学生开始沉迷网络游戏。面对这样的新兴问题，很多教师最初都不知道该如何处理。更为重要的是，网络社会塑造着一个“流动的空间”，在这个空间中，时空的边界均被消解，人们无法再基于特定时空关系以寻找自我认同之根。没有了根，学生在课堂上也坐不住了。

在本研究中，许多教师都会以“教学生做人”作为自己的责任之一。然而，在不同教师口中所言的做人内涵却不同：有的关注对学生进行国家意志的传递和品格的培养；小学教师多关注行为习惯；有的则注重培养学生欣赏和尊重异国文化；有的注重培养学生感恩；有的教师积极主动培养学生的环保观念；而有的教师在面对家长指责自己不够环保时，却心存不满，认为家长在找茬……但多数教师在提及“做人”时还是局限在传统道德品行方面和“爱国”的维度上，很少有教师会自觉地将“育怎样的人”的思考放置到网络社会和全球化的脉络之下进行思考。

其次，网络社会亦打破了教师对知识的垄断，甚至教师的视野不如学生的视野开阔，“学生变得越来越难教”是许多教师的心声。工作上的受挫感无疑对教师认同自己的教师身份有着负面的影响。教师究竟需要怎样的专业性以应对这些问题，是需要进一步研究的问题。

五、教师对工作的情与意是影响教师面对变化坚持从教的重要力量源

在现有教师专业发展项目中，主要集中在知识与技能的培养培训上，侧重让教师在理念上得到更新。本研究却显示，教师能否胜任自己的工作并不在于那些知识和技能，而是其从教意愿及对学生的爱。“只要你真的爱学生，你总会想出办法的”，“不管做什么，愿意做很重要”之类的话被不少受访教师反复提及。在他们看来，技巧性的东西永远无法穷尽，但只要自己有想做好的愿望和决心，就会努力去想办法让自己做得更好。研究者亦发现，在受访教师中抱怨自己工作与从工作中能收获幸福感的教师有着一个非常鲜明的差别：即前者往往是非自愿地进行教师职业的，而后者则是在有着强烈的从教意愿下选择教职的。也是在这样的强烈意愿下，教师会努力寻找办法提升教学、帮助问题学生，亦会在自己的倦怠期中努力想办法为自己开拓新的方向以度过倦怠期。如前面所提的S老师，在她28年的从教经历中，她有过两次倦怠期，但她都通过继续学习、在学校中开展教师分享活动等方式，通过为自己营造一个有利的环境而顺利度过了倦怠期。M老师亦是如此。从1971年入职至今的40多年里，她不断告诫自己，要想做一名合格教师只有不断学习，使自己跟上时代，这样自己的课堂才会生动，才能吸引学生。而这种学习的动力亦是来自她对教育事业和对学生的爱。在接受访谈时，M老师是作为退休教师返聘的，她仍然在自学篆刻并自制教材和学生的学习材料。

这提示我们，在进行教师招考与聘任时，教师的知情意三个方面都应该并重地对候选人进行考察。

六、星点的“教育者”之光，能否燎原？

在前文中，研究者用“专业人”来概括改革开放后中国教师身份中呈现出的趋势，并且也指出这种“专”是在业务素质层面的理解，指代在现有专业发展制度下逐渐被制度化为功利追求专业晋升的教师。澳大利亚学者扎克斯曾

经对受重问责与绩效考评的新自由主义教育政策影响的教师进行研究，发现这些教师的身份认同呈现出两种取向，一种是企业家型的教师，另一种则是活动家型的教师①。前者即类似本研究所言的“专业人”，借助现有政策为自己积极谋利，后者则是超越政策以实行社会变革的活动家。在本研究中，几乎没有教师将自己的工作与社会变革相联系，与功利追求的“专业人”相对，少部分教师较为注重“育人”，研究者称这部分教师为“教育者”。前文所诉的C老师、Z老师、W2老师和S老师均有“教育者”的身份感。甚至在Z老师的概念里，自己身为“教师”的幸福感是来自育人。教学上她亦获得非常多的荣誉，但她觉得那并没有让她感到身为教师的幸福。

虽然国家的专业发展政策的力量很强，但在素质教育改革的环境下，“教育者”亦有其发展空间。在素质教育改革环境下，国家站到了唯学生分数的对立面，如北京市的小学中已经非常淡化学生的分数。何谓素质教育，未来所需要的人是怎样的，这些问题的答案往往模棱两可，这就为那些拥有教育理想的教师提供了机会。但这类型的教师较少，而且如她们所言，目前“只能做到自己”。实际上，北京市高考现在已经越来越灵活，如果只是像过去那样让学生死记硬背，不注重引导学生探究和问题意识，学生也考不了好成绩②。从这个意义上说，考试成绩与学生全面发展之间的矛盾并不像过去那么激烈。真正用心去思考和实践教育的老师，也往往取得不错的成效。如W2老师，常年带高中普通班。她以“让学生快乐”为自己的工作目标。但这么多年下来她所带的班级的高考录取情况在全年级中仅次于重点班。Z老师虽然觉得孤独，但她的教育努力亦逐渐得到了学生的回应。当然，对于处在当前环境的“教育者”而言，他们需要有坚定而强大的内心。为了发出自己对教育的声音，实施自己的教育想法，她们需要比“听话”的教师付出更多的勇气、精力与心力，亦需要很大的智慧。实际上这类型的教师是教育界宝贵的一笔财富，他/她们的心灵应当得到“呵护”。

---

① Sachs, J. (2001). Teacher professional identity: Competing discourses, competing outcomes. *Journal of Education Policy*, 16(2), 149-161.

② 如5年前从职高调入一所高中的Q老师，由于没有受过任何师范训练及现阶段教师专业发展的相关培训，她用自己读书时的死记硬背模式进行教学，没能获得教研组长的认可。而她自己从学生的考试成绩分析及后来的一系列听评课活动中也意识到，现在的高考很活，必须要培养学生的探究和分析问题的能力，而不能死记硬背了。

参考文献

Bruner, J. (1987). Life as narrative. *Social Research*, 54(1), 11-32.

Bruner, J. (1991). The narrative construction of reality. *Critical Inquiry*, 18, 1-21.

Cohen, J. (2008). 'That's not treating you as a professional': Teachers constructing complex professional identities through talk. *Teachers and Teaching: Theory and Practice*, 14(2), 79-93. Cohen, J. (2010). Getting recognised: Teachers negotiating professional identities as learners through talk. *Teaching and Teacher Education*, 26(3), 473-481.

Coldron, J. & Smith, R. (1999). Active location in teachers' construction of their professional identities. *Journal of Curriculum Studies*, 31(6), 711-726.

Delany, B. & Paine, L. (1991). Shifting patterns of authority in Chinese schools. *Comparative Education Review*, 35(1), 23-43.

Goodson, I. (1992). Sponsoring the teacher's voice: Teachers' lives and teacher development. In A. Hargreaves & M. Fullan (Eds.), *Understanding teacher development* (pp. 110-121). London: Cassell; Hargreaves, A. (1996). Revisiting voice. *Educational Researcher*, 25(1), 12-19.

Goodson, I. (2010). Times of educational change: Towards an understanding of patterns of historical and cultural refraction. *Journal of Education Policy*, 25(6), 767-775.

Hargreaves, A. & Fullan, M. (2009). *Changing war*. Bloomington: Solution Tree.

Hoyle, E., and John, P. D. (1995) *Professional knowledge and professional practice*. London: Cassell; Furlong, J., Barton, L., Miles, S., Whiting, C. and Whitty, G. (2000). *Teacher Education in Transition*, Buckingham, OUP.

Lai, M. & Lo, L. (2007). Teacher professionalism in educational reform: the experiences of Hong Kong and Shanghai. *Compare*, 37(1), 53-68.

MacIntyre, A. (2007). *After virtue* (Third Edition). Notre Dame: The

University of Notre Dame Press.

Mills, W. (2000). *The sociological imagination*. Oxford: Oxford University Press.

Osborn, M. (2008). Teacher professional identity under conditions of constraint. In D. Johnson and R. Maclean (eds.) *Teaching: professionalization, development and leadership* (pp. 67-81). Springer Netherland.

Ricoeur, P. (1991). Life in Quest of Narrative. in D. Wood (Eds.). *On Paul Ricoeur: Narrative and Interpretation* (pp. 20-33), London and New York: Routledge.

Ricoeur, P. (1991b). Narrative Identity. in D. Wood (Eds.). *On Paul Ricoeur: Narrative and interpretation* (pp. 188-199). London and New York: Routledge.

Sachs, J. (2001). Teacher professional identity: Competing discourses, competing outcomes. *Journal of Education Policy*, 16(2), 149-161.

Sfard, A. & Prusak, A. (2005). Telling identities: In search of an analytic tool for investigating learning as a culturally shaped activity. *Educational Researcher*, 34(4), 14-22.

Somers, M. (1994). The Narrative Construction of Identity: A Relational and Network Approach, *Theory and Society*, 23, 605-649.

Somers, M. (1994). The Narrative Construction of Identity: A Relational and Network Approach, *Theory and Society*, 23, 605-649.

Weedon, C. (1997). *Feminist practice and poststructuralist theory* (2nd ed.). Cambridge: Blackwell.

White, H. (1987). *The content of the form*. Baltimore: The Johns Hopkins University Press.

郭晓燕. "五四决定"的制定、贯彻与历经的磨难. 北京党史，2001(3).

国家教育委员会政策法规司编. 十一届三中全会以来重要教育文献选编. 北京，教育科学出版社，1992：421-432.

国家教育委员会政策法规司编. 十一届三中全会以来重要教育文献选编. 北京，教育科学出版社，1992：39-47.

刘云杉. 从启蒙者到专业人：中国现代化历程中教师角色演变. 北京，北京师范大学出版社，2007.

曲正伟．教师的“身份”与“身份认同”．教育发展研究，2007(4)．

孙立平．改革前后中国国家、民间统治精英及民众间互动关系的演变．“华人社会之社会阶层研究讨论会”会议论文，中国香港，1993，12．

吴宗杰．对话中的教师自我：巴赫金视角下的教师故事[D]．浙江师范大学硕士论文，2007．

张爽、林智中．课程改革中教师专业身份的危机与重构．教育发展研究，2008(2)；王夫艳．中国大陆素质教育改革中的教师专业身份及其建构．香港中文大学哲学博士论文，2010．

第六章 社会变迁中的我国教师人事管理制度研究

从行政管理学的角度来说，“人事”乃指在社会劳动过程中，人与人、人与组织、人与事(工作)之间的相互关系。具体到教师人事管理，就是指教育机构通过对教师的职位与岗位、录用或聘用、考核、任免、晋升、竞聘、奖励、惩戒、培训、调配、回避、工资福利、辞职或辞聘、辞退与解聘、退休等事项的管理，发挥组织的积极功能，激发教师的内在潜能，优化教育机构中“人”与“事”之间的关系。这种相互关系在不同的社会经济背景下有着不同的内涵，表现为各种不同的人事管理制度。如在新中国成立后的很长一段时间里，教师人事管理实行的是任命制或派任制；改革开放以后开始探索实施教师聘用制。如今，教师聘用制的改革正一步步得到完善和落实。本章将着重探讨改革开放以来我国教师人事管理制度的逐步建立和完善过程，并将讨论放在中国社会变革的大背景下进行，以期能够更深刻地理解和把握变革的意义、存在的问题及可能的改革路向。

第一节 计划体制下的教师人事管理制度

在计划经济时代，“人事”二字的内涵有着特定的指向，它一直是与“干部”二字相联系的。因此，人事管理就是指对干部的管理，而“干部”的范围包括了机关的工作人员(公务员)、国营企业中的管理与专业技术人员、事业单位中的管理与专业技术人员。他们都属于“国家干部”，因而也就是国家的“公职人员”。由于“干部”在计划经济时代是一种相对于“工人”或“工勤人员”的身份体现，因此，人事管理也就成了一种对干部的身份管理，体现了身份及与之相对应的权利与待遇。从这个意义上可以说，被列入人事编制的教师队伍是具有较高社会地位的群体，他们享有公务员享有的一般权利，受到“体制”的保护。

一、计划用人：教师任命制的本质

从新中国成立至20世纪80年代中期，我国负责高校毕业生分配工作的国家主管机构，主要是国家计划委员会（高教部、国家教委）和劳动人事部。其大体管理职能分工是：国家计划委员会负责制订高校毕业生的分配计划；教育部门负责制订调配计划和毕业生分配后一年实习期内分配不当的调整；劳动人事部门负责毕业生转正后，对使用不当的调整和管理。而从人事管理制度的具体运作而言，包括学校在内的事业单位一直采用任命制的用人机制，即由上级教育行政部门和组织人事部门按照各地区教育机构及学校的师资需求，集中编制用人计划，统筹安排师范毕业生去向。通过编制管理来统筹教师人事管理的做法延续至今。从具体负责义务教育阶段行政管理的县级政府来说，通常会设置机构编制委员会来核定全县中小学教职工总编限额，然后由编委办会同教育、财政等行政部门核拨各中小学教师具体编制数，并根据教育事业发展和教学工作实际需要适时进行调整。

一旦编制数确定，教育行政部门就有了分配或招收新教师的准绳，它们一般会遵循优生优分原则派任教师，即好的学生一般派往大中城市好的学校，边远艰苦地区则实行行政指令性计划安排，体现“哪里来哪里去”的生源地原则。当然，其背后也体现出我国社会发展中存在的不平等的城乡二元结构。

这种制度在我国历史上发挥了一定的积极作用。尤其是新中国成立之初，我国劳动人口教育水平普遍偏低，为了培养大批社会主义现代化建设的合格人才，就需要大力发展国家教育事业，相应地也就需要培养和任用大批教师。而实施任命制可以方便教育行政部门对教师队伍进行统筹安排和管理：一方面，可以保证在教师来源总体短缺的情况下将教师派往急需的岗位，这在教师待遇较低、教育教学环境不尽如人意的情况下，有助于教师队伍的相对稳定；另一方面，也使国家能够根据各地的经济发展水平和教育需求合理配置师资，相对保证了全国基础教育的适度平衡发展，兼顾了公平和效益。

这种教师任用制也跟计划经济时代我国师范生培养机制相一致，20世纪50年代我国借鉴苏联的模式，进行了高校的院系调整，将跟师范教育相关的学科从综合性大学中独立出来，建成相对独立的师范院校，并形成包括师范学校、师范专科学校和师范本科院校在内的封闭的三级师范教育体系(中等师范学校培养小学教师、师范专科学校培养初中教师、师范本科院校培养高中教师)。各级师范院校按行政区域培养所需各级师资，其学生一毕业，就自然取得相应的教师资格，被教育行政部门统一分配到各地学校。其后，除非组织调动和其他非正常因素，这些师范毕业生基本上会在同一所学校任教，直至退休，几乎不可能出现中途自行调整工作的现象。可见，师资来源的单一和固定，方便了教师任用制的贯彻实施。

在教师任用的过程中，任命者与教师之间体现的是一种命令与服从的关系。前者会根据区域内学校对教师的需要情况，制订具体的用人计划，包括师范生的招生与分配计划。一个人能否成为教师，在什么样的学校任什么样的职，享受什么职级的待遇，以及能否和如何改变上述情况，均取决于任命者，教师基本上处于被动地位。在计划经济时代，国家就像一架庞大的机器，作为个体的个人只能是这架机器上的小零件而已，个人的存在是以国家的存在为基础的。与此相一致，学校作为教育行政机关的附属物，一定程度上又代表教育行政机关维持着与教师之间的行政隶属关系，保持着与教师之间的领导与被领导的关系。

总之，在计划经济体制下，“人事关系”因其适用对象的特殊性而主要表现为一种行政化的社会关系。它一方面具有统一的内涵与外延，无论是国家机关、事业单位还是国营企业的干部，在管理上都具有任用或派任的人事关系特点；另一方面又具有浓厚的行政色彩，在管理方式上体现了行政化管理的特征，个人基本上是以服从组织分配为原则，几无自主性而言。随着社会的发展，这种人事制度的弊端也逐步暴露无遗。

二、封闭僵化：教师任命制的弊端

如上所述，虽然教师任命制作为管理和使用教师的主要形式，在新中国成立后相当长一段时间里适应了计划经济体制的需要，在我国教育事业的发展中发挥了积极的作用。但随着改革开放的不断深入，教师与其他事业单位人员一样能进不能出、能上不能下，“捧铁饭碗”“吃大锅饭”的状况都日益严重，教师缺乏制度性激励的问题也愈发受到关注。具体而言，教师任命制带来的弊端如下：

第一，师资派任，学校无用人自主权。任命制是一种高度计划性的用人机制，教师的来源集中在师范院校，师范毕业生实行统一分配，在这个过程中，教师配置的权力掌握在教育行政部门手中，学校只有无条件接收的权利，没有作为用人单位应该有的选择权，更谈不上对教师人力资源管理的自主权。其结果是学校用人计划难以落实，教师缺乏或结构性失调的现象普遍存在，用非所长或专业不对口的现象更是司空见惯。这种过于集中和统一的教师管理模式表面上形成了教师充分就业的态势，实质上严重地阻碍了教育事业的发展，不利于学校成为面向社会、自主办学的法人实体。

第二，人身依附，教师缺少合理流动。整个社会运作的高度计划性，加上教师管理上的单位所有制，使得教师和学校之间成为一种行政上的隶属关系，后者包揽前者的工作安排、工资待遇，乃至生老病死等各项事务，前者对后者产生强烈的人身依附，这样的人事管理模式决定了教师分配的一次定终身。如在一些学校实施的教师职务评聘中，并没有严格的岗位限制，教师职务级别成为教师个体教学水平和能力的象征。而且，这种职务没有任期限制，一经任命或评定就终身享有，无法在学校里形成有效的竞争淘汰机制。结果教师人力资源难以优化配置，师资使用效率低，设岗、定编也大多停留在字面上，因人设岗、因人定编等现象屡见不鲜。

第三，动力缺乏，激励机制难以奏效。合理的教师晋升不仅是对教师过往业绩的肯定，更是教师职业发展过程中的重要激励机制。但上述的“一旦拥有，终身享受”的职称终身制使职称成为了教师惰性发展的内在因素，一旦评定了高一级职称，相应的工资待遇就接踵而至，伴随终生。即使教师不思进取，裹足不前，也不必担心有任何的不利影响，使得晋升制度固有的激励功能丧失。同时，在日常教师管理工作中，也没有将教师的工作业绩与其所获报酬直接挂钩，没有体现出不同劳动成果的不同价值，出现了干多干少一个样的“吃大锅饭”现象，这严重挫伤了广大教师的工作积极性，影响了教师个人潜能的最大限度发挥。

第四，权益受损，教师地位差强人意。按照人事管理的基本原则，我国教育行政部门采取与管理政府工作人员相同的办法来管理中小学教师，但由于教师队伍庞大，更重要的是，管理部门并没有真正认识到保障教师合法权益的重要性，结果教师在工资待遇等方面并不能享受“不低于当地公务员”的同等对待。这种现象在广大的农村中小学里表现更甚，农村教师权益被损害的现象时有发生。在相当长一段时间内，农村的中小学工资由乡镇一级政府发放，但由于财力有限，乡镇经常出现拖欠教师工资的现象，或是以实物替代工资，有些地方甚至对教师上岗工作还要收取上岗费，交不起的就在家待岗。① 以上种种表现揭示出教师作为学校或教育行政部门附属物存在的本质特征。

第五，考核失效，教师评价流于形式。教师考核作为人事管理的重要环节，本该发挥查漏补缺、奖勤罚懒的重要工具，但由于教师和用人单位之间没有依法建立明确的权利义务关系，没有在教师任用过程中建立严格的责任制度，结果使得教师考核时缺乏明确的评价标准作为依据。同时，考核方式也欠科学合理的程序，领导的“一言堂”现象比比皆是。更重要的是，考核结果的可比性较差，未与教师职务聘任、工资待遇、奖惩激励、教师流动等挂钩，使考核在一定程度上流于形式，缺乏应有的作用和生命力。

上述弊端盘根错节，彼此交互影响，暴露出计划体制下我国教师人事管理制度的僵化与落后。随着市场经济体制的引入，特别是人才市场的逐步建立和完善，教师人事管理制度的改革也是箭在弦上，不得不发了。1987 年，党的“十三大”提出要对“国家干部”进行合理分解，改变集中统一管理的现状，建立科学的分类管理体制；改变用党政干部的单一模式管理所有人员的现状，形成各具特色的管理制度。在这一思想的指导下，学校实行了区别于公务员的人事管理制度，开始实行考试招聘校长。在教师的管理上，1985 年颁布的《中共中央关于教育体制改革的决定》(以下简称《决定》)提出，只有具备合格学历或有考核合格证书的，才能担任教师并且要对教师进行认真的培训和考核。这一时期的干部管理制度改革有了扎实的举措，并且将改革的触角延伸到了教师层面。②

第二节　我国教师招聘制度改革

随着我国改革开放不断走向深入，传统的教师任命制越来越暴露其僵化封闭的弊端，高素质教师队伍的建设需要相应的制度作为保障，教师人事制度改革势在必行。同时，师资来源的多元化也对我国传统的教师任用方式产生了很大影响：一方面，是我国开始实施多元化的教师教育体制，打破了传

① 陈永明等. 教师教育研究[M]. 上海：华东师范大学出版社，2003：215.

② 郭继东，曹燕玲. 教育人力资源管理的历史演变与未来走向[J]. 上海教育科研，2011(2).

统由师范院校垄断的师资培育市场；另一方面，开始实施教师资格制度，实现了教师职业准入机制和来源的多元化。更为根本的推动力量，则是由于师范院校的毕业生分配制度的深刻变革，即从国家统包统分转变为毕业生与用人单位的双向选择，它直接撕裂了之前教师任命制的合法外衣。

一、双向选择：毕业生分配制度改革

早在20世纪80年代初，我国就开始了高校毕业生就业制度的改革。国务院于1981年批准了《关于改进1981年普通高等学校毕业生分配工作的报告》，对1981年全国普通高等学校毕业生的分配，试行在国家统一计划下，采取抽成调剂，分级安排的办法。1983年，为了使高校毕业生分配工作能更好地适应“四化”建设需要，教育部确定将清华大学、西安交通大学等四所院校作为进行学校与用人单位“供需见面”的试点。1984年，在继续进行试点工作的同时，教育部提出“扩大高等学校分配毕业生权限”，即“一部分毕业生由国家直接安排，一部分毕业生在国家分配方针原则指导下，由学校和用人单位直接联系后提出分配建议，经主管部门审定，纳入国家计划”，以解决高等学校毕业生分配使用中存在的用非所学、专业不对口以及分配渠道不畅通等问题。

毕业生分配制度的重大改革在1985年《决定》中有了更全面的规定。《决定》提出要改革高等学校招生和毕业分配制度，对传统的计划经济色彩比较浓厚的毕业生就业办法进行具有市场经济内涵的改革。根据《决定》的精神，高等学校开始改变长期以来毕业生由国家统包统分和包当干部的分配制度，实行市场与计划相结合、以市场为主的做法，除了某些国家基础性行业和涉及国家安全、利益等领域的毕业生由国家统一安排外，其他的行业由毕业生自主择业。

1986年起，原来由国家计委主管的编制毕业生计划的工作交由国家教委主管，解决了长期以来存在的招生和分配工作脱节、工作效率不高等问题，促使了毕业生分配工作的进一步改革。根据《决定》的精神，国家教委组织力量对高校毕业生分配制度的改革进行调查研究，并会同国家计委、财政部等有关部门作了专题研讨论证，提出了《高等学校毕业生分配制度改革方案》，其主要原则是毕业生与用人单位“供需见面，双向选择”，基本目标是在国家相应就业政策的指导下，逐步实行毕业生自主择业，使毕业生就业走向市场化。该方案经1988年全国高等教育工作会议讨论，认为可以在全国逐步实施。1989 年 3 月 2 日，国务院正式批转了这份《改革方案》(通常称为“中期改革方案”)。

“中期改革方案”是一个过渡性方案，它把原来的指令性计划分配高校毕业生到全民所有制单位就业的制度，改为在国家有关政策指导下，以学校作为主体，在学校组织、监督下，经学校推荐、毕业生选择择业、用人单位择优录取的“双向选择”制度。这种办法与“统包统分”制度的最大区别在于，一是毕业生有更多机会与用人单位直接见面；二是未被录用的毕业生要回家庭所在地去自谋职业。这相对“统包统分”的分配制度而言，在一定程度上打开了一个缺口。

为适应这一改革，高校逐步将具有浓厚计划经济色彩的毕业生分配办公室变更为就业指导办公室，完成从计划分配到提供就业信息和咨询服务的市场性机构的定位的转变。1989 年招生时，全国有近百所高等学校宣布实施“中期改革方案”。实际上，一部分高校在 1989 年就已经参照“中期改革方案”的就业模式落实就业计划了。

90 年代以后，教育主管部门又相继出台了一系列文件，继续深化毕业生分配制度改革，如国家教委于 1994 年发出《关于进一步改革普通高等学校招生和毕业生就业制度的试点意见》，提出：从招生开始，通过建立收费制度，改革学生上大学由国家包下来、毕业时国家包安排职业的做法。同时建立相应的奖学金、贷学金，鼓励学生努力学习，引导学生毕业后参与劳动市场的竞争，国家不再以行政分配而是以方针政策指导，以奖学金制度和社会就业信息来引导毕业生自主择业，逐步建立起“学生上学自己缴纳部分培养费用、毕业后多数人自主择业”的机制。当年，部分高校试行了缴费上学和并轨招生。1997 年全国高校全部实行并轨招生。免费接受本专科高等教育，在中国成为历史。

1999 年，国务院批准了教育部关于《面向二十一世纪教育振兴行动计划》的文件，在这个计划中，对毕业生就业制度改革提出了明确要求，即 2000 年左右建立起比较完善的毕业生就业制度。在这之后，教育部对尽快建立起把管理、服务、咨询、指导结合在一起的毕业生就业和就业指导体系问题提出了明确要求。同时，教育部还决定了取消毕业生派遣证，改用毕业生就业报到证，这标志着我国结束了计划、分配、派遣就业制度的历史，开始了以市场为导向的就业制度。

在教育行政主管部门的倡导和统一安排下，“供需见面，双向选择”已成为高校毕业生的主要就业方式。就师范类毕业生的就业来看，其与一般毕业生的就业尚有一定区别，即在选择范围上，是教育领域中的教育事业单位、部门优先选择，原则上师范类毕业生应当在教育系统内择业。这种方式使学校在聘任教师时对教师有了一个初步了解，可以根据本校的特色与岗位需求自主选择符合要求的教师；面临毕业的师范生也可以根据自己的意愿选择适合的学校，从而有利于按需就业。“供需见面，双向选择”正逐渐成为中小学校及其他教育部门聘用新任教师的重要形式。

二、资格证书：师资来源的日趋多元

改革开放以来，政府把教育放到优先发展的战略地位，教师在教育中的关键地位也因此越来越被人们所认识。鉴于当时我国教师队伍中存在大量缺乏师资培训的民办教师和代课教师的状况，国家通过提供学历补偿教育，将提高教师的专业能力作为工作的重心。1985 年发布的《决定》明确提出，要争取在五年或更长一点的时间内使绝大多数教师能够胜任教学工作。为此，国家教委于 1986 年 9 月颁布了《中小学教师考核合格证书试行办法》，对不具备国家规定学历的教师，经培训并通过相应考核后颁发《教材教法考试合格证书》或《专业合格证书》。同时规定，之后担任教师者必须具备合格学历或有考核合格证书。1986 年颁布的《义务教育法》同样明确规定：“国家建立教师资格考核制度，对合格教师颁发资格证书”，从法律上规定要严格把好教师“入门关”，以保证新进教师的素质，并促进现有在职教师队伍中尚未达标者尽快达标。

1993 年颁布的《教师法》则对上述规定进一步具体化，正式确定“教师资格制度”的称谓，并对取得教师资格应当具备的相应学历作了详细规定。从这个意义上，《教师法》的颁布被视为中国以国家法律形式，明确规定国家实行教师资格制度的开始。教师资格制度也可视为针对教师工作内涵而订立的一套可操作性程序，是一项法定的教师职业资格制度。具体来说，这套可操作性程序是这样的，首先制定教育从业人员在相关知识与技能方面的规范，然后要求他们通过学科考试与技能测验或实习评量，最后由政府对达到一定水准者颁给职业证书，以证明其所拥有的知识、技术和能力，作为从事教育工作的凭证，并依法在就业时得到某种程度的保障。① 未获得合格教师资格证者，

---

① 彭利源. 教师专业证照制度[J]. 学校行政双月刊(台湾), 2000(10), 11.

无法担任教职，即便有因为教师供需不足而从事教学工作者，也只是试用教师，而非正式的教师。可以说，实施教师资格制度对规范教师管理，促进教师专业化水平有着重大而深远的意义。

其后，国务院于1995年12月12日依据《教师法》颁布了《教师资格条例》，同年12月28日，国家教委颁发了《教师资格认定的过渡办法》，对1993年12月31日在各级各类学校和其他教育机构中从事教育教学工作的教师，进行教师资格的过渡工作，至1998年初基本完成。而从1998年4月开始，教育主管部门开始在上海、江苏、湖北、广西、四川和云南六个省(市、自治区)的部分地市开展了教师资格认定试点工作，并在总结教师资格过渡和面向社会认定教师资格试点工作经验的基础上，于2000年9月颁布实施了《〈教师资格条例〉实施办法》，以为全面实施教师资格工作提供制度保障。2001年1月召开全国教师资格制度实施工作会议，首次开展全面实施教师资格认定工作计划，计划用一年的时间，分阶段、从易到难有序进行，2002年该项工作转入正常化。2003年国家人事部下发《关于深化中小学人事制度改革的实施意见》，明确规定“凡在中小学专门从事教育教学工作的人员必须依法取得教师资格，未取得教师资格的人员应调整出教师队伍”，要求“严把教师队伍入口关”。通过上述教师资格制度的演变轨迹，不难发现它是在解决了教师数量不足问题后关于教师队伍建设的新策略，前期学历补偿教育使得我国教师队伍的整体教学能力有了较大改善，特别是教师学历得到了很大的提升。据统计，全国小学、初中、高中教师具有《教师法》规定的合格学历的比例从1978年的47.1%、9.8%、45.9%分别提高到2001年的96.81%、88.72%和70.71%。同时，教师队伍的职务、年龄结构逐步趋向合理，教师队伍进一步年轻化，中青年教师成为中小学教师队伍的主要力量。① 从此，有关教师需求的议题就从单纯数的增长转向质的提升了。

另一项与教师资格制度密切相关的变革是我国教师培养体制的变化，即由封闭型向开放型转变，并向多元化发展。自2000年开始，北京大学、华中科技大学等一些综合性大学开始试办教育学院。这种转变不仅仅是培养机构的转变或者培养模式的变化，其最本质的特征在于质量的提高。② 而且这种

① 周满生．中国百姓蓝皮书：教育发展最快的十年[N]．北京青年报，2002年7月15日。

② 顾明远．论教师教育的开放性[J]．高等师范教育研究，2001(4).

质量的提高是通过放开教师培养市场、引进竞争机制来实现的。它对于推动我国教师人事管理制度的深刻变革影响甚巨。简单来说，通过教师资格认定，便于从更广阔的空间遴选优秀人才从教，使教师队伍得到源源不断地充实和加强。同时，一旦社会上具备相应条件的人员获得教师资格证书，就具备了与在职教师公平竞争的机会与条件，对于加快学校内部激励机制的形成，促进在职教师增强紧迫感和责任感，具有积极的推动作用。

近年来，随着高校毕业生就业压力日益增大，具有高稳定性的教师职业越来越热门，吸引了越来越多的优秀人才投身教师行业，这在无形中扩大了教育行政部门和学校对人才选择的余地。在此新形势下，具有“终身制”色彩的教师资格也将面临改革。2011 年，教育部提出要深化教师管理制度改革，建立国标、省考、县聘、校用的教师职业准入和管理制度，试行 5 年一周期的教师资格定期登记制度。

从以上分析不难看出，由于国家统得过多，部门管得过死，学校缺乏应有的用人自主权，导致教师结构不合理，缺乏竞争激励机制。这种计划体制下形成的教师任用制已不适应市场经济体制的需要，在给国家财政带来巨大负担的同时，也制约着教育事业的发展。按照“脱钩、分类、放权、搞活”的要求，改革教师人事管理制度，真正实行聘用制已势在必行。

三、公平竞争：编制范围内的单位用工

上述高校毕业生就业制度的改革，以及教师资格制度的实施，打破了以往封闭的师资供给机制。加上近年来就业形势的严峻和教师行业的相对稳定性，吸引了大批优秀人才参加教师资格的考试，从而在我国逐步形成了庞大的潜在教师人才库，为地方教育行政部门和学校在招聘教师时提供了更大的选择空间。

关于编制管理，2003 年召开的全国农村教育工作会议上提出要建立编制报告制度和定期调整制度，要求各省(自治区、直辖市)编制部门、教育行政部门和财政部门从 2003 年 11 月起将中小学教职工编制核定到县工作的进展情况逐月分别报告中央编办、教育部、财政部。同年，国家人事部下发了《关于深化中小学人事制度改革的实施意见》，要求各地教育主管部门按照保证基础教育发展的基本需要、与经济发展水平和财政承受能力相适应的原则，根据教育层次、地域、学校教育教学工作任务、学生数和班额、教职工工作量等综合因素，合理确定中小学教师编制。同时规定，中小学校新进教师必须

在编制限额范围内进行，不得超编聘用人员。因此，用人单位在招聘教师之前需要根据本校发展的需要，提前上报用人计划，申请教师编制。

就我国基层教育行政管理机制而言，县级政府担负着义务教育的行政管理权。具体的中小学教师人事管理工作由县人力资源局和县教育局按管理权限分工负责，其中县人力资源局主要负责对全县中小学教师队伍的宏观管理、业务指导和人事服务等工作；县教育局具体负责全县中小学教师人事管理日常工作。在编制管理工作上，县人力资源局和县教育局还被要求加强中小学校编制管理，指导督促各中小学校增强编制自律意识，通过定编、定岗，清理、疏导超编人员。

基层的教师编制是由县级政府设立的机构编制委员会负责，通常在其核定的全县中小学教职工总编限额内，由编委办会同教育部门和财政部门负责核拨各中小学教师具体编制数，并根据教育事业发展和教学工作实际需要适时进行调整。这样，县教育局就在编制总额范围内，根据教学工作需要和各校编制余缺等情况，确定每年的进人额度，并于每年年初制定年度进人计划，报县人力资源局审核备案。

编制下达后，县教育局正式面向社会招聘教师，一般会明确教师准入条件，如师范类应届毕业生、大学以上学历的非师范类应届毕业生、具有教师资格的社会人员等。具体的聘录办法则坚持双向选择和公开招聘两个基本原则。其审核程序大致包括以下三个环节：

(一)用人单位初审

通过双向选择或公开招聘确定的拟聘用人选，由用人单位负责初审并填写《新进教师聘用审批表》，应届毕业生同时填写《全国普通高等学校毕业生就业协议书》，由单位负责人签署意见并加盖公章后，上报县教育局审核审批。

(二)县教育局审核审批

在用人单位初审的基础上，县教育局负责对拟聘用人选进行全面审核把关。师范类应届毕业生由县教育局审批，报县人力资源局备案并办理有关手续；非师范类应届毕业生和其他人员，经县教育局集体讨论研究后，报县人力资源局审批。

(三)人力资源局审批备案

在用人单位和县教育局审核审批的基础上，县人力资源局根据国家人事政策，按照准入条件和聘录办法的有关规定，对拟聘用人选进行复核，并经教育局集体讨论研究同意后，再办理有关手续。

教师招聘机制、原则和程序突显了我国教师人事管理制度的改革趋势，即将现行的国家固定用工制度逐步改革为在编制范围内的单位用工，聘用单位根据需要公布岗位，应聘人员按照要求提出应聘意向，聘用单位对应聘人员进行实绩和能力的考查考核，应聘人员实行竞争上岗。在这种招聘体制下，用人单位可以对聘用人员实行高职低聘或低职高聘，教职工的工资待遇按岗而定，按劳分配，多劳多得，优质优酬。

不过，在我国公立中小学招聘中也存在学校缺乏真正自主权的问题。招聘权主要由教育行政部门(如教育局)负责行使，要不要招聘、招多少人、怎么招等都由教育行政部门决定，而不是由各中小学校负责，各中小学校每年上报的教师缺额信息等具体的教师资源规划和岗位分析，教育行政部门视而不见，结果常常出现招聘到学校的老师的专业与学校紧缺的专业不匹配现象。

第三节　我国教师职务晋升制度改革

教师职务晋升是建立在教师职务制度基础上的管理制度，即通过设立教师专业发展的阶梯，通过连续聘任的方式促其不断提高教育教学能力。《教育法》中提出“国家实行教师资格、职务、聘任制度”和“学校及其他教育机构中的教学辅助人员和其他专业技术人员，实行专业技术职务聘任制度”，《教师法》也规定“国家实行教师职务制度”和“学校和其他教育机构应当逐步实行教师聘任制”，从法律角度规定了教师实行职务制度和专业技术职务聘任制度。

一、技术职务：教师教学身份的鉴定

1986 年，我国开始实行专业技术职务聘任制度，颁布了《关于实行专业技术职务聘任制度的规定》。5 月 19 日，由国家教委制定，由中央职称改革工作领导小组转发了《高等学校教师职务试行条例》《中等专业学校教师职务试行条例》《中学教师职务试行条例》和《小学教师职务试行条例》等几个纲领性的文件。上述条例分别对教师职务设置、各级教师职务的职责、任职条件以及考

核和评审的办法等作了具体规定。

以中小学为例，这两项政策把中学教师分为了高级职务的高级教师、中级职务的中学一级教师和初级职务的中学二级和三级教师等四种职务；把小学教师分为了高级职称的高级教师、中级职务的小学一级教师和初级职务的小学二级和三级教师等四种职务，其中优秀的小学教师可以评中学高级职务。这两项政策在中小学建立起了职务等级制度，把中小学教师纳入了专业技术职务制度之中，让中小学教师也可以享受专业技术人员的待遇和社会声誉，充分肯定了教师个人的能力、贡献，为提高教师待遇，调动教师的积极性奠定了制度基础。

根据这些规定的精神，我国各级各类学校相继成立了教师职务评审委员会，实行了教师职务名称制度，初步建立起教师职务晋升的法规框架。由于这项制度将教师分成了不同层次，而且要求不同职务教师在学校要有定额分配，因此，教师之间必须以竞争的方式而不仅仅以个人努力的方式来获得这样的职务身份，这就为进一步实施教师聘用制度创造了条件。但限于当时的人事管理背景，在《关于中、小学教师职务试行条例的实施意见》中规定“根据中小学教师队伍的现实情况，目前中小学教师职务一般宜实行任命制”。从这个意义上可以说，当时的职务名称制度被大家认可为对教师个人教学地位的评价与鉴定，这种职称认定跟后来的契约式聘任还是有很大差别的。

职称作为教师等级的重要标志，在教师的能力评价、社会的认可度以及调动广大教师的积极性等方面发挥了一定作用，特别是在刚实施教师职务名称制度的前几年里，更是让教师们深受鼓舞。然而，由于当时人们对教师职称的性质认识不清，既将它作为学术成就的评价手段，又将它作为具有职务因素的等级标记，结果赋予职称太多的外在任务。如职称与各种待遇挂钩，一旦评定了高一级职务，不仅意味着获得了工资晋级的通行证，而且还意味着在住房、用车、各类津贴等方面的待遇得以提升。更重要的是这种身份评审性质的职称一旦评定，基本上就是终身的，除了违反国家法律，或被开除出教师队伍，否则职称很少会被取消或下降。

职称与各种物质利益的紧密关联，刺激了教师对职称这种外在目标的追逐，而职称本身的要求和它所应尽的义务反而被忽略了。按照现代人力资源理论来看，职称应当是与教师的职责相对应的，一定的职称应当与一定的职责要求相对应，以反映教师的学术和教学能力，促进教师的责任意识的建立为主要特征，但在实际工作中，职称的评定与其承担的职责是分离的，没有起到应有的作用，未尽到职责的也没受到任何制约。

另外，职称评定实践中也乱象丛生，出现了诸如“论资排辈，降低标准，扩大评定范围，片面强调学历、论文”等现象。因此，“改革学校内部人事制度，打破教师职务终身制，优化教师配置结构，逐步建立评聘分离、择优聘任上岗的教师职务聘任制度成为本阶段的教师职务制度建设的特点”。① 换言之，需要对职称进行改革，建立新的既有别于传统的教师职务任命制，又避免职称评定中的不足的新的机制，那就是教师聘用制度。

二、劳动契约：教师教学岗位的界别

1986 年后的职称评定制度改革提出要实行教师职务聘任制度，规定教师评定了相应的任职资格后，由校长对教师进行聘任或任命，向被聘任的教师颁发聘书，双方签订聘约，明确聘期内的岗位职责、工作目标、任务以及相应待遇。但是，考虑到边远地区和不具备聘任条件的学校的实际情况，政策允许这些地方的教师可以暂时实行任命制，但要求他们要创造条件逐步实行聘任制。

在 1993 年 10 月颁布的《教师法》中，更是明确提出“学校和其他教育机构应当逐步实行教师聘任制。教师的聘任应当遵循双方地位平等的原则，由学校和教师签订聘任合同，明确规定双方的权利、义务和责任”。显然，这里的教师职务聘任制度是相对于教师任命制而言的，是指有关单位根据教育教学的需要设置工作岗位，依据一定的程序接受并审核申请人的申请，聘用有教师资格的申请人担任相应教师职务的制度。

于是，教师职务制度的建设重点从激励教师个人提升教学水平，向关注教师岗位绩效转变。在教师职务名称制度的政策设计中，政策的主旨是以建立教师专业发展阶梯，提高教师的专业水平，从而提高教学效率和教育质量；而在教师职务聘用制度的政策设计中，政策的主旨则转变成关注教师在履行承担的责任和义务，实现教育教学目标的过程中，同时达到提高教师专业水平的效果。

按照规定，建立教师专业技术职务聘任制度，应当根据实际需要设置专业技术工作岗位，规定明确的职责和合理的任职条件；在定编定员的基础上，

① 国家高级教育行政学院编著．新中国教育行政管理五十年[M]．北京：人民教育出版社，1999：93.

确定高、中、初级专业技术职务的合理结构比例；由行政领导在经过评审委员会评定的、符合相应条件的专业技术人员中聘任；有一定的任期，每一任期一般不超过一年。如工作需要，可以连聘连任；在任职期间领取专业技术职务工资；聘任单位对受聘教师的业务水平、工作态度和成绩，要进行定期或不定期的考核，考核成绩记入考绩档案，作为提职、调薪、奖惩和能否续聘或任命的依据。

相较于之前实施的教师职称评定制度而言，教师职务聘任制度强调评聘分离。它明确区分了职称与职务的区别，指出职称应当是教师的学术、技术水平的标记，一次获得可以终身拥有，而教师专业技术职务是根据实际工作需要设置的有明确职责、任职条件和任期，并需要具备专门的业务知识和技术水平才能担负的工作岗位。因此，后者不能是终身的，也不能根据个人的情况来设置岗位，而应当根据学校工作的实际和事业发展的需要来合理设计教学和工作岗位的数量，明确岗位职责，开展聘任工作。

目前，采取教师职务聘任制的单位基本上都采用签订聘用合同的方式来明确聘任双方的权利和义务、聘任的程序等内容，使聘后的管理得以体现。这是力图改变有些单位全员聘任后存在的事实上的终身制和重聘任轻考核而采取的措施，是国家事业单位用人制度改革和教师聘任制结合的产物或者说是教师聘任的必然措施。教师聘任签订合同是聘用双方(用人单位和教师)遵从平等自愿原则，采取签订具有明确期限的聘用合同形式，在明确双方的权利、义务和责任的基础上，根据教育教学的需要设置工作岗位，聘用有教师资格的公民担任相应的教师职务，同时双方形成劳动契约关系的一种契约制度。

三、岗位分级：竞争上岗机制的形成

近年来，鉴于教师队伍普遍学历提高和整个社会对教师专业成长的关注，20 世纪 80 年代确定的教师职级显得有些不合时宜了。有研究者以高级中学教师的职务晋升为例，指出当一位应届本科毕业生走上工作岗位时约 22 岁，工作时认定职务为中学二级教师；工作五年后可以比较正常地晋升为中学一级教师；再经过五年就有晋升为中学高级教师的资格，也就是说当他 32 岁时就已经具备晋升为高级教师的资格，而此时正是他职业生涯的壮年期，但却已经达到了职业等级的最高台阶。① 在缺少职务晋升对自己教育教学水平进行评鉴的情况下，这部分教师可能会放弃专业发展。

针对此种状况，国家人力资源社会保障部和教育部于2009年开始在陕西省宝鸡市、山东省潍坊市、吉林省松原市开展深化中小学教师职称制度改革试点，2011年8月在国务院常务会议上，决定进一步扩大中小学教师职称制度改革试点，尝试将原来独立的中学教师职务系列与小学教师职务系列统一并入新设置的中小学教师职称系列，并增设正高级职称。按照新的职称系列，中小学教师职称包括三级教师、二级教师、一级教师、高级教师和正高级教师在内的5个等级。统一职称系列不仅便于不同类型学校教师的人事管理工作，而且可以让更多的中小学教师有机会参评与教授级别一样的正高级职称，延长了他们的职业发展阶梯，避免一些教师在很年轻的时候便失去发展的目标。当然，这种教师职称制度是要求与事业单位岗位聘用制度相衔接的。

与此改革精神相吻合，我国一些地方还尝试将教师职称进一步分级，形成更多的岗位。如厦门市于2009年正式启动岗位设置管理工作，将学校岗位分为管理岗位、专业技术岗位和工勤技能岗位三类，其中管理岗位指的是校领导和中层干部，专业技术岗位指的是教师，工勤技能岗位指的是从事后勤保障等人员。三类岗位所占比例不同，其中，专业技术岗位被摆在最重要位置，例如，普通中学的教师岗位被要求不低于学校岗位总量的85%，小学和幼儿园则要达到90%。

每类岗位中还有等级之分。其中，教师被分为13级，即教师岗位分为高级(正高、副高)、中级和初级，而在正高岗位中，又细分为四级(一到四级)，副高则有三级(五到七级)，中级有三级(八到十级)，初级也有三级(十一到十三级)。不同的岗位领取不用的薪酬。每个级别的岗位都有任职条件，教师根据这些条件来竞聘上岗。值得注意的是，在申请晋升岗位时，除了要符合所申请的岗位的任职需求之外，还要求在原来岗位聘用期间，至少要"承担并胜任班主任工作一年"。同时，还制定了岗位续聘的条件，明确教师岗位聘任期一至三年，如果要续聘，也必须符合一定条件，例如要开观摩课等。否则，有可能被降级使用，即高职低聘。

当然，对于不同学校，其岗位设置上也会有比例控制。例如，省一级达标学校中级教师岗位占教师总岗位比例不得超过40%，而在其中，八、九、

① 周彬. 教师职务晋升政策：演变、异化与优化[J]. 教师教育研究，2012(2).

十级岗位比例为 3∶4∶3，即假如中级有 10 个名额，那么，中八级的只能有 3 人。通过这样的改革，体现学校按需求来设岗，每个岗位都有任职的条件和要求，教师竞争上岗，“薪随岗变”，[①] 从而试图将学校用人制度从“身份管理”转为“岗位管理”。

第四节　我国教师绩效考核制度改革

教师考核是教育行政部门根据预定的教育目标，采用适当的手段，对教师的行为进行诊断，以评估教师达成教育目标的程度，作为改进教学方法、提高教学效果以及提供行政上做决定依据的一种手段。有效的教师评价与考核对广大中小学教师的教育教学工作有导向、监督、激励、诊断和发展的多重功能。尤其是作为教师人事管理的重要一环，通过教师考核检讨教育目标的实现更为重要，而这项工作在实施义务教育绩效工资制度之后愈发严格与制度化。

一、教师考核：人事制度改革的重要环节

考核通常有形成性目的和总结性目的。形成性目的强调通过教师考核，来激励教师改进教学、提供教师适当的在职进修课程与计划，以促进教师专业发展；总结性目的则用以判断教师表现水准的优劣程度，以便作为雇用教师、续聘教师、决定教师薪资水准、表扬优秀教师以及处理不适任教师的依据。1993 年颁布的《教师法》第 24 条规定：“教师考核结果是受聘任教、晋升工资、实施奖惩的依据。”这从法律上明确了教师考核的重要地位，将其视为实行教师职务聘任制的基础和前提。

从教师人事管理的环节而言，教师考核更多关注的是总结性目的，其考核结果与提职、晋级、加薪、奖金等联系在一起，具有奖惩性。学校管理中常见的“优胜劣汰”“奖优罚劣”“奖勤罚懒”“能者上，庸者下”“末位淘汰”等话语，都反映了奖惩性考核在教师职业生活中的影响。[②] 应该说，奖惩性教师评价在一定程度上对学校管理和教师专业发展起到了积极的促进作用，一方

---

① 余峥. 厦门教师领工资将“薪随岗变”分 13 个岗位等级[N]. 厦门日报，2009 年 5 月 8 日。

② 赵德成. 当前教师评价改革中的若干问题[J]. 中国教育学刊，2004(7).

面，考核是对教师的劳动作出全面、客观评价的活动，通过考核，肯定教师工作的成绩，找出差距，明确今后的努力方向，有助于教师扬长避短，不断提高自己的政治素质和业务水平。另一方面，通过考核鼓励先进、鞭策后进，使考核成为广大教师奋发向上的动力，从而增强教师的事业心和责任感，调动教师的积极性和创造性。

但我们要看到，这种影响是自上而下的，它对教师整体素质提高的影响是有限的，在某些时候还可能是消极的。以往的教师评价过于形式化或片面追求量化，用某种僵硬、外在的所谓客观尺度来衡量个性各异的人，使评价对象失去了自己的个性而为这种尺度所操纵。同时，由于人性的弱点，教师会害怕不良的评价结果给其未来收入带来直接影响，因此会产生畏惧、担心、恐惧甚至憎恨等情绪，挫伤教师的积极性和主动性，或多或少地在心理上抵制评价的进行，甚至在内部产生强烈的矛盾，从而影响评价结果的客观和公正性。①

但无论如何，随着教师聘任制的广泛实施，教师考核制度也越来越变得不可或缺，其潜在的价值和意义愈发彰显，考核的方式方法也不断得以改进，从而实现考核的客观和公正。根据《教师法》的规定，“考核应当客观、公正、准确，充分听取教师本人、其他教师以及学生的意见”。2003年国家人事部下发的《关于深化中小学人事制度改革的实施意见》中也明确提出，“学校可根据实际情况，邀请社区代表以及学生家长参与学校评价和教师考核等工作”。为此，学校一般都要求成立专门的委员会，负责对教师工作的考核和平时的监督。委员会成员来源多样化，可由学校管理层、教师、学生家长代表以及相对独立的社会第三方等组成，第三方可以是教育行政部门人员，也可以是社会公益机构成员，或是在社会上有一定威望为人们信任的退休人员，以体现其公正。

这个委员会在校长的授权下，制定本校的考核和监督办法，并负责监督执行。委员会在制定相应的办法时，可以引进专业机构和专业人员，帮助设计学校教师聘任后的人员管理和考核，尽可能地优化考核和监督方案。委员会的职能应当体现在咨询和建议等方面，主要是在制订方案后，根据方案对教师进行考核和日常工作监督，在此基础上提出建议，供校长决策，而委员会本身不应当拥有考核和监督的执法权。与学校成立考核和监督委员会相配

① 梁红京．区分性教师评价制度研究[D]．华东师范大学博士学位论文，2004：10.

套，政府应当鼓励和倡导成立社会中介性质的仲裁委员会，在教师认为校长与考核和监督委员会对其考核和监督有失公正或存在侵权时提出申诉，仲裁委员会应当保持相对独立，不依附于政府部门，以体现其仲裁的公正。

二、绩效评估：教师考核的重点领域

长期以来，在教师分配问题上学校习惯于“大锅饭”、搞平均主义。这样做表面上似乎比较公平，不易产生矛盾，而且便于操作。但这种做法的结果，就是干与不干一个样，干好干坏一个样，不利于调动教师的积极性，不利于促进教师的成长，也不利于促进教育事业的发展，对那些事业心强，在教书育人工作中作出突出贡献和业绩的优秀教师很不公平。

2008 年 12 月国务院第 41 次常务会议决定，从 2009 年 1 月 1 日起，在全国义务教育学校率先实施绩效工资制度。该制度的实施，不仅在于依法保障教师的总体收入水平，更为关键的是要建立有效的激励机制，因此被视为是教育人事制度带有里程碑意义的重大改革。同月，教育部颁发《关于做好义务教育学校教师绩效考核工作的指导意见》，指出：“做好教师绩效考核工作是义务教育学校实施绩效工资制度的必然要求。绩效考核结果是绩效工资分配的主要依据。义务教育学校实施绩效工资分配改革，必须建立符合教育教学规律和教师职业特点的教师绩效考核制度，为绩效工资分配更好地体现教师的实绩和贡献、更好地发挥激励功能提供制度保障。”

通过以上政策文本的解读，不难发现，在基本工资之外增设绩效工资，将其作为事业单位工作人员收入的重要组成部分，不能将其简单理解为“涨工资”，要坚持多劳多得、优绩优酬，重点向一线教师、骨干教师和作出突出贡献的其他工作人员倾斜，按照教师的岗位职责、工作量和实绩与贡献适当拉开分配差距，打破“大锅饭”，摒弃平均主义，同时要妥善处理好学校内部各类人员收入分配关系，充分发挥绩效工资的激励功能，调动广大教职工的积极性、创造性。而其目的的实现，则有赖于有效的教师绩效考核。可以说，教师绩效考核与绩效工资分配特别是奖励性绩效工资分配紧密相连，绩效考核工作不到位，绩效工资实施就难以真正落实到位；绩效考核不科学，就难以保障绩效工资分配的公平、公正。

有研究者将教师职务绩效定义为是教师在教育教学过程中所表现出来的

与教育教学目标相一致的行为。① 由于教师职务具有高度自主性，因此，在教师绩效的构成中既有任务绩效，也有关系绩效。任务绩效是教师工作本身所要求的行为，包括教学行为与价值以及师生互动，关系绩效是教师有一定自主选择权的行为，包括职业道德、职务奉献以及助人与合作等。因此，提出教师的职务绩效包含 6 个维度，即职业道德、职务奉献、助人合作、教学效能、教学价值与师生互动。这些研究也为开展教师绩效考核工作提供了有效的理论基础和分析框架。

还有研究者强调，教师绩效考核系统的构建应注重以下问题：② 一是注重考核目标的导向性，即考核不仅是督促检查教师的手段，更是服务教师的一种方式，应通过考核帮助教师进一步明确未来的个人发展目标与努力方向。二是注重考核内容的整体性，应以教师的德、能、勤、绩作为考核的主要方面。“德”即指政治态度、思想品德、职业道德、社会公德等；“能”即指教学水平、科研能力等；“勤”即指工作态度、敬业程度、勤奋精神等；“绩”即指完成工作的数量、质量、效益等。三是注重考核方法的科学性，应根据学科类别、学科层次、教师职级的具体情况，采取定量与定性相结合、重点考核与全面考核相结合、年度考核与阶段考核相结合、原则性与灵活性相结合的评价模式，并应注意考核的频率和节奏。四是注重考核结果的实效性，学校若要作出“淘汰”末位教师的决定则必须以绩效考核的结果为根本依据，切忌采取随意而混乱的如“分数决定式”“学生评议式”“民主选举式”等方式淘汰教师，以避免引起不必要的纠纷而影响学校的和谐稳定发展。

从政策规定的教师绩效考核主要内容来看，考核内容主要集中在教师履行《义务教育法》《教师法》《教育法》等法律法规规定的教师法定职责，以及完成学校规定的岗位职责和工作任务的实绩，包括师德和教育教学、从事班主任工作等方面的实绩等。显而易见，他们往往只关注了教学行为及其结果这些任务绩效，却忽视了工作的主动性、工作中的合作，对工作的反思等关系绩效。这也造成很多学校在绩效考核过程中，评价指标过于单一，如以通过加班加点而非减负增效获得的分数作为评价的唯一标准，导致教师为提高学生的成绩而疲于奔命；对所谓副科教师与后勤人员的考核指标模糊，随意性

① 蔡永红，林崇德. 教师绩效评价的理论与实践[J]. 教师教育研究，2005(1).

② 尹晓敏. 教师“末位淘汰”的制度困境及其发展出路[J]. 教师教育研究，2005(5).

主观性太强等。① 因此，需要建立多元绩效的教师评价机制。

第五节 我国教师人事管理制度变革前瞻

中小学教师实行聘任制取得成功的国家的经验表明，实行聘任制要具备以下基本条件：(1)有足够的教师后备资源；(2)有自由的劳动力市场，人员流通渠道畅通；(3)教师工资福利相对较高，教师职业具有一定吸引力。通过对我国教师人事管理制度历史的梳理，我们可以比较清晰地发现其发展的基本轨迹，即从以往注重身份获得的教师任用制转向基于契约关系的教师聘用制。

在任用制阶段，作为个体的教师完全依附于国家教育体制，其何去何从均取决于教育行政部门的统筹规划，自身毫无自主权而言。随着高校毕业生就业实行双向选择，教师的人才储备库里也不限师范院校的毕业生，众多优秀的有志于从事教育事业的人，只要获得教师资格证书，就有了进入教师行业的可能。教育部门与应聘者之间不再是上下级的行政隶属关系，而是彼此平等的民事关系，双方基于独立、公平的角度订立契约，明确彼此的权利与义务。在教师日常管理过程中，设立不同级别的教师职称制度和不同级别的教师岗位，实现评聘分离。通过实施绩效工资制度，逐步建立和完善有效的分配激励机制，让竞争机制渗透在教师人事管理的全过程。

以上种种变迁显示教师聘用(聘任)制度已经成为我国教师人事管理的基本制度，它的实施对于调动教师的积极性，发挥学校的主体地位和校长的能动性，促进人才的合理流动，推进学校人事管理体制改革起到了积极作用。但是由于我国教师职称制度是在国家分权和市场化的双重推动下进行的，其变迁仍表现出明显的政治导向和经济诉求：② 一方面政府不断通过评聘权力的下放推动教师职务聘任制的贯彻落实；另一方面在市场化压力的冲击下不得不转变教师管理方式，通过聘任制方式选择教师，以增强竞争力度，使得聘任制的积极作用远未发挥出来，甚至产生了不容忽视的负面影响。③ 因此，

---

① 许织云．倡导多元绩效的教师评价[J]．教育测量与评价，2009(9)．

② 叶芬梅．建国60年高校教师职称制度变迁逻辑与制度反思[J]．现代大学教育，2009(6)．

③ 张先坦．聘任制与师资队伍管理效能问题探究[J]．江西教育科研，2007(9)．

从完善我国教师聘任制的角度出发，需要从学校外部运行机制和内部运行机制两个方面着力。

就外部运行机制而言，需要处理以下问题：

(一)妥善解决教师户籍管理制度

一个人专业素质、工作能力、道德水平的高低无法用户籍来衡量，户籍只是国家行政机关用以记载和留存住户人口基本信息的法律文书。由于历史的原因，附着在户籍上的种种特殊利益依然很多，短时期无法完全剥离，造成地区之间、城乡之间的巨大差异，从而导致一些地区录取公办教师时要求本地户籍的现象，这显然是与教师聘任制的精神背道而驰的。因此，有必要改革户籍制度，特别应该在理解城乡教育一体化内涵的基础上，尊重并协调各方利益，对教师补充机制、教师城乡交流机制与教师培训机制进行重新构建，以让教师可以在更大区域内实现合理流动。

(二)完善社会保障制度

无论是招聘还是辞退，教师的合理流动都是教师聘任制的题中之义，但在教师的生活保障问题没有妥善解决的情况下，通过聘任制来实现教师的去与留都非常困难。因此，实行养老保险、失业保险、基本医疗保险、大额医疗保险、工伤保险、计划生育保险的“六保合一”，让教师不再依附过去的“单位”而存在，成为真正可以流动的自由人，就是真正实施教师聘任制过程中非常关键的措施了。

(三)建立独立的教育公务员制度

将取得教师资格证书并获得教师职位的公办教师的身份确认为教育公务员，这将切实提高教师的社会地位，从而吸引更多优秀人才应聘教师岗位。一定意义上，聘用教师的过程能否严格按照公开、平等、竞争、择优的原则进行，很大程度上受制于教师资源的供求状况。换言之，只有具备足够的教师后备力量，才有建立合理的教师选拔和流动机制的可能性。同时，教师身份从目前接受县级政府管理上升到更高层面，也方便在全国范围内合理调动教师，有助于推动教师城乡轮换制度的实施，提高贫困地区教育质量。

(四)规范中小学教师编制管理工作

教师编制显然是计划经济时代留下的产物，如今依然指导着我国各级政府招聘教师的规模和结构。但有关政策已经明确提出，对中小学教师编制实行总量调控与统筹使用，并实行编制的动态管理机制，以确保学校急需的教学岗位的人才能够补充进来。① 就目前的实施情况来看，需要加大县级教育行政部门对教师编制的决定权。当然在确定编制计划的过程中，也要真正关注学校对不同学科、年级教师的实际需要，逐步解决教师结构性缺编现象。

就内部运行机制而言，需要处理以下问题：

(一)必须真正扩大学校的聘任决定权

教师聘用一方面是赋予教师岗位的职责和要求，另一方面也是个人逐渐理解其担任某个组织角色并作为组织成员参与活动所必需的价值观、能力、期望行为和社会知识的过程。② 因此，教师个人与学校之间的相互吸引是非常重要的，学校必须摆脱教育行政部门的派送方式。在具体遴选工作上，应由用人学校组织开展或联合用人单位共同组织，真正落实校长负责制，深入推进校本管理，真正赋予校长即确定职位和挑选人员的人事自主权。

(二)必须有效监督学校的聘任决定权

失去监督的权力总是很危险的，因此，扩大校长办学自主权与有效监督校长聘任决定权并不矛盾，其目的在于避免使聘任制演变成学校对教师的工作任命。有调查显示，学校对教师的管理方式还没有完全转变，合同化管理的规范性还有待提高。学校聘任过程的公开性、透明度不够，教师甚至不清楚本校聘任教师的方法。③ 这就需要通过民主评议推荐产生学校的聘任机构，要建立科学的教师工作评价机制，要明确学校聘任权的边界，将教师职称评鉴与教师职务聘用相分离，以杜绝可能的腐败和教师职务晋升制度的异化。

---

① 张丽娜，朱光明．我国基础教育事业单位改革最新进展及评析[J]．中国行政管理，2011(12)．

② 胡伶．从合格到合适：教师聘用的新走向[J]．教育发展研究，2008(18)．

③ 田凌晖，李亚东．教师眼中的聘任制——关于上海市部分中学实施教师聘任制情况的调查[J]．中小学管理，2002(6)．

(三)必须强化教师的权利意识

在实践中，教师对聘用合同所具有的法律意义认识不到位。教师没能把自己摆在与学校平等的地位上，仍处于被动接受管理的状态，即使在认为自己利益受到损害的时候，也不善于以聘用合同为依据维护自己的合法权益。这就需要在教师中普及有关聘任制的法律知识，使其明确双方的责、权、利。教师作为一方当事人，应自觉地把自己置于平等合约人地位，强化法律意识，懂得用法律武器来保护自己。

(四)需要强化发展性教师管理

教师管理的目的不仅仅是完成某项任务，更重要的是教师自我效能感的培养，从而促进教师自身的发展与提高。教师自我效能感强的人往往活动的动机强烈，面对困难与挫折具有活动的持久力和耐力，而对自己的成功或失败也会形成正确的归因。他们面对新的环境和任务时，总会不断地挑战自我，超越自我，发挥自己的潜力。在聘任制下，需要有这种自我效能感强的教师为学校服务。

展望未来，在推动我国中小学教师队伍建设的工作中，要更多关注教师劳动的特征，积极发挥学校和教师的积极主动性。通过建立灵活的用人机制，引入竞争，鼓励教师不断进取，不断提高自身素质，把高素质的人才吸引进来，把不合格的人调整下去，从而真正实现教师人事制度改革要建立的“职务能上能下，人员能进能出，待遇能升能降”的用人机制。

参考文献

蔡永红，林崇德．教师绩效评价的理论与实践[J]．教师教育研究，2005(1)．

陈永明等．教师教育研究[M]．上海：华东师范大学出版社，2003：215．

顾明远．论教师教育的开放性．高等师范教育研究，2001(4)．

郭继东，曹燕玲．教育人力资源管理的历史演变与未来走向[J]．上海教育科研，2011(2)．

国家高级教育行政学院编著．新中国教育行政管理五十年[M]．北京：

人民教育出版社，1999：93.

胡伶．从合格到合适：教师聘用的新走向．教育发展研究，2008(18).

梁红京．区分性教师评价制度研究．华东师范大学博士学位论文，2004：10.

潘晨光．我国事业单位聘用制改革分析．社会科学管理与评论，2006(3).

彭利源．教师专业证照制度．学校行政双月刊．(台湾)，2000(10)，11.

佘峥．厦门教师领工资将“薪随岗变”分13个岗位等级．厦门日报，2009年5月8日。

田凌晖，李亚东．教师眼中的聘任制——关于上海市部分中学实施教师聘任制情况的调查．中小学管理，2002(6).

王世忠．中小学教师聘任制的回顾与前瞻．江西教育科研，1999(4).

许织云．倡导多元绩效的教师评价．教育测量与评价，2009(9).

叶芬梅．建国60年高校教师职称制度变迁逻辑与制度反思．现代大学教育，2009(6).

尹晓敏．教师“末位淘汰”的制度困境及其发展出路．教师教育研究，2005(5).

张丽娜，朱光明．我国基础教育事业单位改革最新进展及评析．中国行政管理，2011(12).

张先坦．聘任制与师资队伍管理效能问题探究．江西教育科研，2007(9).

赵德成．当前教师评价改革中的若干问题．中国教育学刊，2004(7).

周彬．教师职务晋升政策：演变、异化与优化．教师教育研究，2012(2).

周满生．中国百姓蓝皮书：教育发展最快的十年．北京青年报，2002年7月15日。

第七章 社会变迁中的我国教师专业发展政策文本分析

教师专业发展是贯穿教师整个职业生涯的终身教育。改革开放以来，我国对教师培训、教师继续教育、教师专业发展议题的重视，可以从国家和教育行政部门制定的相关政策看出端倪。尤其是从1999年教育部颁布《中小学教师继续教育规定》以来，教师专业发展政策始终是受人瞩目的教育政策议题之一。在我国迈向教育强国的征程中，全面了解和研究我国教师专业发展的政策，对于实施科教兴国和人才强国战略，提升教师素质，进而提高教育质量至关重要。

本研究旨在从对改革开放以来我国教师专业发展政策进行文本分析，研究目的如下：(1)运用历史研究法和文件分析法，探究我国改革开放以来教师专业发展政策的演进历程；(2)对我国改革开放以来教师专业发展政策进行文本分析，了解我国教师专业发展的目标、内容与方式；(3)分析国家管理与市场机制这两种主导因素对我国教师专业发展政策的影响；(4)就我国教师专业发展政策存在的问题提出建议。

第一节 绪论

教师教育被认为是职前职后一体化的过程，教师专业发展包括职前培养、入职教育和在职培训(继续教育)。在我国政策话语体系中，主要用“教师继续教育”和“教师培训”两个语词表示在职教师的专业发展。本部分对“教师专业发展”“教师继续教育”和“教师培训”进行概念界定，明确研究内容与研究范畴。

一、研究目的与研究意义

随着全球政治、社会、经济与文化生活发生的剧烈变化和人类生活方式的巨大改变，社会对人才、教育质量以及教师的素养都提出了新的挑战。为了回应时代和社会的要求，教育领域中的变革不断兴起。如何有效地推动教育改革、如何提高教育质量、如何培养高素质的教师等问题日益成为人类共同面对而又值得探索的课题。在全球化时代的今天，世界各地的教育改革都对学生学习提出高标准，而改革所要求的课堂实践的变革最终取决于教师①②。如今，教师专业发展(professional development)已经成为世界各国教师教育改革关注的焦点。提升教师的专业素质，进而提高教育教学质量亦成为我国教育改革和学校发展的重要方面。

科教兴国和人才强国战略的实施，要求我国从人力资源大国向人力资源强国转变，这种转变的核心是把教育大国变成教育强国。在迈向教育强国的征程中，教师教育处于优先发展的战略地位。促进教师专业发展，提升每位教师的专业素质，有利于提升我国基础教育的质量。教师专业发展政策在教师教育政策乃至整个教育政策体系中居于举足轻重的位置。教师专业发展政策的制定及实施，关系到我国中小学教师队伍的质量建设，更关系到整个教育事业的发展。

本研究的目的在于：(1)系统梳理改革开放以来我国教师专业发展政策的历史阐述，明晰其发展脉络与演进历程；(2)从文本分析的视角，探讨我国教师专业发展的政策目标及其涵意；(3)探讨我国教师专业发展政策演进过程中，国家管理与市场机制两种力量对政策变迁的影响；(4)对教师专业发展政策存在的问题进行分析和反思，提出未来的政策建议。

研究改革开放以来我国教师专业发展政策的演进历程，理清政策发展的历史脉络，寻找政策决策和制定的历史原因，分析思考政策颁布及实施过程中存在的问题，进而对未来政策制定提出建议，对于完善教师教育政策与制度、促进教师教育改革与发展、提升教师专业素质和促进教师队伍建设的整

---

① Fullan, M. G., & Miles, M. B. (1992). Getting reform right: What works and what doesn't. *Phi Delta Kappan*, 73, 745-752.

② Spillane, J. P. (1999). External reform initiatives and teachers' efforts to reconstruct practice: The mediating role of teachers' zones of enactment. *Journal of Curriculum Studies*, 31, 143-175.

体发展，具有重要的现实意义。

二、概念界定

(一)教师培训

改革开放以来，我国最初使用的与教师专业发展相关的概念为“教师培训”一词。自1977年12月，教育部下发《关于加强在职教师培训工作的意见》之后，新时期中小学教师培训工作正式启动。有关中小学教师培训的政策法规建设步入恢复、重建和迅速发展阶段。

培训一般是指组织有计划、有目的地实施的，旨在促进参训着与其工作相关的知识、技能的增量及态度的改变，从而改善和提高个人工作绩效，实现个人发展与组织共同发展的一种活动。① 更为具体的含义为，培训是基于一个组织在其发展的过程中，当面对外在环境的变化和组织自身变革需要的时候，为了弥补组织成员与外在组织的环境变化和组织自身变革对组织成员在知识、技能和态度上的要求之间存在的客观差距而进行的有目的、有计划、有组织的学习活动。②

教师培训，是具有认定资质的机构，根据教师成长的内在规律和教育改革的需求，基于特定的内容，通过有效的组织和活动方式促进教师专业发展的过程。③ 本研究中，教师培训是指，基于中小学教师教育教学实践的、以教师为中心的、以专业能力提升和素质提高为目的的有组织、有计划的学习活动。

(二)教师继续教育

20世纪60年代，随着终身教育思想的提出，继续教育(further education)在世界各国得到广泛发展。根据联合国教科文组织出版的《职业技术教育术语》一书，继续教育是“指那些已脱离正规教育，已参加工作或负有成人责

① 李树林．论培训的内涵及其变化[J]．职教论坛，2007(8上)：36-38.

② 鱼霞、毛亚庆．论有效的教师培训[J]．教师教育研究，2004(1)：14-19.

③ 赵明仁，周钧．教师培训的理念更新与制度保障——首届“教师培训论坛”综述[J]．教师教育研究，2007(5)：38.

任的人所受的各种各样的教育”。① 1979 年，我国政府派代表参加在墨西哥召开的第一次世界继续工程教育大会，“继续教育”这一概念正式引入我国。②

1986 年 3 月，我国“七五”计划的报告明确提出“要逐步建立和完善对科技人员继续教育的制度。”1987 年，党的“十三大”提出“把发展科技和教育事业放在经济发展战略的首要位置，必须下大力气加强对劳动者的职业教育和在职继续教育”。③ 1987 年 12 月，国家教育委员会、国家科学技术委员会、国家语言委员会、劳动人事部、财政部、中国科学技术协会六部门联合发布了《关于开展大学后继续教育的暂行规定》，指出“大学后继续教育的对象是有大学专科以上学历或中级以上技术职务的在职专业技术人员和管理人员，重点是中青年骨干，任务是使受教育者的知识和能力得到扩展、加深和提高，使其结构趋于合理，水平保持先进，以便更好地满足岗位职务的需要。④ 该规定促进了我国继续教育的发展。

“教师继续教育”一词进入教师教育领域始于 20 世纪 80 年代。1989 年 7 月 28 日，原北京市教育局、北京市科技干部局联合颁布《北京市中小学教师继续教育暂行规定》，⑤ 北京市在全国率先全面启动中小学教师继续教育工作。随后，天津、太原等地先后颁布了有关教师继续教育的规定。1990 年 10 月，原国家教委召开全国中小学教师继续教育座谈会。此后，我国开始全面实施中小学教师继续教育工作。⑥ 1995 年，北京市人大常委会颁布《北京市专业技术人员继续教育规定》，提出“专业技术人员有接受继续教育的权利和义务。专业技术人员每年参加继续教育的学习时间不少于 72 学时”。⑦

1999 年 9 月 13 日，教育部令第 7 号发布了《中小学教师继续教育规定》，

---

① 张家祥，金锵编著. 中学教师继续教育问题[M]. 杭州：杭州大学出版社，1991：296.

② 顾明远. 教育大词典[Z]. 上海：上海教育出版社，1990：51-52.

③ 邵宝祥、王金保主编. 中小学教师继续教育基本模式的理论与实践[M]. 北京：北京教育出版社，2000：625.

④ 张贵新. 我国中小学教师继续教育的发展阶段与走向[J]. 东北师大学报(哲学社会科学版)，2001(1)：104.

⑤ 北京市教育局编. 教育工作文件选编，1989.

⑥ 张贵新. 我国中小学教师继续教育的发展阶段与走向[J]. 东北师大学报(哲学社会科学版)，2001(1)：104.

⑦ 北京市人大. 北京市专业技术人员继续教育规定(1995)[EB/OL]. http://baike.baidu.com/view/4078065.htm.

这是我国首次以专项法规的形式对中小学教师继续教育做出了明确的规定。以此为标志，我国中小学教师继续教育工作真正走向了规范化、法制化的轨道。

我国中小学教师继续教育，其基本内涵“是指对取得教师资格的中小学在职教师为提高思想政治和业务素质进行的培训”。① 中小学教师继续教育是教师教育的重要组成部分，是贯穿教师整个职业生涯的终身教育。

（三）教师专业发展

随着教师教育改革的逐步推进，“教师专业发展”（teacher professional development）一词逐步为我国研究者和实践者所熟悉。在全球范围内，诸多教育改革和学校变革的政策与实践中，教师和教师的专业发展是人们关注的焦点和改革的重要策略之一。

自 20 世纪 40 年代早期开始，作为在职教育（in-service education）而为人们所知的专业员工发展（professional staff development）就已经成为教育研究中一个重要的研究领域。第二次世界大战以后产生的“婴儿潮”引发的教师短缺，使得美国不断任用不合格或者没有资格证书的教师，因此，提高教师素质、促进教师的专业发展就成为必要。②

20 世纪 80 年代，人们开始使用“专业发展”这一术语，而不是“员工发展”（staff development）。教师公会（unions）开始为教师重新界定专业发展。“专业发展”一词的出现，更强调教学是一个专业（teaching as a profession）；教师不再是蓝领工人，而是专业人员。“专业发展”将教学专业与其他职业的专业性（professionalism）相联系③。

教师专业发展作为一个研究和实践领域不断得到发展。根据不同学者的观点，教师专业发展的含义大致可以从以下三方面来理解：教师个体专业素养提升的维度与过程，教师专业成长的途径与策略，以及教师专业地位的提升。

---

① 中华人民共和国教育部令第 7 号．中小学教师继续教育规定．第一章第三条，1999 年 9 月 13 日．

② Gordon，S. P.（2004）. *Professional development for school improvement：Empowering learning communities*. Boston：Pearson/Allyn and Bacon.

③ Speck，M.，Knipe，C.（2001）. *Why can't we get it right? Professional development in our schools*. Thousand Oaks，Calif.：Corwin Press.

第一类理解，教师专业发展可以视为为教师个体专业素养提升的维度与过程。例如，Hargreaves & Fullan 指出教师专业发展可以从三个方面来理解：教师发展作为知识和技能的发展、教师发展作为自我理解、教师发展作为生态改变。① Leithwood 认为教师发展有六个层次：发展生存技能、掌握教学的基本技能、扩展教学的灵活性、获得教学专长、促进同事的专业成长、行使领导权和参与决策。② Evans 提出教师专业发展最基本的是态度上的发展和功能上的发展。前者表示教师在态度上的改善过程，后者表示教师专业表现改善的过程。③ Hargreaves 提出，教师的专业发展不仅应包括知识、技能等方面技术性的维度，还应该广泛考虑道德、政治和情感的维度。④ Day 认为，教师专业发展是一个过程，在该过程中，作为变革力量的教师独自或者和他人一起检视、更新和拓展教学的道德目的；在与儿童、年轻人和同事共同渡过的教学生活的每一阶段中，教师批判地学习和发展优质的专业思想、计划和实践必需的知识、技能和情感智能。⑤

第二类理解，教师专业发展可以视为教师专业成长的途径与策略。Day 认为，教师专业发展包涵所有自然的学习经验和有意识组织计划的各种活动，这些经验和活动直接或者间接有益于个体、团体或学校、进而提高课堂的教育质量。⑥ 旨在促进教师专业成长的专业发展活动，既包括教育教学实践本身(对日常工作的实验和总结)，也包括有组织地设计的工作坊、课程、会议

---

① Hargreaves，A. & Fullan，M.（eds.）(1992). *Understanding teacher development*. London：Cassell；New York，N. Y.：Teachers College Press.

② Leithwood，K. (1990). The 'principle's role in teacher development. In B. Joyce (Ed.)，*Changing school through staff development*. Alexandandria，VA，Association for Supervision and Curriculum Development.

③ Evans，L. (2002). What is teacher development? *Oxford Review of Education*，28(1)，123-137.

④ Hargreaves，A. (1995). Development and desire：A postmodern perspective. In R. Guskey & M. Huberman（Eds.），*Professional development in education*：*New paradigms and practices*(pp. 9-34). New York：Teachers College Press.

⑤ Day，C. (1999). *Developing Teachers*：*The Challenges of Lifelong Learning*，London：Falmer.

⑥ Day，C. (1999). *Developing Teachers*：*The Challenges of Lifelong Learning*，London：Falmer.

等正式的活动，以及各种非正式方式(阅读、与同事对话与交流)等。①

第三类理解，教师专业发展旨在通过改进教师实践，促进教育政策的推行，通过改进教师的绩效提高学生的学习成就，提升教学专业(the teaching profession)的身份与地位。②

上述三种对教师专业发展的理解中，第一类含义使用较为广泛。本研究着重从第二方面，即从教师专业成长的途径与策略上理解教师专业发展。

综上所述，教师培训、教师继续教育和教师专业发展三个不同术语存在一定的差异，但也有共同之处。教师培训和教师继续教育都是促进教师专业发展的方式与策略之一。教师继续教育一词随着终身教育思想的传播，于20世纪70年代末引入我国。在此之前，我国通常用“教师培训”一词。教师继续教育强调，教师的学习是贯穿教师整个职业生涯的终身教育，具有长期性、持续性，既包括学历提高、进修学习，也包括短期的培训活动。

本研究中，采用“教师专业发展”一词，一方面是其含义的外延较教师继续教育和教师培训更为广泛；另一反面也体现了教师专业发展领域从传统培训方式走向革新的发展趋势。在具体行文中，将根据政策颁布所处的不同时代和政策文本本身，分别采用“教师培训”“教师继续教育”或“教师专业发展”的表述。

三、研究范畴与研究方法

本研究旨在对改革开放以来我国国家层面的教师专业发展政策文本进行分析。研究范畴为：

(1)关于时间跨度与政策范畴。本研究中的政策范畴指从1977年至2013年我国制定的国家级教师专业发展政策。

(2)关于教师专业发展。本研究中的“教师”，指在职中小学教师；“教师专业发展”，指针对在职教师开展的职后教师培训及各类学习活动。

---

① Knapp, M. S. (2003). Professional development as a policy pathway. *Review of Research in Education*, 27, 109-157.

② Day, C. & Sachs, J. (2004). Professionalism, performativity and empowerment: discourses in the politics, policies and purposes of continuing professional development. In C. Day & J. Sachs (Eds.), *International handbook on the continuing professional development of teachers*(pp. 3-32). Maidenhead: Open University Press.

(3)关于教师专业发展政策文本。政策本质上是"政府选择做或者不做的事",① 是政府带有目的性与指向性的干预行为。在本研究中，教师专业发展政策文本指为促进教师专业成长而制定的国家级的教育政策、法规的总称，是一个广义的范畴，包括各个历史时期颁布的法律、法令、法规、规定、决定、纲要、规划、意见、计划、通知等形式的文件。教师专业发展政策体现了国家对教师培训与教师继续教育的基本理解、目的与要求。

(4)关于政策文本分析。政策文本分析是政策研究中较为广泛使用的一种资料分析方式，是政策涵意探究的重要途径，可看作是从不同理论视角和学科背景来分析法律、法规、规章及政府公文的多种文本分析方法的集合。Ball认为，政策既是一种文本，也是一种论述。② 这样的概念可从两方面来解释：对于政策的文本性质而言，政策文本是历史、社会和制度等脉络综合影响的结果；对于政策的论述性质而言，政策文本透过知识和权力的运作规约着社会成员的所思、所见与所为。政策文本的性质与特殊性凸显了政策文本分析作为政策研究的价值。本研究是对我国教师专业发展政策的文本分析，而非政策实施分析。

本研究以改革开放以来我国教师专业发展政策为对象，采用文本分析法和历史研究法，搜集梳理党和国家以及教育行政主管部门改革开放以来颁布的有关中小学教师培训与继续教育的法律、法规、意见、通知、计划等文件，把握我国教师专业发展政策的历史演进与发展历程。随后分析国家管理与市场机制这两种主导因素对于我国教师专业发展政策变迁所产生的影响。

第二节　教师专业发展政策的演进历程

本部分首先系统阐述改革开放以来我国教师专业发展政策的演进历程，这是一个动态的、承前启后的、渐变的发展过程，与当时的社会政治、经济、文化、科技等方面的发展密切相关，反映了特定历史时期所呈现的基本规律或模式。改革开放以来，我国教师专业发展政策大致分为三个阶段：恢复重建阶段(1977—1984 年)、法制保障阶段(1985—1998 年)、制度完善阶段

① Dye，T.(1998). *Understanding Public Policy*. Boston：Houghton Miffin Co.

② Ball，S. J.(1994). *Educational reform：A critical and post structural approach*. Buckingham：Open University Press.

(1999 年至今)。

一、恢复重建阶段(1977—1984 年)

新中国成立之初，即针对当时实际情况开展了以学科知识为主要内容的教师培训。从 1953 年起，各地相继建立起教师培训机构，由政府统一安排的、有组织的、正规的制度化教师培训体系开始建立。“文化大革命”期间，这一体系受到严重冲击。改革开放之后，中小学教师继续教育与培训步入恢复时期，相关政策逐步得到重建。

为解决教师队伍质量存在的严重问题、建立一支适应新时期教育发展需要的教师队伍，1977 年 10 月，教育部召开了全国中小学师资培训工作座谈会，会议要求：在三五年之内，通过培训使绝大多数教师达到合格水平，“同时，要尽快地建立和健全省、地、县、公社和学校的师资培训机构，高等和中等师范学校都要承担培训提高在职中小学教师的任务，各级教育行政部门和学校要做好师资培训工作规划”。① 同年 12 月，教育部颁布《关于加强中小学在职教师培训工作的意见》，对教师培训的目的、措施、培训形式和培训制度做出规定。

1978 年 4 月 22 日，邓小平在全国教育工作会议上的讲话中提出：“教育部和各地教育行政部门，要采取切实有效的措施，比如充分利用广播、电视，举办各种训练班、进修班，编印教学参考资料等，大力培训师资。”②随后经国务院批准，教育部于 1978 年 4 月下发《关于恢复或建立教育学院或教师进修学院报批手续的通知》。截至 1979 年底，全国已建立和恢复省(自治区、直辖市)一级的教育学院、教师进修学院 34 所。③

1980 年，在召开第四次全国师范教育工作会议之后，教育部于 8 月 22 日颁布了《关于进一步加强中小学在职教师培训工作的意见》。该意见就中小学教师培训工作的方针、规划、培训机构、教学计划、考核制度、办学条件、培训工作领导等七大方面做出全面细致的规划和指导。这是新中国成立以后

① 中央教育科学研究所．中华人民共和国教育大事记(1949—1982)[M]．北京：教育科学出版社．1983：500.

② 瞿葆奎．教育学文集第 17 卷．中国教育改革[M]．北京：人民教育出版社，1991：568.

③ 中华人民共和国教育部师范教育司、中央教育科学研究所编．中国中小学教师发展报告・2010．北京：教育科学出版社，2011：105.

至80年代初最为完整的对中小学教师培训工作进行规范的政策文本。

随后，教育部又出台了一系列保障性政策。如1982年10月21日，国务院转批教育部《关于加强教育学院建设若干问题的暂行规定》，进一步对教育学院的任务、师资队伍建设、领导体制和组织机构等做出了明确的规定。1983年1月20日，教育部下发《关于加强小学在职教师进修工作的意见》，对小学在职教师的培训规划、原则、标准与培训基地建设等方面提出意见。同年4月，教育部召开全国中小学教材教法进修工作经验交流会，提出规定进修对象、内容等原则，充分发挥教育学院、教师进修学校、师范院校的作用。6月30日，教育部下发《关于中学在职教师进修大学本科课程有关问题的意见》。1984年10月，教育部、全国教育工会联合发出《中小学教师职业道德要求〈试行草案〉》。①

我国教师培训的恢复重建时期的标志性政策是《关于进一步加强中小学在职教师培训工作的意见》(1980)。此阶段，各地逐步恢复、建设和健全各省、地、县教师培训机构，以其为主体承担在职中小学教师的培训任务。中小学教师的制度化培训在全国大规模恢复并稳步发展。教师职后培训除了针对大批中小学教师学历不合格者进行学历补偿教育之外，还根据“教什么，学什么”，“缺什么，补什么”的原则，开展了以教材教法过关为重点的中小学教师培训工作。与此同时，我国政府在1979年派代表参加在墨西哥召开的第一次世界继续工程教育大会，“继续教育”这一概念正式引入我国。② 此后，“教师继续教育”的概念被用来指称在职教师的提高培训。

二、法制保障阶段(1985—1998年)

20世纪80年代以后，随着《中华人民共和国义务教育法》(1986/2006)、《中华人民共和国教师法》(1993)、《教师资格条例》(1995)等相关法律出台，国家期望的教师专业性逐渐明确，为教师培训与继续教育的政策制定，以及逐步走上制度化、规范化的轨道提供了法制保障。

1984年10月，党的十二届二中全会通过了《关于经济体制改单的决定》。随后，教育体制改革提上议事日程。1985年5月27日，中共中央颁布《关于

① 中华人民共和国教育部师范教育司、中央教育科学研究所编. 中国中小学教师发展报告·2010[M]. 北京：教育科学出版社，2011：107.

② 顾明远. 教育大词典[M]. 上海：上海教育出版社，1990：51-52.

教育体制改革的决定》，指出："建立一支有足够数量的、合格而稳定的师资队伍，是实行义务教育、提高基础教育水平的根本大计。"同年 11 月，国家教委召开了全国中小学师资工作会议，确定了师资队伍建设的目标、步骤、方针和任务。①

1986 年 2 月 21 日，国家教委颁布《关于加强在职中小学教师培训工作的意见》，明确提出了师资培训工作的任务和要求，对师资培训的形式、方法、质量、办学条件及领导做了较为全面的规定。②

1986 年 4 月 12 日，第六届全国人民代表大会通过了《中华人民共和国义务教育法》(2006 年 6 月 29 日修订)，提出建立教师资格制度，并且首次从法律角度规定教师培训工作，要求县级以上人民政府应当加强教师培训工作、县级人民政府教育行政部门应当均衡配置本行政区域内学校师资力量，组织校长、教师的培训和流动。

1990 年 10 月 23—26 日，国家教委在四川省自贡市召开了"全国中小学教师继续教育工作座谈会"，明确了中小学教师继续教育的任务与工作方针，标志着中小学师资培训工作发展到了一个新阶段。③

1991 年 12 月 3 日，国家教委印发《关于开展小学教师继续教育的意见》，提出要提升小学教师的学历层次，大力开展小学教师继续教育，并规定了教师继续教育的内容。1992 年 5 月 19 日，国家教委印发《关于加快中学教师学历培训步伐的意见》。④

1993 年 2 月，中共中央、国务院发布了《中国教育改革和发展纲要》，要求"进一步加强教师培养培训工作，到 20 世纪末，通过师资补充和在职培训，绝大多数中小学教师达到国家规定的合格学历标准，小学和初中教师中具有专科和本科学历者的比重逐步提高"。⑤

---

① 中华人民共和国教育部师范教育司、中央教育科学研究所编．中国中小学教师发展报告·2010[M]．北京：教育科学出版社，2011：107-108．

② 中华人民共和国教育部师范教育司、中央教育科学研究所编．中国中小学教师发展报告·2010[M]．北京：教育科学出版社，2011：108．

③ 奎星．全国中小学教师继续教育工作座谈会在四川自贡召开[J]．中小学教师培训，1991(1)：37．

④ 中华人民共和国教育部师范教育司、中央教育科学研究所编．中国中小学教师发展报告·2010[M]．北京：教育科学出版社，2011：111．

⑤ 中共中央，国务院．中国教育改革和发展纲要[R]．1993：2．

1993 年 10 月 31 日，第八届全国人民代表大会常务委员会第四次会议通过、中华人民共和国主席令第 15 号公布了《中华人民共和国教师法》，规定“教师是履行教育教学职责的专业人员”，第一次从法律角度确认了教师的专业地位，对取得教师资格的条件做出了明确规定。《教师法》首次从法律角度规定了参加培训是中小学教师的权利和义务；教师有“参加进修或者其他方式的培训”的权利；有“不断提高思想政治觉悟和教育教学业务水平”的义务。第四章“培养和培训”规定“各级教师进修学校承担中小学教师培训的任务，非师范学校应当承担培训中小学教师的任务。各级人民政府教育行政部门、学校主管部门和学校应当制订教师培训规划，对教师进行多种形式的思想政治、业务培训”。①

1995 年 3 月 18 日，第八届全国人民代表大会第三次会议通过、中华人民共和国主席令第 45 号公布了《中华人民共和国教育法》，规定：“国家实行教师资格、职务、聘任制度，通过考核、奖励、培养和培训，提高教师素质，加强教师队伍建设。”教师培训作为提高教师素质的重要路径而日益受到重视。

继《中华人民共和国义务教育法》(1986)提出建立教师资格制度、《中华人民共和国教师法》(1993)对取得教师资格的条件做出明确规定之后，1995 年 12 月 12 日，国务院颁布《教师资格条例》，对教师资格的分类与适用、申报条件、教师资格考试、认定等都作了详细的规定，教师资格准入制度逐步建立，国家主导的教师专业性日渐明确。

1996 年，第五次全国师范教育工作会议提出，“九五”期间，师资培训工作要在继续完成部分教师的学历补偿教育任务的同时，不失时机地转移到继续教育上来，建立终身完善的继续教育体系。②

简言之，20 世纪 80 年代末期至 90 年代，随着经济快速发展，“科教兴国”成为国家战略，教师成为全社会关注的焦点。此阶段，是新中国成立以来教育法律集中制定和颁布的时期。《中华人民共和国义务教育法》与《中华人民共和国教师法》、国务院颁布的教育行政法规以及相应配套的政府规章的出台，为我国中小学教师继续教育和培训政策的制定提供了法制保障。此阶段，以教师学历补偿为主的教师培训工作接近尾声，培训任务的重点逐步转向继

---

① 全国人民代表大会．中华人民共和国教师法[R]．1993：10.

② 张贵新．我国中小学教师继续教育的发展阶段与走向[J]．东北师大学报(哲学社会科学版)，2001(1)：105.

续教育。

三、制度完善阶段(1999 年至今)

在跨越世纪的关键时期，我国教育改革与发展进入了新的历史阶段。在此前一系列法规保障的基础之上，我国中小学教师继续教育和培训步入制度完善阶段。教育部《中小学教师继续教育规定》(1999)，《教育部关于大力加强中小学教师培训工作的意见》(2011)，《国务院关于加强教师队伍建设的意见》(2012)，教育部、国家发展改革委、财政部《关于深化教师教育改革的意见》(2012)，《教育部关于深化中小学教师培训模式改革　全面提升培训质量的指导意见》(2013)等一系列教师专业发展政策相继颁布。

(一)实施素质教育与新课程改革背景下的教师继续教育与培训

自 1999 年开始，随着我国教育改革的逐步深化，为适应实施素质教育和新课程改革的需要，“跨世纪园丁工程”“中小学教师继续教育工程”、新课程师资培训等大规模培训相继开展。

1999 年 1 月 13 日，国务院批转教育部《面向 21 世纪教育振兴行动计划》，提出实施“跨世纪园丁工程”，以大力提高教师队伍素质。同年 6 月，我国召开了改革开放以来的第三次全国教育工作会议，并于 13 日发布了《中共中央国务院关于深化教育改革全面推进素质教育的决定》，要求开展以培训全体教师为目标、骨干教师为重点的继续教育。

1999 年 9 月 13 日，教育部发布《中小学教师继续教育规定》，对教师继续教育的管理、内容、类别、组织管理、条件保障、考核奖励做了明确规定。该规定的发布，标志着中小学师资培训进入到一个新阶段，工作重点由学历补偿为主转入到以继续教育为主。

2000 年 3 月 6 日，教育部印发《中小学教师继续教育工程方案(1999—2002 年)》和《关于实施“中小学教师继续教育工程”的意见》，“中小学教师继续教育二期工程”(2003—2007 年)随后继续推行。

《国务院关于基础教育改革与发展的决定》(2001)、教育部《基础教育课程改革纲要(试行)》(2001)颁布之后，全国新一轮的基础教育课程改革全面展开。2001 年 10 月 17 日，教育部印发《关于开展基础教育新课程师资培训工作的意见》，正式启动新课程师资培训工作。新课程师资培训工作的主要任务是组织教师学习《基础教育课程改革纲要(试行)》，研究相关学科的课程标准、课程目标、具体内容和评估要求等，使教师进一步更新教育观念，完善知识结构，逐步掌握实施新课程的有效教学方法和手段，提高实施素质教育的能力和水平。① 2004 年 2 月 2 日，教育部印发《关于进一步加强基础教育新课程师资培训工作的指导意见》。

2004 年 3 月 3 日，国务院批转教育部《2003—2007 年教育振兴行动计划》。9 月 7 日，教育部发出《关于加快推进全国教师教育网络联盟计划，组织实施新一轮中小学教师全员培训的意见》和《2003—2007 年中小学教师全员培训计划》。

(二)新时期的教师培训："国培计划"、标准与质量

随着教育部"中小学教师国家级培训计划"(简称"国培计划")的启动，全国中小学教师全员培训的力度进一步加大。《关于大力加强中小学教师培训工作的意见》(2011)、《教师专业标准(试行)》(2012)、《教育部关于深化中小学教师培训模式改革　全面提升培训质量的指导意见》(2013)等政策相继出台，提升培训质量成为日益关注的焦点。

2008 年和 2009 年，教育部组织实施的"国培计划"分别包括五大培训项目和八大培训项目。② 2010 年 6 月 11 日，教育部、财政部下发《关于实施"中小学教师国家级培训计划"的通知》，"国培计划"开始全面实施，旨在示范引领、雪中送炭、促进改革，推动全国中小学教师全员培训的开展。③

---

① 中华人民共和国教育部师范教育司、中央教育科学研究所编. 中国中小学教师发展报告·2010[M]. 北京：教育科学出版社，2011：116.

② 2008 年，"国培计划"直接培训全国中小学教师共计 30 余万名，主要包括五大培训项目：教育部支持西部边远地区骨干教师培训专项计划、普通高中课改实验省教师远程培训计划、中西部农村义务教育学校教师远程培训计划、中小学班主任专项培训计划、中小学体育教师培训计划。2009 年，"国培计划"共培训全国中小学教师 45 万名，主要包括八大培训项目：骨干教师培训(重点培训中西部地区的中小学骨干教师)、边境民族地区的中小学骨干教师培训、中西部农村义务教育学校教师远程培训、普通高中课改实验省教师远程培训、培训者培训、地震灾区中小学教师培训、体育与艺术等紧缺学科师资培训、中小学班主任教师培训。以上数据来源于：中华人民共和国教育部师范教育司、中央教育科学研究所编. 中国中小学教师发展报告·2010. 北京：教育科学出版社，2011：96-97.

③ 根据教育部简报，2010 年，"国培计划"共计培训中小学教师 115 万人，其中农村教师 110 万名。资料来源：教育部简报(2011 第 30 期)：中小学教师国家级培训计划取得显著成效[EB/OL]. http://www.gpjh.cn/cms/sfxmbuwen/990.htm，2011 年 7 月 11 日.

2010年7月29日，中共中央、国务院印发《国家中长期教育改革和发展规划纲要(2010—2020年)》，提出要加强师德建设，完善教师培训制度，将教师培训经费列入政府预算，对教师实行每五年一周期的全员培训，提高中小学教师队伍整体素质。

2011年1月4日，教育部印发《关于大力加强中小学教师培训工作的意见》，明确了新时期教师培训工作的基本思路和主要任务，在教师培训模式、培训制度、培训体系、组织保障等方面提出了新要求、新举措。全国1000多万教师五年一周期的全员培训全面启动。

2012年2月10日，教育部印发了《幼儿园教师专业标准》(试行)、《小学教师专业标准(试行)》和《中学教师专业标准(试行)》(以下简称《专业标准》)，规定了合格教师专业素质的基本要求，同时也作为教师培养、准入、培训、考核等工作的重要依据。《专业标准》是"国培计划"和"省培计划"等各级培训的重要内容，是制定教师培训课程指南的依据。①

2012年8月20日，《国务院关于加强教师队伍建设的意见》提出："建立教师学习培训制度。实行五年一周期不少于360学时的教师全员培训制度，推行教师培训学分制度。""完善教师培养培训体系。构建以师范院校为主体、综合大学参与、开放灵活的中小学教师教育体系。"②

2012年9月6日，教育部、国家发展改革委、财政部下发《关于深化教师教育改革的意见》(教师〔2012〕13号)，提出："建立以师范院校为主体、教师培训机构为支撑、现代远程教育为支持、立足校本的教师培训体系；实行五年一周期不少于360学时的教师全员培训制度；实行教师培训项目招投标机制；创新教师培训模式；教师培训经费列入同级财政预算，中小学(幼儿园、中等职业学校)按照年度公用经费预算总额的5%安排教师培训经费。"③

2013年5月6日，教育部下发《关于深化中小学教师培训模式改革　全面

① 教育部. 关于印发《幼儿园教师专业标准(试行)》《小学教师专业标准(试行)》和《中学教师专业标准(试行)》的通知[EB/OL]，http://www.moe.edu.cn/publicfiles/business/htmlfiles/moe/s6991/201212/xxgk_145603.html，2012年9月13日.

② 国务院. 国务院关于加强教师队伍建设的意见[EB/OL]. http://www.gov.cn/zwgk/2012-09/07/content_2218778.htm，2012年8月20日.

③ 教育部国家发展改革委　财政部. 关于深化教师教育改革的意见[EB/OL]. http://www.moe.gov.cn/publicfiles/business/htmlfiles/moe/s3735/201212/145544.html，2012年9月6日.

提升培训质量的指导意见》，围绕培训模式改革和质量提升两项核心任务，对增强培训针对性、改进培训内容、转变培训方式等方面提出具体指导意见。①《国务院关于加强教师队伍建设的意见》提出要落实"按需施训"，将教师作为培训工作的出发点和落脚点，强调实践性课程和激发教师参训动力，国家制订教师培训课程标准和培训质量标准。

综上所述，自《中小学教师继续教育规定》(1999)颁布以来，随着一系列教师专业发展政策的颁布，我国教师培训制度逐渐完善。"跨世纪园丁工程""中小学教师继续教育工程"、基础教育新课程师资培训、"国培计划"等一系列面向全国教师的大规模培训，推动并深化了教师继续教育与教师培训工作的持续发展。《关于深化中小学教师培训模式改革　全面提升培训质量的指导意见》(2013)的下发，标志着我国教师培训工作由注重规模发展逐步走向质量提升的转型，将对中小学教师培训工作的改革产生积极的影响。

第三节　我国教师专业发展的政策文本分析

改革开放以后，我国相继颁布的各类政策文件逐步规范并指导着教师培训工作的开展，对于促进教师专业发展起着积极的作用。本节对我国教师专业发展政策文本进行分类，并对教师专业发展的目标、内容、方式等方面分别进行分析。

一、教师专业发展政策的类别

根据政策文件的重要性和相关性，本研究选择改革开放以来我国颁布的26项国家层面的政策文件进行文本分析。依据不同时期的政策及内容变化，我国国家层面的教师专业发展政策大致可以分为以下四类：法律法规、中共中央国务院文件、部委宏观规划文件、教育部门专项文件。

(一)法律法规

从法律层面，《中华人民共和国义务教育法》(1986/2006)、《中华人民共

① 教育部．关于深化中小学教师培训模式改革　全面提升培训质量的指导意见[EB/OL]．http://www.moe.gov.cn/publicfiles/business/htmlfiles/moe/s7034/201305/xxgk_151910.html，2013年5月8日．

和国教师法》(1993)、《中华人民共和国教育法》(1995)对我国教师培训与继续教育提供了法律依据和保障。

我国教育基本法，即《中华人民共和国教育法》(1995)为教师培训工作提供了法律依据，提出国家通过培养和培训，旨在提高教师素质，加强教师队伍建设。

我国教育单行法，即《中华人民共和国教师法》(1993)中有专章规定教师培训问题："教师有参加进修或者其他方式的培训"的权利，"有不断提高思想政治觉悟和教育教学业务水平"的义务；"各级教师进修学校承担中小学教师培训的任务，非师范学校应当承担和培训中小学教师的任务。各级人民政府教育行政部门、学校主管部门和学校应当制订教师培训规划，对教师进行多种形式的思想政治、业务培训"。《中华人民共和国义务教育法》(1986/2006)规定："县级人民政府教育行政部门应当均衡配置本行政区域内学校师资力量，组织校长、教师的培训和流动。"

上述法律从宏观上对我国教师培训的思想性、方向性、重要性等方面做出规定：在管理体制上，教师培训规划由各级教育行政部门、学校主管部门和学校制定；在培训内容上则主要聚焦于思想政治和教育教学业务两方面。

(二)中共中央国务院文件

改革开放以来，由中共中央国务院颁布的涉及教师专业发展政策的相关文件包括：《关于教育体制改革的决定》(1985)、《中国教育改革和发展纲要》(1993)、《面向21世纪教育振兴行动计划》(1999)、《中共中央国务院关于深化教育改革全面推进素质教育的决定》(1999)、《关于基础教育改革与发展的决定》(2001)、《2003—2007年教育振兴行动计划》(2004)、《国家中长期教育改革和发展规划纲要(2010—2020年)》(2010)、《国务院关于加强教师队伍建设的意见》(2012)。

上述中共中央国务院文件为国家层面的宏观教育政策，阐述了教师专业发展政策的背景与方向，并对教师培训的制度及体系建设提出具体意见。《国家中长期教育改革和发展规划纲要(2010—2020年)》(2010)将"加强教师队伍建设"作为教育发展的重要保障措施在第十七章予以强调，对培训体系和制度、培训经费及培训周期做出明确规定。《国务院关于加强教师队伍建设的意见》(2012)在"大力提高教师专业化水平"条款中，具体阐述了"建立教师学习培训制度""完善教师培养培训体系"的主要内容，包括：实行五年一周期不少于360学时的全员培训制度、实行培训学分制度，进一步明确了培训模式、对象、计划等方面的内容。

(三)部委宏观规划文件

在法律保障及国家宏观教育背景之下，原国家教委、教育部相继出台一系列政策，包括《关于加强中小学在职教师培训工作的意见》(1977)、《关于进一步加强中小学在职教师培训工作的意见》(1980)、《关于加强在职中小学教师培训工作的意见》(1986)、《中小学教师继续教育规定》(1999)、《关于“十五”期间教师教育改革与发展的意见》(2002)、《教育部关于大力加强中小学教师培训工作的意见》(2011)、《国家教育事业发展第十二个五年规划》(2012)、教育部、国家发展改革委、财政部《关于深化教师教育改革的意见》(2012)。此外，2012年教育部印发的《小学教师专业标准(试行)》和《中学教师专业标准(试行)》也是指导教师培训工作的重要依据，对教师培训起着导向作用。

为解决教师培训工作中存在的突出问题，教育部在《关于深化中小学教师培训模式改革　全面提升培训质量的指导意见》(2013)中，对增强培训针对性、改进培训内容、转变培训方式、激发教师参训动力、营造网络学习环境、加强培训者队伍建设等方面提出具体意见，对我国今后一段时期的教师培训改革将起到重要的引领作用。

上述政策文本在现有教育基本法与单行法指导下，结合特定历史时期教育改革的背景而制定，在呈现方式上，采用“意见”“规定”“规划”等词，反映了我国教师专业发展政策不断完善，体现了相关政策的系统性和连续性，为促进教师专业发展提供了重要的政策保障与支持。

(四)专项培训计划与方案

根据特定时期的重点工作，教育部制订了各类专项培训计划。例如教育部根据《面向21世纪教育振兴行动计划》(1999)提出“跨世纪园丁工程”，根据《关于印发〈中小学教师继续教育工程方案(1999—2002年)〉及其实施意见的通知》(2000)提出6项行动计划。《关于开展基础教育新课程师资培训工作的意见》(2001)、《关于进一步加强基础教育新课程师资培训工作的指导意见》(2004)对新课程改革师资培训工作提出具体举措。此外，《关于加快推进全国教师教育网络联盟计划，组织实施新一轮中小学教师全员培训的意见》和

《2003—2007年中小学教师全员培训计划》(2004)则明确"全国教师教育网络联盟计划"及全员培训的具体任务和要求。近期《关于实施"中小学教师国家级培训计划"的通知》(2010)及相关文件明确了"国培计划"的任务与重点、总体要求及组织管理等内容。

上述政策中，教育部提出并实施了"跨世纪园丁工程""教师继续教育工程"、新课程师资培训、"全国教师教育网络联盟计划""国培计划"等专项培训计划，目的在于提高中小学教师素质，应对基础教育改革和实施素质教育的需要。

根据政策的重要性和相关性，本研究选择的改革开放以来我国颁布的24项国家层面的政策文本，大致可以分为法律法规(第一类)、中共中央国务院文件(第二类)、部委宏观规划文件(第三类)、专项培训计划与方案(第四类)。在国家层面的各项政策中，与教师专业发展相关的政策要点详见表7-1。

表7-1　改革开放以来我国教师专业发展政策及政策要点

	时间	颁布单位	政策名称	与教师专业发展相关的政策要点	类别
1	1977年12月10日	教育部	《关于加强中小学在职教师培训工作的意见》	采取多种形式使教师达到合格程度；尽快建立和健全师资培训机构；各级教育行政部门和学校要做好师资培训规划。	第三类
2	1980年8月22日	教育部	《关于进一步加强中小学在职教师培训工作的意见》	明确中小学在职教师培训工作的方针；提高中小学在职教师的政治、文化、业务水平。意见对在职教师的培训形式、培训内容、培训教学计划以及培训机构做了具体规定。	第三类
3	1985年5月27日	中共中央	《关于教育体制改革的决定》	明确教师培训的重要性，大力提倡和鼓励教师结合教学进行自学和互教；提出在职教师的具体培训形式。	第二类
4	1986年4月12日(2006年6月29日修订)	全国人民代表大会	《中华人民共和国义务教育法》	县级人民政府教育行政部门应当均衡配置本行政区域内学校师资力量，组织校长、教师的培训和流动。	第一类

续表

	时间	颁布单位	政策名称	与教师专业发展相关的政策要点	类别
5	1986 年 2 月 21 日	国家教委	《关于加强在职中小学教师培训工作的意见》	提出师资培训工作的任务和要求，并对师资培训的渠道、形式、方法、质量、办学条件及领导做了较为全面的规定。	第三类
6	1993 年 2 月 13 日	中共中央、国务院	《中国教育改革和发展纲要》	教师培养培训工作的目标是：使绝大多数中小学教师达到国家规定的合格学历标准，小学和初中教师中具有专科和本科学历者的比重逐步提高。	第二类
7	1993 年 10 月 31 日	全国人民代表大会，中华人民共和国主席令第 15 号	《中华人民共和国教师法》	教师有“参加进修或者其他方式的培训”的权利；有“不断提高思想政治觉悟和教育教学业务水平”的义务。第四章：“培养和培训”，对培训管理体制与培训机构做出规定。	第一类
8	1995 年 3 月 18 日	全国人民代表大会、中华人民共和国主席令第 45 号	《中华人民共和国教育法》	国家通过考核、奖励、培养和培训，提高教师素质，加强教师队伍建设。	第一类
9	1999 年 1 月 13 日	国务院批转教育部	《面向 21 世纪教育振兴行动计划》	提出实施“跨世纪园丁工程”，大力提高教师队伍素质；对现有中小学校长和专任教师进行全员培训和继续教育。加强中小学教师继续教育的教材建设。	第二类
10	1999 年 6 月 13 日	中共中央、国务院	《关于深化教育改革全面推进素质教育的决定》	开展以培训全体教师为目标、骨干教师为重点的继续教育，使中小学教师的整体素质明显提高。鼓励综合高等学校和非师范高等学校参与培养、培训中小学教师的工作。	第二类

续表

	时间	颁布单位	政策名称	与教师专业发展相关的政策要点	类别
11	1999年9月13日	教育部令第7号	《中小学教师继续教育规定》	确立中小学教师继续教育原则上每五年为一个培训周期；对教师继续教育的内容与类别、组织管理、条件保障、考核与奖惩等方面做出具体规定。	第三类
12	2000年3月6日	教育部	《关于印发〈中小学教师继续教育工程方案(1999—2002年)〉及其实施意见的通知》	明确1999—2002年中小学教师继续教育工程的目标；提出6项行动计划(新任教师培训、教师岗位培训、骨干教师培训、提高学历培训、计算机全员培训、培训者培训)；强调了基础建设项目(中小学教师继续教育法规建设、课程与教材建设、网络建设、监测评估体系建设)和条件保障。	第四类
13	2001年5月29日	国务院	《关于基础教育改革与发展的决定》	作为官方文件首次提出“教师教育”的概念，提出要完善以现有师范院校为主体、其他高等学校共同参与、培养培训相衔接的开放的教师教育体系。	第二类
14	2001年10月17日	教育部	《关于开展基础教育新课程师资培训工作的意见》	提出新课程师资培训工作的主要任务，对培训的组织与实施，培训理念、模式、手段等方面提出要求。	第四类
15	2002年2月6日	教育部	《关于“十五”期间教师教育改革与发展的意见》	对“教师教育”的诠释：教师教育是在终身教育思想指导下，按照教师专业发展的不同阶段，对教师职前培养、入职教育和在职培训；提出教师教育改革与发展的主要政策措施。	第三类

续表

	时间	颁布单位	政策名称	与教师专业发展相关的政策要点	类别
16	2004年2月2日	教育部	《关于进一步加强基础教育新课程师资培训工作的指导意见》	强调新课程师资培训工作的重要性，对培训的规划与组织管理、培训内容与重点、培训观念与模式，以及保障体系做出规定。	第四类
17	2004年3月3日	国务院批转教育部	《2003—2007年教育振兴行动计划》	提出完善教师终身学习体系；实施“全国教师教育网络联盟计划”；组织实施以新理念、新课程、新技术和师德教育为重点的新一轮教师全员培训。加快推进农村中小学教师队伍建设。	第二类
18	2004年9月7日	教育部	《关于加快推进全国教师教育网络联盟计划，组织实施新一轮中小学教师全员培训的意见》和《2003—2007年中小学教师全员培训计划》	提出“加快推进教师网联计划，构建开放高效的教师终身学习体系”；提出今后五年内，全国教师网联计划的主要任务：按照“面向全员、突出骨干、倾斜农村”的方针，组织实施以新理念、新课程、新技术和师德教育为重点的新一轮中小学教师全员培训，组织优秀教师高层次研修和骨干教师培训；明确《2003—2007年中小学教师全员培训计划》的具体任务和要求。	第四类
19	2010年6月11日	教育部、财政部	《关于实施“中小学教师国家级培训计划”的通知》	对实施“国培计划”的重要性、任务与重点、总体要求、组织管理等方面做出规定。	第四类

续表

	时间	颁布单位	政策名称	与教师专业发展相关的政策要点	类别
20	2010年7月29日	中共中央、国务院	《国家中长期教育改革和发展规划纲要（2010—2020年）》	提出加强师德建设，提高教师业务水平；完善培训体系；以农村教师为重点，提高中小学教师队伍整体素质；完善教师培训制度，将教师培训经费列入政府预算，对教师实行每五年一周期的全员培训。	第二类
21	2011年1月4日	教育部	《关于大力加强中小学教师培训工作的意见》	提出新时期教师培训工作的基本思路和主要任务，对教师培训模式、培训制度、培训体系、组织保障等方面做出规定。	第三类
22	2012年2月10日	教育部	关于印发《幼儿园教师专业标准》（试行）、《小学教师专业标准（试行）》和《中学教师专业标准（试行）》的通知	提出《专业标准》是引领教师专业发展的基本准则，是教师培养、准入、培训、考核等工作的重要依据。基本理念为：师德为先、学生为本、能力为重、终身学习；从教师专业理念与师德、专业知识、专业能力三个维度，提出合格教师专业素质的基本要求。	第三类
23	2012年6月14日	教育部	《国家教育事业发展第十二个五年规划》	提出实施五年一周期的教师全员培训。各地制订教师培训规划，以农村教师为重点，开展分层分类分岗培训；对改进教师培训体制机制做出规定。	第三类
24	2012年8月20日	国务院	《关于加强教师队伍建设的意见》	提出建立教师学习培训制度。实行五年一周期不少于360学时的教师全员培训制度，推行教师培训学分制度；对培训模式、培训对象、培训教学方式、培训体系等方面做出规定。	第二类

续表

	时间	颁布单位	政策名称	与教师专业发展相关的政策要点	类别
25	2012年9月6日	教育部、国家发展改革委、财政部	《关于深化教师教育改革的意见》	提出构建开放灵活的教师教育体系，建立以师范院校为主体、教师培训机构为支撑、现代远程教育为支持、立足校本的教师培训体系；对教师培训制度、培训模式与教学组织方式、培训经费等方面做出规定。	第三类
26	2013年5月6日	教育部	《关于深化中小学教师培训模式改革全面提升培训质量的指导意见》	对于增强培训针对性、改进培训内容、转变培训方式、强化培训自主性、营造网络学习环境、加强培训者队伍建设、建设培训公共服务平台、规范管理等方面提出具体指导意见。	第三类

二、教师专业发展的目标

改革开放以来，从我国教师专业发展政策演进历程来看，教师培训的目标从学历提升与教材教法学习(20世纪70年代末至90年代)逐步过渡到提升教师队伍的整体素质(20世纪90年代后期至今)。从教师继续教育和培训的目标来看，主要是为"适应基础教育改革发展和全面推进素质教育的需要"(教育部，1999)。近期的政策，则更多地从专业的视角对教师专业发展提出目标。

20世纪70年代末至90年代，我国教师培训目标为提升学历与教材教法学习。教育部在《关于加强和发展师范教育的意见》(1978)中明确提出了中小学教师培训的学历达标要求。1980年8月，教育部在《关于进一步加强中小学在职教师培训工作的意见》中指出，"力争到1985年，使现有文化业务水平较低的小学教师大多数达到中师毕业程度，初中教师在所教学科多数达到师专毕业程度，高中教师在所教学科方面多数达到师范学院毕业程度。"①1986年2月，国家教委在《关于加强在职中小学教师培训工作的意见》中提出，"通过认真的培训，使现有不具备合格学历或不胜任教学的教师，绝大多数能够胜任

① 教育部. 关于进一步加强中小学在职教师培训工作的意见(1980)[EB/OL]. http://www.china.com.cn/node_7000058/content_23540700.htm.

教学工作，并取得考核合格证书或合格学历。对于少数不具备最基本的文化基础知识和初步教学能力的教师，应组织他们参加教材、教法进修，使他们熟悉所教学科的教学大纲和教材，掌握基本的教学原则和方法，具有初步的教学能力。"①这一时期，我国的师资培训以提升学历为抓手，以培训教师的教材教法为手段，在提升教师学历的同时，也逐步提高了教师的专业素质。

在基本完成教师学历提高的任务后，随着相关教育法律的出台，我国对任职教师的学历要求有了法律规定，从教师入口阶段把好了学历达标关。从20世纪90年代开始，教师继续教育的任务逐步有计划有步骤地转移到教师整体素质的提高上来。《中小学教师继续教育规定》(1999)提出，"中小学教师继续教育要以提高教师实施素质教育的能力和水平为重点"，旨在"提高中小学教师队伍整体素质，适应基础教育改革发展和全面推进素质教育的需要"。②教师继续教育的目的，主要是为了适应基础教育改革的外在要求。

在新的历史时期，我国近期颁布的关于教师的系列政策，对教师的专业素质有了更为明晰的界定，力图从专业的视角提出教师发展的目标。

教育部《关于大力加强中小学教师培训工作的意见》(2011)提出要"紧扣培养造就高素质专业化教师队伍的战略目标，以提高教师师德素养和业务水平为核心""全面提高教师素质"。③

教育部研究制定的《小学教师专业标准(试行)》和《中学教师专业标准(试行)》(2012)是引领教师专业发展的基本准则，是教师培训工作的重要依据。《专业标准》对教师在专业理念与师德、专业知识、专业能力等维度需具备的基本专业素质做出明确规定。

《国务院关于加强教师队伍建设的意见》(2012)对教师队伍的整体素质提出总体目标，教师需要"具有良好的职业道德素养、先进的教育理念、扎实的专业知识基础和较强的教育教学能力。"④

---

① 国家教育委员会. 关于加强在职中小学教师培训工作的意见(1986)[EB/OL]. http://law.lawtime.cn/d568550573644.html.

② 教育部. 中小学教师继续教育规定(1999). [EB/OL]. http://www.moe.edu.cn/publicfiles/business/htmlfiles/moe/moe_621/201005/88484.html.

③ 教育部. 关于大力加强中小学教师培训工作的意见(2011)[EB/OL]. http://www.moe.edu.cn/publicfiles/business/htmlfiles/moe/A10_zcwj/201101/114456.html.

④ 中央政府门户网站. 国务院关于加强教师队伍建设的意见(2012)[EB/OL]. http://www.gov.cn/zwgk/2012-09/07/content_2218778.htm，2012年9月7日.

教育部《关于深化中小学教师培训模式改革　全面提升培训质量的指导意见》(2013)提出教师培训的工作目标是“满足教师专业发展个性化需求”“引领教师专业成长”。①

总体来看，在教师专业发展的目标上，改革开放至20世纪90年代，我国教师培训的政策目标围绕教师学历达标与教材教法学习提出培训要求。在解决学历达标问题后，自20世纪90年代末期开始，教师继续教育政策目标逐渐转移至提高教师队伍的综合素质。随着教育事业的发展，社会对教师素质的要求进一步提升，教师专业发展的目标日益聚焦于教师的“专业性”，使之在专业知识、专业能力、伦理道德等方面都得到提升，使教师成为终身学习者，在整个职业生涯中不断发展。

三、教师专业发展的内容

我国教师专业发展内容由政策目标决定。改革开放以来，我国教师培训与继续教育目标逐步清晰，确定了教师专业发展知识、技能与师德等方面的内容，体现了国家对教育发展和教师队伍建设的需求和要求。

在20世纪90年代以前，我国教师培训政策中对培训内容的规定较为宽泛。20世纪80年代以前，我国还存在着相当数量不能胜任教学工作、学历不达标的教师。当时教师培训内容主要为文化专业知识，促使教师学历达标。随着培训的逐步推进，《关于加强在职中小学教师培训工作的意见》(1986)提出，“对于已经具有合格学历和胜任教学的教师，要组织他们学习新知识、学习和掌握新的教育理论和教学方法，总结教育、教学的经验，不断提高政治、文化和业务水平”。②

自20世纪90年代开始，我国教师培训的重点开始有步骤地转移至继续教育。《关于开展小学教师继续教育的意见》(1991)首次提出了继续教育的内容。教育部在《中小学教师继续教育规定》(1999)中明确了教师培训内容包括：思想政治教育和师德修养、专业知识及更新与扩展、现代教育理论与实践、教育科学研究、教育教学技能训练和现代教育技术、现代科技与人文社会科

① 教育部. 关于深化中小学教师培训模式改革　全面提升培训质量的指导意见(2013)[EB/OL]. http://www.moe.gov.cn/publicfiles/business/htmlfiles/moe/s7034/201305/xxgk_151910.html，2013年5月8日.

② 国家教育委员会. 关于加强在职中小学教师培训工作的意见(1986)[EB/OL]. http://law.lawtime.cn/d568550573644.html.

学知识等。①《中小学教师继续教育工程方案(1999—2002年)》根据不同类型的培训(新任教师培训、教师岗位培训、骨干教师培训、提高学历培训、计算机全员培训、培训者培训)规定了相应的培训内容。

自基础教育课程改革以来，教育部先后下发《关于开展基础教育新课程师资培训工作的意见》(2001)、《关于进一步加强基础教育新课程师资培训工作的指导意见》(2004)，对新课改师资培训的内容做了翔实规定。此后，教育部在《2003—2007年教育振兴行动计划》(2004)中提出组织实施以新理念、新课程、新技术和师德教育为重点的新一轮教师全员培训。《国家中长期教育改革和发展规划纲要(2010—2020年)》(2010)提出要提高教师业务水平，并将师德建设列为教师培训的重要内容。

2011年教育部颁发的《关于大力加强中小学教师培训工作的意见》(以下简称《意见》)为教师培训制定了宏观培训内容与课程计划。根据该《意见》规定的总体目标，教师培训的内容与课程可做如下分类：②

第一类是全员培训课程(5年360学时)，包括新任教师岗前培训(120学时)、在职教师岗位培训(5年累计不少于360学时)和骨干教师研修提高。新任教师岗前培训是岗前适应性课程，旨在帮助教师尽快适应教育教学；在职教师岗位培训是业务深入性课程，重点是帮助教师更新教育理念，深入钻研业务，学习新知识，掌握新技能，提高教育教学实际能力；骨干教师研修提高课程，重点是帮助骨干教师总结教育教学经验，探索教育教学规律，进一步提升教育教学能力、教研能力、培训和指导青年教师的能力，在推进素质教育和教师全员培训中发挥引领示范作用。

第二类是补偿性培训课程，可分为三种：第一种是紧缺学科教师的培训，主要指农村地区的音乐、体育、美术、英语、信息技术、科学课程等紧缺学科教师培训；第二种是缺失类型教师的培训，主要指幼儿教师和特殊教育师资培训；第三种是民族地区双语教师培训。

第三类是学历提升培训课程。《意见》指出：到2012年，小学教师学历逐步达到专科以上水平，初中教师基本具备大学本科以上学历，高中教师中具

---

① 教育部. 中小学教师继续教育规定(1999). [EB/OL]. http://www.moe.edu.cn/publicfiles/business/htmlfiles/moe/moe_621/201005/88484.html.

② 教育部. 关于大力加强中小学教师培训工作的意见(2011)[EB/OL]. http://www.moe.edu.cn/publicfiles/business/htmlfiles/moe/A10_zcwj/201101/114456.html

有研究生学历者的比例有明显提高。因此，政策上重点鼓励支持45岁以下教师通过多种学习途径提高学历水平，特别是对专科学历以下小学教师进行学历提高教育。

第四类是师德教育课程。该类课程将师德教育作为培训的重要内容，旨在增强教师教书育人的责任感和能力水平，内容包括：学习贯彻《中小学教师职业道德规范》、开展丰富多彩的师德教育活动、广泛宣传模范教师先进事迹等。

第五类是班主任教师培训课程。《意见》要求所有班主任教师每五年须接受不少于30学时的专题培训。课程的内容主要针对班主任工作中的实际问题，加强班主任工作基本规范、班级管理、未成年人思想道德教育、学生心理健康教育、安全教育等专题培训。

第六类是"国培计划"课程。"国培计划"主要包括优秀骨干教师示范性培训、中西部农村教师培训、紧缺薄弱学科教师培训、班主任教师培训等重要项目。2012年5月17日，教育部发布实施《"国培计划"课程标准(试行)》(以下简称《标准》)，规定培训的承担院校(机构)要根据《标准》及使用指南设置"国培计划"培训课程，研制项目实施方案。①

教育部《关于深化中小学教师培训模式改革　全面提升培训质量的指导意见》(2013)提出以实施好基础教育新课程为主要内容；将教师教育教学技能作为培训的主要内容；将教师专业标准、师德教育和信息技术作为通识课程，列入培训必修模块。国家制订教师培训课程标准。②

从上述政策演进历程可以发现，我国教师专业发展的内容不断调整和充实，在反映社会对教师专业素质的要求的同时，力求从教师的专业知识、专业能力、伦理道德等专业性视角确定教师培训内容。国家政策规定亦从单一考虑社会需求逐步地转移到兼顾教师个人专业发展和整体素养的提高，强调满足教师个性化需求和终身学习。

---

① 教育部办公厅. 关于实施《"国培计划"课程标准(试行)》的通知(2012). [EB/OL]. http://www.moe.edu.cn/publicfiles/business/htmlfiles/moe/s3088/201205/xxgk_136543.html，2012年6月13日.

② 教育部. 关于深化中小学教师培训模式改革　全面提升培训质量的指导意见(2013)[EB/OL]. http://www.moe.gov.cn/publicfiles/business/htmlfiles/moe/s7034/201305/xxgk_151910.html，2013年5月8日.

四、教师专业发展的方式

教师专业发展活动的组织方式，是达成教师专业发展目标的基本保障。我国教师专业发展政策对教师培训与继续教育方式提出了建议或要求。我国教师培训的组织形式经历了面授与函授相结合(20 世纪 70 年代末至 80 年代初)、采用广播电视手段和进行电化教育(20 世纪 80 年代)、网络教育(20 世纪 90 年代以后)的发展历程，教师专业发展的组织方式和媒介不断改革和创新。在具体的教学形式上，实践取向的教师学习日益受到重视。

随着现代化科学技术手段进入教育教学领域，教师培训与继续教育的方式呈现多样化的趋势。教育部《关于加强在职中小学教师培训工作的意见》(1986)提出，“各师资培训渠道要根据自己的办学条件，充分发挥各自优势，开展脱产、函授、业余面授等多种形式的培训……要通过通信卫星的教育专用频道、广播电视、电视台、电化教育机构，开展师资培训工作”。①

进入 21 世纪，随着计算机的普及和网络的发展，教师专业发展方式呈现多元化的态势。《中小学教师继续教育工程方案(1999—2002 年)》要求充分利用卫星和电视广播、网络等多种媒体构建开放型的教师继续教育网络。《2003—2007 年教育振兴和行动计划》提出实施“全国教师教育网络联盟计划”，促进“人网”“天网”“地网”及其他教育资源优化整合。

在新的历史时期，我国教师培训政策日益强调通过改革和创新培训模式提升培训质量，实践课程和教师学习的自主性逐渐受到重视。

《关于实施“中小学教师国家级培训计划”的通知》(2010)提出要“采取集中培训、脱产研修、‘送教上门’、对口支援和远程培训等多种模式开展教师培训。力求做到集中培训和远程培训相结合，短期集中培训与中长期培训相结合，院校集中研修与中小学教育教学实践相结合”。②

《国家中长期教育改革和发展规划纲要(2010—2020 年)》(2010)提出通过研修培训、学术交流、项目资助等方式，培养教育教学骨干、“双师型”教师、学术带头人和校长……充分运用现代远程教育手段，大规模、低成本、高效

① 国家教育委员会. 关于加强在职中小学教师培训工作的意见(1986)[EB/OL]. http://law.lawtime.cn/d568550573644.html.

② 教育部、财政部. 关于实施“中小学教师国家级培训计划”的通知(2010)[EB/OL]. http://www.gov.cn/zwgk/2010-06/30/content_1642031.htm.

率地开展教师特别是农村教师的培训。①

教育部《关于大力加强中小学教师培训工作的意见》(2011)"倡导小班教学，采取案例式、探究式、参与式、情景式、讨论式等多种方式开展培训。鼓励教师自主选学，在培训课程内容、培训时间、培训途径、培训机构等方面，为教师提供个性化、多样化的选择机会，增强培训的吸引力和感染力。②

《国务院关于加强教师队伍建设的意见》(2012)提出"采取顶岗置换研修、校本研修、远程培训等多种模式，大力开展中小学、幼儿园教师特别是农村教师培训……推动信息技术与教师教育深度融合，建设教师网络研修社区和终身学习支持服务体系，促进教师自主学习，推动教学方式变革"。③

教育部、国家发展改革委和财政部《关于深化教师教育改革的意见》(2012)提出要创新教师培训模式，适应教学方式和学习方式的变化，重点采取置换研修、集中培训、校本研修、远程培训等多种有效途径开展培训。改进教师培训教学组织方式，采取案例式、探究式、参与式、情景式、讨论式等多种方式，提高教师培训质量。④

教育部《关于深化中小学教师培训模式改革　全面提升培训质量的指导意见》(2013)提出，实践性课程应不少于教师培训课程的50%。在"转变培训方式"方面，《国务院关于加强教师队伍建设的意见》强化了基于教学现场、走进真实课堂的培训环节；着重强调了现场诊断和案例教学、跟岗培训和情境体验、行动研究与反思实践、互动参与等方式对于提升培训实效性的重要性。⑤

总体来看，我国教师专业发展政策对于培训组织形式的规定正在不断发展，传统的面授因现代信息技术的发展而有所改变，网络学习及教师自主学

---

① 中共中央、国务院. 国家中长期教育改革和发展规划纲要(2010—2020年). (2010)[EB/OL]. http://www.gov.cn/jrzg/2010-07/29/content_1667143.htm.

② 教育部. 关于大力加强中小学教师培训工作的意见(2011)[EB/OL]. http://www.moe.edu.cn/publicfiles/business/htmlfiles/moe/A10_zcwj/201101/114456.html.

③ 中央政府门户网站. 国务院关于加强教师队伍建设的意见(2012)[EB/OL]. http://www.gov.cn/zwgk/2012-09/07/content_2218778.htm，2012年8月20日.

④ 教育部国家发展改革委　财政部. 关于深化教师教育改革的意见[EB/OL]. http://www.moe.gov.cn/publicfiles/business/htmlfiles/moe/s3735/201212/145544.html，2012年9月6日.

⑤ 教育部. 关于深化中小学教师培训模式改革　全面提升培训质量的指导意见(2013)[EB/OL]. http://www.moe.gov.cn/publicfiles/business/htmlfiles/moe/s7034/201305/xxgk_151910.html，2013年5月8日.

习等方式给教师更大的时间自由和空间选择。在具体的教学形式上，除了传统的短期进修、讲座与会议、学位进修、教师自学考试等方式，专题研讨、参与式学习、行动研究、学校本位的教师专业发展形势日益重视，教师学习的主动性和积极性、教师的自主性等方面日渐受到关注。

第四节　教师专业发展政策：国家管理与市场机制

Habermas(1987：274)在对社会系统层面的管理机制研究中提出：国家(state)是以权力为中介的行政管理系统(the power-steered administrative system)，市场(market)则是以金钱为媒介的经济系统(the money-steered economic system)。① 本节主要阐述国家管理、市场机制对于我国教师专业发展政策的影响，简要分析欧美国家教师专业发展政策现状与趋势，以期对我国政策制定有所助益。

一、国家管理

在我国中央集权的领导体制下，中央政府统领全国。作为国家教育职能部门，教育部制定有关方针政策确定全国教育的方向与目标。我国教师专业发展的总思路在中央政府的领导与指导下进行。我国政府对教师专业发展政策的影响，主要体现在确定管理体制、决定经费投入、确定实施机构等方面。

(一)管理体制

《中华人民共和国教师法》(1993)规定："各级人民政府教育行政部门、学校主管部门和学校应当制订教师培训规划，对教师进行多种形式的思想政治、业务培训。"我国建立了国家、省、地市、县、学校五级教师培训管理体系。中小学教师培训在全国成为一项制度，按照五年一个周期推进。

《中小学教师继续教育规定》(1999)进一步明确了教师培训管理的责任主体：各级人民政府教育行政部门管理中小学教师继续教育工作。其中，国务院教育行政部门宏观管理全国中小学教师继续教育工作，制定有关方针、政策等。

在新的历史时期，《教育部关于大力加强中小学教师培训工作的意见》

① Habermas, J. (1987). *The theory of communicative action*. London: Heinemann.

(2011)敦促各地教育行政部门、各级各类学校要切实加强教师培训工作的组织领导，进一步明确教师培训工作的管理体系，将中小学教师培训纳入地方教育发展整体规划，统筹安排，优先保证。教育部、国家发展改革委、财政部《关于深化教师教育改革的意见》(2012)要求建立以师范院校为主体、教师培训机构为支撑、现代远程教育为支持、立足校本的教师培训体系。

根据相关政策，国家、省、市、县、学校相继开展了各级各类教师培训。国家层面，自20世纪90年代末开始，教育部相继制定多项培训计划，“中小学教师继续教育工程”(1999—2002年)、“中小学教师继续教育二期工程”(2003—2007年)、《2003—2007年中小学教师全员培训计划》等大规模的全国性培训。在国家主导的教师培训管理体制下，教育部除了统筹规划之外，还组织实施了一系列教师培训国家级示范项目。教育部于2001年和2004年相继颁布意见推行基础教育课程改革师资培训。此后，教育部启动实施的主要大规模培训包括：“全国教师教育网络联盟计划”(2003)、“全国中小学教师教育技术能力建设计划”(2005)、“全国中小学班主任培训计划”(2006)、暑期新课程国家级远程培训(2006)、援助西藏、新疆教师培训和西部农村教师国家级远程培训(2007)、万名中小学班主任国家级远程培训(2007)，以及自2010年开始全面实施的“国培计划”。上述国家层面的政策与专项培训计划，直接大规模培训了全国各地的中小学教师，推动了教师培训工作的开展。

在教育部的宏观指导下，各省(自治区、直辖市)教育厅(教委)积极落实教育部对中小学教师继续教育与培训工作的有关要求和部署，制订并逐步配套教师培训的各项规定，建立了系统的管理体系。各省(自治区、直辖市)由政府或由教育、人事和财政等部门联合颁布了省级中小学教师培训规定或相关意见，保障和促进了中小学教师全员培训的开展。各级政府及培训机构建立了教育行政管理和业务指导机构，探索了分类指导、分层推进的运行机制。在制度化培训机制下，各地先后实施了规模庞大的全员教师岗位培训、新课程师资培训、现代信息技术培训、骨干教师培训、新任教师岗前培训、师德培训、班主任培训、学科教学基本功培训、学历提高培训、农村教师培训、少数民族教师“双语”培训等。此外，学校本位的校本研修逐渐受到关注。中小学校按照国家有关规定，有计划地安排教师参加培训，组织教师开展了多元的校本研修活动。

我国教师专业发展政策体现了国家主导的特点。自20世纪90年代以来，我国在国家及省市层面开展的大规模的全员培训，体现了政府和教育行政部门是开展教师培训强有力的推动力量。

(二)经费投入

由于国家对教师培训工作的重视，在不同历史时期制定了相应的教师培训经费投入政策。我国国家主导的制度规定了教师继续教育与教师培训的经费保障机制。近年来，国家和各级政府多方面筹措资金，教师培训经费逐步增加。

教育部《中小学教师继续教育规定》(1999)明确规定："中小学教师继续教育经费以政府财政拨款为主，多渠道筹措，在地方教育事业费中专项列支。地方教育费附加应有一定比例用于义务教育阶段的教师培训。省、自治区、直辖市人民政府教育行政部门要制定中小学教师继续教育人均基本费用标准；地方各级人民政府教育行政部门要按照国家规定的办学标准，保证对中小学教师培训机构的投入；经教育行政部门和学校批准参加继续教育的中小学教师，学习期间享受国家规定的工资福利待遇。"①

《国家中长期教育改革和发展规划纲要(2010—2020年)》(2010)规定："将教师培训经费列入政府预算"。

教育部《关于大力加强中小学教师培训工作的意见》(2011)提出要建立教师培训经费保障的长效机制："落实教育规划纲要提出的'将中小学教师培训经费列入各级政府预算'的规定，确保教师培训计划的实施。"建立健全财政投入为主体、社会投入和个人出资相结合的教师培训经费投入机制。"②

《国务院关于加强教师队伍建设的意见》(2012)提出："教师培训经费要列入财政预算"，中小学校"按照年度公用经费预算总额的5%安排教师培训经费。"③教育部、国家发展改革委、财政部《关于深化教师教育改革的意见》(2012)指出："教师培训经费列入同级财政预算。中小学(幼儿园、中等职业

① 教育部. 中小学教师继续教育规定(1999). [EB/OL]. http://www.moe.edu.cn/publicfiles/business/htmlfiles/moe/moe_621/201005/88484.html.

② 教育部. 关于大力加强中小学教师培训工作的意见(2011)[EB/OL]. http://www.moe.edu.cn/publicfiles/business/htmlfiles/moe/A10_zcwj/201101/114456.html.

③ 中央政府门户网站. 国务院关于加强教师队伍建设的意见(2012)[EB/OL]. http://www.gov.cn/zwgk/2012-09/07/content_2218778.htm 2012年8月20日.

学校)按照年度公用经费预算总额的5%安排教师培训经费。"①

教育部《关于深化中小学教师培训模式改革 全面提升培训质量的指导意见》(2013)再次强调:"各地要将落实培训经费作为教育督导的重要内容,确保培训经费列入同级财政预算,中小学按照年度公用经费预算总额5%安排培训经费,保障经费投入。"②

大规模开展教师培训的重要基础是经费投入。根据各项政策,我国教师培训所需经费列入各级政府财政预算。国家层面,中央财政对于近年来开展的"国培计划"给予充足的经费支持。2010—2012年,中央财政每年投入5.5亿元支持"国培计划"的实施。③ 中央财政对教师培训的经费投入逐年增长,确保了"国培计划"等大规模教师培训计划的顺利实施,为促进教师专业成长奠定了重要基础。

根据《中小学教师继续教育规定》(1999),我国教师继续教育工作由各级人民政府教育行政部门负责管理。在政策实施过程中,"国家各级政府在教师继续教育经费投入方面的规定模糊不清,使得投入的主体逐渐下移,直至落空,最终导致政府成为名义上的责任主体,而广大教师(尤其是农村教师)则成为教师继续教育经费的实际承担者"。④ 此外,根据《中华人民共和国义务教育法》规定,我国义务教育实行国务院领导,省、自治区、直辖市人民政府统筹规划实施,县级人民政府为主管理的体制。由于我国区域发展不均衡,部分地区的教师培训经费投入不足。因此,国家政策一再强调"教师培训经费列入同级财政预算""中小学按照年度公用经费预算总额5%安排培训经费",有利于今后进一步完善教师培训经费保障机制。

---

① 教育部国家发展改革委、财政部. 关于深化教师教育改革的意见[EB/OL]. http://www.moe.gov.cn/publicfiles/business/htmlfiles/moe/s3735/201212/145544.html, 2012年9月6日.

② 教育部. 关于深化中小学教师培训模式改革 全面提升培训质量的指导意见(2013)[EB/OL]. http://www.moe.gov.cn/publicfiles/business/htmlfiles/moe/s7034/201305/xxgk_151910.html, 2013年5月8日.

③ 教育部. 中小学教师国家级培训计划[EB/OL]. http://www.gpjh.cn/cms/gpjj/index.htm, 2010年7月26日.

④ 陆水东. 农村教师继续教育经费的困境、成因与对策[J]. 教育与职业, 2008(12): 64.

(三)实施机构

20世纪90年代以前，我国在职教师培训主要由独立设置的教育学院和教师进修学校承担。20世纪90年代以后，师范院校、综合大学、研究机构、广大中小学、社会机构等也积极参与教师的培训工作，构建了开放灵活的教师终身学习体系。

新中国成立之后，我国逐渐形成了独特的教师职后培训体系，即教师进修体系。1952年9月，教育部通知各地抽检教师进修学院和教师业余学校，建立起系统的教师进修制度。① 1978年4月17日，教育部发出《关于恢复建立教育学院或教师进修学院报批手续的通知》。至1979年底，全国已建立和恢复省(自治区、直辖市)一级的教育学院、教师进修学院34所。1982年10月21日，国务院批转教育部《关于加强教育学院建设若干问题的暂行规定》。1983年，教育部在《关于加强小学在职教师进修工作的意见》中提出要加强培训基地的建设，办好县(区、旗)教师进修学校。② 此后，我国独立设置的教育学院和教师进修学校对开展教师职后培训等方面起到了不可替代的作用，为基础教育发展做出了重要贡献。

20世纪90年代之后，我国独立设置的教师培训系统逐步走向开放。《中华人民共和国教师法》(1993)规定"各级教师进修学校承担中小学教师培训的任务，非师范学校应当承担培训中小学教师的任务"。1999年，中共中央国务院在《关于深化教育改革全面推进素质教育的决定》中鼓励综合高等学校和非师范高等学校参与培养、培训中小学教师的工作。《中小学教师继续教育规定》(1999)指出，各级教师进修院校和普通师范院校在主管教育行政部门领导下具体实施教师继续教育；综合性高等学校、非师范类高等学校和其他教育机构经教育行政部门批准可参与教师继续教育工作。

2001年，国务院《关于基础教育改革与发展的决定》作为官方文件首次提出"教师教育"的概念，提出要"完善以现有师范院校为主体、其他高等学校共同参与、培养培训相衔接的开放的教师教育体系"。教育部《关于"十五"期间教师教育改革与发展的意见》(2002)进一步界定：教师教育是在终身教育思想

---

① 江山野. 中国教育事典(中等教育卷)[M]. 石家庄：河北教育出版社，1994.

② 中华人民共和国教育部师范教育司、中央教育科学研究所编. 中国中小学教师发展报告·2010[M]. 北京：教育科学出版社，2011：105-107.

指导下，按照教师专业发展的不同阶段，对教师职前培养、入职教育和在职培训。至此，教师职前培养、在职培训一体化的思想在我国确立，机构体系也逐步形成。

关于教师培训的最新政策倡导教师培训实施机构的开放与多元。教育部《关于大力加强中小学教师培训工作的意见》(2011)提出："充分发挥师范院校在教师培训方面的主体作用。鼓励和支持有条件的综合大学特别是高水平大学培训中小学教师。支持建设一批高水平的教师培训基地。鼓励具备资质的社会教育机构参与教师培训。"①

《国务院关于加强教师队伍建设的意见》(2012)提出构建以师范院校为主体、综合大学参与、开放灵活的中小学教师教育体系。教育部、国家发展改革委和财政部《关于深化教师教育改革的意见》(2012)进一步提出：建立以师范院校为主体、教师培训机构为支撑、现代远程教育为支持、立足校本的教师培训体系。

教育部《关于深化中小学教师培训模式改革　全面提升培训质量的指导意见》(2013)就建设培训公共服务平台提出指导意见：师范院校要建立与中小学合作机制，促进培养、培训、研究、服务一体化发展，建设县级教师发展中心。

在政策引导下，随着教师教育改革的推进，我国教师培训的实施机构逐步走向多元。我国教师教育一体化改革，旨在打破进行教师职后培训的教育学院与进行教师职前培养的高等师范院校之间相互独立、自成体系的管理格局，对教师培养和培训实行一体化的管理。一方面，国家政策提倡师范大学、综合大学、其他社会教育机构等相关单位可参与教师培训。另一方面，原有的教师培训机构走向重构：部分独立设置的省级教育学院通过合并、改制等方式进行机构重组，县级教师培训机构在政策推动下，亦致力于与教研、科研、电教等部门进行整合并建设区域性教师发展中心。在教师教育改革的进程中，教师也获得多元而丰富的学习机会。

概言之，在我国政治体制下，国家政府的力量决定了教师培训的管理体制与政策导向，并且在经费投入与实施机构等方面体现了国家主导的特点。国家教育部统一规定了教师培训的目标、对象、内容、机构与方式，亦通过

---

① 教育部. 关于大力加强中小学教师培训工作的意见(2011)[EB/OL]. http://www.moe.edu.cn/publicfiles/business/htmlfiles/moe/A10_zcwj/201101/114456.html.

考核、与职称评定挂钩等机制实现监控。随着教师教育改革的推进，教师培训的权力逐级下放至学校和教师。立足于中小学校情境的校本研修、方式灵活的远程培训以及教师的自主学习日渐受到重视。

二、市场机制

随着我国改革开放的深入，市场经济体制的建立和完善，以及教师教育体制改革的推进，教师培训体系日益受到市场力量的影响。教育走向市场化主要是指通过市场的运作方式来推动教育变革和提升质量，因此学者们也往往称之为准市场化。究其实质，准市场化就是利用市场机制，来实现教育资源的重新分配，实现政府对教育管理的转型以及公众问责的实现。

市场机制对我国教师专业发展政策的影响主要体现在：第一，教师培训机构的多元发展。在教师教育体制内部，教师培训机构走向重构；教师教育体制之外的诸多社会机构亦参与教师培训。第二，在教师培训项目的具体实施方面，政府购买与招投标方式被逐步采用，以期通过市场竞争提升培训质量。

(一)教师培训机构走向多元

20 世纪 70 年代以来，我国独立设置的教育学院、教师进修院校是培训中小学在职教师的重要基地。省地级的教育学院和教师进修学院、县级的教师进修学校等中小学教师培训机构与教师培训体系逐步形成。此后，我国教师培训机构有所拓展，强调了各地师范院校、各级教研室、各地中小学教师培训中心、普通高等学校、中等专业学校和中小学教师任职学校在中小学教师培训机构中的地位。在相对完整、独立的教师培训体系基础上，我国中小学教师培训走过了有序发展的 20 年。

20 世纪 90 年代末至 21 世纪初，随着《关于深化教育改革全面推进素质教育的决定》(1999)、《中小学教师继续教育规定》(1999)、《关于基础教育改革与发展的决定》(2001)、《关于“十五”期间教师教育改革与发展的意见》(2002)等一系列政策的颁布，教师教育改革逐步推进。各地进行了教师教育职前职后一体化的诸多探索。

在教师教育体系内部，原有独立设置的教师培训机构走向重构，师范院校及其他综合性大学广泛参与教师培训工作；部分省、地(市)教育学院与师范院校合并或改制；县级教师培训机构正在逐步推进与教研、电教等机构的资源整合；校本研修制度初步确立，中小学校逐渐成为教师专业发展的主要培训基地。

在教育系统之外，不少公司、企业等社会机构也积极承担教师培训任务。“教育部——微软‘携手助学’”项目、“英特尔®未来教育”“教育部——乐高”“技术教育创新人才培养计划”“教育部——中国移动中小学教师信息技术能力培训”等项目的开展，分别针对不同群体教师开展了规模的专项培训。教师培训市场化初露端倪，教师培训行业呈现了市场开放化的态势。

2008年，教育部委托北京教育学院进行了一项题为《中小学教师培训制度、模式和质量的调查与研究》的课题。该调查研究对北京、山西、湖北、广东、云南、青海六个省市的教师培训机构进行问卷调查时发现，各地区为教师提供培训的机构中，区教研室、教师进修学校以93.90%的比例名列第一；来自学校自身的校本研修、校本培训受到重视，以84.20%的比例位居第二位；省级教育学院及其分院由于撤并等原因虽然数量有所减少，但仍以75.40%的占比排在第三位；同时，师范大学的继续教育学院有所发展，提供的教师培训已经占到54.40%，排在第四位。上述四种机构成为我国教师培训机构的主体。该研究同时发现，截至2008年年底，社会自主经营的培训机构已经占到了11.4%。

在培训机构方面，政策一方面鼓励教师培训多元化，另一方面也提出对培训机构进行资质认证，以确保培训质量。《教育部关于大力加强中小学教师培训工作的意见》(2011)强调了师范院校和综合大学在教师培训中的作用，并鼓励具备资质的社会教育机构参与教师培训。《关于深化教师教育改革的意见》(2012)则提出要开展教师培训机构资质认证工作。教育部在《关于组织遴选“国培计划”——示范性集中培训项目培训机构的通知》(2012)中即对培训项目承担单位开展资质认证工作，明确了资质评审标准，以遴选高水平院校(机构)承担培训任务。①

因此，关于教师培训机构，一方面国家政策鼓励开放培训的多元渠道，逐步构建开放灵活的教师培训与教师专业学习体系，试图通过刺激培训机构的相互竞争，提升培训的效果与效率。另一方面，国家亦通过资质认证的方式，规定教师培训机构必须达到教育行政部门制定的条件和标准，以确保不

① 教育部师范教育司. 关于组织遴选“国培计划”——示范性集中培训项目培训机构的通知(2012)[EB/OL]. http://www.gpjh.cn/cms/sfxmsiwen/1256.htm.

同机构提供的教师培训具有较高质量。

(二)政府购买与招投标机制

在社会变革的背景下，随着我国公共教育体制改革的逐步推进，教育领域中出现的“市场”的力量对教师培训领域的影响日益凸显，教师培训的具体实施方式正在逐步实施“政府购买培训服务”和“培训项目招投标机制”，试图通过“竞争择优，确保质量”。

教育部、财政部《关于实施“中小学教师国家级培训计划”的通知》(2010)中对“国培计划”实施工作的总体要求之一是实行政府采购与建立健全培训项目招投标机制①：

竞争择优，确保质量。对应纳入政府采购范围的培训项目，要实行政府采购。建立健全培训项目招投标和优质培训资源遴选机制，建立政府购买培训服务的机制，保证承担培训任务的院校、具备条件的培训机构平等参与招投标。遴选具备条件的高水平院校、具有资质的公办和民办教师培训机构承担“国培计划”任务，形成“国培计划”重点基地。

从“国培计划”项目申报和招标工作流程来看，各省级教育行政、财政部门需要按照规范流程招投标，严格遵循“信息发布”“投标”“评标”和“定标”四个环节，遴选具备资质的省域内外高水平院校、公办和民办教师培训机构以及优质中小学校承担各子项目培训任务，确保招投标过程的“公开、公平、公正”。

《教育部关于大力加强中小学教师培训工作的意见》(2011)进一步明确：“实行教师培训项目招投标制。坚持‘公开、公平、公正’的原则，择优遴选具备资质的培训机构承担培训项目，确保培训机构公平参与、规范运作、能进能出，形成教师培训机构竞争择优机制。”②教育部、国家发展改革委、财政部《关于深化教师教育改革的意见》(2012)亦明确提出“实行教师培训项目招投标机制”。

上述“政府购买培训服务”和“培训项目招投标机制”的逐步实施，希望通过“竞争择优，确保质量”，体现了市场机制对我国教师专业发展政策的影响。

---

① 教育部、财政部．关于实施“中小学教师国家级培训计划”的通知(2010)[EB/OL]．http://www.gov.cn/zwgk/2010-06/30/content_1642031.htm.

② 教育部．关于大力加强中小学教师培训工作的意见(2011)[EB/OL]．http://www.moe.edu.cn/publicfiles/business/htmlfiles/moe/A10_zcwj/201101/114456.html.

政府和市场分别代表了教育这种社会产品两种不同的提供途径。教育的市场提供机制的典型特征是以私利作为出发点和归宿，体现了一种契约精神。调整这一领域运行的是建立在等价交换、公平竞争基础上的市场经济规则。①

我国实行“政府购买培训服务”在社会变革的宏观背景下产生。1992 年，党的“十四大”正式提出建立社会主义市场经济体制。1993 年颁布的《中国教育改革与发展纲要》明确提出要建立起与社会主义市场经济体制、政治体制和科技体制相适应的教育体制。在政府职能转变方面，我国政府的职能理念正在从“大政府—小社会”走向“小政府—大社会”的职能定位；职能方式正在从以行政手段为主转向以法律手段、经济手段为主，行政手段为辅。社会主义市场经济的逐步建立、政府教育职能的转变，为我国教师培训实施“政府购买培训服务”和实行“培训项目招投标”提供了社会与政策环境的可能性。

与此同时，原有政府提供的传统教师培训存在的弊端与优质教师教育资源供给不足，与教师多元化、个性化的高质量的学习机会的需求之间存在一定的矛盾，使“政府购买培训服务”提供成为可能。我国传统教师培训中采取的集中培训方式，难以反映不同教师个体专业成长的需要，脱离了教师的工作情境，导致培训针对性和实效性不强。目前，我国教育改革已经进入新的发展阶段。教育发展机制正在从供给约束型教育转向需求导向型教育，社会公众对教育的需求已经从基本的教育需求转向公平、优质、多元化的教育需求。② 目前教育发展的主要矛盾是人民群众日益增长的对多元的、优质教育资源的需求与政府供给优质教育资源不足之间的矛盾。为改善教师培训存在的弊端、满足教师多元、多层次、个性化的专业发展需求，我国逐渐开始探索政府购买培训服务和培训项目招投标的机制，试图通过市场竞争，为教师提供多元、高质量的培训机会和专业发展机会。此外，随着各类教育培训机构等社会组织的迅速发展，社会资本亦逐渐进入培训市场。具有一定培训专业资质、掌握一定社会资源的教育社会组织的快速发展，为政府购买培训服务的实践提供了相应的组织准备。

在教师培训引入市场机制的同时，国家政策亦注重加强对教师培训的质量监管，希望通过制定培训课程标准和培训质量标准、加强质量评估以提高

① 劳凯声．教育市场的可能性及其限度[J]．北京师范大学学报(社会科学版)，2005(1)：20.

② 谈松华．深化教育改革需要制度创新[J]．中国教育学刊，2009(1).

培训质量，从而对日益开放的市场进行管制。

一方面，教育部提出由“国家制订教师培训课程标准”。① 2012 年 5 月，《“国培计划”课程标准(试行)》(以下简称《标准》)正式发布实施。教育部规定，“国培计划”培训任务的承担院校(机构)要根据《标准》及使用指南，设置“国培计划”培训课程，研制项目实施方案。各地要将《标准》的贯彻落实情况作为项目立项评审、绩效评估的重要内容。②《“国培计划”课程标准(试行)》的发布，旨在规范“国培计划”的项目管理，提高教师培训的质量。

另一方面，教育部亦提出“国家制订培训质量标准”。③《关于大力加强中小学教师培训工作的意见》(2011)提出：要“强化教师培训质量监管。建立教师培训质量评估机制，完善教师培训质量评估体系，加强项目过程评价和绩效评估。将教师培训工作纳入教育督导工作的重要内容之一，对各地教师培训工作进行督导检查”。④《关于深化教师教育改革的意见》(2012)提出：采取学员评估、专家评估和第三方评估等多种方式，加强教师培训过程监控和绩效评估。开展教师培训专项督导工作。《关于深化中小学教师培训模式改革　全面提升培训质量的指导意见》(2013)提出要全面提升培训质量，对于评估方式、绩效评价等方面提出具体意见。

综上所述，随着社会经济与教育体制改革的推行，我国教师专业发展政策，伴随着国家政府由上而下的中央管制策略，逐渐呈现出市场化的趋势。

首先，教师专业发展政策变迁是国家权力运作的结果，国家政府的力量决定了教师培训的管理体制与政策导向，并且在经费投入与实施机构等方面体现了国家主导的特点。国家教育部统一规定了教师培训的目标、对象、内容、机构与方式，亦通过考核、与职称评定挂钩等机制实现监控。市场机制

---

① 教育部. 关于深化中小学教师培训模式改革　全面提升培训质量的指导意见(2013)[EB/OL]. http://www.moe.gov.cn/publicfiles/business/htmlfiles/moe/s7034/201305/xxgk_151910.html，2013 年 5 月 8 日.

② 教育部. 教育部办公厅关于实施《“国培计划”课程标准(试行)》的通知[EB/OL].，2012 年 5 月 17 日. http://www.moe.edu.cn/publicfiles/business/htmlfiles/moe/s3088/201205/xxgk_136543.html.

③ 教育部. 关于深化中小学教师培训模式改革　全面提升培训质量的指导意见(2013)[EB/OL]. http://www.moe.gov.cn/publicfiles/business/htmlfiles/moe/s7034/201305/xxgk_151910.html，2013 年 5 月 8 日.

④ 教育部. 关于大力加强中小学教师培训工作的意见(2011)[EB/OL]. http://www.moe.edu.cn/publicfiles/business/htmlfiles/moe/A10_zcwj/201101/114456.html.

对教师专业发展政策的影响主要体现在培训机构走向多元化及具体的实施方式等方面。

其次，教师专业发展政策受到市场机制的影响。一方面，原有独立设置的教育学院与师范院校、综合大学、社会机构等共同参与教师培训工作，试图通过刺激培训机构的相互竞争，提升培训的效果与效率；国家同时通过资质认证的方式对培训机构应达到的标准予以规定。另一方面，教师培训项目的具体实施逐步采用招投标方式进行，以期通过市场竞争提升教师培训质量。与此同时，国家政策亦试图通过设置教师培训的课程标准和质量标准等方式对培训加强质量监管，对逐渐开放的市场进行干预，使得市场成为一种“受管制的市场”(a regulated market)，即政策体现了一种“结合国家管制和准市场的关系”：国家权力对于公共部门的准市场具有控制功能，而市场则依赖国家的创造和维系。①

三、国际视野中的教师专业发展政策：国家与市场力量的影响

国家角色与市场机制对于教师专业发展政策与制度的影响，与国家政治、经济、社会、文化、历史等因素有着密不可分的关系。在欧美等国家，教师培训政策由于受到新右派论述的影响，一方面使教师资格的取得较具弹性，另一方面国家的介入与管理更为严格，期望通过政府自上而下的中央管制策略，培养出国家认可、具备良好素质的教师。

以英国为例，教师专业发展政策受到“市场”与“政府”两种力量的影响：一方面走向市场机制的运作，通过培训机构互相竞争改善教育服务的效果与效率；另一方面诉诸中央管控，由政府制定合格教师需具备的基本技能与知识，建立起一套质量保证的绩效责任制度。

从20世纪90年代至今，英国教师专业发展政策可分为两个阶段：(1) 1994年，英国成立师资培训局(Teacher Training Agency，简称TTA)，主要功能为全国教师培训的经费补助、初任教师的培训、提供有关师资培训及教学专业的信息与建议、执行或委托有关改善教学及师培专业标准的研究。师资培训局的成立，将培训质量与经费补助联系起来，即由以往依照教师培训

① Hatcher, R. (1994). Market relationships and the management of teachers. *British Journal of Sociology of Education*, 15(1), 41-61.

机构的需求给予经费，改为根据培训的质量给予不等的补助。教育标准局负责督导所有初任教师的培训机构，而督导的标准主要由师资培训局订定。多数的教师培训机构对于督导机制及必须服从的标准感到不满。1998 年，新工党政府出版厚达 148 页的培训标准手册(《High Status，High Standard》)，师资培训局更加严格地管控教师培训机构，导致师资培训局与教师培训机构之间的关系日趋紧张。直至 2002 年，简化至 14 页的新版培训标准发行，从而给予培训机构更多独立自主的空间。(2)2005 年，英国政府成立学校训练发展局(Training and Development Agency，简称 TDA)，隶属于英国儿童、学校暨家庭部，为非政府部门性质的公共机构。除保留原师资培训局的功能外，亦负责教师专业发展、学校人力重塑与职员训练。学校训练发展局聚焦于教师持续专业发展(Continuing professional development，简称 CPD)，将教师个人专业发展情况作为合格教师的标准及薪资发放的依据。2009 年至 2010 年，学校训练发展局的主要做法包括：确保符合课程需求的充足师资；通过专业标准、高质量的引导及绩效管理，使教师获得持续专业发展；进行学校人力的改革，如减少工作量、提升工作成果；持续培育高素质的教师，并延长教师的服务年限；在挑战性较高的学校，配置高素质的教师。①

从上述英国教师专业发展的政策演进来看，1994 年师资培训局成立初期，做法之一是将培训质量与经费补助两者联结，但因标准订定过细引起培训机构不满，因此新的培训标准逐渐“松绑”，让培训机构有更多的自主发展空间，政府则在课程和标准订定上把关。2005 年学校训练发展局成立之后，教师培训的范畴扩展至学校职员，旨在促进学校整体的人力素质提升与发展。

Apple② 提出，英国教师专业发展政策变革受到“新右派”意识形态的影响。“新右派”实际体现了三股改革势力的结盟，分别是强调市场本位的新自由主义、积极维护传统文化价值的新保守主义，以及信奉管理技术的新中产阶级。新自由主义主张“小政府—大个人”，采用市场机制可以解决教育僵化

---

① Training and Development Agency for Schools (2009). Our remit. Retrieved September 14, 2009, from http://www.tda.gov.uk/about/our_remit.aspx; Adrian Ellis (2006). A political history of the challenges faced by the government in improving teacher training provision in England: 1990—2005. Washington: National Center on Education and the Economy.

② Apple, M.W. (2001). Markets, Standards, Teaching and Teacher Education. *Journal of Teacher Education*, 52(3), 182-196.

的问题。新保守主义强调"大政府—小个人"，通过重新塑造权威回归传统价值。两种"主义"似乎存在冲突与矛盾。但看似的矛盾通过 Apple 指称的"保守的现代化"(conservative modernization)得以消解，最后打造出一个"小而强"的新右派政府，接受"市场"和"政府"并存的可能。因此，受其影响的英国教师专业发展政策，一方面走向市场机制的运作，希望解除师资来源和雇用层面的管制，刺激教师培养培训机构互相竞争，以改善教育服务的效果与效率；另一方面，又同时诉诸中央管控，由政府制定合格教师需具备的基本技能与知识，将"教师素质"与"学生成就表现"划等号，建立起一套质量保证的绩效责任制度。

美国国家教学与美国未来委员会(National Commission on Teaching and America's Future，NCTAF)于 1996 年发表《什么最为重要：为美国未来而教》(What Matters Most：Teaching for America's Future)的研究报告，让美国政府开始积极介入教师政策，提倡一致性、标准更高的教师资格认定制度，以为美国的教师素质把关。美国政府在追求卓越的前提下，逐渐增加对教师政策的主导权，"新右派"的诉求亦见诸于教育政策的论述。①

上述英美两国的政策可以看到国家角色与市场机制对教师专业发展政策的影响。一方面，全球化压力的影响下，各国政府推行了包括教师专业发展政策在内的多项改革措施，为教师和教学制定了一系列标准，国家对教师专业发展的影响日趋加强，以达到问责和表现主义的目的。诸多标准的制定和实施为教学专业提供了质量保证的机制，有助于教师素质的提高。但与此同时，教师和教学标准的制定与实施也有其弊端，引起了不少学者的批评。Lieberman 和 McLaughlin 认为：以标准为导向的政策并没有考虑教师怎样学习以达到这些标准，没有考虑学校应该怎样组织以支持教师的学习和发展，也没有从更广阔的角度考虑怎样为教师发展提供必要的知识资源和机会。从教师的角度来看，标准是惩罚教师的手段而不是专业发展的途径。② 标准与考试、问责和业绩主义等政策环境给教师的专业身份和专业发展带来的影响已经引起诸多学者的关注。

---

① Apple，M. W. (2001). Markets，Standards，Teaching and Teacher Education. *Journal of Teacher Education*，52(3)，182-196.

② Lieberman，A. & McLaughlin，M. (2000). Professional development in the United States：policies and practices. *Prospects*，Vol. XXX，no. 2，225-236.

另一方面，随着"新右"公共部门的改革，教育领域日益走向市场化运作和强调公共问责，以"投入""产出""效率""效能"等话语为主的工商管理模式和管理主义对教育的影响日益增强。授权代理、地方分权和市场化成为欧美等国家教育改革政策的核心。① 公司管理模式的引入使管理主义在教育中盛行。随着教材、课程的标准化以及各种全国性的测验，教学和评估变得更加系统。教师的管理工作通常借助问责制度来执行。管理主义实行以后，教师、学校讨论和关注的重点由教学转移到管理系统和教学成果的问责上。由此产生的后果是：在日常工作中，教师花在处理文件、撰写报告的时间比花在备课上的时间还多；"教师制订课程和备课的责任变得愈来愈不重要，相反，在技术和管理工作上的负担则愈来愈重"。② 管理主义衍生出的与传统教师专业概念相矛盾的问题亦受到研究者的关注。

社会日益成为一个监察的社会(audit society)，英国、美国、澳大利亚等国家进行的公共部门改革及其保证政策已经导致了监察社会和监察文化的发展。推行和实施这些公共部门改革，最主要的关注点除了效率、效能和经济以外，还通过公共问责使改革的实践和过程更加透明。随着监察与问责的要求越来越强烈和清晰，在专门知识和实践中，是官僚政治而不是专业居于支配地位。欧美教育改革的发起从地区走向中央，同时与以标准为基础的问责相联系，这使得教师专业性的形式和教师专业发展的形式都有所改变，教师专业发展日益满足的是标准制度和对政府的问责。③

关于授权代理和市场化的教育改革使教学作为一门专业的本质、教师的专业身份和专业发展等问题产生了一些矛盾。例如：教师的专业性与教师的去技能化、工作强度增加和外界强加的课程与监控，支持教师学习和发展的资源减少，教学专业的自主与来自政治和社群的监督、标准和问责等。要解

---

① Day, C. & Sachs, J. (2004). Professionalism, performativity and empowerment: discourses in the politics, policies and purposes of continuing professional development. In Day, C. & Sachs, J. (2004). International handbook on the continuing professional development of teachers. Maidenhead: Open University Press, 3-32.

② Apple, M. (1990). Is there a curriculum voice to reclaim? *Phi Delta Kappan*, 71 (7), 526-530.

③ Grundy, S. & Robinson J. (2004). Teacher professional development: themes and trends in the recent Australian experience. In Day, C. & Sachs, J. (2004). *International handbook on the continuing professional development of teachers*. Maidenhead: Open University Press, 146-166.

决上述教育政策和教育实践变革中的矛盾，我们必须要认识到教师专业发展在发展和更新教学专业中的角色。①

综上所述，从国际领域来看，国家和政府在教育制度、教师专业发展的管治、管理和相关活动中所扮演的角色日益重要；政府运用工商管理的话语来描述教育活动，教师在教育中的角色和地位也有所转变。在国家与政府的监管与控制、市场与管理主义的影响之下，教师、教学专业应该做出怎样的回应，教师专业发展在其中应扮演怎样的角色，这些都是我们需要考虑的重要问题。

结语　教师主体性与专业自主

改革开放以来，我国对教师培训和继续教育给予高度重视，制定了一系列教师专业发展政策，以促进教师专业成长，并将教师的职前培养、入职教育和在职培训联系起来系统考虑，教师专业发展政策呈现连续性。

从我国教师培训与继续教育政策演进历程来看，国家管理与市场机制是政策变革的重要力量。一方面，在我国中央集权的领导体制下，中央政府统领全国。代表国家的教育部决定了教师培训的管理体制，明确规定了培训的经费投入、机构设立，以及培训目标、对象与内容等方面问题，对教师培训政策起到主导作用。另一方面，我国教师培训领域日益引入市场机制，希望通过市场的运作方式提升教师培训质量。政府购买教育服务与通过招投标方式实施培训项目，体现了在国家权力主导下，教师培训市场初见端倪。

政府引入市场机制，旨在为教师提供多元的学习机会、提高培训效率与培训质量。但在政策实施过程中，要达至上述政策目标，仍需要深入分析并做进一步探讨。究其实质，准市场化就是利用市场机制来实现教育资源的重新分配，实现政府对教育管理的转型以及公众问责的实现。教育市场化要遵循四个原则：效率、回应、选择及公平。“效率”是市场的首要原则，实现效率的手段就是资源由低效的部门向高效的部门流动；“回应”要求教育部门要

① Day, C. and Sachs, J. (2004). Professionalism, performativity and empowerment: discourses in the politics, policies and purposes of continuing professional development. In Day, C. & Sachs, J. (2004). *International handbook on the continuing professional development of teachers*. Maidenhead: Open University Press, 3-32.

积极回应顾客的需求；“选择”就是提供给顾客选择的机会；“公平”就是对任何顾客都一视同仁，给予同样的机会。① 以“国培计划”为例，教育部通过招投标方式，遴选不同的机构承担教师培训项目，打破了我国原有的封闭、独立的教师培训体系。市场机制中的“顾客的需求”和“选择”，是政府作为顾客的选择，而非教师。然而，教师培训的目的在于促进教师专业发展和教师成长，最终的受益者是教师。我国教师培训政策由教育行政部门制定，并非根据一线教师的“需求”设置培训计划；被选派参加培训的教师亦无权力“选择”培训机构和相应课程。对于全国一千多万教师来说，获得培训的机会只是集中于某些特定人群，即培训项目的实施并没有体现准市场中的“公平”原则。因此，我国国家主导的教师培训计划，尽管逐步引入市场机制，但作为最终受益者的教师并没有选择的权力。若要通过市场机制提升培训质量，作为变革能动者的教师的主体性，以及教师的专业自主仍需做进一步探讨。

卢乃桂等关于香港和中国内地教师专业发展的研究表明，两地自 20 世纪 90 年代以来的教育改革一直建基于“补足的教学模式”，即在改革初期就预设了教师在知识、技能和素质上的不足，并用行政指令和官僚体系制约着教师专业发展以及教师教育的方向，导致该专业的保守性得以自我延续。② 此种权力—强制的教师专业发展取向，从认识论视角来看，源于技术—科技认知兴趣，以支配和控制为目的。③ 哈贝马斯认为，人类知识由知识建构中的三种兴趣构成：技术认知兴趣、实践兴趣和解放认知兴趣。这三类不同的兴趣分别发展出实证—分析科学、历史—诠释科学和批判社会科学。根据上述知识建构兴趣的理论，研究者对教师专业发展政策和实践的分析，通常采用以下三种分析视角：实证—分析视角、诠释视角、批判视角。④ 关于教师改变的策略主要有三种：实证—理性取向、规范—再教育取向、权力—强制取向。关于教师专业发展的实证—理性视角建基于技术—科技认知兴趣。此种取向

① Whitty, G. (1997). Quasi-markets in education. In M. Apple (ed.). *Review of research in education*. Washington: The American Educational Research Association, 3-47.

② 卢乃桂、黎万红、许庆豫. 教育改革及香港和中国大陆的教师专业发展[J]. 教育研究集刊，2000(45)，85-112.

③ Habermas, J. (1968). Knowledge and human interests. Boston: Beacon Press. Appendix.

④ 卢乃桂　钟亚妮. 教师专业发展理论基础的探讨[J]. 教育研究，2007，28(3)，17-22.

中，教师改变的过程是被动接受者，改变过程本身由外在于课堂的个体(行政人员、校董或政策制定者)所决定，因而这种改变十分困难和痛苦。为使教师通过学习真正获得改变，需要重新考虑教师改变的路径，即改变的方向来自于参与该过程的个体，亦来自于教师自己与“他者”的协作。①

因此，为使教师得到成长，需要让教师在与“他者”的对话和协商中发生主动而积极的改变，从而最终改善教育实践。这种教师改变过程，有别于利用官僚手段、对教师进行自上而下技术控制的路径，是对作为人的教师的关注，是教师发展的人文取向。此种取向，需要考虑教师作为能动者的能动性，需要考虑能动性的三个特性：意识、权力、有意向的选择。② 教师专业发展的价值判断和目标定位在于教师。对教师主体的关注，是政策制定需要考量的关键因素。

改革开放以来，我国教师培训与继续教育制度和政策逐步完善。通过在职培训，中小学教师的整体素质得到较大提升。然而，随着社会经济、政治和文化的发展，我国的教师培训暴露出一些深层次、根本性的问题，如培训体系与培训制度问题、教师学习的内容与方式、培训质量问题等。与此同时，我国基础教育改革的深入推进，使中小学教师面临着许多新挑战。在当前社会转型时期，分析国家管理与市场机制对教师专业发展政策的影响，同时考虑教师主体性与其专业自主，对于进一步完善我国教师专业发展制度与政策、培养优质师资，进而提升教育质量具有重要的理论价值和现实意义。

参考文献

Adrian Ellis (2006). *A political history of the challenges faced by the government in improving teacher training provision in England*: 1990—2005. Washington: National Center on Education and the Economy.

Apple, M. (1990). Is there a curriculum voice to reclaim? *Phi Delta Kappan*, 71(7), 526-530.

---

① Richardson, V., & Placier, P. (2001). Teacher Change. In V. Richardson (Ed.), *Handbook of research on teaching* (4th ed., pp. 905-947). Washington, DC: American Educational Research Association.

② Giddens, A. (1984). *The constitution of society: Outline of the theory of structuration*. Cambridge, UK: Polity Press.

Apple, M. W. (2001). Markets, Standards, Teaching and Teacher Education. *Journal of Teacher Education*, 52(3), 182-196.

Ball, S. J. (1994). *Educational reform: A critical and post structural approach*. Buckingham: Open University Press.

Day, C. & Sachs, J. (2004). Professionalism, performativity and empowerment: discourses in the politics, policies and purposes of continuing professional development. In C. Day & J. Sachs (Eds.), *International handbook on the continuing professional development of teachers* (pp. 3-32). Maidenhead: Open University Press.

Day, C. (1999). *Developing Teachers: The Challenges of Lifelong Learning*, London: Falmer.

Dye, T. (1998). *Understanding Public Policy*. Boston: Houghton Miffin Co.

Evans, L. (2002). What is teacher development? *Oxford Review of Education*, 28(1), 123-137.

Fullan, M. G., & Miles, M. B. (1992). Getting reform right: What works and what doesn't. *Phi Delta Kappan*, 73, 745-752.

Giddens, A. (1984). *The constitution of society: Outline of the theory of structuration*. Cambridge, UK: Polity Press.

Gordon, S. P. (2004). *Professional development for school improvement: Empowering learning communities*. Boston: Pearson/Allyn and Bacon.

Grundy, S. & Robinson J. (2004). Teacher professional development: themes and trends in the recent Australian experience. In Day, C. & Sachs, J. (2004). *International handbook on the continuing professional development of teachers*. Maidenhead: Open University Press, 146-166.

Habermas, J. (1968). *Knowledge and human interests*. Boston: Beacon Press. Appendix.

Habermas, J. (1987). *The theory of communicative action*. London: Heincmann.

Hatcher, R. (1994). Market relationships and the management of teachers. *British Journal of Sociology of Education*, 15(1), 41-61.

Hargreaves, A. & Fullan, M. (eds.) (1992). *Understanding teacher development*. London: *Cassell*; *New York*, N. Y.: Teachers College Press.

Hargreaves, A. (1995). Development and desire: A postmodern perspective. In R. Guskey & M. Huberman (Eds.), *Professional development in education: New paradigms and practices* (pp. 9-34). New York: Teachers College Press.

Knapp, M. S. (2003). Professional development as a policy pathway. *Review of Research in Education*, 27, 109-157.

Leithwood, K. (1990). The 'principle's role in teacher development. In B. Joyce (Ed.), *Changing school through staff development*. Alexandandria, VA, Association for Supervision and Curriculum Development.

Lieberman, A. & McLaughlin, M. (2000). Professional development in the United States: policies and practices. *Prospects*, Vol. XXX, no. 2, 225-236.

Speck, M., Knipe, C. (2001). *Why can't we get it right? Professional development in our schools*. Thousand Oaks, Calif.: Corwin Press.

Richardson, V., & Placier, P. (2001). Teacher Change. In V. Richardson (Ed.), *Handbook of research on teaching* (4th ed., pp. 905-947). Washington, DC: American Educational Research Association.

Spillane, J. P. (1999). External reform initiatives and teachers' efforts to reconstruct practice: The mediating role of teachers' zones of enactment. *Journal of Curriculum Studies*, 31, 143-175.

Training and Development Agency for Schools (2009). Our remit. Retrieved September 14, 2009, from http://www. tda. gov. uk/about/our_remit. aspx

Whitty, G. (1997). Quasi-markets in education. In M. Apple (ed.). *Review of research in education*. Washington: The American Educational Research Association, 3-47.

北京市教育局编. 教育工作文件选编，1989.

北京市人大：北京市专业技术人员继续教育规定(1995)[EB/OL]. http://baike. baidu. com/view/4078065. htm.

顾明远. 教育大词典[Z]. 上海：上海教育出版社，1990：51-52.

国家教育委员会. 关于加强在职中小学教师培训工作的意见(1986)[EB/OL]. http://law.lawtime.cn/d568550573644.html.

国务院. 国务院关于加强教师队伍建设的意见[EB/OL]. http://www.gov.cn/zwgk/2012-09/07/content_2218778.htm，2012 年 8 月 20 日.

教育部. 关于进一步加强中小学在职教师培训工作的意见(1980)[EB/OL]. http://www.china.com.cn/node_7000058/content_23540700.htm

教育部. 中小学教师继续教育规定(1999). [EB/OL]. http://www.moe.edu.cn/publicfiles/business/htmlfiles/moe/moe_621/201005/88484.html.

教育部简报(2011 第 30 期)：中小学教师国家级培训计划取得显著成效[EB/OL]. http://www.gpjh.cn/cms/sfxmbuwen/990.htm，2011 年 7 月 11 日.

教育部. 关于实施全国教师教育网络联盟计划的指导意见[R]. 2003：9.

教育部. 中小学教师国家级培训计划[EB/OL]. http://www.gpjh.cn/cms/gpjj/index.htm，2010 年 7 月 26 日.

教育部、财政部. 关于实施“中小学教师国家级培训计划”的通知(2010)[EB/OL]. http://www.gov.cn/zwgk/2010-06/30/content_1642031.htm.

教育部. 关于大力加强中小学教师培训工作的意见(2011)[EB/OL]. http://www.moe.edu.cn/publicfiles/business/htmlfiles/moe/A10 _ zcwj/201101/114456.html.

教育部师范教育司. 关于组织遴选“国培计划”——示范性集中培训项目培训机构的通知(2012)[EB/OL]. http://www.gpjh.cn/cms/sfxmsiwen/1256.htm，2012 年 2 月 9 日.

教育部. 教育部办公厅关于实施《“国培计划”课程标准(试行)》的通知[EB/OL]，2012 年 5 月 17 日. http://www.moe.edu.cn/publicfiles/business/htmlfiles/moe/s3088/201205/xxgk_136543.html.

教育部　国家发展改革委　财政部. 关于深化教师教育改革的意见[EB/OL]. http://www.moe.gov.cn/publicfiles/business/htmlfiles/moe/s3735/201212/145544.html，2012 年 9 月 6 日.

教育部. 关于组织实施“国培计划(2012)”——示范性集中培训项目的通知[EB/OL]. http://www.gpjh.cn/cms/zxtg/1349.htm.

教育部. 关于印发《幼儿园教师专业标准(试行)》《小学教师专业标准(试

行)》和《中学教师专业标准(试行)》的通知[EB/OL], http://www.moe.edu.cn/publicfiles/business/htmlfiles/moe/s6991/201212/xxgk_145603.html, 2012年9月13日.

教育部. 关于深化中小学教师培训模式改革　全面提升培训质量的指导意见(2013)[EB/OL]. http://www.moe.gov.cn/publicfiles/business/htmlfiles/moe/s7034/201305/xxgk_151910.html, 2013年5月8日.

江山野. 中国教育事典(中等教育卷)[M]. 石家庄: 河北教育出版社, 1994.

奎星. 全国中小学教师继续教育工作座谈会在四川自贡召开[J]. 中小学教师培训, 1991(1): 37.

劳凯声. 教育市场的可能性及其限度[J]. 北京师范大学学报(社会科学版), 2005(1), 20.

李树林. 论培训的内涵及其变化[J]. 职教论坛, 2007(8上): 36-38.

卢乃桂、黎万红、许庆豫. 教育改革及香港和中国大陆的教师专业发展[J]. 教育研究集刊, 2000(45), 85-112.

卢乃桂、钟亚妮. 教师专业发展理论基础的探讨[M]. 教育研究, 2007, 28(3), 17-22.

陆水东. 农村教师继续教育经费的困境、成因与对策[J]. 教育与职业, 2008(12): 64-65.

瞿葆奎. 教育学文集第17卷. 中国教育改革[M]. 北京: 人民教育出版社, 1991: 568.

全国人民代表大会. 中华人民共和国教师法[R]. 1993: 10.

人民网. 中央拨款5.5亿元培训中小学教师[EB/OL]. http://edu.people.com.cn/GB/11954453.html.

邵宝祥、王金保主编. 中小学教师继续教育基本模式的理论与实践[M]. 北京: 北京教育出版社, 2000: 625.

谈松华. 深化教育改革需要制度创新[J]. 中国教育学刊, 2009(1).

鱼霞、毛亚庆. 论有效的教师培训[J]. 教师教育研究, 2004(1): 14-19.

张贵新. 我国中小学教师继续教育的发展阶段与走向[J]. 东北师范大学学报(哲学社会科学版), 2001(1): 104.

张家祥, 金锵编著. 中学教师继续教育问题[M]. 杭州: 杭州大学出版社, 1991: 296.

赵明仁，周钧．教师培训的理念更新与制度保障——首届“教师培训论坛”综述．教师教育研究[J]，2007(5)：38.

中共中央、国务院．中国教育改革和发展纲要[R]．1993：2.

中共中央、国务院．国家中长期教育改革和发展规划纲要(2010—2020 年).(2010)[EB/OL]．http://www.gov.cn/jrzg/2010-07/29/content_1667143.htm.

中华人民共和国教育部令第 7 号．中小学教师继续教育规定．1999 年 9 月 13 日.

中华人民共和国教育部师范教育司、中央教育科学研究所编．中国中小学教师发展报告·2010．北京：教育科学出版社，2011.

中央教育科学研究所．中华人民共和国教育大事记(1949—1982)[M].北京：教育科学出版社．1983：500.

中央政府门户网站．国务院关于加强教师队伍建设的意见(2012)[EB/OL]．http://www.gov.cn/zwgk/2012-09/07/content_2218778.htm 2012 年 09 月 07 日.

第八章 社会变迁中的我国政府提高教师质量的政策分析

随着社会的不断发展，人才竞争的日趋激烈，世界各国尤其是发达国家，普遍关注提高教师质量，不断追求高质量教师的培养与专业发展。与发达国家相比，在改革开放后，我国政府同样致力于教师教育的发展，注重教师质量的保障和提高。时至今日，我国教师质量政策已经历了以补偿性教育为主的阶段、以提升学历为主的阶段，并进入了从“教书匠”走向“教育家”的新的发展时期。在不同的发展时期，我国政府关于提高教师质量的各项政策都有其鲜明的特征。

第一节 以补偿性教育为主的教师质量政策

十年“文化大革命”，对我国各方面的建设造成了严重的破坏，教育领域同样没有幸免。虽然十一届三中全会的胜利召开，使教师教育获得了新生并迅速地恢复与发展，但是由于“文化大革命”遗留下了大量问题亟待解决，所以这一阶段的教师教育是以恢复和达标为主题的，其补偿性特征尤为明显。

改革初期，师范教育体系层次混乱，学校数量不足，办学能力差，以至中小学教师的数量和质量都存在着严重的问题。20 世纪 70 年代末 80 年代初，是新中国成立以来师资水平最低的时期。根据 1977 年的学生数和 1965 年实际的生师比，当时大约需要增加中学专职教师 300 万，小学专职教师 100 万，还不包括大量教师不断流失、民办教师数量过多等问题。除数量缺口大外，中小学的师资质量也比文化大革命前有严重的下降。很多教师是“中学程度教中学，小学程度教小学”。① 据统计，在1980年，初中教师达到大专毕业程度的只约占初中教师总数的10%，小学教师达到高中或者中师毕业程度的约占小学教师总数的47%。② 在中小学教师队伍中，“新教师多、民办教师多、文化水平没有达到国家规定标准的多”，严重影响了中小学的教学质量。③

一、教师培养体系的恢复

由于这一时期教师数量的严重不足，尤其是英语、艺术等学科的教师更是寥寥无几，在很大程度上制约了基础教育的恢复与发展。因此，为了为中小学迅速补充和提供合格的教师，1978年10月，教育部发布了《关于加强和发展师范教育的意见》，要求“必须大力加强和发展师范教育”，中等师范院校和高等师范院校要分别担任起培养小学师资和中学师资的任务。④ 师范教育作为教育事业中的“工作母机”，其基本任务是培养合格的师资。在这一时期，教育部等部门发布了大量的政策文件，要求加强发展各级各类的师范教育。1985年发布的《中共中央关于教育体制改革决定》，强调“建设一支有足够数量、合格而稳定的师资队伍，是实行义务教育、提高基础教育水平的根本大计”，要把“发展师范教育和培训在职教师作为发展教育事业的战略措施”，“从幼儿师范到高等师范的各级师范教育，都必须大力发展和加强”。⑤ 随后在1986年，国家教委印发了《关于加强和发展师范教育的意见》，明确提出要“真正把师范教育提到发展教育事业的战略地位上”。⑥ 在这10余年的时间里，

---

① 何东昌. 中华人民共和国重要教育文献1976—1990[M]. 海口：海南出版社，1998：1648-1650.

② 何东昌. 中华人民共和国重要教育文献1976—1990[M]. 海口：海南出版社，1998：1832.

③ 何东昌. 中华人民共和国重要教育文献1976—1990[M]. 海口：海南出版社，1998：1832.

④ 何东昌. 中华人民共和国重要教育文献1976—1990[M]. 海口：海南出版社，1998：1648-1650.

⑤ 何东昌. 中华人民共和国重要教育文献1976—1990[M]. 海口：海南出版社，1998：2285-2289.

⑥ 何东昌. 中华人民共和国重要教育文献1976—1990[M]. 海口：海南出版社，1998：2403.

我国各级各类的师范院校都有较大的发展，一方面师范院校的数量有了极大的增加，到1989年，我国高等师范院校数已由1977年的65所发展到260余所。① 另一方面，师范院校的办学条件和教学质量，也在很大程度上得到了恢复与发展，为我国基础教育提供了大量的师资。

(一)学制与招生

在《关于加强和发展师范教育的意见》《关于基础教育师资和师范教育规划的意见》等诸多文件中，对师范教育的学制和招生等问题都作出了规定。就学制来说，1978年时中等师范院校的学制为两年制或三年制，师范本科和师范专科的部分学科的学制分别由四年减至三年、由三年减至两年。② 尔后在1980年进行了修改，将中等师范学校的学制改为三年制或四年制。伴随着师范教育的发展，为保证师范生的质量，后又将师范本科所有学科的学制恢复至四年，并要求三级师范院校都要加强发展，在不同的层次上为基础教育做出贡献。③ 就招生来说，为了保证生源的质量，在1980年教育部提出"允许每个省、市、自治区指定省属重点高等师范院校，同全国重点高等学校一样第一批录取新生"。④ 尔后又提出"可采取提前单独招生或参加统一考试提前录取的办法"，并要求各地根据当地的具体情况，制定有吸引力的措施，扩大定向招生的比例，如对全部师范生提供人民助学金待遇等，以鼓励更多的优质的学生报考师范类学校。对于中等师范学校和师范专科院校，则要求坚持定向招生，努力做到初中教师和小学教师的地方化。⑤

关于定向招生，1986年4月通过的《中华人民共和国义务教育法》明确规定，"师范院校毕业生必须按照规定从事教育工作。国家鼓励教师长期从事教

---

① 何东昌．中华人民共和国重要教育文献1976—1990[M]．海口：海南出版社，1998：2944．

② 何东昌．中华人民共和国重要教育文献1976—1990[M]．海口：海南出版社，1998：1649-1650．

③ 何东昌．中华人民共和国重要教育文献1976—1990[M]．海口：海南出版社，1998：2390．

④ 何东昌．中华人民共和国重要教育文献1976—1990[M]．海口：海南出版社，1998：1850．

⑤ 何东昌．中华人民共和国重要教育文献1976—1990[M]．海口：海南出版社，1998：2404．

育事业”。① 并规定一切单位不准截留，对边远地区和边疆地区提供一定的优惠政策。如在1988年全国初中教师经验交流会上，强调要认真作好师专毕业生的分配安置工作，把好“不得转行，不许截留，不要层层拔高”三个关口。②

（二）课程与教材

各级各类师范院校的课程与教材的确定，也不是一蹴而就的。1980年的全国师范教育工作会议上通过了《中等师范学校教学计划（试行草案）》等多个文件，在1986年和1989年又根据具体的发展状况对中师的教学计划进行了修订，其变化的总体趋势为课程设置趋于合理，必修课、选修课、课外活动和教育实践逐渐成为有机结合的整体；思想教育工作不断加强，培养德才兼备的小学教师；不断加强对教育实践和基本功训练的重视程度，培养能力和训练技能；根据学生的身心发展规律协调课程的学习和兴趣的培养，促进学生的全面发展。③ 高等师范院校各学科的教学计划也在此阶段陆续颁布与修订，如教育部颁布的《关于修订高等师范院校四年制本科文科三个专业教学计划的说明》《二年制师范专科学校八个专业教学计划的通知》等文件，对高等师范院校的培养目标、时间安排、课程设置、教学环节等多方面的内容进行了规定和说明，为各院校的教学提供了参考。

由于历史原因，这一时期师范院校的教材存在着种类少、问题多等状况，不论是数量上还是质量上都不能满足师范教育的需要，对教学质量的保证有着一定的影响。因此，国家对教材的编制十分关注，如1980年颁布的《关于办好中等师范教育的意见》中提出中等师范学校的教材大部分要由人民教育出版社统一编写出版，④ 在1982年的师范专科学校教学工作座谈会上，要求争

---

① 何东昌．中华人民共和国重要教育文献1976—1990[M]．海口：海南出版社，1998：2415.

② 何东昌．中华人民共和国重要教育文献1976—1990[M]．海口：海南出版社，1998：2744.

③ 何东昌．中华人民共和国重要教育文献1976—1990[M]．海口：海南出版社，1998：1862-1864、2487-2488、2867-2869.

④ 何东昌．中华人民共和国重要教育文献1976—1990[M]．海口：海南出版社，1998：1835.

取在三至五年内编选一套师专教材。①

(三)其他教育机构的恢复与建立

改革开放后，伴随着经济的改革与发展，社会对人才的需求与要求也不断提升，对各个领域的人们进行培养和培训的教育机构与方式，如电视大学、夜大学、高校函授等，也应势迅速地恢复与发展起来。这些教育机构虽然并不完全属于师范教育的体系之内，但在培养各行各业的人才的同时，也培养了一定数量的合格教师。

二、教师培训体系的恢复

在这一时期，教师不仅数量缺乏，而且质量低下，不能满足基础教育的需求。因此，在加大力度培养教师的同时，教师的培训体系也迅速地恢复建立起来。除了各级各类的师范院校外，一些其他的教师教育机构，如教师进修学院、电视大学等，都恢复和开展了对教师的培训工作。在《关于进一步加强中小学在职教师培训工作的意见》《加强教育学院建设若干问题的暂行规定》《关于利用卫星电视开展教育工作的通知》等众多文件中，要求加强发展各级各类的教师培训机构，并提出指导意见或整体规划。这些政策的出台，极大地促进了教师培训体系的恢复与建立。截至1989年底，我国建立起教育学院265所，教师进修学校2153所，小学教师达到中师学历的比率已从1977年的47.1%上升到71.4%，初中教师达到高师专科学历的比率已从1977年的9.8%上升到41.3%，高中教师达到本科学历的比率已到达43.5%，另外还有30万左右的中小学教师取得《专业合格证书》，从根本上扭转了70年代末80年代初我国师资水平极其低下，大量教师无法胜任教学工作的现象。②

(一)目标与任务

我国当时实行的是三级师范体系，小学教师、初中教师和高中教师的合格学历分别应当是中等师范学校毕业、大学专科(师专)毕业和大学本科毕业。

---

① 何东昌. 中华人民共和国重要教育文献1976—1990[M]. 海口：海南出版社，1998：2005.

② 何东昌. 中华人民共和国重要教育文献1976—1990[M]. 海口：海南出版社，1998：3060.

但是由于“文化大革命”的破坏，导致全国师资水平急剧下降。1980年中小学教师共有845万，其中有500多万人不够标准，需要进行培训。① 因此这一时期教师培训最为突出的特征是教师质量的补偿性发展，主要包括两个方面。一是使教师可以胜任教学工作，二是使教师学历达到应有的标准。在《关于试行中学教师进修高等师范专科、本科教学计划的通知》《小学教师进修中等师范教学计划》和《关于加强中小学教师普通话培训工作的通知》等文件中，对教师培训所设置的课程与要求做出了相应的规定。楼世洲教授将这一时期的教师教育大致分为两个阶段：1983年前是“教材教法过关阶段”，即主要目标是使教学有困难的教师经过培训可以胜任或基本胜任教学工作；1983年至1989年是学历补偿教育阶段，即主要目标是使教师经过培训达到国家所要求的标准。② 而在1986年《关于加强在职中小学教师培训工作的意见》等文件中提出对已经具备合格学历和胜任教学工作的教师仍要进行更高层次的培训，促进教师“不断提高政治、文化和业务水平，并培养一批各学科的带头人和教育、教学专家”。

(二)原则与要求

对于中小学教师进修的原则与要求，各项文件如《关于进一步加强中小学教师培训的意见》《关于加强在职中小学教师培训工作的意见》等，都做出了规定。虽然不同的教育机构培训的对象存在差异，且始终“坚持面向全体教师，统筹安排，分类指导”，不“一刀切”或“一锅煮”。③ 但总体上，其主要目标均是使教师达到合格的标准，补偿性的特征十分明显。各机构要根据“教什么，学什么”，“缺什么，补什么”的原则，对教师进行有针对性的培训。④ 对教学有困难的教师，则要参加教材教法进修，要求能够“教正确，讲明白”，⑤ 拥

① 何东昌．中华人民共和国重要教育文献1976—1990[M]．海口：海南出版社，1998：1850.

② 楼世洲．教师继续教育的理论与实践[M]．浙江大学出版社，2004：114.

③ 何东昌．中华人民共和国重要教育文献1976—1990[M]．海口：海南出版社，1998：2101.

④ 何东昌．中华人民共和国重要教育文献1976—1990[M]．海口：海南出版社，1998：1832.

⑤ 何东昌．中华人民共和国重要教育文献1976—1990[M]．海口：海南出版社，1998：2100.

有最基本的教学能力。同时，不论是何种规格何种层次的培训，各机构都要保证教师培训工作的质量，符合培训的要求，加强办学的条件等。① 而培训形式上，则要求要“广开渠道，举办多种层次、多种形式的培训”。② 截至1989年，各教师培训机构都根据要求改善了办学条件，颁发了教学计划，编写了大量教材，建设了师资队伍。除此之外，还开展了除系统学历班外的各种层次、各种规格的短训班、单科班等，采取了函授、业余面授、脱产培训等灵活多样的办学形式，并且自1985年中央连续派出五届讲师团，推动师资培训的工作，③ 在很大程度上提高了广大中小学教师的质量。

三、教师的任用、考核与评定

由于基础教育对教师的需求与合格教师的数量之间存在着巨大的矛盾，导致这一时期在教师的任用上，难以达到国家所规定的学历要求，并且缺乏应有的专业训练。尤其是在这一阶段的前期，尽管教育部门多次强调，但仍然难以改变“小学毕业教小学，中学毕业教中学”的现实。随着师范教育的不断恢复与发展，教师数量的缺口不断缩小，对新教师的任用也就越来越严格。在1983年《关于中小学教师队伍调整整顿和加强管理的意见》中，就提出了“今后凡未受过教育专业训练的人员，不得安排到教育系统担任教师”。④ 而1985年发布的《中共中央关于教育体制改革决定》规定，“在此之后，只有具备合格学历或有考核合格证书的，才能担任教师。”⑤1986年4月颁布的《中华人民共和国义务教育法》中，同样提到了教师的资格问题，要求“国家建立资格考核制度，对合格教师颁发资格证书”。⑥ 这标志着建立教师资格制度有了法

① 何东昌．中华人民共和国重要教育文献1976—1990[M]．海口：海南出版社，1998：2373.

② 何东昌．中华人民共和国重要教育文献1976—1990[M]．海口：海南出版社，1998：2372.

③ 何东昌．中华人民共和国重要教育文献1976—1990[M]．海口：海南出版社，1998：2060.

④ 何东昌．中华人民共和国重要教育文献1976—1990[M]．海口：海南出版社，1998：2119.

⑤ 何东昌．中华人民共和国重要教育文献1976—1990[M]．海口：海南出版社，1998：2287.

⑥ 何东昌．中华人民共和国重要教育文献1976—1990[M]．海口：海南出版社，1998：2415.

律依据，教师队伍管理进入法制化轨道。① 虽然各项文件没有提高教师应具备的最低学历，但在实际上却是提高了进入教师行列的门槛，或者说是恢复到了应有的水准之上。

教师考核与评定的相关制度，虽然这一时期也还没有真正的建立起来，但国家给予了一定的重视。在教材过关法的阶段，由于教师数量的严重不足，所以即使是学历不合格、能力不胜任的教师，仍然可以继续任教。但随着教师培训工作的开展和教师教育的发展，对教师不论是学历上还是学力上的要求都越来越严格。如在1983年教育部下发的《关于中小学教师队伍调整整顿和加强管理的意见》中，要求"各级教育行政部门，应就中小学教师的任用、职责、考核、晋升、奖惩、进修提高等一系列管理问题，逐步制定出切实可行的办法，建立起一套科学的管理制度"。② 又如1986年国家教委印发的《关于加强和发展师范教育意见》的通知，要求"要在认真试点的基础上，实行教师职务聘任制，建立和完善教师的考核、晋升制度。"③到了1986年，国家教委为"建设一支合格的中小学教师队伍，更好地为普及九年制义务教育和进一步发展、提高基础教育服务"，④ 印发了《中小学教师考核合格证书试行办法》。明确规定暂设《教材教法考试合格证书》和《专业合格证书》两种证书，适用于"不具备国家规定合格学历的中小学教师"。⑤《中小学教师考核合格证书试行办法》的颁布，虽然对我国教师资格制度建设有着重大意义，是我国教师资格制度初步形成的重要标志，但却带有明显的过渡性质，⑥ 严谨的教师资格制度，此时我国还远没有建立起来。1986年以后，党中央、国务院加大对教师职称评定的改革力度，要求各级各类的学校相继实行了教师职务聘任制度，并颁布了《中学教师职务试行条例》《小学教师职务试行条例》等文件，对中小学教师的职责、任职条件和考核评审等都作出了相应的规定，使教师考

① 梅新林. 中国教师教育30年[M]. 北京：中国社会科学出版社，2008：65.

② 何东昌. 中华人民共和国重要教育文献1976—1990[M]. 海口：海南出版社，1998：2119.

③ 何东昌. 中华人民共和国重要教育文献1976—1990[M]. 海口：海南出版社，1998：2404.

④ 何东昌. 中华人民共和国重要教育文献1976—1990[M]. 海口：海南出版社，1998：2491.

⑤ 何东昌. 中华人民共和国重要教育文献1976—1990[M]. 海口：海南出版社，1998：2492.

⑥ 梅新林. 中国教师教育30年[M]. 北京：中国社会科学出版社，2008：65.

核与评定工作逐步走向制度化。

四、教师地位与待遇的提高

由于“文化大革命”的冲击，导致教师的政治经济地位极其低下。在 1978 年，小学教师的年平均工资为 538 元，居于全国各行业的倒数第一位，中学教师的年平均工资 542 元，居于全国各行业的倒数第二位，① 给人民教师的生活也造成了很大的困难，整个社会对教师也极为不尊重。政治经济地位的低下，在很大程度上对教师队伍的建设造成了严重影响。一方面，在职的中小学教师寻求机会转入其他行业，以获得更好的生活条件；另一方面，在校就读的学生根据当时的情况预想自己的未来发展，成绩优秀的学生更愿意在其他行业发展，也在一定程度上制约了师范院校的生源质量。因此，为了秉承中华民族尊师重道的优良传统，促进教师教育的大力发展，吸收优质生源进入教育战线，国家在这一时期的大部分关于教育的会议、文件、讲话等中，都提到了要提高教师待遇、改变复杂脑力劳动工资低于简单体力劳动工资的倒挂现象的问题。

在提高教师经济待遇的同时，国家也通过各种方式，如在 1980 年，全国人民代表大会常务委员会通过了将每年 9 月 10 日作为教师节的决定等，不断提高教师的政治地位，促使全社会形成尊重知识、尊重教师、尊重人才的社会风尚，使教师行业成为“真正成为社会上最受人尊敬、最值得羡慕的职业之一”。《义务教育法》第十四条也明确规定“全社会应当尊重教师。国家保障教师的合法权益，采取措施提高教师的社会地位，改善教师的物质待遇，对优秀的教育工作者给予奖励”。②

总之，改革开放初期这十几年来，我国教师教育所面临的最主要的任务，是恢复教师教育体系，改变教师数量不满足、教师质量不达标的现状，而国家各项政策的颁布与实施，也始终致力于此问题的解决，因而决定了这一时期教师教育补偿性的发展特征。教师教育体系的恢复与建立、大部分教师学历与能力的达标、教师的任用、考核与评定的制度化建设、教师地位与待遇

---

① 何东昌．中华人民共和国重要教育文献 1976—1990[M]．海口：海南出版社，1998：1910.

② 何东昌．中华人民共和国重要教育文献 1976—1990[M]．海口：海南出版社，1998：2415.

的提高，为教师教育的进一步发展，打下了坚实的基础。

但在获得发展的同时，也存在着一定的问题。如当时建立起的教师教育体系存在着"封闭性、单一性、呆滞性、不完整性等弊端"①、"缩短学制、升格师专"降低了高师的办学质量、② 教育体系的建立加剧了教师教育培养与培训的分离等。③ 而对于这些问题，在教师教育发展的下一个阶段，教育部门也给予了高度的重视，并制定相应的政策予以解决。

第二节　以提升学历为主的教师质量政策

20 世纪 90 年代以来，随着我国社会主义市场经济的逐步确立与完善，经济上获得了突飞猛进般的发展，科教文卫等各方面事业也同样取得了极大的成就，国家和社会对于人才的要求不断提高。在 80 年代就已经提出的素质教育，在这一时期的呼声也越来越高。为了更好地为中小学服务，培养全面发展的中小学生，对教师的质量自然有了更高的要求。因此，这一时期，国家根据新的形势与发展需要，在政策的制定上不再以合格教师的恢复补偿为主题，而是更多地关注于教师的学历提升、素质提高、能力综合等方面。

一、教师培养培训体系的调整与变革

80 年代教师教育的快速恢复发展，一方面，培养培训了大量的合格教师，为我国的教育事业做出了不可忽略的贡献，但另一方面，由于基础的薄弱和发展的要求之间的巨大矛盾，使得教师教育的快速发展不可避免地成为一种国家无奈的选择，更多地呈现出补偿性的色彩。因此，90 年代以来，在对教师数量的最基本需求逐渐趋于满足的情况下，国家开始着重改变对过去教师培养培训体系办学层次低、办学条件差等现象，加强对教师质量的保障与提升，对教师的培养培训体系进行调整和变革。

---

① 邓三英，姚少怀．从教师专业发展的视角看我国教师教育的历史变迁[J]．湖南师范大学教育科学学报，2009，8(4)：90-92.

② 胡艳．建国以来师范教育发展的问题及原因分析[J]．教育学报，2005，1(5)：88-96.

③ 李崇爱．改革开放以来我国中小学教师在职教育政策流变与动因探析[J]．现代教育管理，2011，(12)：78-82.

（一）师范院校由三级向两级的过渡

改革开放以来，我国的教师教育迅速恢复发展，支撑起了世界上最庞大的基础教育，为我国的人才扩充做出了不可磨灭的贡献。但在20世纪末，一方面绝大部分地区的教师数量得到基本满足，无需大量补充师资。另一方面，随着科教兴国战略的实施，以及基础教育对教师质量要求的不断提高，迫切要求逐渐改变师范教育办学重心层次低、布局结构不合理的现象，逐步实现三级师范教育向两级师范教育的过渡。

1996年国家教委印发了《关于师范教育改革和发展的若干意见》的通知，对各级师范院校提出了不同的发展要求，在“九五”期间师范教育依旧稳定为3个层次，但要“适度发展本科，按需发展专科，调整、加强中师”，并将师专学制由2、3年并存逐步过渡到3年，中师学制由3、4年并存逐步过渡到4年，本科依旧为4年。① 不同层次的师范类院校按需发展，无疑为师范体系的过渡做出了铺垫，而学制的恢复与延长，也对新教师的质量有了更多的保障。1999年，教育部发布了《关于师范院校布局结构调整的几点意见》，要求由农村向城市、由沿海向内陆逐步推进由三级师范向两级师范的过渡。② 国家对于师范院校布局的调整，很大程度上提高了师范的办学层次。中等师范学校被撤销、改制或合并，有相当数量的师范专科学校升级为本科院校，师范院校的数量和质量都发生了变化。③ 从1991年到2005年，我国中等师范学校从1026所减少到244所，④ 高等师范院校，从1998年至2007年减少了82所，但本科师范院校却增加了19所而专科师范院校减少了91所。⑤ 可见，我国师范院校总体数量上呈减少的趋势，但层次上却是不断提高的，并逐渐由原有的三级师范向两级师范过渡。

---

① 何东昌．中华人民共和国重要教育文献1991—1997[M]．海口：海南出版社，1998：4095.

② 何东昌．中华人民共和国重要教育文献1998—2002[M]．海口：海南出版社，2003：241.

③ 王娟．师范教育研究30年——从师范教育到教师教育[J]．当代教育与文化，2009，(1)：44-50.

④ 梅新林．中国教师教育30年[M]．北京：中国社会科学出版社，2008：234-235.

⑤ 蒋达勇．困厄与突围：转型期我国教师教育改革的反思与建议[J]高教论坛，2009，(3)：42-45.

（二）教师教育的一体化、专业化、开放化与信息化

教师教育的一体化、专业化、开放化和信息化，对促进教师更好地适应社会经济的发展与中小学的需要，有着重大的意义。几者虽然是教师教育的不同方面，但并不是边界清晰各自为政，而是相互影响相互促进，其共同的目标则是保障和提高教师的质量，更好地为中小学服务。

教师教育的一体化。教育部门虽然在1978年的《关于加强和发展师范教育的意见》中就已经提到中等师范学校要担负起一部分培训小学教师的任务，① 但我国的教师教育一直到20世纪末依旧是二元结构——教师的培养与培训相分离。在90年代中期之后，国家开始关注教师教育一体化的建设。1996年朱开轩在全国师范教育工作会议上的讲话中提出，要“逐步改革单纯由教师进修院校培训师资和职前职后分离办学的局面”，“有条件的地方逐步实现培养培训一体化”。② 在教育部门颁布的《关于师范教育改革和发展的若干意见》《关于“十五”期间教师教育改革与发展的意见》以及《国家教育事业发展“十一五”规划纲要》等诸多文件中，则逐步提出要建立培养与培训相沟通、相衔接的，体现终身教育思想的教师教育体系，③ 以及构建现代化教育体系，完善终身教育体系和推进学习型社会的建设。④ 在1996—2002年间，就有12家省级教育学院集中地并入师范大学或其他大学，⑤ 逐步建立起一体化的教师教育体系。

教师教育的专业化。1994年开始实施的《中华人民共和国教师法》中的第三条规定，“教师是履行教育教学职责的专业人员”，这是第一次从法律上确

① 何东昌．中华人民共和国重要教育文献1976—1990［M］．海口：海南出版社，1998：1649．

② 何东昌．中华人民共和国重要教育文献1991—1997［M］．海口：海南出版社，1998：4044．

③ 何东昌．中华人民共和国重要教育文献1991—1997［M］．海口：海南出版社，1998：4095，何东昌．中华人民共和国重要教育文献1998—2002［M］．海口：海南出版社，2003：1147．

④ 何东昌．中华人民共和国重要教育文献2003—2008［M］．海口：海南出版社，2009：1384．

⑤ 钟祖荣：教师教育一体化的反思与教育学院发展的选择［J］教师教育研究，2011，23(6)：9-13．

立了教师的专业地位。① 随后在1995年依据《教师法》制定的《教师资格条例》，以及2000年颁布的《教师资格条例实施办法》，对教师应该具备的资格条件与具体的实施办法做出了明确的说明与规定。2000年，我国第一部对职业进行科学分类的权威性文件——《中华人民共和国职业分类大典》，将教师列入了“专业技术人员”一类②，进一步肯定了教师的专业地位。2001年，袁贵仁就教师专业化问题，专门发表了《加强和改革教师教育，大力提高我国教师专业化水平》的讲话，要求要采取切实的措施，大力提高我国教师的专业化水平。③ 中小学教师的专业化发展状况，一个很直接的体现就是中小学教师学历合格率的提高。到2007年，小学专任教师学历合格率为99.01%，初中专任教师学历合格率为97.18%，普通高中专业教师学历合格率为89.30%，④与1989年的71.4%、41.3%和43.5%相比，有了极大程度的提高。

教师教育的开放化。我国的教师教育体系在长期以来一直是封闭定向式的培养模式，教师的来源较为单一——由独立的师范院校进行集中培养。这种培养模式虽然在改革开放后一段时期内为我国迅速培养大量教师做出了贡献，但对教师质量有所影响，并且阻碍了社会上优秀的人才从事教师职业。因此，90年代中后期，国家越来越关注开放性的教师教育。1996年国家教委印发了《关于师范教育改革和发展的若干意见》的通知，明确要求要“建立和完善以独立设置的各级各类师范院校为主体，非师范类院校共同参与，培养与培训相沟通的师范教育体系”⑤，并在多项文件如《面向21世纪教育振兴行动计划》《关于师范院校布局结构调整的几点意见》和《关于深化教育改革，全面推进素质教育的决定》等中，对教师教育的开放化建设，拓宽教师的来源渠道，都做出了规划：向社会招聘具有资格的非师范类高等学校优秀毕业生到中小学任教；⑥ 鼓励综合性高等学校和非师范类高等学校参与教师的培养、

---

① 陈永明. 教师教育研究[M]. 上海：华东师范大学出版社，2005：107.

② 贺祖斌. 教师教育：从自为走向自觉[M]. 广西：广西师范大学出版社，2007：47.

③ 何东昌. 中华人民共和国重要教育文献1998—2002[M]. 海口：海南出版社，2003：1008-1009.

④ 何东昌. 中华人民共和国重要教育文献2003—2008[M]. 海口：海南出版社，2009：1588.

⑤ 何东昌. 中华人民共和国重要教育文献1991—1997[M]. 海口：海南出版社，1998：4095.

⑥ 何东昌. 中华人民共和国重要教育文献1998—2002[M]. 海口：海南出版社，2003：218.

培训工作；探索在有条件的综合性高等学校中试办师范学院。① 由于政策的推动，很多非师范院校也参与到了教师教育领域之中，如在 1997 年至 2002 年间，全国独立设置的师范院校从 232 所减少到 203 所，承担了教师教育的非师范类学校从 77 所迅速增加到 258 所，② 使我国封闭的教师教育体系逐渐走向开放。

教师教育的信息化。20 世纪 90 年代以来，以计算机和互联网为代表的信息技术的迅速发展，对中小学教师的质量形成了新的挑战与要求。而我国教育部门也紧紧把握时代脉搏，在 2002 年下发了《关于推进教师教育信息化建设的意见》，要求“以教育信息基础设施建设为基础，以信息资源开发为核心，以推进现代信息技术和教育技术的广泛应用为重点，以提高教师教育质量为根本”，加快教师教育的信息化进程，“加大信息化建设力度，为全面提高中小学教师的信息素养奠定基础”。③ 在随后颁布的《关于“十五”期间教师教育改革与发展的意见》和 2007 年颁布的《国家教育事业发展“十一五”规划纲要》中，也提出要“积极推进教师教育信息化建设，以信息化带动教师教育现代化，实现教师教育跨越式发展”；④ 加快教育信息化的步伐，“努力构建教育信息化公共服务体系”。⑤ 教育信息化作为教师专业化的重要途径，对教师质量的提高有着重大意义，教育部门除颁布一系列的政策外，还组织实行了全国教师教育网络联盟等计划，大力推动教师信息化的发展。由华东师范大学教育科学学院在 2008 年主持的“全国中小学教师专业发展状况调查”结果显示，我国中小学教师“经常使用”教育信息技术的教师占 11.4%，“有时使用”教育信息技术的教师占 44.4%，虽然调查学者提出我国中小学教师教育信息技术使用频率偏低，且更多地运用初级的信息技术，⑥ 但不可忽略在短短几

---

① 何东昌. 中华人民共和国重要教育文献 1998—2002[M]. 海口：海南出版社，2003：286.

② 梅新林. 中国教师教育 30 年[M]. 北京：中国社会科学出版社，2008：239.

③ 何东昌. 中华人民共和国重要教育文献 1998—2002[M]. 海口：海南出版社，2003：1144.

④ 何东昌. 中华人民共和国重要教育文献 1998—2002[M]. 海口：海南出版社，2003：1146.

⑤ 何东昌. 中华人民共和国重要教育文献 2003—2008[M]. 海口：海南出版社，2009：1384.

⑥ 丁钢. 中国中小学教师专业发展状况，调查与政策分析报告[M]. 上海：华东师范大学出版社，2010：111.

年内我国教育信息化的发展与成就。随着加强教育信息化的政策的下达与落实，相信在未来几年内我国中小学教师对于信息技术的运用能力会有更大的提升。

作为教师教育发展的整体趋势，教师教育的一体化、专业化、开放化和信息化的发展，对中小学教师质量的保障与提高有着重要意义。国家各项政策的颁布与落实，一方面为教师教育的发展指明了方向，另一方面则不断地推动着教师教育的向前发展。

（三）其他教育机构的调整

其他的教育机构作为我国教师教育体系的有力补充，同样不断根据形势发展的需要，对自身进行调整，以更好地适应中小学的需要。如在 90 年代初，为了加快初中教师培训的步伐，在 1992 年颁布的《关于加快中学教师学历培训步伐的意见》中，要求开设初中教师进修高等师范专科自学考试系列，建立高师函授、卫星电视、自学考试相沟通（简称“三沟通”）的培训模式。①随着各地的逐步落实，初中教师的培训也进一步加快，截至 1996 年，通过“三沟通”培训的人数达到 70 多万人，能够参加学习的不具备合格学历的绝大多数中学教师都参加了培训，也因此 1997 年后不再以“三沟通”的培训模式招收初中教师。②

二、教师队伍学历层次综合素养的整体提升

（一）教师学历层次的提升

20 世纪 80 年代教师培养体系中各级各类的师范院校和其他教育机构的恢复与建立，为我国的基础教育输送了大量的教师，但随着基础教育的不断发展，人才竞争的日趋激烈，国家与社会对教师学历的要求也越来越高，而不仅仅局限于“合格学历”上。

在“七五”期间，我国的一些省市就已经开展了培养专科程度小学教师的试验。20 世纪 90 年代初，为了适应九年义务制教育对小学教师的新要求，教

---

① 何东昌. 中华人民共和国重要教育文献 1991—1997[M]. 海口：海南出版社，1998：3336.

② 何东昌. 中华人民共和国重要教育文献 1991—1997[M]. 海口：海南出版社，1998：4119.

育部门发布了《关于进行培养专科程度小学教师实验工作的通知》《关于批准部分省(直辖市)进行培养专科程度小学教师试验工作的通知》等文件，要求在“八五”期间“继续有计划地进行培养专科程度小学教师的试验工作”，探索合适的培养规格和办学模式，加强高师和中师的协同合作，充分发挥各自的优势。① 到2008年，我国小学分课程教师中具有专科学历的占55.2%，已经超过了小学教师的一半。② 在培养专科程度小学教师的实验开展不久之后，国家也开始了教育硕士的试点工作。1996年国家教委印发的《关于师范教育改革和发展的若干意见》要求高等师范学校要加强专业和学科建设，“合理调整专业结构，开拓专业新领域，拓宽专业口径，开展教育硕士专业学位试点工作”。③ 自1997年起，国家就在多所师范大学中，开始进行了面向中学教师开设教育硕士学位的试点工作。随着培养教育硕士工作的展开，发展面逐步涵盖农村，如2004年教育部就发布了《关于做好为农村高中培养教育硕士师资工作的通知》等。到2008年，我国中小学教师中，共有49463名为研究生毕业。④ 虽然其数量在一千余万的中小学教师中并不突出，但却是教师队伍中一支重要的力量。

对教师学历层次的提升，不仅仅是这一高一低的提升，更是要求全部教师质量的总体提高。因此，这一时期国家还颁布了大量的关于教师培训的直接的或间接的意见与规划，如《关于加快中学教师学历培训步伐的意见》《面向21世纪教育振兴行动计划》《中小学教师继续教育工程方案》等诸多文件，都对教师的培训，做出了规划和要求。如要求教师培训要因地制宜，统筹安排，多渠道、多层次、多形式地展开；⑤ 要求坚持分类指导，按需施教，讲求实效，学用结合等。⑥ 进入21世纪后，科学技术的日新月异，国际竞争的愈发激烈，使得人力资源对国家的发展、社会的繁荣越来越重要，教师作为教育的根

① 何东昌. 中华人民共和国重要教育文献1991—1997[M]. 海口：海南出版社，1998：3189.

② 韩进. 中国教育统计年鉴[M]. 北京：人民教育出版社，2009：164.

③ 何东昌. 中华人民共和国重要教育文献1991—1997[M]. 海口：海南出版社，1998：4096.

④ 经《中国教育统计年鉴》整理而得.

⑤ 何东昌. 中华人民共和国重要教育文献1991—1997[M]. 海口：海南出版社，1998：3243.

⑥ 何东昌. 中华人民共和国重要教育文献1991—1997[M]. 海口：海南出版社，1998：4096.

本，其学历层次的提升刻不容缓。因此，2002年，教育部发布了《关于“十五”期间教师教育改革与发展的意见》，要在“十五”期间有计划、有步骤、多渠道地使中小学教师的培养纳入到高等教育体系，逐步实现专科、本科、研究生三个层次的教师教育，① 进一步将教师教育“优先发展、适度超前”的政策落实。

(二)综合能力与素养的提升

20世纪80年代，由于历史原因教师数量严重缺乏，教育部门虽然强调要保证教师培养和培训的质量，但无疑力不从心。而进入90年代后，工作重心有所转移，教师的能力提升与学历补偿并举前行。随着教育改革的不断深入，基础教育的快速发展，国家对教师的能力和素养有了更多的关注，主要表现在以下几点：

1. 进一步加强师德的提高

进入20世纪90年代，教育部门根据时代要求和实践经验，对《中小学教师职业道德规范》进行了多次修订，颁布如《进一步加强和改进师德建设的意见》等，始终致力于提高教师的思想道德水平，使教师不仅能教书，而且能育人。

2. 教学能力的提高与教学理论的学习

截至20世纪80年代末90年代初，我国教师不能胜任教学工作的局面已有了较大的改观。但是，教育不仅要求教师会教学，还要教好学。所以，教育部门颁布了如《高等师范学校学生的教师职业技能训练大纲》等文件，要求在教师的职前培养和职后培训过程中，加强对教学能力的提升和教育理论的学习。据统计，截至2008年，我国中小学教师在入职前，高中、初中、小学教师参加过教学技能培训的人数比例分别为55.8%、62.3%、56.0%，学习过教育学原理的人数比例分别为74.4%、71.3%、63.8%，学习过心理学的人数比例分别为81.7%、78.7%、73.0%。②

3. 多媒体技术的运用

随着教育信息化的诞生与发展，熟练掌握计算机等技能逐渐成为教师教学和科研的新要求，国家在《中小学教师继续教育工程方案》等文件中，多次

---

① 何东昌. 中华人民共和国重要教育文献1998—2002[M]. 海口：海南出版社，2003：1147.

② 丁钢. 中国中小学教师专业发展状况，调查与政策分析报告[M]. 上海：华东师范大学出版社，2010：49.

要求教师要进行计算机的基础知识和运用技能等的培训，以更好地完成教学和科研工作。到 2008 年，我国中小学教师在入职前，高中、初中、小学教师学习过教育技术的人数比例分别为 53.4％、51.0％和 44.1％。①

4. 新课程的培训

从 2001 年秋季开始，我国掀开了轰轰烈烈的新课程改革，全面推进素质教育。为适应新要求，教育部门颁布了《关于开展基础教育新课程师资培训工作的意见》等文件，要求按照“先培训，后上岗；不培训，不上岗”的原则，分地区、分阶段、滚动式地展开新课程的师资培训工作。② 在 2008 年对“我国中小学教师在职培训情况与其课堂教学方法使用的相关分析”中显示，探究教学和合作学习两项与所有的在职培训内容相关系数均达到极为显著的水平，而这两项正是课程改革中十分强调的教学技能和方法，可见这种为更好地适应与推动新课程的在职教师的培训，对教师在教学方法的运用上有积极的影响。③

当然，对于教师的综合能力和基本素养的提升，教师教育所涵盖的内容，远远不止以上四点，尤其是终身教育思想的逐步确立和基础教育的大力改革，使得中小学对教师的素质有了更高的要求，因而决定了教师教育内容的多样性和广泛性。

三、教师的任用、考核与评定

（一）教师资格制度的完备

虽然 1986 年颁布的《中华人民共和国义务教育法》就已规定“国家建立教师资格考核制度，对合格教师颁发资格证书”，④ 但此时并没有真正地建立起来。而教师资格制度在全国全面地实施，也是在 10 余年之后了。1993 年颁布的《中华人民共和国教师法》，在第三章第十条明确规定了“国家实行教师资格

---

① 丁钢. 中国中小学教师专业发展状况，调查与政策分析报告[M]. 上海：华东师范大学出版社，2010：49.

② 何东昌. 中华人民共和国重要教育文献 1998—2002[M]. 海口：海南出版社，2003：1016-1017.

③ 丁钢. 中国中小学教师专业发展状况，调查与政策分析报告[M]. 上海：华东师范大学出版社，2010：51.

④ 何东昌. 中华人民共和国重要教育文献 1976—1990[M]. 海口：海南出版社，1998：2415.

制度”,① 这是国家第一次以法律的形式正式提出实行教师资格制度。1995 年 12 月，国务院发布了《教师资格条例》，对于教师资格的分类、条件、考试、认定等多项内容做出了详细明确的规定。紧随其后国家教委有发布了《关于实施〈教师资格认定的过渡办法〉的通知》，明确肯定了“教师资格制度是国家法定的教师执业许可制度”，教师资格“标志着从事教师职业所必需的品德、知识和能力”②，首次提出了教师资格证书的发放与管理。经过几年的探索，在 2000 年和 2001 年时，教育部分别发布了《〈教师资格条例〉实施办法》和《教师资格证书管理规定》，促使我国的教师资格制度不断趋于完备，并同时开始了在全国范围内的实施。教师资格制度作为教师职业的准入制度，其逐步建立对教师的专业化发展有着重要的促进意义，使我国的教师管理走上法制化的道路。

（二）教师任用、考核和评定的发展

教师的任用、考核与评定，其最根本的目的在于保证教师的质量，激励与督促教师不断地提高发展。1993 年颁布的《中国教育改革和发展纲要》要求以学校的人事制度和分配制度作为学校内部管理体制改革的重点，对教职工“实行岗位责任制和聘任制，在分配上按照工作实绩拉开差距”，打破分配上的平均主义，激发广大教职工工作的积极性，提高学校的办学水平和效益。③ 同年颁布的《教师法》中，第三章第十六条、第十七条规定国家“实行教师职务制度”和“逐步实行教师聘任制”；④ 第五章则对教师的考核做出了明确的规定。随后在 1995 年国家教委发布的《关于〈中华人民共和国教师法〉若干问题的实施意见》中，明确提出了教师的聘任、晋升和考核相关规定。⑤ 伴随着教师的任用、考核与评定的制度化，国家为进一步深化人事改革，提高办学效

① 何东昌. 中华人民共和国重要教育文献 1991—1997[M]. 海口：海南出版社，1998：3570.

② 何东昌. 中华人民共和国重要教育文献 1991—1997[M]. 海口：海南出版社，1998：3914.

③ 何东昌. 中华人民共和国重要教育文献 1991—1997[M]. 海口：海南出版社，1998：3471.

④ 何东昌. 中华人民共和国重要教育文献 1991—1997[M]. 海口：海南出版社，1998：3571.

⑤ 何东昌. 中华人民共和国重要教育文献 1991—1997[M]. 海口：海南出版社，1998：3883.

益，对其不断有新的要求与规定。如2001年国务院颁布的《关于基础教育改革与发展的决定》中，要求推行教师聘任制，建立“能进能出，能上能下”的教师任用的新机制、根据教师职业特点实行教师职务聘任和岗位聘任的统一、严格教师准入制度，调整优化教师队伍，清理“在编不在岗”的人员等内容。又如在2008年年末教育部下发的《关于做好义务教育学校教师绩效考核工作的指导意见》，要求自2009年1月1日起首先在义务教育学校实施绩效工资分配政策，以依法保障教师收入水平，激发教师投入到教育事业，吸引和鼓励优秀人才长期从教、终生从教，并对绩效考核的基本要求、主要内容、有效方法和结果运用等个多方面内容做出了规定。①

概而言之，在这一时期，国家颁布的各项政策，不论是关于教师培养体系的调整与变革，还是教师队伍学历层次和综合素养的整体提升，还是教师的任用、考核、评定的发展，与第一阶段相比其最重要的特征就是致力于提高教师的学历和能力，促进教师的专业化发展，以建设一支高水平的教师队伍。教师学历层次的提升、专业化的发展与综合能力的提高，教师资格制度、教师职务制度和教师聘任制等制度的逐步建立与日趋完备，都与国家各项政策的颁布与实施有着密切的关系。

但是，虽然我们取得了巨大的成就，同时也要看到在改革与发展过程中出现的诸多问题。如顾明远先生认为“政策上有值得商榷之处”，尤其表现在中等师范学校的快速消亡上，导致很多师专毕业生不能适应小学教师的要求。② 也有学者提出了中小学教师在职教育功能逐渐削弱、③ 教师教育的一体化只是机构上的整合而培养和培训依旧割裂、④ 教师教育的开放化也并没有真正产生良性的竞争活力等问题，⑤ 这些问题有些是由政策的实施而衍生出来的，也有些是由于政策落实不到位而导致的，需要进一步反思与改进。

---

① 何东昌. 中华人民共和国重要教育文献2003—2008[M]. 海口：海南出版社，2009：1720-1721.

② 顾明远. 谈谈我国教师教育的改革和走向[J]求是，2008，(7)：53-55.

③ 李崇爱. 改革开放以来我国中小学教师在职教育政策流变与动因探析[J]. 现代教育管理，2001，(12)：78-82.

④ 钟祖荣. 教师教育一体化的反思与教育学院发展的选择[J]教师教育研究，2011，23(6)：9-13.

⑤ 杨跃. 教师教育改革代价刍议[J]. 当代教育科学，2011，(11)：24-27.

第三节　从"教书匠"走向"教育家"的教师质量政策

一、国家中长期教育改革和发展规划纲要的颁布

进入新的发展阶段，我国的教育事业不仅有着许多的发展机遇，同时也面临着严峻的挑战。国家根据党的十七大关于"优先发展教育，建设人力资源强国"的战略部署，为促进教育事业科学发展，全面提高国民素质，加快社会主义现代化进程，制定了21世纪我国第一个《国家中长期教育改革和发展规划纲要》(以下简称《规划纲要》)。这是我国新时期教育发展的纲领性文件，明确指出了我国教育改革的方向和教育发展的任务与方针，对未来一段时期内教育的发展有着至关重要的指导作用，是新的历史时期教育事业战略的总目标。而教师教育经过了补偿教育、学历提升两个阶段，新的历史时期已明显显示出素质提升的特征。《规划纲要》对教师队伍的各方面建设也做出了明确的规定，并提出要"创造有利条件……造就一批教育家，鼓励教育家办学"。①教师作为教育的根本，其素质的提升已是新时期教育发展的重要目标。

二、教师教育内容的变革

(一)教师教育课程的改革

为贯彻教育规划纲要，深化教师教育改革，提高教师培养质量，建设高素质教师队伍，教育部于2011年在《关于大力推进教师教育课程改革的意见》中，颁布了《教师教育课程标准(试行)》(以下简称《课程标准》)。《课程标准》以"育人为本""实践取向"和"终身学习"为基本理念，对教师教育的课程目标与课程设置做出了明确而详细的规定。华东师范大学教授钟启泉先生强调新的《课程标准》突出了两大创新点：其一是教师教育课程的目标从"教书匠"的训练走向"教育家"的成长，彰显当代理想教师——反思性实践家的专业属性；其二是教师教育课程的构成需要实现观念与体制的创新，彰显当代教师教育改革的三大原理——"儿童为本""实践取向"和"终身学习"，并提出"为了未来

---

① http://www.moe.gov.cn/publicfiles/business/htmlfiles/moe/A01_zcwj/201008/xxgk_93785.html.

教育家的成长”，应成为我国教师教育课程改革的基本理念。①

(二)教师专业标准的提高

与教师教育课程改革同时进行的，是教师专业标准的提高。《规划纲要》在第四部分“加强教师队伍建设”章节中，明确提出要建设高素质教师队伍，要“严格教师资质，提升教师素质，努力造就一支师德高尚、业务精湛、结构合理、充满活力的高素质专业化教师队伍”。② 在2011年12月12日同一天内，教育部正式公布了根据《中华人民共和国教师法》和《中华人民共和国义务教育法》所制定的《幼儿园教师专业标准》《小学教师专业标准》和《中学教师专业标准》，根据“专业理念与师德”“专业知识”“专业能力”三个维度，对合格教师的专业素质提出了基本要求，是教师开展“教育教学活动的基本规范”，是引领教师“专业发展的基本准则”，是教师“培养、准入、培训、考核等工作的重要依据”。其基本理念均为“学生(幼儿)为本”“师德为先”“能力为重”和“终身学习”，是教师作为专业人员应当始终坚持的价值导向。

可以看出，不论是教师教育的课程改革，还是基础教育教师专业标准的制定，都很明确地体现出了《国家中长期教育改革与发展纲要》中提出的“育人为本”“终身学习”等要求，并努力促进教师向教育家的成长，成为“反思性实践者”，如在《课程标准》中提出“在日常学习和实践过程中积累所学所思所想，形成问题意识和一定的解决问题能力”等目标。学者李广平认为教师资格检定的着眼点和方式的变化趋势是由学分(课程)本位阶段到技能(知识)本位阶段最后到实践(能力)本位阶段。③ 新时期教师专业标准的提高，则体现了我国教师教育向更高阶段发展的要求。

三、教师培训力度的加强

从总体上来看，我国目前的教师队伍的整体素质还不能完全适应新时期教育改革发展的需要，存在着培训发展不平衡，培训制度未完善，保障力度

---

① 钟启泉．为了未来教育家的成长——论我国教师教育课程创新的课题[J]．教育发展研究，2011，(18)：20-26.

② http://www.moe.gov.cn/publicfiles/business/htmlfiles/moe/A01_zcwj/201008/xxgk_93785.html.

③ 李广平．从国际教师资格制度的发展趋势看我国教师资格证书制度的完善[J]．外国教育研究，2004，(31)：39-43.

待加强等问题。《规划纲要》又对我国的中小学教师的质量提出了更高的要求，强调要“提高教师业务水平”。① 因此，加强教师培训，是新时期教育事业科学发展的重要任务和紧迫要求。在此背景下，2011年年初，教育部印发了《关于大力加强中小学教师培训工作的意见》，对新一轮中小学教师全员培训工作作出了总体部署和安排，要求高度重视教师培训工作，开展中小学教师全员培训，全面提高教师队伍素质；要求创新教师培训模式方法，提高教师培训质量；要求完善教师培训制度，促进教师不断学习和专业发展；要求加强教师培训能力建设，建立健全教师培训支持服务体系；要求加强组织领导，为教师全员培训提供有力保障。并提出“以实施‘国培计划’为抓手，推动各地有目的有计划地对全体中小学教师进行分类、分层、分岗培训”，“促进中小学名师和教育家的培养，全面提升中小学教师队伍的整体素质和专业化水平”的工作目标，要求“发挥示范引领、雪中送炭和促进改革的作用，推动大规模教师培训的开展”。② “国培计划”全称为《中小学教师国家级培训计划(2010—2020)》，是2010年以来我国最为重要的教师培训计划，包括中小学骨干教师研修等五类项目，是对教师进行有针对性的分层分类的培训，促进其向教育家的成长。

四、对教师信息化能力的要求

教师是一种“终身学习的专业”，必须要做到学力的可持续发展，不断吸收新的知识以促进自身的成长。教育信息化作为近年来势不可挡的发展方向，是《规划纲要》重点关注的一个方面。在第十九章中，提出要“加快教育信息化进程”，并要求教师要强化信息技术应用，提高“应用信息技术水平，更新教学观念，改进教学方法，提高教学效果”，③ 进一步提升教师质量。为贯彻落实《规划纲要》对教育信息化的发展要求，2012年3月，教育部印发了《教育信息化十年发展规划(2011—2020)》的通知，肯定了以教育信息化带动我国教育现代化的战略选择，并对未来十年教育信息化的发展做出了明确规划。提出

① http://www.moe.gov.cn/publicfiles/business/htmlfiles/moe/A01_zcwj/201008/xxgk_93785.html.

② http://www.moe.gov.cn/publicfiles/business/htmlfiles/moe/moe_601/201101/114221.html.

③ http://www.moe.gov.cn/publicfiles/business/htmlfiles/moe/A01_zcwj/201008/xxgk_93785.html.

了“提高教师应用信息技术水平”“制订和完善教师教育技术能力标准，开发面向各级各类教师的教育技术培训系列教材和在线课程”“开发能有效支持师范生教育技术实践能力培养的信息技术和教育技术公共课”“将教育技术能力纳入教师资格认证与考核体系”等规定与要求。

五、对师德的要求

教师成长的目标是教育家，其职业的特殊性要求教师不仅要有专精广博的学识，还要有高尚的道德品质。我国古人便已充分认识到这一点，如董仲舒曾说“善为师者，既美其道，有慎其行”。国家对师德的建设也始终十分关注，胡锦涛强调：“把师德建设作为教师队伍建设的基础和灵魂来抓。”尤其是到了近些年，随着教师综合素养的全面提升，以及由“教书匠”向“教育家”理念的提出，对师德的要求也越来越高。学者沈玉顺认为道德操守是评价教育家的标准之一。①《规划纲要》中明确要求要加强师德建设，教师作为人类灵魂的工程师，必须要“加强教师职业理想和职业道德教育，增强广大教师教书育人的责任感和使命感”，并且提出要“将师德表现作为教师考核、聘任（聘用）和评价的首要内容”，② 加强师德建设的力度。新时期教师培训的核心，一方面是提高教师的业务水平，而另一方面则是提高教师的师德素养，将师德作为教师培训的重要内容，并努力形成师德教育和师德建设的长效机制。③在幼儿园、小学、中学《教师专业标准》中，也明确要求“师德为先”，要求教师成为“学生健康成长的指导者和引路人”。④

总之，新时期对于教师质量的要求，可以说是前所未有的。教师已经远不是几年前只需具备教师资格，拥有教师水平就可以了，其最大特征是对教师角色期待的改变：从“教书匠”走向“教育家”。教师教育课程的改革与专业标准的提高，不仅强调教师的专业化发展，而且更要求教师成为懂教育的教

① 沈玉顺．“教育家”评价标准建构及其内涵解析[J]．上海教育科研，2010，(9)：17-19.

② http://www. moe. gov. cn/publicfiles/business/htmlfiles/moe/info _ list/201008/93785. html.

③ http://www. moe. gov. cn/publicfiles/business/htmlfiles/moe/A10 _ zcwj/201101/xxgk_114456. html.

④ http://www. moe. gov. cn/publicfiles/business/htmlfiles/moe/s6127/201112/127836. html.

育家，学生发展的促进者。除此之外，对教师素养的要求，诸如教师的师德水平、信息化能力，也在不断地提高。国家各项政策的颁布与实施，则是一方面确立了教师发展的目标与方向，另一方面，又在推动着教师教育的发展，促进教师素质的提升。

第四节　提高教师质量政策的启示

一、中国与OECD国家之比较：外部管制与内在激励

如前文所述，中国政府为提高教师质量提出了诸如补偿性教育、学历提升等政策。这些政策更多的是遵循经济学路线的外部管制和外部激励思路。①与此不同的是，OECD国家的理念是，教师政策需要解决的远不是薪酬问题，而是如何提高教师的工作积极性，尤其是内在的积极性。② OECD国家由此实施以内在激励为导向的教师质量政策。

OECD国家的教师激励政策包括，通过将教学变成知识型职业、为教师职业的多样性和多元化提供更多机会、将专业发展贯穿于教师职业生涯全过程、通过评估来认可教师有效的教学工作等策略来提升教师的内在动机，激励教师的工作热情；OECD还提出，通过提高领导力和改善学校氛围、提高教师薪酬的竞争力、适度使用外在奖励、改善工作条件等策略来保持教师的内在动机和工作热情。③

二、中国与美国比较之一：政府控制与多方治理

由于政治体制的不同，我国的教师质量政策由政府统一制定，而美国形成了多方参与治理的教师质量保障机制，包括政府的行政机制，专业团体的专业机制以及教师教育机构的学术机制。④ 政府的质量保障机制以各州政府

---

① 周钧. OECD关于发达国家的教师政策分析[J]，外国教育研究，2010，(9)：93-96.

② OECD. 教育政策分析2005—2006：聚焦高等教育[M]. 北京：教育科学出版社，2008.71.

③ 周钧. OECD关于发达国家的教师政策分析[J]，外国教育研究，2010，(9)：93-96.

④ 朱旭东，周钧. 美国教师质量观及其保障的机制、管理和价值分析[J]. 比较教育研究，2006，(5)：70-75.

对本州的教师教育专业(teacher education programs)实施许可(state approval)以及对教师颁发执照两个程序构成，通过“许可”“执照”两个法定政策来保证教师质量。专业团体的专业机制以全国教师教育认可委员会(NCATE)的认可、州际新教师评价和支持协会(INTASC)的执照颁发以及全国专业教学标准委员会(NBPTS)的教师资格证书和高级资格证书的颁发三个程序构成。通过“认可”“执照”“高级资格证书”三种政策来提高教师质量，形成教师培养和专业发展连续统一体的质量保障体系，被称为教师质量保障的三大支柱。①

三、中国与美国比较之二：政策规定与立法拨款

就中央政府的教师质量政策而言，中国中央政府一般使用“……的意见”“……决定”“……规划纲要”等形式发布政策规定，此类政策文本通常不包括拨款的内容，而且具有实效性，缺乏长期施行的功能。美国联邦政府一贯采取立法以及同时拨款的方式来保障教师质量。例如“不让一个孩子掉队法”(NCLB)对美国中小学教师提出了“高质量”的目标，为保证这一目标的实现，NCLB 通过项目资助的方式大力支持各州的教师培养、新教师入职和在职教师专业发展活动。这样的干预方式，使得提高教师质量有法可依，使得教师质量保障的每一项立法都可以在经费上得到充分的保障，这对确保联邦政策的实施是十分有利的。②

四、中国与美国比较之三：质量监控

美国联邦政府对教师质量的监控是全方位的，最为典型的就是以教师质量报告制度为核心的三级监控体系的建立，即由教师培养机构、州政府、联邦政府组成的三级教师教育质量信息采集和报告制度。③ 联邦教育部在各州教师质量报告的基础上，编写出全美教师质量年度报告，提交国会。从 2002 年起，美国联邦政府已经向国会提交了多个全美教师质量报告。

就目前而言，我国还缺乏专门针对教师质量的监控体系。

---

① 周钧，李小薇．对高质量教师教育的阐释——评《有效教师教育》[J]．高等教育研究，2008，(1)：105-109.

② 洪明．美国联邦政府教师质量保障政策探析—聚焦《高等教育法》和《不让一个孩子掉队》[J]．比较教育研究，2010，(2)：69-73.

③ 洪明．美国联邦政府教师质量保障政策探析—聚焦《高等教育法》和《不让一个孩子掉队》[J]．比较教育研究，2010，(2)：69-73.

五、中国与韩国之比较：质量监控

韩国政府重视对教师培养阶段的质量监控，推行教师培养阶段的评价政策。根据教育改革委员会1996年的主张，韩国教育与人力资源开发部与教育发展协会合作，于1997年颁布了针对各种类型教师教育机构的国家评价计划。根据这项计划，从1998年开始，每一所教师教育机构在3—5年内都要接受一次国家评价认定，韩国教育部提出评价的目的在于监控教师质量。①

就目前而言，我国还缺乏专门针对教师培养质量的监控体系，教育部实施的本科生教学质量评估、各教师培养机构的内部评价制度在一定程度上起到了质量监控的作用。

六、中国与日本之比较：教师资格证书的终身制与更新制

我国现行教师资格证书管理实行的是终身制。按照《教师法》的精神，教师只要不触犯法律，其教师资格证书就会永远有效。

进入21世纪，日本开始重新修正教师资格法，导入了弹性化的教师资格更新制。2009年开始，日本全面推行教师资格更新制，对教师资格证书者的持有条件提出更新、更高的要求。日本教师资格更新制的实施，不以排除不胜任教师为目的，而志在促进教师适应时代发展，形成必要的资质和能力，掌握最新的知识和技能，使教师自豪、自信地站在讲坛上，成为备受社会尊敬和信赖的人。②

总之，各发达国家的政策对教师质量都高度重视。从纵向来看，我国教师质量政策从补偿性教育为主发展到了提升学历为主，进一步发展到了提升教师素质的阶段。横向比较来看，发达国家的教师质量政策也各有特征，为我国下一阶段教师质量政策的改进提供了借鉴。

---

① 柳国辉，堪启标．韩国教师质量监控政策及其改革取向[J]．外国中小学教育．2004，(7)：16-19.

② 刘学智，陈淑清．日本中小学教师教育改革述评[J]．教育科学．2011，(4)：91-94.

第九章 社会变迁中的我国农村中小学教师队伍建设研究

农村教育在全面建设小康社会中具有基础性、先导性、全局性作用，农村义务教育在整个国民教育体系中占有举足轻重的地位。发展农村教育，有利于提高农村人口的素质，有利于缩小社会差别和实现社会公平，有助于积累国民经济增长的后劲。① 农村教育的重要性毋庸置疑，能否搞好农村教育的关键在于是否有一支高素质的农村教师队伍。“百年大计，教育为本；教育大计，教师为先”，正如《中国教育改革和发展纲要》所指“建设一支具有良好政治业务素质、结构合理、相对稳定的教师队伍，是教育改革和发展的根本大计”。如何才能建设一支高素质的农村教师队伍，成为摆在政府和研究者面前的重点和难点问题。农村教师队伍建设问题不是历史偶然的片段，而是自始至终沿着中国教育史的脉络而渐渐发展变化。“以史为鉴”不仅可以“知兴替”，而且也可以从“兴替”更迭规律预见事物未来发展。本研究历史地看问题，着眼于改革开放以来农村中小学教师队伍的发展变迁，梳理从 1978 年至今不同历史时期不同的农村教师队伍的发展状况、举措以及问题，以期对当前加强农村中小学教师队伍建设、发展农村基础教育有一定的现实指导意义与启示作用。

为了研究的方便，主要依据我国基础教育管理体制的变革，同时参考我国改革开放的发展阶段，以及教师相关政策的出台，将改革开放以来农村中小学教师变迁划分为四个时

① 温家宝：《加强农村教育工作，推进农村小康建设》[N]. 解放军报，2003 年 9 月 20 日第 4 版。

期。具体说来主要是根据1985年《关于教育体制改革的决定》、1993年的《中国教育发展纲要》、2001年国务院发布的《关于基础教育改革与发展的决定》进行分期；还考虑了中国改革开放的发展阶段，1984年和1992年都是中国改革开放的关节点，改革开放的不同阶段经济社会发展情况有所不同，同时又兼顾了与教师相关政策的出台：如1985年的教师节的确定，1993年教师法的制定以及解决自1993年以来全国大面积教师工资拖欠问题。下面分阶段介绍各时期的农村教师队伍变迁情况。

第一节　改革开放前农村中小学教师队伍建设状况

持续10年之久的“文化大革命”使国家的政治、经济和文化遭受了最严重的挫折和损失，也给农村中小学教师队伍建设带来了巨大灾难。“读书无用论”泛滥，树立交白卷典型，反“智育第一”，批“师道尊严”，作为批斗对象的教师被深深卷入各种“革命运动”之中，很多教师深受迫害，农村教师地位低下。1966—1971年，农村中小学教师队伍受到极大破坏，处于倒退状态。“侯王建议”①之后，农村推行“教育革命”，将公办中小学校下放到社、队去办，许多地方基本上是大队办小学，公社办中学。同时，加上由于当时公共财力匮乏，大批公办中小学教师转为民办，并且改拿工资为记工分，教师及其配偶、子女被转为农村户口，这严重挫伤了教师的积极性，教师队伍遭到严重破坏。1971年之后，农村各类教育有所恢复，但是属于畸形发展，中小学数量超常规增长，中小学生数量盲目扩展。以中学为例，1965年全国农村初中为10906所，学生占全国初中学生总数的57.9％，1971年猛增到75720所，学生比例增加到81％；到“文化大革命”结束时，农村初中的数量是1965年的11.9倍，在校生总数占全国初中在校生总数的84.4％。② 办学规模急剧扩大，教师队伍也随之扩大，农村初中专任教师平均每年增加16多万人。由于

---

① 1968年11月《人民日报》刊登山东嘉祥县马集公社召集小学教师侯振民、王庆余的来信，信中建议农村公办小学下放到人民公社的大队来办，国家不投资或少投资，教师的工资不再由国家发给，改为大队记工分。

② 数据资料来源《中国教育成就统计资料(1949—1983)》，北京，人民教育出版社，1984.

1966—1969年我国中、高等学校基本停止招生①，师范教育体系的崩溃使此阶段我国农村中小学合格师资供给极度匮乏，甚至一度“断供”。通过聘用“工农兵讲师”“五七大军”②充任教师等方式增加教师，这一时期增加的专任教师绝大部分学历不合格，小学教师教初中、初中教高中的现象很普遍，大量不合格人员充斥教师队伍。在小学民办教师中，初师、初中肄业以下的占到64.5%。③ 1972年，湖南省有中学教师16万多名，其中新教师占6.5万多。黔阳地区1966年以前，中学教师只有1560名，1972年时已有7530名，新增5970名，而新教师中却有50%不能担任教学任务。长沙市几年新增400名高中教师，其中有80%业务生疏、教学有困难。黔阳地区1972年上半年举办的中学教师短训班里，35名物理老师中，没有接触过物理的就有14名；45名外语教员中，没有学过外语的有12名。④ 十年“文化大革命”结束时，农村教育一派凋零，农村教师队伍亟待整顿与建设。

第二节　拨乱反正：农村教师队伍治理整顿时期(1978—1984年)

1978—1984年是我国改革开放的启动与突破阶段。1978年底召开的中国共产党十一届三中全会，开始了全面的拨乱反正，决定把工作重点转移到社会主义现代化建设上来，实现了历史性的伟大转变。在“拨乱反正”的历史潮流中，教育事业得到了较快的发展。这一时期颁布和出台的教师政策和措施主要体现在对(农村)教师社会地位等方面给予的肯定和对农村教师队伍的整顿治理。

一、教师社会地位逐渐恢复，农村教师待遇有所改善

随着教育事业的恢复发展，教师的社会地位也逐渐恢复，主要体现在出

① 《中华教育历程》编委会：《中华教育历程(下卷)》[M]. 北京：光明日报出版社，1997：1338.

② 1968年5月7日，毛泽东指示：“广大干部下放劳动这是一种重新学习的极好机会，除老弱病残者外都应这样做。在职干部也应分批下放劳动。”在他的指示下，形成了大规模的下放到农村的广大干部，谓之五七大军。

③ 《中国教育年鉴(1949—1981)》[M]. 北京：中国大百科全书出版社，1984：125.

④ 郑谦：《被“革命”的教育——“文化大革命”中的教育革命》[M]. 北京：中国青年出版社，1999：116.

台诸多教师政策文件提高教师社会地位。1978 年 4 月 22 日，邓小平同志在全国教育工作会议上作了重要讲话，提出“要提高人民教师的政治地位和社会地位。不但学生应该尊重教师，整个社会都应该尊重教师”。① 这一重要论述改变了“文化大革命”以来对教师等知识分子不够重视、甚至迫害贬低等现象，较大程度地提高了教师的社会地位，对教师的社会贡献给予了肯定。1980 年，中共中央、国务院发布了《关于普及小学教育若干问题的决定》，要求尊师重教，加快农村初等教育普及。“普九”的重点、难点都在农村，因此，农村教师队伍建设受到了格外的重视和关注。1983 年 5 月 6 日，中共中央、国务院发出《关于加强和改革农村学校教育若干问题的通知》，第 6 条规定：“各级党政导必须认真落实知识分子政策，以极大的热情关心教师，提高教师的政治地位、社会地位和工资待遇，注意改善其工作条件和生活条件，在全社会形成尊重教师的良好风尚。”鼓励教师到农村和边远地区任教。《通知》提出，“为了鼓励教师到农村，特别是老、少、山、边、穷地区任教，除荣誉鼓励外，要适当增加生活补贴，还可保留城市户口，定期轮换。对在上述地区任教 20 年以上、业务水平高的教师，各地在可能的条件下，还可以予以某些特殊的照顾”。②

除以上提升农村教师社会地位的相关政策外，在教师工资待遇等方面也出台了相应的政策措施。如为了适当改善中小学教职工、民办教师的生活待遇，调动他们的积极性，更好地办好基础教育事业，教育部于 1981 年 9 月 28 日印发了《关于调整中、小学教职工工资的办法》和《关于增加中、小学民办教师补助费的办法》。③ 这对提高中小学教师的工资待遇起了重要推动作用。“对民办教师应逐步实行社队统筹工资制，有条件的地区还应建立民办教师福利基金，解除他们的后顾之忧。”1984 年 12 月 31 日，国务院发出《关于筹措农村学校办学经费的通知》，指出“目前农村学校办学条件差，办学经费不足，中小学教师待遇偏低，严重影响了农村教育事业的发展”，因此，“要采取有效措施，逐步改变中小学教师生活待遇偏低的状况，使教师这个职业成为最受人羡慕的职业之一。农村中小学民办教师全部实行工资制，逐步做到不再

① 何东昌：《中华人民共和国重要教育文献》[M]. 海口：海南出版社，1998.

② 何东昌：《中华人民共和国重要教育文献》[M]. 海口：海南出版社，1998.

③ 朱旭东，胡艳：《中国教育改革 30 年(教师教育卷)》[M]. 北京：北京师范大学出版社，2009.

分公办、民办。贫困地区农村教师增加工资，可从国家拨给的教育事业费的增加部分中予以补助”①。

二、恢复中师等培养学校，培养补充农村教师队伍

“文化大革命”时期，师范教育收到了极大的摧残，许多师范院校被撤销、停办，为数不多的勉强维持。“文化大革命”结束后，我国师范教育规模开始扩大，使解决农村中小学校合格师资供给不足问题成为可能。中等师范学校，“文化大革命”结束后，中等师范学校继续发挥培养小学教师的主渠道作用。1978 年教育部发出《关于加强和发展师范教育的意见》(以下简称《意见》)，要求各地“统筹规划，建立师范教育网”“在三五年内，有计划有步骤地新建若干师范院校”“一般地区应在 1980 年内，依托现有条件好的，又已多年担负培训初中师资任务的中等师范学校，加以充实提高，建立起一所师范专科学校”“努力办好中等师范学校”等。1978 年 12 月 28 日，教育部又发出通知，恢复和增设 169 所普通高等学校，其中师范院校 77 所，占恢复和增设学校总数的 45.56％，这一年是终稿师范教育发展史上城里师范院校最多的一年。② 1980 年 8 月 22 日，教育部发出《关于办好中等师范教育的意见》，指出中等师范教育担负着培养小学、幼儿园师资的任务，是教育工作中的基本建设，各级教育行政部门应该坚持这个办学方向，努力把中等师范学校办好，扎扎实实为小学培养合格的师资。《意见》要求，根据统筹兼顾、全面规划和小学教师地方化的原则，对中等师范学校布局进行合理调整，确实办好一批重点中等师范学校，培养小学和幼儿园师资。通过这一时期的发展，我国师范教育有了很大发展，有力地促进了农村师资的培养和补充。

三、治理整顿为主，农村民办教师数量逐渐减少

建设一支稳定、合格的教师队伍，是办好农村教育的关键。“文化大革命”期间，大批公办小学下放到大队，公办教师转为民办，学校数量激增也导致民办教师数量的大幅度增加。1966 年，民办小学教师人数首次超过公

① 何东昌：《中华人民共和国重要教育文献》[M]. 海口，海南出版社，1998.

② 马戎、龙山主编：《农村教育问题研究》[M]. 福州，福建教育出版社，2000：165.

办小学教师人数；1975年，民办中小学教师人数占中小学教师总量的51.5%；1977年，民办中小学教师人数占中小学教师总量的56%，规模达到历史最高峰。民办教师是办好农村教育的一支重要力量，但各地民办教师队伍不同程度地存在文化业务水平过低、超编过多、管理混乱等问题。1978年开始，整顿民办教师队伍成为普通教育事业调整中的一项紧迫任务，其主要措施为：从业务能力、专业知识程度等各个方面对民办教师进行考核，确定留用者的民办教师资格；淘汰部分经培训仍然不合格的民办教师；关闭新增民办教师的口子；将部分优秀民办教师转为公办教师等。1978年，国务院批转教育部《关于加强中小学教师队伍管理工作的意见》，规定公办教师的自然减员，应从民办教师中选择补充。1980年，中央、国务院颁布《关于普及小学教育若干问题的决定》，要求"各级教育部门必须大力做好教师队伍的整顿、培训、提高工作"，"逐步减少民办教师比例，国家每年安排一定的专用劳动指标，经过严格考核，将合格的民办教师分期分批转为公办教师。民办教师中的骨干更应该早转。另外，师范院校每年都要招收一部分民办教师。通过上述办法，在几年内使民办教师比例降低到30%以下"。此后国家连续出台一系列政策以推进农村民办教师问题的解决，如1981年，教育部《转发河北省关于整顿民办教师队伍经验的通知》；1983年，中共中央、国务院《关于加强和改革农村教育工作若干问题的通知》；1983年，教育部《关于中小学教师队伍调整整顿和加强管理的意见》等。此时期主要以辞退不合格民办教师为主，如陕西长安县1982年辞退了655名不能胜任的民办教师，占该县民办教师总数的16.1%，减退近300名未经教育部门批准、社来社去的工分制教师①。经过整顿，农村民办中小学教师数量减少。"文化大革命"中后期到拨乱反正结束，农村民办教师数量的变化详见表1。到1982年，民办中小学教师占教师总数的比例降为42.9%，这标志着自1975年以来形成的民办中小学教师占多数的局面得到扭转，公办教师开始成为中小学教师的主体。

---

① 中国教育学会秘书处：《新时期教育改革的探索(第一分册)》[M]. 北京：中国盲文出版社，1986：107.

表 9-1　1972—1982 年农村民办教师人数统计表①　　单位：万人

年份	小学民办教师		中学民办教师		合计	
	人数	比例(%)	人数	比例(%)	人数	比例(%)
1972	245.0	55.7	37.0	22.3	282.0	46.6
1973	267.8	57.2	32.8	19.1	300.6	47.1
1974	291.8	59.0	37.0	20.8	328.8	48.9
1975	320.8	61.6	55.0	26.3	375.8	51.5
1976	341.6	64.6	98.7	36.2	440.3	54.9
1977	343.9	65.8	127.3	39.9	471.2	56.0
1978	342.0	65.4	122.5	38.5	464.5	55.2
1979	343.5	63.8	110.3	36.7	453.8	54.1
1980	337.5	61.4	93.9	30.1	431.4	50.6
1981	325.2	58.3	71.5	25.1	396.7	47.7
1982	298.1	54.1	53.2	19.8	35.3	42.9

四、恢复教育学院、进修学校等师资培训机构，开展补偿性培训

“文化大革命”时期，在“知识越多越反动”“教师进修，越进越修”的谬论影响下，我国教师培训机构也处于停滞阶段，农村中小学教师的培训工作基本停顿。“文化大革命”结束后，我国中小学教师的培训工作开始复苏，教育学院、教师进修学校等培训机构逐渐恢复，开展农村教师的补偿性培训，此阶段农村教师的培训注重教材教法过关。教育部在 1977 年 10 月召开《全国中小学师资培训工作座谈会》，提出要尽快地建立和健全省、地、县公社和学校的师资培训机构，高等和中等师范学校都要承担培训在职中小学教师的任务。② 1978 年，经国务院批准，教育部发出《关于恢复和建立教育学院或教师进修学院报批手续的通知》，要求各省尽快恢复或建立进修院校。到 1979 年，全国恢复和建立了省级教育学院、教师进修学院和函授学院近 30 所；地、市

① 廖其发：《中国农村教育问题研究》[M]．成都：四川教育出版社，2006：165.

② 江山野：《中国教育事典(中等教育卷)》[M]．石家庄：河北教育出版社，1994：465.

级教育学院、教师进修学院和县级进修学校(包括中师函授部)2000多所;举办高师函授的或为中学教师办轮训班的高等师范院校有50多所,初步形成省、地(市)、县、社、校在职中小学教师的培训网。

"文化大革命"期间,教师素质严重下降,学历合格率偏低,教学能力和水平极差。据1978年统计,小学教师中学历达到高中、中师毕业程度的人数约占47.1%,初中教师中达到大专毕业学历的人数约占9.8%。① 针对教师教学水平极低的状况,教育部首先明确此阶段进修学校师资培训的重点在于开展岗位技能补偿培训。此阶段文化业务水平偏低的教师成为教师培训的对象,主要是农村的民办教师。早在1977年,教育部发布的《关于加强中小学在职教师培训工作的意见》中指出,师资培训工作的重点首先是帮助多数教学有困难的中小学教师进修教材教法,过好"教材教法关",然后再系统进修文化、专业知识。1980年8月,教育部在《关于进一步加强中小学教师在职培训工作的意见》指出"从实际出发,把长远的文化、专业知识的系统学习和搞好当前教学工作的教材教法学习结合起来",先组织过好"教材教法关"。从1978年开始,县级教师进修学校对使用部编教材的教师普遍轮训一两遍。主要是组织教师学习新大纲,钻研新教材,研究教学方法,交流教学经验。有业余培训,也有集中培训。集中培训时间一般为15—20天,最长1个月。许多教师通过培训,基本上掌握了新大纲的要求和新教材的内容。1981年,甘肃省靖远县对在任民办教师实行岗位责任制,加强教师业务的培训提高,安排中小学教师参加省市举办的教师进修学校离职学习,办起靖远教师进修学校,培训小学教师,使民办教师的培训、进修得以经常化、固定化②。陕西长安县对小学教师的培训采取函授学习、短期离职培训、假期集中学习、经常性的业务辅导等形式,中学教师的培训提高主要通过选送教师到教育学院和师范大学函授学习及参加电视大学的学习等形式。从全国情况看,经过大约五年的时间,到了1982年,有85%的小学教师、80%的初中教师过了"教材关",一些不胜任教学工作的教师初步掌握了教材,具备了基本任教的能力。③

① 中华人民共和国教育部,《三十年全国教育统计资料1949—1978》,1979:129.

② 廖其发:《中国农村教育问题研究》[M]. 成都:四川教育出版社,2006:176.

③ 中国师范教育十五年编委会编:《中国师范教育十五年》[M]. 长春:东北师范大学出版社,1996:8.

五、农村教师队伍发展概况及主要问题

通过治理和整顿，此时期的农村教师队伍数量总体上呈下降的趋势，但分学段来看，小学与中学有较大的差异，这与当时中小学不同的发展规划有关。此时期教育部同时提出普及小学教育。1979 年 8 月，教育部为河北阳原县普及小学教育平反。10 月，教育部发出通知，要求各地继续抓紧普及小学五年教育。小学教师总体上变化并不大，教师数量在 400 万以上。对于中学，此时期主要以调整农村中等教育结构为主，调整普通中小学布局。1978 年，邓小平在全国教育工作会议上讲话指出："应该考虑各级各类学校发展的比例，特别是要扩大农业中学、各种中等专业学校、技工学校的比例。"因此，农村普通中学被大幅度地撤销或者合并，中学(包括初中和高中)从 18.2 万所减少到不足 7 万所，分别减少 19.3％和 62％，初中教师数也在波动中降低了近三分之一，而高中教师则从 43.77 降低到 12.27 万，下降了一半之多。

表 9-2　1978—1984 年农村中小学教师数量变化情况　　单位：万人

年份	小学	初中	高中
1978	453.50	192.17	43.77
1979	500.17	188.04	33.47
1980	472.56	187.46	24.84
1981	476.38	172.71	19.16
1982	465.06	155.06	16.54
1983	438.94	138.47	12.68
1984	429.31	139.46	12.27

资料来源：《中国教育统计年鉴》相关年度，北京，人民教育出版社.

从质量方面看，农村中小学教师还是以民办教师居多，总体上不能适应和满足农村教育发展的需求。据调查，上海郊县合格教师只占 48.02％，不能胜任教师工作的约有 3000 人；天津郊县农村初中教师的情况就更差，有的地区有 80％—85％不具备相应学历，根本不能胜任工作的教师，中学约占 15％，小学约占 12％①。据估计，农村小学教师不合格的达 20％以上，初中教师不合格的达 76.6％②。

① 教育研究编辑部编，《中国普及义务教育调查》，天津：天津教育出版社，1987.
② 农业部政策法规司：《中国农村 40 年》，郑州：中原农民出版社，1989：646-647.

这一阶段的拨乱反正使得农村中小学教师地位逐渐恢复，待遇有所改善，但是农村教师的地位和待遇还是极差的。80 年代初，中小学教师的待遇很低，“小学教师工资居全国行业之末，中学教师倒数第二”①，农村教师特别是民办教师的待遇更差。农村民办教师的工资由两部分组成：一是政府发给补助费，由县级财政保证。如 70 年代初靖远县民办教师国家补助部分工资每月为 15 元左右，70 年代末 80 年代初增加到每月 23.5 元②；二是由乡村统筹发给的民助报酬，由民办教师所在的生产大队补贴工分。由于家庭生产责任制的实行，工分制取消了，虽然民办教师也分到土地，但民助部分报酬的有无、多寡取决于所在社队的经济条件。经济条件好的社队的民办教师民助工资就能得到保障，相反，经济条件差的山区民办教师甚至连续几年都没有拿到民助工资。公办教师的奖金、医疗费等也没有按规定执行，教师住房条件普遍很差。长安县韦曲一中是省重点中学，1983 年对该校 69 名双职工(其中 30 人属中教五级)住房情况进行了统计，家庭人口共有 264 人，住宅(包括办公)用房 1076 平方米，人均 4.07 平方米，而此时全县农民住房已达到人均 10.2 平方米。这种状况直接影响农村教师队伍的稳定和教育质量的提高。1979—1981 年，该校先后调走 35 名教师，其中骨干教师 15 人，大学本科学历的 16 人，大专学历的 5 人，中专学历的 3 人。③ 沈阳东陵郊区因为工资待遇问题“从 1980 年至 1985 年全区共流走教师 247 人，严重影响了农村特别是偏远地区教育事业的发展”。④

第三节　尊师重教：农村教师队伍恢复调整时期(1985—1992 年)

这一时期改革开放继续向前推进，1985 年 5 月中央颁布《关于教育体制改革的决定》(以下简称《决定》)，揭开了农村教育综合改革的序幕，《决定》同时指出：“建立一支有足够数量的、合格而稳定的师资队伍，是实行义务教育、

① 中共中央、国务院：《关于普及小学教育若干问题决定》，《中华人民共和国重要教育文献)(1976～1990)》，第 1878 页.

② 廖其发：《中国农村教育问题研究》[M]. 成都：四川教育出版社，2006：168.

③ 中国教育学会秘书处：新时期教育改革的探索(第一分册)[M]. 北京：中国盲文出版社，1986：135-136.

④ 《教师逆向流动问题值得注意》[J]. 光明日报，1988 年 5 月 27 日.

提高基础教育水平的根本大计。”隔年，我国制定了《义务教育法》，确定了普及义务教育的步骤。随着国家教育尤其是对农村教育、农村教师队伍的重视提高，农村教师队伍进入了较快的恢复时期。

一、尊师重教社会氛围开始形成，农村教师待遇有所提高

这一阶段尊师重教的氛围开始酝酿形成，标志性的事件是教师节的确立。1985 年 1 月 21 日，第六届全国人民代表大会常务委员会第九次会议通过决议，决定每年 9 月 10 日为教师节①。教师节的确立对提高教师的社会地位、促进社会尊师重教氛围的形成具有重要意义。5 月 27 日，中共中央发布《关于教育体制改革的决定》，指出：“要采取特定的措施提高中小学教师和幼儿教师的社会地位和生活待遇，鼓励他们终身从事教育事业。”②9 月 11 日，国务院办公厅转发国家教委等部门《关于实施〈义务教育法〉若干意见的通知》，第 27 条指出：“采取有效措施，提高教师的社会地位和物质待遇。进一步开展尊师重教活动，努力为教师办实事。”一系列的政策文件对改变当时教师低下的社会地位有重要作用。从总体上看，这一阶段是农村教师待遇改革力度较大的时期。这与当时的社会背景不无关系，经历了改革开放前期的酝酿，农村教师待遇问题逐渐突显。1986 年 4 月 12 日，第六届全国人民代表大会第四次会议通过《中华人民共和国义务教育法》。第十四条规定：“全社会应当尊重教师，国家保障教师的合法权益，采取措施提高教师的社会地位，改善教师的物质待遇，对优秀的教育工作者给予奖励”。③《关于实施〈义务教育法〉若干意见的通知》指出：“切实解决中小教师的医疗问题。中小学公办教师看病、住院、转院和经费报销等，与当地党政机关和事业单位的干部享受同等待遇。”④《义务教育法》及《实施意见》是最早出台的体现国家对基础教育重视的法律，也是最早对教师地位、权益以及物质待遇等方面以法律的形式进行确保，这对提高教师待遇特别是农村教师待遇起到了重要作用。1988 年 6 月 14 日，国家教委、财政部、人事部颁布《关于农村年老病残民办教师生活补助费的暂行规定》(以下简称《规定》)，指出“民办教师是我国中小学教师队伍中的

---

① 何东昌：《中华人民共和国重要教育文献》[M]. 海口：海南出版社，1998.

② 中共中央关于教育体制改革的决定（1985），http://baike. baidu. com/view/1824843. htm.

③ 何东昌：《中华人民共和国重要教育文献》[M]. 海口：海南出版社，1998.

④ 何东昌：《中华人民共和国重要教育文献》[M]. 海口：海南出版社，1998.

一支重要力量。他们为普及九年制义务教育、发展农村教育事业作出了重大贡献。妥善解决一部分因年龄和身体原因已不能正常工作的民办教师的后顾之忧，对于稳定农村中小教师队伍，更好地发展我国农村教育事业具有重要意义”。《规定》对补助对象、条件以及标准等问题做了明确要求。①

从总体上看，80 年代中期以后，国家对基础教育的发展特别是农村教育是比较重视的。其重要体现就是恢复教师的社会地位，倡导全社会形成尊师重教的氛围以及提高教师的待遇。同时，针对农村教师待遇问题还出台了一些补充措施，如民办教师待遇、代课教师转正、农村中小学班主任工作津贴等问题，都在相应的政策措施中予以明确规定，以促进农村基础教育发展。

二、明确农村教师队伍建设目标，建立教师合格证书、职务考核等制度

经过 70 年代末至 80 年代初的拨乱反正，教师的社会地位逐渐恢复，教师培养和培训机构也得到恢复。但由于从 20 世纪 80 年代初到 90 年代末，国家的经济基础薄弱、教育经费投入有限、农村教师社会地位仍然不高、学历不合格现象严重等原因，国家明确了(农村)教师队伍建设目标，即“合格稳定的数量满足型”②。国家《关于教育体制改革的决定》指出：“建立一支有足够数量的、合格而稳定的师资队伍，是实行义务教育，提高基础教育水平的根本大计。”因此，农村教师队伍建设目标是建设一支“足够数量、合格而稳定”的教师队伍。为实现“保证合格”的目标，《决定》提出了相关措施：必须对教师进行认真地培训和考核，只有具备合格学历或有考核合格证书的才能担任教师；将发展师范教育和培训在职教师作为发展教育事业的战略措施，要争取在 5 年或者更长一点的时间内使绝大多数教师能够胜任教学工作；要大力发展和加强各级师范教育。根据《决定》的精神，国家教委发布《中小教师考核合格证书试行办法》，“考核合格证书暂设《教材教法考试合格证书》和《专业合格证书》两种。凡不具备国家规定合格学历的中小学教师，工作满一年以上者，可申请参加《教材教法考试合格证书》的考核；工作满二年以上并已取得《教材教法考试合格证书》者，可申请参加《专业合格证书》的文化专业知识考

① 何东昌：《中华人民共和国重要教育文献》[M]．海口：海南出版社，1998.

② 李霞：《我国农村教师政策的历史脉络与评析》[J]．湖州师范学院学报，2011(6).

试。”合格证书制度建立能较为有效地提升教师尤其是农村教师的教学胜任的基本水平。在此基础上，国家实行教师的职务考核制度。1986 年 5 月，中央职称改革工作领导小组发出《关于转发国家教育委员会中小学教师职务试行条例等文件的通知》，并随文颁发了《中学教师职务试行条例》《小学教师职务试行条例》和《关于中小学教师职务试行条例实施意见》，规定“中学教师职务设：中学高级教师、中学一级教师、中学二级教师、中学三级教师。各级教师职务应有定额。中学高级教师为高级职务，中学一级教师为中级职务，中学二级教师和中学三级教师为初级职务”。“小学教师职务设：小学高级教师、小学一级教师、小学二级教师、小学三级教师。各级教师职务应有定额。小学高级教师为高级职务，小学一级教师为中级职务，小学二级教师和小学三级教师为初级职务。”并详细规定了各级职务教师的职责、任职条件和考核评审程序。教师合格证书以及中小学教师的职务制度建立，为建设一支合格而稳定的农村师资队伍提供了政策保障。

三、继续推行整顿举措，农村民办教师数量下降，代课教师出现

经过 80 年代初期的整顿，民办教师在农村教师队伍中仍占很大的比例，此时期推行更加严格的整顿举措，包括初期“民转公”政策和后期的“关、招、转、辞、退”五字方针。1986 年，经国务院批准，国家教委等部门联合发出的《关于下达 1986 年从中小学民办教师中选招公办教师专项劳动指标的通知》，继续从民办教师队伍中遴选一部分较优秀的教师进入公办教师队伍。1991 年国家教委、人事部在总结 10 年来民办教师问题解决的经验的基础上，在河南郑州召开全国民办教师工作会议，提出民办教师问题解决的指导思想和方针。1992 年，国家教委、国家计委、人事部、财政部联合发出的《关于进一步改善和加强民办教师工作若干问题的意见》(以下简称《意见》)，对民办教师队伍的治理整顿提出了更为完善的要求。《意见》指出：“制定符合我国国情的稳定的民办教师政策，改善和加强民办教师的工作，统筹解决民办教师问题，是我国农村教育发展改革中的一项紧迫任务。”根据这一指导思想，第一次明确表述了民办教师问题解决的“五字方针”即“关、招、转、辞、退”。关，要坚决控制并通过多渠道进一步减少民办教师数量，任何单位不能以任何理由再行吸收新的民办教师；招，通过师范学校定向招生和“民转公”，逐步将一部分优秀民办教师选招为公办教师；辞，是对经过培训仍不合格的民办教师要坚

决予以辞退，对超编的民办教师也要辞退或调整到缺编的单位；退，认真执行对年老病残民办教师离岗制度。这是民办教师治理的经验总结，也成为此后民办教师问题解决的主要方法。通过整顿措施的持续推行，农村民办教师持续呈减少趋势，从 1985 年的 275.9 万人降低到 1992 年的 204.4 万。1987 年，民办教师的比例为 46.7%，首次低于公办教师，自此后，农村教师开始以公办教师为主。

表 9-3　1985—1992 年民办教师数量变化趋势

年份	教师数	民办数	比例
1985	537.7	275.9	51.3
1986	541.4	273.9	50.6
1987	543.4	253.8	46.7
1988	550.1	246.8	44.9
1989	554.4	237.2	42.8
1990	558.2	230.6	41.3
1991	553.2	225.6	40.8
1992	552.6	204.5	37.0

自 80 年代后期农村吸收新的民办教师的门被关死之后，公办教师又一时补充不到，乡村里只好聘用非计划内的民办教师，即代课教师①，来应对教育发展的需求。于是，在广大农村尤其是特别落后的乡村，与民办教师逐渐减少的同时，代课教师开始出现，并发展壮大起来。代课教师是指不具备公办教师和民办教师身份，不享受国家给予公办教师和民办教师的政治与经济待遇的中小学教师群体。据 1994 年《中国教育统计年鉴》的统计数字表明，全国有代课教师 76.67 万人，是 1986 年的 1.2 倍，特别是乡聘、村聘的代课教师人数，由 1986 年的 5.8 万人增加到 1993 年的 33.4 万，增加了 4.8 倍。②

---

① 代课教师与民办教师的不同。代课教师与民办教师虽然都是民办性质，但是二者的身份、待遇和前途是不一样的。民办教师虽然身份是农民，但是职业是教师，而且是长期的，他们属于教师编制内的，享受集体支付工资，国家财政补贴。而代课教师是临时性的，比如别的老师生病了临时代替上课，不是职业化的老师，不在教师编制内，因此，待遇是"谁聘谁出酬金"，国家无财政补贴.

② 孟旭，马书义：《中国民办教师现象透视》[M]. 南宁：广西教育出版社，1999：202.

据了解，实际代课教师的人数远远大于此数。代课教师队伍的学历结构重心偏低，受过师范教育和高等教育的人不足20%，专科及以上学历的不足4%，这也反映出代课教师队伍的整体素质不高，且绝大多数地方将代课教师没有纳入至教师培训计划之内，缺乏接受继续教育和培训的机会。

四、农村教师培训由学历达标培训转向非学历培训

这一阶段国家仍然重视农村教师培训工作，培训机构也不断壮大。以农村教师培训的主阵地县级教师进修学校为例，据统计，截至1989年底，全国各级教师进修院校达到了2153所①，县级教师进修学校在区、乡分设师资培训站、组；区设专职辅导教师，乡设兼职辅导员，业务上受县级教师进修学校领导，负责组织本地区小学教师的函授学习、业务辅导和开展教学研究活动。县级进修学校在当时为中小学教师尤其是农村中小学教师的学历补偿和学历达标培训工作作出了突出的贡献。

这一阶段的培训工作由学历达标转向非学历培训。90年代以前，农村教师培训自始至终的培训目标是补偿性培训，即学历补偿和教材教法过关。为进一步推进和落实教师培训工作以实现两项培训目标，1986年颁布《中小学教师考核合格证书试行办法》(以下简称《办法》)和《关于加强在职中小学教师培训工作的意见》进一步提出更为具体的操作目标，即1990年之前帮助大多数教师通过合格证书考核以及学历达标。《办法》规定凡是不具备合格学历的教师，首先必须获得“教材教法考试合格证书”，成为一名有资格被聘任的教师；在此基础上，再进行系统学习和提高，然后申请参加专业合格证书考试，获得“专业合格证书”。《意见》中指出：“取得考核合格证书或者学历，组织他们参加教材、教法进修……学习新知识，学习和掌握新的教育理论和教学方法。”90年代初开始，农村教师的培训工作开始进入学历补偿与非学历培训并举的阶段。此时期农村教师培训的第一目标为完成学历达标的任务。在学历基本达到国家当时规定的标准后，教育部在1990年12月召开的全国中小学教师继续教育工作座谈会中指出，为了进一步提高师资队伍质量，“对已达到国家规定学历的教师进行以提高政治思想素质和教育教学能力”成为新的培训目标。教师基本功训练课程得到相当程度的重视，是1990年以后农村教师非学历培训的主要课程内容。1991年《关于开展小学教师继续教育的意见》指出，

① 中国教育年鉴编辑部：《中国教育年鉴(1986)》，北京：人民教育出版，1987：175.

小学教师培训内容应依据教学工作的需求来设计，包括：政治思想和师德修养；教育理论学习、教材教法研究、教育教学实践和教师基本功等教育专业教学能力课程。此外，提高教师道德是成为教师培训工作的重要一环，1991年《中小学教师职业道德规范》明确了教师职业道德观。“九五”期间，我国颁布了《中共中央国务院关于深化教育改革全面推进素质教育的决定》等一系类文件，开展了以职业道德为主的农村中小学师资培训工作。

五、农村教师队伍发展概况及主要问题

经过此阶段的恢复，从数量上看，农村初中和高中教师基本维持稳定，初中教师在150万人左右，高中教师在12万—13万人。小学教师在调整中下降较快，从432.69万人下降到387.63万人，减少了近50万，这主要与农村民办教师整顿措施有关，民办教师主要集中在小学阶段，民办教师的整顿必然使得农村小学教师数量下降。这使得原本就短缺的农村小学教师队伍雪上加霜。

表9-4　1985—1992年我国农村中小学专任教师情况

年份	小学	初中	高中
1985	432.69	139.46	12.27
1986	428.07	144.92	12.03
1987	427.18	150.30	13.29
1988	424.01	152.97	13.62
1989	426.32	152.37	13.31
1990	407.17	154.97	13.29
1991	396.8	152.61	12.56
1992	387.63	150.30	12.07

资料来源：《中国教育统计年鉴》相关年度，北京，人民教育出版社.

此阶段，农村教师素质不高等问题依旧存在，但最受关注的问题：(1)拖欠教师工资。自80年后期，农村拖欠教师工资甚至国家补助费的现象越来越严重，给教师的工作和生活造成许多困难，引起了国家的关注。国家教委柳斌同志在一次会议上指出，拖欠工资13亿，流失教师45万，基础教育面临十年来最大的困难。为解决拖欠工资问题，1992年，国家教委等4部委联合下发《关于进一步改善和加强民办教师工作若干问题的意见》，要求“进一步完善教育事业费附加征收办法和民办教师的工资管理体制，保证民办教师工资来源稳定可靠，按时足额兑现；要从当地的实际情况出发，改进和完善民办

教师工资的统筹办法，有条件的地方可逐步实行‘乡筹县管’或全县统筹、按月兑现。在确保民办教师工资及时兑现的前提下，一些地方行之有效的筹资形式和支付办法可以继续试行。征收教育事业费附加数额较少，解决民办教师工资福利待遇确有困难的地方，可由地方财政给以适当补助。民办教师工资的国家补助部分，除按国家规定由县统一提取一定比例的福利基金外，要全部直接发给本人，不能挪作他用。任何单位任何人不能以任何理由拖欠民办教师工资，以往拖欠的要作出保证限期付清”。但是这一举措并没有收到很好的效果，农村拖欠教师工资，尤其是民办教师工资问题依然严峻。(2)教师流失现象。我国第一次教师流失高潮发生在1988年前后，在商品经济冲击下，不少教师不安于清贫，纷纷“下海”经商，“跳槽”转行或“孔雀东南飞”。农村教师的流失尤其严重。以江苏吴县的农村为例“近年来，全县已经有26名中学教师弃教经商，其中公办教师8人，民办教师18人。未办理离职手续的还要多些”。再以福建宁德为例，“1988年4月，宁德下碗窑小学6名民办教师、代课教师集体请假，使8个班听课。古田县半数农村教师课余搞食用菌生产，清晨上街卖了香菇便不去上课……”①农村教师流失的根本原因在于教师工资收入过低甚至拖欠，农村教师住房条件、医疗保险等保障制度不完善等。

第四节　制度建设：农村教师队伍持续发展时期(1993—2000年)

此阶段，我国教育政策的主导方向是按照市场经济体制、政治体制和科技体制的要求，深化教育体制改革。1993年中共中央、国务院颁发的《中国教育改革和发展纲要》指出，“振兴民族的希望在教育，振兴教育的希望在教师”，教师队伍建设进入了专业化的制度建设时期。

一、明确教师专业人员的法律地位，重视解决农村教师工资待遇问题

1993年10月31日，全国人大常委会通过的《中华人民共和国教师法》明

① 转引自南京师范大学教育系教科所编：《农村教育学》[M]. 北京：人民教育出版社，1988：82.

确规定从法律上确认教师专业人员的地位，“教师是履行教育教学职责的专业人员”，并对教师的权利作了明确的规定，教师的社会权利得到法定的保障。这意味着包括农村教师在内的中小学教师走向专业化的发展阶段。但是，与专业化不相称的是农村教师的工资待遇问题。20世纪90年代中期以后，基础教育财政责任过度下放，大多数农村地区实际上由乡政府和农民来主要承担教育财政责任，农村教育投入逐渐演变成“以乡为主”。由于乡政府财力有限，最终导致了全国性的教育经费不足、大面积拖欠教师工资等问题。① 为了解决农村教师待遇中的各种问题，从1993年开始，国家出台了一系列政策予以调控，并在前一时期的基础上建立起与农村教师待遇相关的配套制度。1993年2月13日，中共中央、国务院发布《中国教育改革和发展纲要》，其中规定：“改革教育系统工资制度，提高教师工资待遇，逐步使教师的工资水平与全民所有制业同类人员大体持平。要建立符合教育特点的工资制度和正常的工资增长机制，切实保证教师的工资水平随国民收入的增长逐步提高。改革过于集中统一的工资管理体制，在国家宏观调控的前提下，使地方、部门和学校享有自主权。”《教师法》第25条规定，“教师的平均工资水平应当不低于或者高于国家公务员的平均工资水平，并逐步提高。”第27条规定“地方各级人民政府对教师以及具有中专以上学历的毕业生到少数民族地区和边远贫困地区从事教育教学工作的，应当予以补贴”。这些政策与规定在切实提高教师的工资和福利待遇，保障教师的合法权益方面起了重要作用。同时，各项政策措施倾向在改革原有体制的基础上，建立一系列新的配套制度，以确保对农村教师待遇各项措施的执行与实施。1994年7月3日，国务院发布《关于中国教育改革和发展纲要的实施意见》，规定“切实解决教师尤其是农村教师看病难、报销难的问题。按规定享受公费医疗的教师要同当地国家公务员享受同等医疗待遇”。自1993年来国家相关部门颁布一系列的文件督促解决农村教师工资拖欠问题，《国务院办公厅关于采取有力措施迅速解决拖欠教师工资问题的通知(1993)》：“……必须按时兑现，足额发放，不得拖欠。各级人民政府特别是主要领导同志要从教育的重要战略地位和社会主义法制的高度认识这一问题。各地要对教师工资待遇落实情况再进行一次严肃认真的检查、清理，采取坚决的清欠措施。”《国务院关于〈中国教育改革和发展纲要〉的实施

---

① 王炳照，施克灿：《中国教育改革 30年(基础教育卷)》[M]. 北京：北京师范大学出版社，2009.

意见(1994)》指出:“要建立有效机制,决不允许拖欠教师工资……”《国家教委关于实施〈中华人民共和国教育法〉若干问题的意见(1995)》指出:“要以实施《教师法》为契机,对拖欠教师工资问题进行检查,并督促有关地区尽快解决。”《国务院办公厅关于保障教师工资按时发放有关问题的通知(1997)》指出解决拖欠教师工资的责任在政府部门,各级政府主要领导要从“科教兴国”的战略高度出发重视解决拖欠教师工资问题,并将此作为工作考核的责任目标。各级人民政府要对教育经费特别是教师工资实行全额预算,足额拨款,不留缺口。要按照《教育法》规定,落实农村教育费附加的征收工作,保证教师工资的发放。财政补贴县要将补贴首先用于保障教师工资发放。国务院办公厅转发财政部《关于进一步做好教育科技经费预算安排和确保教师工资按时发放通知》的通知(1998)和财政部、人事部、中央机构编制委员会办公室关于印发《行政单位财政统一发放工资暂行办法》的通知(2000)等政策文件都可以看出国家对农村教师工资待遇的重视,对解决农村教师工资拖欠问题的关注,但是由此也可以看出改善农村教师工资待遇问题在此时期是一项重大而艰巨的任务。

二、建立健全教师资格、聘任等制度,农村教师管理逐步规范化

此阶段我国教师队伍建设相关制度开始逐步建立,促进了教师专业化进程,为农村教师管理逐步走向规范化提供了依据。第一,实施教师资格制度。为了全面贯彻落实《中华人民共和国教育法》《教师法》,1995 年 12 月 12 日国务院颁布了《教师资格条例》,在条例中对教师资格的分类与使用、申报教师资格的条件、教师资格考试和教师资格认定等都作了详细的规定。1996 年 1 月教育部下发了《教师资格认定的过渡办法》,并着手制定了与之配套实施的《教师聘任办法》和《教师职务条例》等法律法规,对教师的遴选任用、职务聘任、培养培训、流动调配、考核奖惩、工资待遇等方面进行了规定。截至 1997 年底,完成了 1993 年 12 月 31 日在各级各类学校从事教育教学工作人员的教师资格过渡工作。2000 年 9 月 23 日教育部颁布《教师资格条例实施办法》和 2001 年《关于首次认定教师资格工作若干问题的意见》,教师资格制度在全国开始全面实施。作为我国教师职业许可制度,教师资格制度的实施,以国家的、法定的形式确立了教师的“入门资格”。这是我国教师专业化最重要的标志和最重要的措施。随着教师资格证书制度的实施,我国教师包括农村教师的培养、录用、管理和继续教育走上了法制化的道路。第二,实施中小学

教师聘任制度。1994 年《中华人民共和国教师法》中第三章第 17 条规定：学校和其他教育机构应逐步实行教师聘任制，教师的聘任应当遵循双方地位平等的原则，由学校和教师签订聘任合同，明确规定双方的权利、义务和责任。据此，全国中小学开始了学校内部管理体制改革，开始在教师任命制的基础上，由校长实施的教师岗位聘任制。为进一步加强农村教师管理和提高农村教师素质，《关于进一步加强农村教育工作的决定》要求加快推进农村中小学人事制度改革，加强农村中小学编制管理，依法执行教师资格制度，全面推行教师聘任制。《决定》要求“各省(自治区、直辖市)要制定切实可行的实施办法，指导做好农村中小学教职工定岗、定员和分流工作。积极探索建立教师资格定期考核考试制度”。

三、民办教师逐步消化，农村代课教师数量急剧上升

1994 年，在全国教育工作会议上，李鹏总理的《为实施〈中国教育改革和发展纲要〉而努力》的报告，首次明确提出了解决民办教师问题的时间表：“合格的民办教师要逐步经过考核转为公办教师，不合格的要予以调整，有关部门要做出规划，分年度实施，争取在今后六七年内基本解决民办教师问题”;① 此后，国家又陆续出台了系列政策，推动民办教师问题的解决。1995 年 3 月，国家教委主任朱开轩在《关于 1994 年教育事业发展的统计公报》中再次申述“五字方针”，在本世纪内要基本解决民办教师的问题。“五字方针”中，“转”是最主要的，② 再一次突出强调转正在解决民办教师问题关键性地位，并对各地民办教师转正数量作出规定。1996 年 5 月 16 日，国家教委《关加强‘民转公’工作的几点意见》指出：要进一步统一认识，积极工作，争取支持，加快“民转公”的步伐。……提倡和鼓励有条件的地区尽快采取特殊措施，提前解决民办教师问题。③ 1997 年 9 月 7 日，国务院办公厅发出《关于解决民办教师问题的通知》(以下简称《通知》)，《通知》第四条规定：要有计划地将合格民办教师转为公办教师。“九五”期间，国家每年安排 20 万人左右专项指标，至 2000 年共计 80 万人。国家专项指标于每年年初下达，当年有效。各地在逐年落

① 转引自魏峰：《乡土社会的教育政策运行——M 县教师的民族志》[D]. 南京师范大学博士学位论文，2007：126.

② 朱开轩：《关于 1994 年教育事业发展的统计报告》[J]. 人民教育，1995(6).

③ 何东昌：《中华人民共和国重要教育文献》[M]. 海口，海南出版社，1998：3988.

实国家专项指标的同时，根据需要与可能，在不突破国家下达给本地区当年度“农转非”计划和增人计划的前提下，要尽可能安排一部分配套指标用于该项工作。……对长期从事民办教师工作，在边远地区、贫困山区任教多年，担任学校教学领导工作，以及教学成绩突出等的民办教师制定一定的免试政策。①《通知》再次强调确保党中央、国务院确定的“本世纪末基本解决民办教师问题”目标的实现。在中央的指导和监督下，各个省把中央政策与当地实际结合起来，制定了切实可行的民办教师转正政策，大部分省、自治区每年都拿出一定数量的专项劳动指标用于民办教师转正。以山西省为例：1996 年，国家下达转正指标 6800 名，省配套增加 3200 名，在总结经验的基础上，结合具体实际情况，重新制定了转正的条件和办法：加强考核，不考试，从实际出发，以量化考核为标准，依次选招，并明确转正办法和人事、教育、计划部门的职责，从而有利于民办教师转正工作的顺利进行。②

借政策的强力推动，8 年期间民办教师数量大量减少，以小学教师为例，2000 年底，小学民办教师占小学教师总数的 4.73%，③ 基本实现了在 20 世纪末解决我国民办教师问题的政策目标。

表 9-5 1992—2000 年我国小学民办教师数发展情况表

年份	教师总数	民办教师数	占比例
1992	552.6	204.5	37.0
1993	555.2	192.9	34.7
1994	561.1	181.7	32.4
1995	566.41	163.2	28.8
1996	573.58	140.2	24.5
1997	579.36	110.82	19.13
1998	581.94	80.29	13.8
1999	586.05	49.66	8.47
2000	586.03	27.72	4.73

注：数据来源 1993—2000 年全国教育事业发展统计公报。

① 何东昌：《中华人民共和国重要教育文献》[M]. 海口：海南出版社，1998：4265.

② 靳希斌、劳凯声主编：《中国民办教师问题研究》[M]. 北京：北京师范大学出版社，2004：111.

③ 转引自王献玲：《中国民办教育始末》[D]. 浙江大学博士学位论文，2005：137.

1990年以后我国基础教育适龄人口进入高峰期，农村代课教师需求随之扩张。1990年全国小学在校学生达到12241.38万人，小学学龄儿童入学率达到97.8%；1997年底，全国小学在校生达到历史最高点，1997年后小学在校生规模开始下降①。学生规模的扩张导致教师需求大增。自代课教师出现开始，增长就十分迅速，据国家统计数据显示，我国代课教师人数到1991年有59.6818万，1996年上升为91.8568万，到1997年则已经突破了百万大关，达到100.54万。在农村地区，由于民办教师清退和整顿之后，农村学校缺少师资，正规师范的毕业生又下不来，只能大量聘用代课教师。资料显示：1990至1997年是农村代课教师规模扩张期，1993年农村的中小学代课教师近63万人，1997年农村代课教师达到历史最高点83万人，占代课教师总数超过80%。代课教师主要分布在小学阶段，在代课教师发展最高峰的1997年，农村小学代课教师73万人，中学10万人。1998年后农村代课教师数量有所下降并趋于平稳。

表9-6　1993—2000年我国农村中小学代课教师人数

年份	中学	小学
1993	98839	543474
1994	93149	553995
1995	98419	613769
1996	101266	665114
1997	99739	730153
1998	91734	712868
1999	72847	596715
2000	62377	456161

四、农村教师队伍发展概况及主要问题

1993—2000年间农村中小学教师变化情况如表9-7所示，小学教师队伍下降趋势变缓，维持在370万—380万人左右，而农村初中教师上升较快，从147.17万人上升到168.23万人，农村高中教师则在10万人。

① 教育部：《全国教育事业统计公报(1990—2000)》，http://www.edu.cn/shu_zi_494/index.shtml.

表 9-7　1993—2000 年我国农村中小学专任教师情况

年份	小学	初中	高中
1993	387.63	147.17	10.85
1994	385.36	148.36	9.91
1995	382.72	149.88	9.37
1996	381.01	153.94	9.42
1997	376.56	156.60	9.43
1998	375.16	161.44	9.59
1999	374.74	166.28	9.95
2000	367.80	168.23	10.40

资料来源：《中国教育统计年鉴》相关年度，北京，人民教育出版社.

此阶段农村教师队伍的主要问题有：(1)师资补充来源不足，代课教师居高不下。80 年代后期中等师范学校退出历史舞台，90 年代中期部分高等师范专科学校的师范专业也停止招生，而且师范生也不再是国家统一分配，取消了定向培养，这样导致师范院校的大学生很少有到农村去当老师的。因此，贫困、落后的农村地区失去了正规、稳定的师资来源渠道。再加上对民办教师队伍进行了整顿，清退“不合格民办教师”“计划外清退”等，民办教师数量回落，只能大量聘用代课教师，代课教师居高不下。调查研究显示农村初中公办教师、民办教师和代课教师的比例是 88%、7.3%和 4.7%，小学公办教师、民办教师和代课教师的比例是 63.8%，25.9%和 10.3%。① 据国家教育发展研究中心的统计，1994 年，12 省、区 143 个样本县小学代课教师与专任教师之比平均为 12.4∶100；初中代课教师与专任教师之比平均为 4.6∶100(全国这两个比例分别为 11.6∶100 和 4.1∶100)；另据 1995 年样本地区调查，这两个比例分别为 25∶100 和 11.8∶100②。贵州省在 90 年代中后期，代课教师达到 5 万人，几乎占了教师队伍的 1/3③。河南新安县乡镇所在地初中民办教师、代课教师占教师总数的 15.1%，乡镇所在地小学民办教师、代课教师占

① 张力主编：《中国贫困地区教育发展背景、现状、对策》[M]. 南宁：广西教育出版社，1998：195.

② 国家教育发展研究中心专题组：《面对贫困——中国贫困地区教育发展的背景·现状·对策》[M]. 南宁：广西教育出版社，2011：206.

③ 陈菊红等：《贵州风两县的一次教育改革》[J]. 南方周末，1999 年 9 月 3 日，第 2 版.

43.1%，偏远地区小学民办教师、代课教师已经占到54.5%①。可见，代课教师在乡初中和村小学是非常普遍的。另外，很多代课教师都是临时打工性质的，他们报酬微薄，流动性大。(2)农村教师学历不合格现象严重。1993年国家颁布的《中华人民共和国教师法》第十一条规定：取得小学教师资格，应当具备中等师范学校毕业及其以上学历；初中教师应当具备专科毕业及其以上学历。我国农村教师队伍学历不合格现象较严重。国家教育发展研究中心项目组调查显示，1996年，还有16个省、自治区、直辖市的达标率在90%以下，其中西部地区7个省、自治区的达标率在85以下，个别地方只有45%左右。② 据河南新安县教委主任介绍，在农村初中具有专科学历的占整个初中教师人数的50%，代课教师比例偏高，有的乡代课教师人数占整个教师人数的44%，其中三成只有初中文化程度。③ (3)教师流失问题依然严重。由于农村工作、生活条件差，工资待遇低，又缺乏保障，致使农村中小学教师，尤其是骨干教师大量逆向流动，即农村教师向县城流动，县城教师向城市流动。湖北罗田一个暑假就跑掉教师100多人，襄樊流失教师600多人。农村教师队伍流失严重，尤其是农村的边远山区和贫困地区难以补充到合格教师，大批村级小学只好找代课教师维持运转。越落后、越偏僻、越需要教师的地方，教师流失的现象越严重。(4)拖欠教师工资的状况依旧，严重影响了教师队伍建设。

第五节　政策倾斜：农村教师队伍巩固提高时期(2001年至今)

随着21世纪的到来，城乡的社会经济教育的差距逐渐引起国家和社会的关注与重视。党的十六大报告提出“统筹城乡发展”思想给中国农村的发展带来了新的机遇，补偿和倾斜农村逐渐成为国家政策的一大趋势。党中央、国务院逐步加大对三农的支持力度，逐步排除农村发展的体制性障碍。在教育方面，明确农村义务教育以县为主的体制；教师队伍建设方面，2001年教育

① 李建平：《农村教师素质亟待提高》[N]. 中国教育报，2001年4月3日，第3版.

② 张力主编：《中国贫困地区教育发展背景、现状、对策》[M]. 南宁：广西教育出版社，1998：194.

③ 李建平：《农村教师素质亟待提高》[N]. 中国教育报，2001年4月3日，第3版.

部《中小学教师队伍建设“十五”计划》明确提出要以“骨干教师队伍和农村教师队伍建设为重点”的政策要求；2010年《国家中长期教育改革和发展规划纲要(2010—2020年)》也指出，“以农村教师为重点，提高中小学教师队伍整体素质”。可见，农村教师队伍建设成为21世纪的重点任务。在“统筹城乡发展”背景下，围绕“城乡均衡发展”，国家对农村教师队伍建设采取了一系列支持政策措施。

一、解决农村教师工资拖欠问题，逐步提高农村教师待遇，增强农村教师岗位吸引力

针对旷日持久地拖欠教师工资问题，2001年5月29日，国务院发布《关于基础教育发展与改革的决定》(以下简称《决定》)强调确保农村中小学教师工资发放是地方各级政府的责任，提出解决拖欠教师工资的具体措施：(1)省级政府要逐县核定教师编制和工资总额，对财力不足、发放教师工资确有困难的县，要通过调整财政体制和增加转移支付的办法解决农村中小学教师工资发放的问题。县级政府要强化对教师工资的管理。从2001年起，将农村中小学教师工资的管理上收到县。(2)县财政设立“工资资金专户”。财政安排的教师工资性支出，由财政部门根据核定的编制和中央统一规定的工资项目及标准，通过银行直接投入教师在银行开设的个人账户中。(3)为支持国家扶贫开发工作重点县等中西部困难地区，中央财政建立中小学教师工资保障机制，给予适当补助。2002年4月14日，国务院办公厅发出《关于完善农村义务教育管理体制的通知》再次明确“农村中小学教职工工资要上收到县集中管理……并统一发放农村中小学教职工工资”。2003年召开了新中国成立以来第一次全国农村教育工作会议，国务院颁布了《关于进一步加强农村教育工作的决定》，明确了农村教育是整个教育工作中重中之重的战略地位。在农村教师待遇问题上，要求“明确各级政府保障农村义务教育投入的责任，建立和完善农村中小学教职工工资保障机制。通过制定以上措施，县级政府在对教育资源的统筹配置上拥有更大权限，从而大大缓解农村教师工资的拖欠问题，保障农村教师工资能够按时足额发放，极大地保护和激发了农村教师工作的积极性，从而促进农村教育健康持续地发展”。

在解决农村教师工资拖欠问题之后，近几年来，中央和各地政府政策开始向农村尤其是中西部农村倾斜，采取增加农村教师收入的一系列举措，保证农村教师工资收入明显增加。2005年12月，国务院发布的《关于深化农村

义务教育经费保障机制改革的通知》规定："……对中西部及东部部分地区农村中小学教师工资经费给予支持。"2006年6月29日，修订《义务教育法》，第31条规定："完善农村教师工资经费保障机制……在民族地区和边远贫困地区工作的教师享有艰苦贫困地区补助津贴。"各地政府也努力保障农村教师的福利待遇。目前，全国各地农村已不同程度地落实了教师的养老保险、失业保险、医疗保险和住房公积金(三险一金)社会保障制度。同时，各地采取多种优惠政策，通过提供廉租房、提高岗位津贴标准、提高农村教师补贴等多种措施，鼓励和吸引优秀人才到农村中小学任教。如四川省成都市双流县采取补助政策留住农村教师①。从2006年起，由县财政每年安排1645万元专项资金作为义务教育阶段公办学校在职在岗教师绩效奖金，并向农村教师倾斜，以此鼓励教师到边远学校任教。山东省青岛市基本实现了义务教育阶段教师统一工资项目和执行标准，在区域内实现了城乡教师"同工同酬"②。市财政按2005年各区市在编农村教师每人每月平均工资差额，对青岛市5区市财政给予补助，保障了教师工资的合理发放，进一步稳定了农村教师队伍。此外，农村教师的住房问题也得到重视。2010年，国家发改委、教育部就开始对农村边远艰苦地区学校教师住房情况进行调查。同年9月，教育部办公厅、国家发改委办公厅联合印发了《关于实施农村边远艰苦地区学校教师周转宿舍建设试点项目的指导意见》，提出了教师周转宿舍先期试点的范围和"科学规划、合理布局，整合资源、经济适用、产权公有、周转使用"的基本要求。在试点建设阶段，中央在河北等8个省区投资5亿元建设近38万平方米的周转宿舍，共涉及项目学校497所，满足了1万多名教师的住宿需求。③ 通过试点，在教师周转宿舍建设的规划布局、建设方式、运行保障、管理机制等多个方面探索经验，为全面开展项目建设奠定基础。2011年，国家发改委办公厅、教育部办公厅印发了《编制边远艰苦地区农村学校教师周转宿舍建设规划的通知》，全面部署和开展项目建设规划编制工作。以上政府和各地方的举措旨在提高农村教师待遇，以增加农村教师岗位的吸引力，稳定农村教师队伍。

① 《成都双流补助政策留住农村教师》[N]. 中国教育报，2008年02月14日.

② 孙军：《青岛加强义务教育经费保障　每年投入5亿多元向农村和困难学生倾斜》[N]. 中国教育新闻网—中国教育报，2010年04月11日.

③ 《农村学校教师周转宿舍建设项目综述》[N]. 中国教育报，2012年10月8日.

二、控制农村代课教师数量，创新农村教师培养、补充机制，扩大农村教师规模

农村代课教师虽然维持了学校教学的正常进行，但是由于代课教师的来源多样化，造成代课教师整体素质不高，一定程度上影响了农村教育质量。在20世纪90年代末政府就在许多非正式文件或会议中提出了清退代课教师的要求。中共中央、国务院在1996年12月30日出台了《关于切实做好减轻农民负担工作的决定》，要"严格控制乡村代课教师数量，聘任代课教师必须由县(市区)行政部门审批，乡、村不得自行聘任"。2001年，国务院颁发了《国务院关于基础教育改革与发展的决定》(以下简称《决定》)，随后全国各地政府出台了相应的政策文本，提出了"清退代课人员"的要求。较具有代表性的是中共湖南省委、湖南省政府颁行的《贯彻实施〈国务院关于基础教育改革与发展的决定〉的意见》，该意见的第36条"加强教师编制管理"中指出"凡没有取得教师资格的人员，一律不能进学校任教，坚决辞退不具备教师资格的人员和长期代课教师，精简中小学非教学人员"。而2005年12月，教育部新闻发布会表示：将逐步取消代课教师，全面推行农村的教师聘任制。2006年3月，教育部提出在短时间内"全部清退"代课教师①。各省纷纷对清退代课教师的政策做出回应。《决定》颁布，各地开始了清退"代课人员"的工作。例如，1999年3月云南省宾川县清退临时工(代课教师)218人，7月清退338人，保留一师一校代课教师207人。代课教师人数由1997年的100.55万递减到2005年的44.8万。②

---

① 本部分不对代课教师清退政策本身进行探讨，仅略加说明。代课教师清退政策的发布立即引起社会各层的高度关注、广泛讨论，尤其是这种快速、简单"全部清退"的措施受到不少质疑。不少学者自21世纪初就持续关注并研究代课教师提出相关政策建议，各大媒体也积极反映代课教师的声音。2010年1月21日，教育部举行第一次的新闻通气会上，澄清并没有确定所谓清退代课人员的最后期限，符合资格和条件优秀代课人员可以按照正常的教师补充途径，参加公开招聘，进入教师队伍；提出地方政府在清退代课人员时可以考虑采用"择优招聘、辞退补偿、纳入社保"的方式，多种途径妥善解决代课人员问题；强调清退代课教师要"有情执行".

② 教育部：《关于中小学代课人员清退的有关情况》，教育部2006年第6次新闻发布会，2006年3月27日.

表 9-8　2001—2010 年我国农村中小学代课教师数量

年份	中学	小学
2001	65005	515394
2002	55269	415164
2003	51835	364645
2004	47500	319597
2005	41472	275362
2006	39045	254376
2007	33241	209809
2008	30401	190344
2009	28148	174156
2010	24354	146686

清退代课教师政策的逐步推行，农村代课教师数量迅速减少(见表 9-8)，由 2001 年近 60 万人，下降到 2010 年的 15 万人。但农村艰苦的工作环境和相对低下的待遇，农村中小学教师依然存在“进不来、留不住”的状况，导致农村教师出现短缺的局面。近几年来，国家实施一系列政策举措，积极支持并鼓励探索农村教师培养的新途径，创新农村教师的补充机制，为农村学校培养“进得去、留得住、教得好”的教师。第一，实施“农村学校教育硕士师资培养计划”。2004 年，教育部组织实施“农村学校教育硕士师资培养计划”，采取推荐免试攻读教育硕士专业学位研究生的方式，吸引国家和省属重点大学优秀应届本科毕业生到贫困地区农村学校任教。农村学校教育硕士生先到农村学校任教 3 年，第 4 年到培养学校脱产集中学习专业课程，第 5 年在任教学校工作岗位上通过现代远程教育等方式完成课程学习，并撰写学位论文。这不仅激励了优秀大学毕业生到艰苦地区为农村教育事业服务，同时探索了一种为农村学校培养补充能力强、学历高的骨干教师的有效机制。第二，农村学校教师特设岗位计划。2006 年，国家实施农村义务教育阶段学校教师特设岗位计划，主要对中国西部农村贫困和边远地区予以特殊支持，在农村一些县的义务教育阶段学校集中设立教师岗位，公开招募高校毕业生到此任教，引导和支持地方政府合理配置农村教师资源。该计划所需经费由中央财政和地方财政共同承担，以中央财政为主。2006—2007 年，中央财政补助 6 亿多元，共招聘 3.23 万名特岗教师，分布到西部地区 400 多个县的 4000 多所农

村学校。第三，探索定向措施培养高素质农村教师。为解决部分地区教师紧缺问题，地方政府采取定向招生、定向培养、定向分配等办法，为农村学校输送高素质教师。如 2005 年，湖南省府决定，从 2006 年起实施农村小学教师定向培养专项计划。每年由高等师范院校面向全省招收一定数量的优秀初中毕业生，为农村特别是民族贫困县(市)农村乡镇以下小学定向培养五年制大专层次的教师。第四，实施师范生免费教育政策。2007 年，在教育部直属师范大学中实行师范生免费教育，通过设立师范专业国家全额奖学金，吸引优秀高中毕业生读师范，培养造就大批优秀教师，鼓励优秀大学毕业生长期从教。这项政策的主要内容是，被录取的师范生在校学习期间免除学费，免缴住宿费，并补助生活费，所需经费由中央财政安排。同时规定，免费师范生毕业后从事中小学教育 10 年以上，到城镇学校工作的，应先到农村义务教育学校任教两年。2007 年全国有 6 所师范大学共录取 1 万多名免费师范生，其中来自中西部地区 20 个省份的免费师范生占 90.8%。这项政策目的在于提高农村教育质量，促进教育公平。

三、加大农村教师培训经费投入，开展专门项目，提升农村教师专业化水平

针对农村教师师资水平薄弱的状况，国家加大对农村教师培训经费的投入，以提高农村教育质量。近十年来，政府通过实施“贫困地区义务教育工程”项目、设立专项经费等，加大对农村教师培训的支持力度。在建立农村义务教育保障新机制的有关文件中明确规定：农村学校年度公用经费预算总额的 5%用于教师培训。同时，针对农村教师工学矛盾突出、交通不便、培训经费不足和培训机会缺乏等问题，政府探索新的农村教师培训机制，实施一系列农村教师培训国家级项目，推动农村教师培训开展。2003 年 9 月，国务院召开了全国农村教育工作会议，下发了《国务院关于进一步加强农村教育工作的决定》(以下简称《决定》)。《决定》明确提出“实施农村中小学现代远程教育工程，促进城乡优质教育资源共享，提高农村教育质量和效益。在 2003 年继续试点工作的基础上，争取用五年左右时间，使农村初中基本具备计算机教室，农村小学基本具备卫星教学收视点，农村小学教学点具备教学光盘播放设备和成套教学光盘”。“农村远程教育工程”，中央、地方投入 111 亿元，为中西部农村地区 11 万个农村教学点、38.4 万所农村小学、3.75 万所农村初中分别配备了教学光盘播放设备、卫星教学收视系统、计算机教室。利用“农

村中小学现代远程教育工程”这一平台，2006年暑期，教育部组织实施了“农村中小学教师新课程网络培训项目”，利用互联网平台，通过集中学习和专家辅导相结合的方式，对全国49个县的5万余名农村教师进行了新课程培训。2007年，组织实施了“西部农村教师国家级远程培训计划”和“万名农村中小学班主任国家级远程培训”。2008年起，国家启动“中小学教师国家级培训计划”5项计划，其中有两项是专门面向农村教师队伍。全国各地也采取措施，创新农村教师培训机制，加大农村教师培训力度。如2005年，浙江省实施“农村中小学教师素质提升工程”，省级财政设立专项资金6000万元，以3年为一个周期，对全省21万农村中学和小学教师进行全员培训。又如2005年起，湖北省启动实施“农村教师素质提高工程”，每年安排2000万元专款，组织2万名农村乡镇中小学教师、校长到公开招标选择确定的高校接受免费集中培训。

四、探索建立城乡教师合理流动制度，保障农村教育质量提升

城乡教师的数量配置以及质量分布都存在巨大的差距，且农村教师队伍不稳定，存在不合理流动。为改善这一局面，积极探索和实施城乡教师的合理流动制度，促进城乡教师队伍均衡采取了以下措施：第一，城镇教师支援农村教育工作。2006年，中国教育部发出《关于大力推进城镇教师支援农村教育工作的意见》，要求各地积极推进城镇教师支援农村教育工作，采取定期选派县域内城镇教师到农村学校交流任教、组织城市教师下乡支教、大学生志愿支教、特级教师讲学等方式支援农村教育。对参加支教的教师，原单位工资福利待遇不变，工龄、教龄和教师职务任职年限连续计算，并在教师评优、晋升职务、评选特级教师、获得科研资助等方面予以优惠。各地加强统筹协调，积极引导大中城市中小学发挥资源优势，与农村学校建立“校对校”对口支援关系，建立办学共同体，通过“结对子”“手拉手”“特级教师讲学团”等多种形式，实现优质教育资源共享。如北京市制订《北京市城镇教师农村教育暂行办法》，近两年来共派出2000余名城区教师到郊区农村支教，产生了较大影响。江苏省从2006年开始，每年派1万名骨干教师到苏北农村支教，同时省市骨干教师培训向农村一线教师倾斜。中央政府还组织东部发达地区学校对口支援西部贫困地区学校，选派支教教师，提供物资和资金援助，使欠发达和农村地区教育条件得到较大改善，农村教师的素质得到较大提高，进一步缓解了农村学校师资紧缺的矛盾。又如自2000年上海和云南两地实施教育

帮扶合作以来，上海市先后选派了七批共661名支教教师分赴云南省红河、文山、思茅、丽江等7个地州19个“两基”攻坚县的19所对口中学开展支教和农村教师培训工作。第二，城乡教师对口交流。如上海市为加强农村教师队伍建设，市9个中心城区与9个郊区县签署“兄弟区县教育对口合作交流协议书”，双方本着优势互补、协作互助、改革创新、共同发展的原则，开展为期3年的教育对口合作交流，定期组织城区优秀教师赴郊区农村学校开展巡回培训活动，形成区域内城郊学校间的交流互动。截至2007年，上海市中心城区共有836名教师分赴郊区农村学校开展巡回培训和支教活动，有19个区县开展学校结对，数目达到100个。再如辽宁省沈阳市出台《关于进一步推进中小学干部教师交流工作的意见》，规定各区(县)教育行政部门所属的中小学校长、教师分批进行校际交流，优质学校向薄弱学校交流的教师要在交流学校任教3年以上。从2006年至2008年，有一半以上的中小学校长、1.8万名中小学骨干教师交流到其他学校。

五、农村教师队伍发展概况及进一步探索

近10年来，随着我国进城务工人员随迁子女逐年增加、农村人口出生率持续降低，农村学龄人口不断下降，全国各地对农村义务教育学校进行了布局调整和撤并，农村小学和初中教师数量急剧下降，分别减少了60万和28万人，下降比例在16%和18%。

表9-9　2001—2010年我国农村中小学专任教师情况

年份	小学	初中	高中
2001	379.35	155.23	9.52
2002	371.81	154.16	10.50
2003	364.57	157.81	11.43
2004	363.79	163.30	13.58
2005	356.86	153.37	12.43
2006	352.06	149.92	12.74
2007	340.04	139.53	12.15
2008	333.73	134.40	11.89
2009	329.68	132.16	11.11
2010	319.05	127.15	10.54

资料来源：《中国教育统计年鉴》相关年度，北京，人民教育出版社.

21世纪以来，国家和社会关注教育发展的城乡差距，并在建设农村教师队伍方面采取了一系列倾斜政策，取得一定的成绩。近年来，义务教育均衡发展的要求更是频频体现在国家的新政策中。2010年，《国家中长期教育改革和发展规划纲要(2010—2020年)》提出“巩固提高九年义务教育水平，深入推进义务教育均衡发展”。为贯彻这一政策要求，2012年9月国务院颁布《关于深入推进义务教育均衡发展的意见国发〔2012〕48号》，指出“深入推进义务教育均衡发展，着力提升农村学校和薄弱学校办学水平”。在国家义务教育城乡均衡发展的政策大背景下，关注城乡教育质量差距，城乡教师队伍失衡问题更为突显。城乡义务教育教师队伍失衡主要表现在教师的数量、质量以及结构上，具体如下：第一，教师数量上存在差距，以师生比为例，2002年，全国小学平均生师比为21.04∶1，其中城市小学生师比为18.74∶1，农村小学生师比为21.88∶1①；城市、县镇学校教师数量充足甚至超编；农村学校教师数量不足且还有不少民办教师和代课教师②。第二，城乡教师在质量上存在差距，通过学历、职称、资格证等指标的不同水平进行衡量。在中小学教师的学历层次上，城乡差一个档次③；职称上，农村中小学中高级教师比例均比城市低9—15个百分点④。第三，在城乡教师的结构比较方面，主要通过学科结构、年龄结构和教龄结构等指标比较。以学科结构为例，城市、县镇教师学科结构较为均衡，而农村各科教师均缺编严重，专职音、体、美学科教师奇缺⑤⑥⑦。有许多研究者对省市地区的城乡中小学教师队伍均衡情况进

---

① 顾明远，檀传宝：2004：中国教育发展报告——变革中的教师与教师教育[M]. 北京：北京师范大学出版社，2004.

② 陈俊珂：基础教育教师资源均衡发展的现状分析及对策[J]. 教育导刊，2006：15-17.

③ 转型期中国重大教育政策案例研究课题组：缩小差距：中国教育政策的重大命题[M]. 北京，人民教育出版，2005.

④ 谢小波：试述区域内基础教育均衡发展背景下的教师政策，浙江师范大学学报(社会科学版)[J]. 2007：116-121.

⑤ 顾明远，檀传宝：2004：中国教育发展报告——变革中的教师与教师教育[M]. 北京，北京师范大学出版社，2004.

⑥ 毕正宇：基础教育师资配置均衡化教育公平的必然要求[J]. 安阳工学院学报，2005：140-143.

⑦ 陈俊珂：基础教育教师资源均衡发展的现状分析及对策[J]. 教育导刊，2006：15-17.

行研究得出类似结论，如山东、重庆、广西、武汉市、哈尔滨市等地①,②,③城乡义务教育教师分布不均导致了“择校生、条子生、高价生”等愈演愈烈的择校现象④；同时，加剧了输出地教师队伍的不稳定。教师外流，尤其是向城市办学条件较好学校流动，而且引发下一轮教师流失的导火索⑤。这直接影响了义务教育均衡的发展，危及基础教育公平。

虽然在国家对城乡义务教育教师队伍失衡的关注下，问题已经得到一定的缓解，据《国家教育督导报告2005——义务教育均衡发展：公共教育资源配置状况》和《2004—2010年西部地区教育事业发展规划》数据计算从2002年到2004年，小学教师学历合格率农村增幅大于城镇，城乡差距从2.2个百分点缩小为1.5个百分点⑥，但这只是万里长征走出了第一步。总的来看，农村地区的师资整体水平还是较低，导致农村学校教育质量明显低于城市学校。城乡师资资源的配置水平差距的缩小，教育均衡发展的实现，仍需要国家和社会的持续关注和不懈努力。应当指出，城乡均衡发展不是平均发展，而是要在扩大的增量中尽可能缩小城乡间、学校间发展水平的差距；城乡均衡发展不是限制城市地区的发展，把水平高的拉下来，而是要采取措施提高农村、落后地区的教育水平，尽量减少以至消除低水平的学校。因此，政府应突破传统的城乡分治的思维框架和利益格局，在今后相当长的一个时期，国家必须继续高度重视农村教师队伍建设，必须继续大力坚持“加强教师队伍建设，重点提高农村教师素质”的倾斜农村政策。如何进一步增强农村教师职业的吸引力，不断地吸引优秀人才到农村学校任教，如何进一步改善农村教师队伍结构，如何为农村教师提供更加有效的培训提升机会，如何采取特殊政策鼓

---

①　周冬祥：二元结构型城市教师资源配置的现状分析与对策研究——以武汉市中小学教师资源配置分析为例[J]. 教育与经济，2008：33-36.

②　肖占君：哈尔滨市城乡义务教育师资均衡发展研究[D]. 哈尔滨师范大学论文，2009.

③　李善文：区域义务教育师资均衡配置对策探究，桂林师范高等专科学校学报[J]. 2009：132-139.

④　赵国君：欠发达县域基础教育师资配置问题研究—基于河南省S县的个案分析[D]. 苏州：苏州大学论文，2009.

⑤　肖占君：哈尔滨市城乡义务教育师资均衡发展研究[D]. 哈尔滨师范大学论文，2009.

⑥　转型期中国重大教育政策案例研究课题组：缩小差距：中国教育政策的重大命题[M]. 北京，人民教育出版，2005.

励优秀人才长期从教、终身从教以稳定农村地区的教师队伍等，都是农村教师队伍建设必须着力解决的问题。

参考文献

[1]毕正宇. 基础教育师资配置均衡化教育公平的必然要求[J]. 安阳工学院学报，2005.

[2]陈菊红等. 贵州风两县的一次教育改革[N]. 南方周末，1999年9月3日，第2版.

[3]陈俊珂. 基础教育教师资源均衡发展的现状分析及对策[J]. 教育导刊，2006.

[4]成都双流补助政策留住农村教师[N]. 中国教育报. 2008年2月14日.

[5]顾明远，檀传宝. 2004：中国教育发展报告——变革中的教师与教师教育[M]. 北京师范大学出版社，2004.

[6]国家教育发展研究中心专题组. 面对贫困——中国贫困地区教育发展的背景·现状·对策[M]. 广西教育出版社，2011.

[7]何东昌. 中华人民共和国重要教育文献[M]. 海南出版社，1998.

[8]江山野. 中国教育事典(中等教育卷)[M]. 河北教育出版社，1994：465.

[9]教师逆向流动问题值得注意[N]. 光明日报. 1988年5月27日. http://www.moe.gov.cn/publicfiles/business/htmlfiles/moe/s5147/201210/142892.html，2012年10月8日。

[10]教育部. 关于中小学代课人员清退的有关情况. 教育部2006年第6次新闻发布会，2006年3月27日.

[11]教育部. 全国教育事业统计公报(1990—2000). http://www.edu.cn/shu_zi_494/index.shtml.

[12]教育研究编辑部编. 中国普及义务教育调查[M]. 天津教育出版社，1987.

[13]靳希斌、劳凯声主编. 中国民办教师问题研究[M]. 北京师范大学出版社，2004.

[14]李建平. 农村教师素质亟待提高[N]. 中国教育报，2001年4月3日，第3版.

[15]李善文．区域义务教育师资均衡配置对策探究[J]．桂林师范高等专科学校学报，2009.

[16]李霞．我国农村教师政策的历史脉络与评析[J]．湖州师范学院学报，2011.

[17]廖其发．中国农村教育问题研究[M]．四川教育出版社，2006.

[18]马戎、龙山主编．农村教育问题研究[M]．福建教育出版社，2000.

[19]孟旭，马书义．中国民办教师现象透视[M]．广西教育出版社，1999.

[20]南京师范大学教育系教科所编．农村教育学[M]．人民教育出版社，1988.

[21]农业部政策法规司．中国农村40年[M]．中原农民出版社，1989.

[22]孙军．青岛加强义务教育经费保障　每年投入5亿多元向农村和困难学生倾斜[N/OL]．中国教育新闻网—中国教育报，2010年04月11日.

[23]王炳照，施克灿．中国教育改革　30年(基础教育卷)[M]．北京师范大学出版社，2009.

[24]王献玲．中国民办教育始末[D]．浙江大学博士学位论文，2005.

[25]魏峰．乡土社会的教育政策运行—M县教师的民族志[D]．南京师范大学博士学位论文，2007.

[26]温家宝．加强农村教育工作，推进农村小康建设[N]．解放军报，2003年9月20日，第4版.

[27]肖占君．哈尔滨市城乡义务教育师资均衡发展研究．哈尔滨师范大学论文[D]，2009.

[28]谢小波．试述区域内基础教育均衡发展背景下的教师政策[J]．浙江师范大学学报(社会科学版)，2007.

[29]张力主编．中国贫困地区教育发展背景、现状、对策[M]．广西教育出版社，1998.

[30]赵国君．欠发达县域基础教育师资配置问题研究—基于河南省S县的个案分析[D]．苏州大学论文，2009.

[31]郑谦．被“革命”的教育——“文化大革命”中的教育革命[M]．中国青年出版社，1999.

[32]中共中央、国务院．关于普及小学教育若干问题决定．中华人民共和国重要教育文献(1976—1990).

[33]中共中央关于教育体制改革的决定(1985). http://baike.baidu.com/view/1824843.htm.

[34]中国教育年鉴编辑部. 中国教育年鉴(1986). 人民教育出版，1987.

[35]中国教育学会秘书处. 新时期教育改革的探索(第一分册)[M]. 中国盲文出版社，1986.

[36]中国师范教育十五年编委会编. 中国师范教育十五年[M]. 东北师范大学出版社，1996.

[37]中华人民共和国教育部. 三十年全国教育统计资料(1949—1978).1979.

[38]中国教育成就统计资料(1949—1983)[M]. 人民教育出版社，1984.

[39]中国教育年鉴(1949—1981)[M]. 中国大百科全书出版社，1984.

[40]《中华教育历程》编委会. 中华教育历程(下卷)[M]. 光明日报出版社，1997.

[41]周冬祥. 二元结构型城市教师资源配置的现状分析与对策研究——以武汉市中小学教师资源配置分析为例[J]. 教育与经济，2008.

[42]朱开轩. 关于1994年教育事业发展的统计报告[R]. 人民教育，1995.

[43]朱旭东，胡艳. 中国教育改革 30年(教师教育卷)[M]. 北京师范大学出版社，2009.

[44]转型期中国重大教育政策案例研究课题组. 缩小差距：中国教育政策的重大命题[M]. 人民教育出版社.

附件 国际教师专业伦理规范文本

一、联合国教科文组织的教师伦理规范

1966 年 10 月，联合国教科文组织通过了《关于教师地位的建议书》（以下简称《建议书》），其中提出的师德理想是："应以人类个性的全面发展，以集体精神的、伦理的、社会的、文化的和经济的进步，以及以对人权和基本自由极大尊重的谆谆告诫为目标，将最主要的注意力集中于教育对于和平以及对于各民族、种族或宗教集团间的了解、宽容和友谊所作的贡献上。"而制定师德规范的指导原则是："将对学生的教育损失减少到最低限度。"《建议书》中提出的具体师德规范如下：

1. 教师不得以种族、肤色、性别、宗教、政治见解、民族、社会成分或经济状况为理由，以任何形式歧视学生；

2. 教师要为每一个学生提供可能的、最充分的受教育机会，应适当注意对教育活动有特殊要求的儿童；

3. 教师应具有必要的德、智、体的品质，并且具有必要的专业知识和技能；

4. 教师要尽一切可能与家长密切合作，但也不能在教师专业职责等方面受到家长不公正和不应有的干涉；

5. 教师要积极参加社会和公共生活；

6. 为了学生、教育工作和全社会的利益，教师要力求与各行政主管部门充分合作；

7. 教师应参加课程、教学方法和教学设备的改进工作；

8. 教师要公正地评定学生的学业成绩；

9. 教师应避免学生发生事故意外。

1975年，联合国教科文组织又提出了《关于教师作用的变化及其对教学专业的职前教育、在职教育的影响的建议》，其中也对教师提出了伦理方面的要求：教师要成为发展学生的能力、兴趣的教育者和顾问；教师要同社区的其他教育团体协作，使青少年为参与社会生活、家庭生活、生产等做好准备；教师要对学生和家长提供辅导和咨询；教师要参与学生课外活动的组织。

二、教师团体协商委员会提出的教师伦理规范

《国际教师团体协商委员会教师宪章》(1954)中提出的各国应遵循的师德规范包括：

1. 必须尊重学生的思想自由，并鼓励他们发展独立的判断力；

2. 要致力于培养作为未来成人及公民的伦理意识，并以民主、和平与民族友谊的精神教育儿童；

3. 不能因性别、种族、肤色及个人信仰和见解的不同，将个人信仰和见解强加于儿童；

4. 要在符合学生自尊心的范围内实施仁慈的纪律，不得采用强制和暴力。

三、全国教育协会教育专业伦理规范(1975)

导言

教育工作者坚信并维护每一个人的价值与尊严，认同追求真理、力争卓越、培养学生精神的极端重要性。要达到这些目标，根本在于保护学习与教学的自由，确保所有人的平等受教育机会。教育工作者承担着遵守最高伦理准则的责任。

教育工作者认识到内在于教学过程中的责任之重大。渴望获得同事、学生、家长以及社会成员的尊重与信任，是教育工作者保持最高水准的伦理行为的内在动力。《教育专业伦理规范》既是所有教育工作者的理想，也为其行为提供了评判的标准。

原则一：对学生的责任

教育工作者努力帮助每一个学生实现其潜能，使之成为一名有价值、有能力的社会成员。因此，教育工作者致力于激发学生的探究精神、求知与理解欲望，以及成熟的价值目标的形成。为了履行对学生的职责，教育工作者：

1. 在学生的求学过程中不应无理限制学生的独立行动。

2. 不应该无理阻止学生接触各种不同的观点。

3. 不应故意隐瞒或歪曲有关学生进步的主题内容。

4. 当学生的学习、健康及安全受到危害时，应为保护学生做出恰当努力。

5. 不应故意使学生处于尴尬或受贬低的处境中。

6. 不应基于种族、肤色、宗派、性别、原国籍、婚姻状况、政治或宗教信仰、家庭状况、社会或文化背景、性倾向不公正地——

a. 不让学生参加某活动

b. 剥夺学生获得某项好处

c. 让学生获得优待

7. 不应利用与学生的职业关系谋取私人利益。

8. 不应透露在职业服务过程中获得的有关学生的信息，除非完全用于职业目的，或法律要求。

原则二：对本职业的责任

1. 公众赋予教育职业以信任与责任，对其职业服务提出了至高要求。

2. 教育职业服务的质量对国家及其公民有着直接的影响，在此信念下，教育工作者应该不遗余力地提高职业水准，努力营造一个鼓励运用专业判断能力的氛围，创造条件吸引值得信赖的人从教，帮助避免不合格人员从事教育。

3. 为了履行对职业的职责，教育工作者——

不应在求职的申请资料中故意作出错误陈述，或未能透露有关其能力与资格的事实材料。

不应瞒报或歪曲自己的职业资格。

不应帮助在伦理、教育背景以及其他有关特征方面不够格的人进入教育职业。

不应有意对某职业岗位申请者的资格作出错误陈述。

不应帮助一个非教育工作者实施未经授权的教学实践。

不应透露在职业服务过程中获得的有关同事的信息，除非完全用于职业目的，或法律要求。

不应故意对同事作出不实或恶意的陈述。

不应接受任何可能损害或影响职业决定或行为的酬金、礼品或好处。

专业伦理规范于1975年由该组织代表大会通过，1986年，全美教育协会对《教育专业伦理规范》又作出了全面修订，并沿用至今。新的准则进一步强调了教师在教育职业活动中恪守专业伦理准则的重要性，强调了教书育人是教师的伦理责任。

四、美国《优秀教师行为守则》(1996)

1. 记住学生姓名。

2. 注意参考以往学校对学生的评语，但不持偏见，且与辅导员联系。

3. 锻炼处理问题的能力，充满信心；热爱学生，真诚相待；富于幽默感，办事公道。

4. 认真备课，别让教学计划束缚你的手脚。

5. 合理安排课堂教学，讲课时力求思路清晰、明了，突出教学重点。强调学生理解教师意图，布置作业切勿想当然，且应抄在黑板上。

6. 熟悉讲课内容，切勿要求学生掌握你所传授的全部内容，并善于研究如何根据学生需要和水平进行课堂教学。

7. 教室内应有良好的教学气氛。教师应衣着整洁，上课前应在门口迎候学生，制止他们喧哗嬉闹。

8. 课前应充分准备，以防不测。

9. 严格遵守规章制度。让学生知道学校规章，张贴课室内，并解释说明。

10. 步调一致。对同一错误行为，采取今天从严、明天应付的态度会导致学生无所适从，厌恶反感。

11. 使用不能实施的威胁语言，否则将会言而无效。

12. 不能因少数学生不轨而责怪全班。

13. 不要发火。在忍耐不住时可让学生离开教室，待到心平气和后再让他们进来上课。教师应掌握一些基本原则，不能在家长面前说的话也决不能在学生面前讲。

14. 在大庭广众下让学生丢脸，并非是成功的教育形式。

15. 有规律地为班上做些好事。协助布置课室，充分利用公告栏来传达信息。注意听取学生不同反映，但应有主见，不随大流。

16. 要求学生尊敬老师，教师也需以礼相待。

17. 不要与学生过分亲热，但态度友好。记住自己的目的是尊敬，而不是过分随便。

18. 切勿使学习成为精神负担。

19. 大胆使用电话，这是对付调皮学生和奖励优秀学生的有效手段。学生家长欢迎与教师保持联系。

20. 在处理学生问题上如有偏差，应敢于承认错误。你将得到的是尊敬，而不是其他。

21. 避免与学生公开争论，应个别交换意见。

22. 与学生广泛接触，互相交谈。

23. 避免过问或了解学生中的每个细节。

24. 应保持精神抖擞，教师任何举止都会影响学生。

25. 多动脑筋，少用武力。

26. 处理学生问题时，应与行政部门保持联系，当你智穷力竭时，会得到他们的帮助。

五、德国教师专业伦理规范

1. 作为国家公务员的教师应履行的基本义务

(1)在德国，教师原则上均为国家公务员。首先，从录用的个人条件看：第一，被确定为国家公务员；第二，忠于宪法；第三，必须达到规定的培训程度。其次，从录用的客观条件看：第一，根据需要录用；第二，有必备的经费。

(2)教师作为国家公务员要承担的义务：

第一，国家政治方面的义务：忠诚的义务；宣誓的义务；无党派的义务；政治活动的温和和节制的义务；禁止罢工。

第二，职位工作的义务：尽职的义务；正常的工作时间；加班；缺勤；附加工作；无私的义务；服从的义务；保密的义务；善待公民的义务。

第三，行为义务：公务员的工作关系和忠诚关系同时产生工作以外私人范围的义务。

2. 从教师职业的具体服务要求看：

教师作为国家公务员，对教学及托付给他们的学生负有直接的教育责任；

教师的职务要求他们在自我责任和教育自由的基础上，对学生进行教育、教学、咨询和评价；

教师为履行其任务，须同学生的监护人进行充满信任的合作；

教师通过执行法律规定、管理条例、教育大纲和教学计划以及学校督导部门的具体文件规定等开展教育教学活动；

教师在教育教学工作中要保持政治中立；

教师应该在教学范围内促使学生得到发展。

六、新西兰注册教师专业伦理规范

新西兰的注册执业教师必须在促进学生的学习过程中，充分照顾到学生的能力、文化背景、性别、年龄和发展阶段，努力为学生提供最高水平的专业服务。

这项复杂的专业工作是教师在与同行、学生及其家长（监护人）和家人，以及更广泛的社会成员的合作中完成的。

教师的专业互动必须依据以下 4 条基本原则：

自主性：尊重并保护他人的权利

公正性：分享权力，防止权力被滥用

求善：善对他人，把对他人的伤害降到最低

求真：诚实对待他人和自己

1. 对学生的责任

注册教师最主要的专业职责是为学生负责。教师要培养所有学生的思考能力和独立行为能力，并努力鼓励学生对社会的基本价值观有明智的理解和认同。

教师应该努力做到：

(1)以最有利于学生为前提，建立并保持专业的师生关系；

(2)让自己的专业实践建立在以下基础之上：不断的专业学习，有关课程内容和教学法的最佳获知，对所教学生的尽可能了解；

(3)向学生呈现教学内容时，做到来源可靠，观点平衡；

(4)鼓励学生对重大社会问题进行批判思考；

(5)服务于不同学生的不同学习需要；

(6)促进学生在身体、情感、社交、智力、精神等方面的发展；

(7)对在专业服务过程中获得的有关学生的信息要依法保密。

2. 对学生家长/监护人及家人的责任

教师应该认识到，他们与学生的家长/监护人及家人是合作关系，应鼓励他们积极地参与孩子的教育中。教师应该认识到，他们拥有就孩子的福利和进步情况向教师进行咨询的权利，尊重法律许可下的家长权利，尽管教师的专业决定必须总是以什么对学生最有利为依据。

(1)让他们参与有关孩子的照看与教育的决策

(2)与他们建立开诚布公、相互尊重的关系；

(3)尊重他们的隐私权；

(4)尊重他们获得有关孩子信息的权利，除非出现对孩子不利的情况。

3. 对社会的责任

公众赋予了教师信任和责任，同时，在最广泛的意义上，也期望能够与教师一起为学生的人生做好准备。为了履行自己对社会的责任，教师应该努力做到：

(1)积极支持有关促进人人机会平等的政策和计划；

(2)平等合作，把学校建设成为典范；

(3)传授广为社会接受的积极的价值观，并以身作则，鼓励学生学以致用，并批判地理解它们的重大意义。

4. 对本职业的责任

鉴于教学职业的服务质量对国家及其国民有着重大的影响，教师应该尽其所能地维持、提高职业标准，努力营造一个鼓励运用专业判断的氛围，并为吸引值得信任的人从教创造条件。为了履行自己对教学职业的职责，教师应该努力做到：

(1)通过负责任的、合乎操守的实践促进教学职业的利益；

(2)将自己视为学习者，不断致力于专业发展；

(3)在做关于资格与能力的陈述时说实话；

(4)为合理教育政策的制定和实施贡献力量；

(5)为营造一个开放、善于反思的职业文化贡献力量；

(6)尊重同事和助手，与他们平等合作，共同促进学生的学习；

(7)为新教师的入职提供帮助；

(8)尊重同事的隐私权，除非法律要求或有足够说服力，不得泄露同事隐私；

(9)如有同事的行为严重违背本规范，须举报。

七、加拿大安大略省教师专业伦理标准(2006)

导言

教师专业伦理标准是教师职业实践的一个理想图景。教师职业的核心是对学生及其学习的高度负责。

安大略省注册教师，在其高度信任的职责中，在与学生、家长、监护人、同事、教育合作者、其他专业人员、环境和公众的关系中，表现出责任感。

教师专业伦理标准的目的是：

激励教师维护和提升教师职业的荣耀与尊严

识别教师职业中的伦理责任和义务

指导教师职业中的伦理决定和行为

提升公众对教师职业的信任和信心

教师专业伦理标准如下：

1. 关爱(Care)

关爱的伦理标准包括为提升学生潜能所表现出的同情、包容、兴趣与洞察力。教师通过积极影响、专业判断和实践中的同理心，表达他们对学生福利和学习的高度责任。

2. 尊重(Respect)

尊重的伦理标准的核心是信任和公正。教师尊重人的尊严、情感健康和认知发展。在教师的职业实践中，教师以身作则，对精神与文化价值观、社会公正、隐私权、自由、和环境表示尊重。

3. 信任(Trust)

信任的伦理标准包括公正、开放和诚实。教师与学生、同事、家长、监护人和公众的关系应建立在信任的基础上。

4. 正直(Integrity)

正直的伦理标准包括诚实、可靠和伦理行为。不断的反思有助于帮助教师在履行其职业义务和责任时做到正直。

八、日本教师的专业伦理要求

日本教师的专业伦理要求是通过对学生的伦理教育，通过各种教育学科的教学，通过法律规定，通过教师录用考试体现出来的，其内容大致如下：

1. 对自身：教师应有良好、健康适度的生活习惯，克制自己多余的欲望，生活有节制，有良好的教养。有勇气，有坚强的意志和坚韧的性格。自主、自律、诚实并具有责任心。有进取心，热爱真理、追求理想，努力实现自己的理想。

2. 对他人：具有人类之爱，并具有慈善、体谅、亲切、温暖、感谢心与同情心。举止适度的社交礼仪，符合自己身份的语言。尊重自己并尊重他人，具有谦虚的态度和宽广的胸怀，与同事、朋友真诚相待，具有健康的异性观，男性与女性间相互理解，相互尊敬与爱护，互促互进。

3. 对自然：热爱自然、敬畏自然，尊重生命并努力克服人类的弱点。

4. 个人与团体：明确团体中个人的义务与责任，通过个人的努力提高团体的质量。具有公德、遵纪守法，履行公民的权利和义务。具有正义感，公平心，对社会的不良行为进行矫正，并关心社会福利。尊重劳动，乐于奉献。热爱家庭、热爱学校、热爱家乡、热爱祖国，正确地继承传统文化并不断创新，为年青一代的幸福，为可持续发展而努力。加强国际间的理解，特别增进对亚洲和非洲的了解。了解日本在世界中的地位并体会日本人的责任。

九、中国香港教师专业守则(教育人员专业操守议会，1995)

1. 守则制订过程及有关背景简介

1.1　守则筹委会的设立和守则的制订

1.1.1　一九八二年，一个国际顾问团在“香港教育透视”报告书中建议成立一个“香港教师组织”，藉以提高教师的专业地位。

1.1.2　教育统筹委员会第一号报告书(一九八四年十月)不赞成设立教师组织，但建议编纂一份教学专业的“守则”，从而提高专业意识。

1.1.3　教育署于一九八七年六月按教育统筹委员会建议(注一)组成了“教育工作者专业守则筹备委员会”以下简称(守则筹委会)(注二)，以代替国际顾问团在检讨香港教育的报告书中提出设立“香港教师组织”的建议。

1.1.4　守则筹委会工作历时三年(由八七年六月至九〇年六月)，经过广泛的咨询，制订了《香港教育专业守则》(以下简称《守则》)，并于一九九〇年十月公布(当时每位在职教师均获发给《守则》一份)。

1.1.5　《守则》筹委会基于以下目标而制订守则：

(1)在教育专业人员中发扬专业认同感。

(2)通过制定一套共同承认、共同努力的伦理准则，提高教育专业人员的士气。

(3)透过制定教育专业人员的行为规范，为他们提供自律指引。

(4)为教育专业人员提供指引，以维持高水平的教育。

(5)强调教育专业对社会的责任，从而争取社会各界的信任与支持。

(6)加强专业化，提高教育专业的自主权及社会地位。

(7)促进教育政策制定的民主化。

(8)促进社会民主。

1.1.6 守则筹委会认为，在拟定守则的同时，必须对守则的执行方法提出建议，并且建议立法成立“教师公会”，作为教师的专业组织，负责执行守则，维持专业纪律。

1.1.7 筹委会建议分三阶段开展教师公会的筹备工作，并在一九九一年邀请所有教育团体，选出工作小组，名为“香港教师公会筹备小组”；筹委会随即解散。

1.1.8 在一九九二年初，筹委会与筹备小组向教育统筹委员会递交了一份联合意见书，提出成立教师公会的大纲。

1.1.9 教育统筹委员会未有接纳守则筹委会的建议，改而在其第五号报告书(一九九二年六月)建议设立一个非法定的“教育人员专业操守议会”(以下简称《操守议会》)，负责就如何提高教育专业操守向政府提供意见；拟订应用准则，以界定教育工作者应有的操守，以及透过咨询，使这套准则得到各个教育界别广泛接受；以及根据上述准则，就涉及教育工作者的纠纷或指称行为失当个案，向教育署署长提供意见。至于可否设立法定的专业管理组织问题，则留待数年后再作检讨。

1.2 《操守议会》的成立

1.2.1 教育署按教育统筹委员会的建议，于一九九四年四月组成了操守议会(注三)。操守议会研究了职权范围，也研究了九〇年公布的守则，认为在缺乏具体案例作为基础的情况下，没有可能拟订应用准则，只能拟订一套原则性的条文。九〇年公布的守则已是一套原则性条文的最佳蓝本，而且经过了广泛咨询，得到了教育界广泛的接受，在付诸实践前，实难予以修改。因此，《操守议会》决定以九〇年守则作为执行工作的基本依据。

1.2.2 自守则初次公布，至今已有五年，相信很多新入行的教师未必有机会阅览守则的全文。直到目前为止，这守则是教育人员专业操守的唯一准则，对每一位教育工作者均极其重要。有见于此，《操守议会》决定重新印行守则第二、三两章全文(注四)，以期现职教师均能人手一份，藉以提高业内人士的专业操守。

注一：教育统筹委员会建议“透过教育署的统筹，去鼓励教师、校长、校董会及办学机构相互合作，编纂一份教学专业守则，从而提高专业意识。该守则规定教师在执行专业职责时行为上的伦理标准，而所有检定及准用教师都应遵守。”

注二：一九八六年十月，教育署召集了六十三个教育团体的代表举行会议，讨论成立及选出代表参加该守则筹委会，结果由各组别选出了二十五个团体代表组成了守则筹委会。筹委会于八七年六月举行了首次会议。

注三：操守议会成员共二十八人，其中十四人由教师直接选举产生，十一人由教育团体互选代表出任，其余三人(一人为教育署长代表、二人为业外人士)由教育署署长委任。

注四：教育工作者专业守则筹备委员会编订之《香港教育专业守则》(一九九〇年十月)全书共四章，第一章为序言，第二章为守则，第三章为权利，第四章为建议执行办法。

备注：教育署于二零零三年一月一日与教育统筹局合并成为一个新机构，新机构仍称为教育统筹局。于二零零七年七月一日教育统筹局重组为教育局。

2. 守则

2.1　对专业的义务：一个专业教育工作者：

(1)应对自己有严格的要求，凡是可以促进学生身心成长的活动，都应该努力不懈地改进，以满足社会对专业的期望。

(2)应坚持专业自主是教育专业履行其社会职责的必要条件，并致力于创造有利于专业自主的工作环境。

(3)应努力保持教育专业的荣誉、尊严与情操，努力维护专业的团结，和衷共济。

(4)应透过各种学习途径不断提高专业才能，充实对教育及世界发展的认识。

(5)应不断促进公众对专业的认识，以维持崇高的专业形象及有效的公共关系。

(6)应尽其所能提供专业服务，努力提高专业水平，执行专业判断。

(7)应努力把教育建成富理想、具成果的专业，以吸引更多贤能。

(8)应努力增进不同文化之间的了解与尊重，促进不同种族之间的和睦相处。

(9)应致力维持及开拓专业内的沟通渠道，以保障专业的健康发展。

(10)不应从事有损专业形象的工作。

(11)不应为谋取个人私利而作宣传。

(12)不应接受可导致影响专业判断的酬金、礼物或其他利益。

(13)以专业工作者的身份发言时，应首先声明发言的资格、发言的身份和发言的实质代表性，若发言涉及某方面的利益，须澄清发言者与受益者的关系。

2.2　对学生的义务

专业教育工作者应努力让学生认识到，他们是未来社会的栋梁。因此引导学生发掘自己的潜能，激励学生的探究精神，鼓励学生确立有意义的人生目标。一个专业教育工作者：

(1)应以教育学生为首要职责。

(2)应以学生的德、智、体、群、美五育发展为己任。

(3)应对自己的教学质量负责。

(4)应尽力分担改善学习环境的责任。

(5)应根据学生的个别情况及学习能力，尽量因材施教。

(6)对学生的期望，应以学生的兴趣、需要及能力为依据。

(7)在教学过程中，应关心学生的安全。

(8)应给予学生公平的学习机会。

(9)应与学生建立互相信任、互相尊重的关系。

(10)任何时候都以公平、体谅的态度对待学生。

(11)不应因种族、肤色、信仰、宗教、政见、性别、家庭背景或身心缺陷等原因而歧视学生。

(12)应帮助学生认识自己的价值，建立自尊。

(13)与学生讨论问题时，应尽量保持客观。

(14)应鼓励学生独立思考，作出理性的判断。

(15)评论学生时应具建设性。

(16)应避免使学生难堪或受到羞辱。

(17)应致力培养学生精益求精的精神。

(18)应培养学生民主精神，教育学生尊重他人。

(19)应鼓励学生尊重老师，不作恶意批评。

(20)应确保有关学生表现的报告具真实性和客观性。

(21)非因专业或法律上的需要，不应泄露学生的数据。

(22)不应利用与学生的专业关系以谋私利。

(23)不应将专业性的教学工作交付非专业人士执行，有需要时应寻求其他专业的协助。

(24)在执行专业职务中若发现有儿童被虐待，应向当局举报。

2.3　对同事的义务

成功的教育，有赖各级各类教育工作者的合作。因此，一个专业教育工作者：

(1)应视同事为专业工作者，不因地位、职能、性别、种族、肤色、国籍、信仰、宗教或政见而加以歧视。

(2)应以学生利益为重，与同事忠诚合作。

(3)应支持同事执行专业责任，鼓励其发展潜能。

(4)应与同事分享种种观点与资料，以利于专业发展。

(5)应尊重学校行政当局的合法权力。

(6)对于有违良知的行政政策和措施，应首先循专业内的途径提出异议。

(7)作为行政人员，应尊重同事的专业地位，给同事以充分的机会对校政提出意见。

(8)在作出决策时，应使有关同事有充分参与讨论的机会。

(9)应致力建立同事间的融洽关系，减少误会；指导工作时，应客观而具建设性。

(10)对某一同事作出报告时，应容许该同事知道报告内容。

(11)对其他同事作推荐或证明时，应以公正、真实为原则。

(12)不应破坏学生对同事的信任及尊敬。

(13)不应恶意损害同事的专业信誉与事业前途。

(14)不应故意使同事难堪或受到羞辱。在批评同事时，应谨地避免伤害其自尊。

(15)应以公正原则处理对同事的投诉。匿名投诉应不受处理。

(16)除非事前知会对方，不应对同事的专业活动作批评。

2.4　对雇主的义务：一个专业教育工作者：

(1)应遵守合约和承诺。

(2)不应因私利而忽略正职。

(3)应尽其所能提供专业服务。

(4)应积极促进学校/服务机构政策的改善。

(5)应贯彻执行有利于教育的学校政策和指示。

2.5　对家长/监护人的义务

一个专业教育工作者应认识到教育学生是学校与家长的共同责任，因此：

(1)应尊重家长有询问、被咨询及获知子女情况的权利。

(2)应与学生家长建立友善合作的关系。

(3)应与家长交流对学生成长有助的资料及心得。

(4)应尊重家长对其子女教育上合乎情理的要求。

(5)应如实向家长反映其子女的学行表现。

(6)应尊重每个学生家长背景上的特殊性及应对所获悉的家庭私隐保密。

(7)应协助家长维护其子女在人身上、学业上的权利。

2.6　对公众的义务：一个专业教育工作者：

(1)应尊重法律及社会接受的行为准则。

(2)应与公众合作，共同了解学生目前及未来的教育需要。

(3)应以身作则履行公民的义务。

(4)应积极支持及推广公民教育。

(5)应关注小区建设及参与小区活动。

(6)应注意时事，关心社会问题，并致力维护良好的社会风气。

(7)当公众意见分歧时，应教导学生尊重不同的立场和观点。

(8)应把尊重人权的教育视为要务。

(9)应致力培养学生的自由、和平、平等、理性、民主等意识。

3. 权利

3.1　一般权利

作为公民，专业教育工作者应享有法律赋予的一切权利及基本人权。

3.2　作为专业工作者的权利

作为专业人员，教育工作者有权：

(1)根据专业所建立、保持及执行的专业及伦理准则，注册或领取执照。

(2)在教、学自由的环境中工作。

(3)在教育政策、教学工作、小区关系各方面，参与及影响涉及专业服务的决策。

(4)对各种数据和观点，包括有争议性问题，运用专业判断加以陈述、演绎和批判。

(5)通过学习、进修、考察等，维持及提高专业水平。

(6)在教学过程中根据专业判断，因地制宜，因材施教。

(7)拒绝透露在专业服务过程中获得的资料。

(8)争取有利于学生身心健康的工作环境。

(9)对教育问题公开发表意见。

(10)当其专业职务受服务机构的措施影响时，要求出席有关会议及发言，并索阅会议文件。

(11)在不损其专业职责的前提下，兼任公职并得为兼任公职而享有合理的公假。

(12)拒绝与职务无关的非专业工作。

3.3　作为雇员的权利

作为雇员，专业教育工作者有权：

(1)谋求与其资历相符的职位，并获公平考虑。

(2)继续受聘，除非通过公正的程序，确立解雇或终止聘任的理由。

(3)在签订聘约前，获得聘任条件及规例的详尽书面通知。

(4)享有充分保障个人身心健康、安全及财物的服务环境。

(5)获悉对其本人的评核程序并提出意见。

(6)要求如实获悉对本人优缺点的评核，在需要时提出申诉。

(7)不因性别、种族、肤色、国籍、信仰、宗教或政见而影响其受聘或续聘条件，及其升职机会。

(8)在有任何措施将影响其受聘情况时，迅速接获对有关措施的书面解释。

(9)获得对其投诉的公正处理，并以包括仲裁在内的正当方法解决纠纷。

(10)参加职工会，参与保障雇员权益的活动。

(11)对不合理的合约条文循各种正当途径提出异议。

(12)在申请其他职位时，获原雇主发给确实数据的离职证明文件。

图书在版编目（CIP）数据

社会变迁中的我国中小学教师队伍发展研究/李琼，丁梅娟著. —北京：北京师范大学出版社，2017.1

（京师教师教育论丛）

ISBN 978-7-303-20543-1

Ⅰ.①社… Ⅱ.①李… ②丁… Ⅲ.①中小学—师资培养—研究—中国 Ⅳ.①G635.12

中国版本图书馆 CIP 数据核字（2016）第 104373 号

营销中心电话 010-58802181 58805532

北师大出版社高等教育分社网 http://gaojiao.bnup.com

电子信箱 gaojiao@bnupg.com

出版发行：北京师范大学出版社 www.bnup.com

北京市海淀区新街口外大街 19 号

邮政编码：100875

印　　刷：北京东方圣雅印刷有限公司

经　　销：全国新华书店

开　　本：730 mm×980 mm 1/16

印　　张：25.75

字　　数：447 千字

版　　次：2017 年 1 月第 1 版

印　　次：2017 年 1 月第 1 次印刷

定　　价：52.00 元

策划编辑：郭兴举　　责任编辑：王兆鹏

美术编辑：焦　丽　　装帧设计：焦　丽

责任校对：陈　民　　责任印制：陈　涛